Do Calvário ao Infinito

Victor

Do Calvário ao Infinito

HUGO

Novela psicografada por
ZILDA GAMA

FEB

Copyright © 1944 *by*
FEDERAÇÃO ESPÍRITA BRASILEIRA – FEB

1ª edição – Impressão pequenas tiragens – 6/2025

ISBN 978-85-7328-538-3

Todos os direitos reservados. Nenhuma parte desta publicação pode ser reproduzida, armazenada ou transmitida, total ou parcialmente, por quaisquer métodos ou processos, sem autorização do detentor do *copyright*.

FEDERAÇÃO ESPÍRITA BRASILEIRA – FEB
SGAN 603 – Conjunto F – Avenida L2 Norte
70830-106 – Brasília (DF) – Brasil
www.febeditora.com.br
editorial@febnet.org.br
+55 61 2101 6161

Pedidos de livros à FEB
Comercial
Tel.: (61) 2101 6161 – comercial@febnet.org.br

Adquirindo esta obra, você está colaborando com as ações de assistência e promoção social da FEB e com o Movimento Espírita na divulgação do Evangelho de Jesus à luz do Espiritismo.

Dados Internacionais de Catalogação na Publicação (CIP)
(Federação Espírita Brasileira – Biblioteca de Obras Raras)

H895c	Hugo, Victor (Espírito)
	Do calvário ao infinito / Victor Hugo (Espírito); romance psicografado por Zilda Gama. – 1.ed. – Impressão pequenas tiragens – Brasília: FEB, 2025.
	582 p.; 21 cm – (Coleção Victor Hugo)
	ISBN 978-85-7328-538-3
	1. Romance espírita. 2. Obras psicografadas. I. Gama, Zilda, 1878–1969. II. Federação Espírita Brasileira. III. Título. IV. Coleção.
	CDD 133.93
	CDU 133.7
	CDE 80.02.00

Sumário

7   Livro I
       Uma ovelha transviada

123   Livro II
       Entre o céu e o mar

183   Livro III
       No Rochedo das Lágrimas

273   Livro IV
       Procela e bonança

335   Livro V
       "Resurrectio!"

409   Livro VI
       No castelo d'Aprémont

499   Livro VII
       Eterna aliança

Livro I

Uma ovelha transviada

I

Achava-me, no percurso do século XIX, em uma das ilhas que formam o arquipélago anglo-normando, no Canal da Mancha, instalado por alguns dias na confortável vivenda de um ilustre compatrício – o qual, nesta narrativa, será designado pelo nome de *Mr.* Duplat – quando fiquei a par de um drama passional que, certo, não será indiferente aos que vão ler estas páginas que o reconstituem.

Mr. Duplat residia em sólida morada, de estilo medieval, edificada em uma das extremidades da Ilha de..., isolada e à beira-mar, não distante de moles rochosas, que se viam na direção do Ocidente.

Sabeis, por certo, leitor amigo, que fui um proscrito francês, impossibilitado de por quase quatro lustros rever as plagas natais, e, por isso, em horas de acerbas cogitações ou de roaz saudade, aprazia-me evocá-las – pois os déspotas não podem ergastular nem banir a luz do pensamento – e enviar-lhe as minhas odes e as minhas imprecações, plenas de revolta e mágoas incontidas...

Certa feita, em hora vesperal, depois de longamente haver contemplado o crepúsculo de ouro e rubins, eterizados, retirei-me de um alpendre, quase suspenso sobre o pego, e saí em companhia do meu anfitrião. Pusemo-nos a caminhar silenciosamente ao longo da praia argenteada. Já os sendais noturnos pairavam lugubremente nas alturas, começando a amortalhar a Terra num sudário de crepe, e eu não cessava de fitar o oceano, como se tentasse – em momento de inaudita nostalgia – devassar o horizonte com os olhos da alma (porque os do organismo combalido já se iam enevoando com as brumas das lágrimas e da decrepitude...), buscando vislumbrar além dele o solo da pátria querida, qual encantadora miragem que fascina e consola, no Saara, os exaustos beduínos... Detinha-me, porém, às vezes a fitar o oceano rumorejante, como se quisesse medir-lhe a extensão incomensurável para transpô-lo de um só adejo, parecendo-me que ele me levava aos ouvidos de desterrado os gemidos do coração da França apunhalada pela tirania. E eu desejava ungir-lhe, piedosamente, as doridas chagas, com o bálsamo do meu pranto saudoso...

Meu companheiro interrompeu bruscamente o mutismo em que jazíamos imersos, para me observar o seguinte:

– Acho prudente voltarmos, pois a noite se avizinha e promete ser tenebrosa, sem um astro sequer para iluminar nosso roteiro... Vede como a cerração sobe do mar, qual incenso de turíbulo, ameaçando de completa invasão toda a amplitude sideral, o Atlântico e os cimos das serranias!

Estamos próximos do *Rochedo das Lágrimas* – que é como designo aquela alcantilada rocha à esquerda – a qual me sugere a lembrança de um marujo que, há alguns anos, aqui surgiu misteriosamente, e cuja existência é das mais comovedoras odisseias que conheço... Quereis vô-la conte? Não achais merecedoras de nossa atenção as lutas travadas nas almas dos obscuros, tangidas por ignotos pesares?

– Sim, caro amigo. Anseio por ficar inteirado do drama sensacional de que tivestes conhecimento neste cenário agreste e magnífico, que a natureza parece ter preparado para nele se desenrolar um entrecho shakespeariano, estupendo, inesquecível!

– Tendes razão e justificareis a vossa esclarecida suposição quando souberdes o que me foi revelado por um inditoso em instantes de sofrimento superlativo. Como eu, haveis de compreender que na vida do mais humilde ser há sempre algo de proveitoso para os que perscrutam os seus sentimentos e os seus embates com as paixões incoercíveis, há exemplos frutíferos que só a dor pode dar... Gravai bem no fundo, na vossa mente de artista sensibilíssimo, aquela mole de granito enegrecida pelo tempo e pela noite, e, de retorno a penates, eu vos relatarei uma verdadeira epopeia, singularmente emocionante, merecedora de vossa pena... Contemplai-a, caro amigo!

Mr. Duplat – um ideólogo sexagenário, em extremo insinuante e de nobre aspecto – tinha, assim falando, um dos braços alongados na direção do Oeste, e eu, atentanto a vista na rocha indicada – que se salientava, pela altura e conformação entre as outras que a circundavam, como sucederia a um titã rodeado de esquimós, sendo algumas delas cônicas e escarpadas, semelhantes a araucárias de pedras – pude, apesar da penumbra em que estávamos mergulhados, verificar que era a mais elevada, repleta de anfractuosidades, e tinha depressões e protuberâncias consideráveis, parecendo haver sido recortada à tesoura por um alvanel que, depois de repicá-la em diversos pontos, houvesse arrojado sobre ela os blocos decepados, num ímpeto de demência...

– Deve ter cavernas aquele rochedo – disse a Duplat.

– Sim, e numa delas é que houve o epílogo da pugentíssima odisseia de que vos falei...

Regressamos à morada do amigo que, a meu lado, no mesmo alpendre em que já estivéramos à tarde – um ninho pétreo de procelárias humanas, suspenso sobre as vagas que o borrifavam de espumas – começou a tocante narrativa:

"– Um dia, excursionando a sós pelos caminhos onde passamos há pouco, afastei-me bastante de casa e detive-me ao sopé da serrania que vos mostrei. Sentado em uma laje, pus-me a meditar longamente, ora fitando o mar, ora o céu, com o pensamento absorto em enigmas transcendentes... Sempre me aprouve insular-me em plena natureza, para poder pensar livremente no Sempiterno, perquirir os problemas relativos ao nosso destino *post mortem*, fazendo mudas interrogações ao infinito azul ou constelado...

Embevecido pela própria imaginação em altos surtos, não atentava no que me circulava, imerso no silêncio majestoso e empolgante da Criação, apenas quebrado pelos queixumes das vagas que, por fim, deixei de ouvir...

Inesperadamente, fui chamado à realidade por insólito rumor; observei de onde provinha e deparou-se-me um vulto indefinível, talvez de desconhecido iguanodonte, um fóssil ressuscitado, sombrio, negro, rastejando pelas pedras... Ao vê-lo, estremeci quase convulsivamente, advertido por secreto pavor, como o têm sido todas as criaturas quando ameaçadas de iminente perigo... Estava pouco distante do *Rochedo das Lágrimas* e percebi que de seu âmago foi que saiu aquele ser surpreendente, que o crepúsculo não deixava bem distinguir se era humano ou algum monstro do período terciário, emergido das ondas quérulas, e que lá se houvesse ocultado durante séculos...

Estaria eu na presença de um sáurio primitivo? Quem seria aquele ente exótico? Um celerado?

Seria uma foca fantástica ou larva gigantesca? Quando de mim se aproximou, pude verificar que era um ser humano, semelhante a um exumado, a um ente que, depois de inanimado pela morte, em começo de decomposição, depois de já ter permanecido no túmulo, houvesse uma alma errante se apegado a seus despojos putrescentes, arrastando-os para fora da tumba, parecendo que todos os vibriões que lhe corroíam os tecidos se tivessem transformado em um só, de proporções enormes... Fitei-o espavorido, e, de relance, sua figura horripilante se me esculpiu para todo o sempre na retina, qual pirogravura focalizada no próprio cérebro, celeremente, ao fulgor de um corisco; vestia-se de andrajos infectos, enegrecidos de limo e sordidez; seus olhos eram de ônix, mas possuíam um brilho que me pareceu sinistro; o rosto excessivamente macilento estava quase invisível por causa da barba hirsuta e dos cabelos intonsos que se uniam àquela, passando pelos rasgões de um barrete negro, à moda de fez; era, enfim, um indivíduo com aparência de selvagem ou de monstro mitológico. Na mão esquelética trazia uma haste de planta ressequida à guisa de cajado, que lhe mantinha o busto um pouco ereto, quando, certamente, ele se fatigava de rojar-se pelas pedras, como ofídio...

– Que queres? – interroguei-o em inglês, com a voz alterada pelo pavor, vendo-o quase a tocar-me os pés.

– Alimento para o corpo e para a alma: estou a morrer de duas fomes! – respondeu-me em francês.

– Como dar-to neste momento, ausente de casa?

– Como? Podeis dar-me, agora, um deles, que não tendes em vossos celeiros – o pão espiritual: apiedando-vos de mim, não me repelindo, não escarnecendo dos meus infortúnios... Não o trazeis convosco? Acaso tendes a alma tão árida e estéril que o não possuais? Logo me enviareis o outro por um de vossos fâmulos, para nutrir-me o organismo quase exânime... Não me temais, senhor, pois não sou nenhum bandido, como vos faz supor o meu aspecto, mas um desditoso... Ah! que desgraçado sou eu, senhor!

– Como vieste ter a esta ilha? – redargui, ainda desconfiado de alguma cilada.

– Caindo ao mar, da amurada de um navio francês...

– Por que não bradaste por socorro?

Ele emudeceu, deixando a cabeça pender para o solo, e seus cabelos quase roçaram as pedras que deles estavam perto... Após instantes de reflexão, disse com humildade:

– Senhor, não devo faltar com a verdade: tinha de tornar-me homicida ou evadir-me... Não achais que obrei prudentemente seguindo o segundo alvitre?

— Sim, se é que não estás querendo burlar...

Seus olhos cintilaram, como se súbito incêndio lhe houvesse irrompido no imo... Hoje, sei, eram prantos que nele fulguravam; mas, naquela hora, supus fuzilassem de ódio... Tirei da algibeira a minha bolsa e depositei-a ao alcance de suas mãos, nas quais me repugnava tocar:

— Aí tens o dinheiro que trouxe comigo — disse-lhe. — Pertence-te. Que mais queres de mim?

Seu rosto teve uma expressão inesquecível de tortura, de mágoa indefinível, e, não sei por que estranha mutação desapareceu, para mim, o aspecto hediondo que lhe notara, ao ouvi-lo exclamar:

— Peço um pão, senhor, e não moedas, que aqui, nestes penhascos, valem tanto para mim como estes calhaus que nos cercam — não saciam a fome que me devora as vísceras!

Depois, com indizível amargura, fitou o Além, como que falando a uma entidade invisível:

— Porque me iludistes, amado Protetor? Os venturosos têm coração de gelo, não se apiadam dos que sofrem, como ninguém se compadece dos cães esfaimados! Que lhes importa a desdita alheia, se estão nutridos e têm lar confortável onde não falta lume e onde sobejam manjares?

O tom em que pronunciara estes vocábulos sensibilizara-me profundamente. Falei-lhe, então, quase carinhoso:

— Compadeço-me, sim, dos que são desventurados, pois eu mesmo o tenho sido; mas temo os perversos... e não conheço ainda as tuas intenções! Satisfaze primeiro a minha curiosidade e proteger-te-ei como se foras um irmão desditoso, que me estendesse a mão súplice... Moras aqui nesta ilha?

— Não resido mais em parte alguma do mundo, senhor; hoje não tenho mais pátria nem família; às vezes, tenho a impressão de haver nascido destas rochas, de ser uma laje animada para padecer; outras, julgo que descendo de Samuel Belli-Beth, o condenado por Deus a não poder repousar em parte alguma...

— Como podes padecer tanto assim, se és um justo? Só o que tem remorso a latejar-lhe na consciência não desfruta repouso sobre pedras ou sobre arminho! Não cometeste falta alguma?

— Estava cumprindo austeramente os meus deveres...

— Não te compreendo: ou tentas embair-me ou estás alucinado! Tens, por certo, um mistério na vida, que me queres ocultar...

Olhei-o fixamente: seu rosto já não denotava nenhuma expressão de revolta ou fereza, mas comovedora expressão de intensa melancolia. Minha situação era penosa. Desejava libertar-me dela, retirando-me do local em que me achava, mas ele, percebendo imediatamente a minha intenção, aproximou-se mais de mim...

— Não estás satisfeito com o que já dei? — interroguei-o novamente, receoso de que aquele repulsivo indivíduo quisesse atacar-me traiçoeiramente.

Apanhou a bolsa que lhe havia ofertado, entregou-ma polidamente e disse-me com inolvidável tristeza:

— Acabou-se, senhor, a minha derradeira ilusão; *tudo* quanto se passou comigo deve ter sido o efeito do delírio; a Terra não tem outro ser mais malfadado do que eu!... O coração humano é de granito e nada mais devo esperar do mundo, do qual fui expulso pela fatalidade, ou pela desventura... Não vos odeio, porém, nem a pessoa alguma... Compreendo, entretanto, que sou inútil à sociedade, e, por isso, acabo de refletir que não mereço mais a esmola e a comiseração dos homens, mormente dos que são felizes e desconhecem o sofrimento alheio...

'Que valem moedas que não posso triturar, quando tenho, há muito, as vísceras devoradas pela fome? E é só isso o que destes, senhor, quando vos implorei um óbolo para a alma alanceada!

'Repeli, muitas vezes, a ideia do suicídio, mas, agora, tenho-a firme, inabalável na mente; não devo mais procurar a humanidade que sempre tem sido hostil para comigo. Adeus, senhor, não me vereis mais! Eis aí o meu grande túmulo, onde ocultarei os meus míseros despojos – o mar – para não dar aos felizes o trabalho de abrir uma cova para este corpo, quase putrefato em vida...'

Fitei-o detidamente: tinha os olhos lacrimosos. Emocionado, falei-lhe com energia:

– Estranho ser, por que projetas um dos mais hediondos crimes – o suicídio – e repeles o meu auxílio?

– Será um delito libertar o mundo de um fardo como eu, coberto de chagas e de farrapos infetos? Deus não deve ser como a sociedade, que somente sabe punir e fazer desditosos!

Era uma alma ulcerada.

Compreendi-o lucidamente naqueles instantes, em que julguei ouvir alguém murmurar no meu íntimo ou sobre minha cabeça:

– Seja quem for, acolhe-o como se fôra um irmão desolado! Se ele se suicidar por falta de caridade, tu serás responsável por esse ato de desespero, perante o Onipotente!

Estremeci involuntariamente. Que necessitava aquele réptil humano? Carinho e consolação. Não era ele um Barrabás nem um louco e sim um vencido da sorte, exausto de pelejar com a adversidade, ávido de encontrar lenitivo. Nada há comparável à piedade para reanimar os que padecem.

Disse-lhe, então, visivelmente enternecido:

– Acompanha-me, homem, meu irmão. Quem quer que sejas – uma vítima, um celerado, um justo! Não resido muito distante destes sítios. Vês, além, uma casa iluminada? É lá que habito e lá terás um teto amigo para acolher-te fraternalmente, para sempre, se o quiseres... Vamos! Segue-me!

A fronte lhe pendeu para o solo e lágrimas deslizaram ininterruptas, ao longo do semblante esquálido.

– Deus meu! – disse, decorridos alguns segundos de viva inquietação – há quanto tempo não ouço palavras de conforto e compaixão!... Obrigado, senhor, pelas que me dissestes. Agradeço a generosidade que acabastes de ter para comigo, um ente tão desprezível, para o qual não há no mundo nenhuma consideração social...

Bem vedes, porém, que mal me posso arrastar, tal o meu estado de debilidade, e, além disso, com esta roupa que parece a de um desenterrado, como posso aparecer aos viventes, mesmo que a vossa habitação distasse deste local apenas alguns metros?

– Que queres, então, que te faça?

– Vedes esse lajedo, pouco distante de nós, semelhante a degrau partido?
– Sim, à nossa esquerda.
– Não será possível enviardes algum alimento por um de vossos servos, que ali o deponha?
– Sim, mandar-to-ei, assim regresse ao lar, onde minha ausência deve estar causando cuidados... Recebe, porém, as moedas que te ofertei...
– Amanhã as aceitarei. Hoje são inúteis para mim.
– É só o que desejas de mim?
– Não, senhor. Quero fazer-vos um pedido e, se tiverdes o coração magnânimo, quanto as vossas palavras de há pouco me fazem supor, espero me atendereis...
– Podes formulá-lo com a máxima franqueza.
– Penso, senhor, que limitados dias de existência me restam e almejo dar-vos a conhecer quem sou, porque aqui estou clandestinamente, para depois receber um conselho amigo...
'Desejo vos convençais de que não sou um malfeitor e antes me deixaria matar do que vos ofender, sequer, com um doesto...
'Se, porém duvidais ainda de mim, podeis vir armado... mas – por Deus vos suplico! – não deixeis de atender ao meu apelo.'
– Não, pobre homem, virei sem receio ouvir-te amanhã, logo ao alvorecer, e prestar-te-ei os socorros que estiverem ao meu alcance.
'Espera-me neste mesmo local. Promete-me, porém, não atentares mais contra a existência?'

– Sim, juro, senhor, fazer todos os esforços para não deixar que se me extinga a vida voluntariamente!

– Acreditas na justiça de um Juiz supremo, que pune todas as más ações?

– Quereis saber se creio na existência de um incorrupto Juiz, que me julgou austeramente, mas que eu abençôo e venero, porque exerce sempre a mais imparcial justiça? Sim, meu senhor!

– Então, não transgridas as suas divinas Leis! Até amanhã.

Estendi-lhe a destra, mas ele não a quis tocar, compreendendo o meu asco.

– Não, o meu contato vos faria mal! – falou o desventurado com inexprimível melancolia.

Regressei a casa penosamente, devido às trevas cerradas que me cercavam, apreensivo e penalizado por causa do desconhecido com quem conversara.

Ordenei a dois fâmulos lhe levassem pão, leite, carne e Moscatel.

Foram eles ao lugar indicado, empunhando uma lanterna e um cabaz, e, uma hora depois, voltaram apavorados.

– Senhor! – exclamou um deles, arquejante e lívido, assim que me viu – o *monstro* estava à nossa espera, mas nós, mal o vimos, atiramos a cesta ao chão e pusemo-nos a correr! *Aquilo* não é mais um homem vivo, juro-vos, senhor, é um fantasma!

Admoestei-os e, aquela noite, adormeci tardiamente, em sobressalto, anelante, entretanto, pelo despontar do dia, para atender ao rogo do infortunado do grande rochedo, ao qual depois dei o nome de Rochedo das Lágrimas."

II

"Cedo, pretextando longa excursão, saí a sós, depois de haver prevenido, aos que comigo privavam, pretender demorar-me algumas horas. Alvorecia. Estávamos num início de primavera insular. O ambiente era frio, mas ameno. A concha celeste, cor de pérolas pulverizadas, deixava transparecer do lado do Levante pinceladas de *rouge* luminoso. Uma frescura deliciosa, diluída na gaze da neblina, parecia pôr em contato, não a epiderme mas a própria alma com a natureza, embuçada levemente em bruma prateada, que lhe dava inexprimível encanto, tênue melancolia – encanto e melancolia que se observam através do véu nupcial, no rosto pulcro de uma noiva que se vai apartar dos que lhe embalaram o berço, e que exprime antecipada saudade do lar paterno, antes que seus olhos lacrimosos deixem de vê-lo...

No local convencionado encontrei arrimado a tosco bastão, sobre uma pedra retangular – qual se fôra a estátua da Dor, da Miséria ou da Desolação – o indivíduo com quem conversara na véspera.

Só então pude reparar-lhe as vestes sórdidas e rasgadas, o rosto macilento, a barba inculta, os cabelos hirtos; era de estatura mediana, bem proporcionado mas excessivamente emagrecido, certamente devido a privações ou a alguma enfermidade grave que tivera e lhe deixara os ossos à flor da pele, dando-lhe um aspecto desagradável, não porém de celerado e sim de ser vencido pelos padecimentos físicos e morais, em grau superlativo. De onde teria vindo o singular indivíduo, que parecia ter surgido das vagas ou ser um náufrago em putrefação, que houvesse ressuscitado?

Saudei-o, logo que dele me aproximei.

Não respondeu. Tinha os olhos velados.

Sondava a própria alma, por certo, antes de patentear-me os seus arcanos. Orava, talvez, tendo o Espírito alhures, errante, longe do local em que mal firmava os pés disformes.

Estávamos em frente um do outro, em penoso silêncio para mim. Fui eu quem o quebrou, ávido por escutar a voz daquela estranha criatura, a fim de convencer-me de que me não achava na presença de um redivivo ou do espectro da desventura, dizendo-lhe lentamente:

– Amigo, estou ao teu inteiro dispor, ansioso por saber o drama da tua existência... Poderás formular, após, o pedido a que te referiste ontem.

Ele sacudiu o rocio da roupa andrajosa – o que prova ter dormido ao relento –, talvez tentando reparar o desalinho das vestes, por um requinte de homem civilizado quando vai receber uma personagem de elevada categoria social – fitou-me com curiosidade e reconhecimento e, então, pude notar que seus olhos eram castanhos e belos, lúcidos e expressivos, revelando temperamento lhano e terno, contrastando com todo o organismo envelhecido, que causava a quem o visse a impressão de que um escultor original, por fantasia inexplicável, cravara dois radiosos diamantes de Golgonda em estátua plasmada em limo impuro...

Depois de haver-me fixado docemente, falou com extrema polidez:

– Agradeço, senhor, os alimentos que me enviastes ontem e que me reergueram as forças orgânicas, já quase exauridas. Foi verdadeiro banquete para quem não ingeria, há quase dois meses, iguaria alguma preparada pelos homens...
– Como pudeste viver durante esse tempo?
– Ides sabê-lo dentro de poucas horas...
– Trouxe-te, agora, dois frascos com água e leite. Deves ter o estômago muito debilitado...
– Debilitado só, senhor? Podeis dizer – corroído... Tive de banquetear-me, ontem, parcimoniosamente, com o que me ofertastes, e assim mesmo causou-me espasmos de dor um trago de Moscatel; crede, senti o suor gélido da morte gotejar-me da fronte e julguei ter chegado o derradeiro instante de vida, sem poder mais ver-vos... O leite, porém, sorvido posteriormente ao vinho, mitigou meus padecimentos.
– E hoje como te sentes? – indaguei com real interesse.
– Melhor. Obrigado, senhor! Pude adormecer profundamente neste local, pois me faltava ânimo para acolher-me à caverna que vos hei-de mostrar, meu último abrigo terrestre... Deus vos pague tantas generosidades e por terdes vindo escutar-me. Seria preferível me deixásseis sucumbir de fome a recusardes ouvir-me... Previno-vos, porém, longo é o que vos tenho a narrar. Não vos conserveis de pé, para não vos fatigar.
'Aceitai o único assento de que disponho nestas paragens – esta laje em que me vedes. É um divã feito por Deus... O homem primitivo dele se utilizou outrora, como eu nestes dias de tribulações que aqui tenho passado...'

Desceu do paralelepípedo em que se achava, passou-lhe em cima o barrete para retirar o orvalho e o saibro nele depositados, aparecendo, então, sem pressão, os seus cabelos revoltos, quase de todo encanecidos. Dobrei um espesso manto, com o qual me agasalhava contra a aragem matinal, e, depondo-o na pedra indicada, ali me sentei, como se o fizesse em móvel afeiçoado pela natureza.

Perto, o Atlântico rumorejava brandamente, como se estivesse prestes a adormecer para sempre, exausto de soluçar...

O náufrago – julgava que o fosse – conservou-se em posição respeitosa, firmando-se a improvisado báculo, de haste nodosa e curva numa das extremidades. Estava visivelmente emocionado e triste. A sua palidez era profunda. Animei-o com palavras afetuosas para que encetasse a confidência.

Sensibilizado, reiterou os agradecimentos:

– Obrigado, senhor! Não sei como expressar-vos o meu agradecimento, atendendo à súplica que vos fez um miserável do meu porte.

– O homem é meu irmão. Seus lamentos e seus rogos não me podem deixar insensível.

– É porque tendes um coração magnânimo. Há homens irmãos das feras – não têm comiseração dos que se sentem fulminados pela brutalidade dos padecimentos e comprazem-se até com os gemidos de suas vítimas...

– Quando se deixam empolgar pelo egoísmo e pelas paixões degradantes...

– Sim, tendes razão, senhor, mas..., e quando possuindo louváveis intenções, sob o domínio de ódio indômito, ou nos paroxismos de dor incoercível, não podemos açaimá-las e somos por elas ofuscados? O ódio é capaz de sugerir-nos todas as vilanias. A dor, quando infrene, acossa o homem qual leopardo faminto a presa cobiçada: se ele sai vencido, pode tornar-se mais cruel que o mencionado carniceiro; se triunfa, iguala-se ao próprio Jesus, invulnerável ao mal, propenso ao bem, e sua alma torna-se o sacrário de todos os sentimentos dignificadores... No entanto, às vezes, senhor, anos de virtude, de sacrifício, de labor, de abnegação, anulam-se num segundo, unicamente, num relâmpago de rebeldia satânica! Nunca vos encontrastes num desses momentos alucinantes, em que um desditoso se julga arrastado pelos cabelos, por um aquilão infernal? Conheceis, acaso, as decepções tremendas que dele se derivam? Ah! senhor, se nunca fostes por elas experimentado, não me compreendereis...

– Falais a um expatriado francês, que, inúmeras vezes, tem tido o lar enlutado e tem padecido acerbos reveses...

– Ah! sois um proscrito francês? – exclamou, com alegria quase infantil, e, depois, a uma afirmativa minha, interpelou:

– Não vos desagrada saber quem sou?

– Não. Desejo-o sinceramente.

Conservou-se meditativo, sem ânimo de encetar a confissão, que, certamente, seria penosíssima.

Pude então apreciar-lhe os traços fisionômicos e ler-lhe os sentimentos que, às vezes, pareciam flutuar, transparecer a flux, no rosto empalidecido...

Não era um mau, aquele indivíduo que me causara pavor ao vê-lo pela vez primeira, mas um desventurado para o qual as coletividades humanas sempre se mostraram inexoráveis.

Teria trinta e cinco ou quarenta anos; de constituição robusta, mas estava extremamente descarnado, indicando a sua lividez uma lesão cardíaca, grandes privações, ou amarguras inauditas; tinha a tez clara, quase ebúrnea, os cabelos castanhos, que seriam belos se bem cuidados, mas estavam hirsutos, ásperos, parecendo apegadas, umas às outras, diversas mechas encanecidas, talvez subitamente... As roupas de espessa lã, como as usadas nas zonas frígidas, não tinham mais cor definida, deviam ter sido azul ultramar; mas estavam enxovalhadas de limo, com diversas rupturas, que revelavam haver ele lutado com um ser enfurecido ou com o oceano, de encontro às arestas aguçadas dos rochedos que nos muravam...

Interroguei-o, ansioso por ouvir a exposição de suas aventuras...

– É, então, muito longo o que me tens a narrar?

Ele fez um gesto afirmativo com a fronte e também inquiriu:

– Não dispondes de tempo suficiente para ouvir-me?

– Ouvir-te-ei todas as manhãs, até que termines a tua confidência; depois, convenientemente alimentado, já estarás em estado de acompanhar-me, pois pretendo acolher-te em meu lar...

Agradeceu com o olhar, em que havia prantos ou luz de gratidão...

Subitamente, tornou-se mais risonho e falou em solilóquio, fitando o zimbório celeste e juntando as mãos esqueléticas:

– Não me iludistes, *santo mestre*, e eu rendo graças ao eterno por se haver apiedado de mim...

Depois, mudando de tom, murmurou:

— Para me atenderdes, senhor, talvez percais horas inestimáveis de labor... Que vos importa a vida de um desventurado?

— Estás enganado. Posso dispor do tempo que me aprouver e anseio por saber a tua odisseia, até que a findes. Todo sofrimento humano encontra percussão em meu Espírito. Começa, pois, o que me tens a transmitir, que te ouvirei com sumo interesse.

Ele baixou as pálpebras violáceas, por momentos, numa verdadeira absorção de ideias, ou como se estivesse percebendo uma voz recôndita, misteriosa e decisiva... Depois, passando a destra pelos cabelos argenteados, fitando-me com doçura, começou a sua revelação:

"— Conheceis a Rússia, senhor? Não. Pois bem, não vos considereis desditoso por isso. Eu a conheço porque nasci em uma das mais miseráveis aldeias do grande Império moscovita, num desses núcleos de desgraçados mujiques, cuja vida consiste em mourejar sem tréguas, em lutar constantemente contra a neve, a terra estéril, o tifo, a falta de pão, da infância à decrepitude, até expirar...

Sou o quinto e último filho de um casal paupérrimo, arrebatado ao mundo na mesma hora, por febre violenta. Extintos meus infortunados genitores, romperam-se os vínculos que lhes reuniam os filhos sob o mesmo colmo... Os órfãos foram dispersados para jamais se encontrarem. Tornaram-se, desde então, estranhos uns aos outros, entregues a diversas pessoas que, tomando o encargo de acolher crianças sem parentes próximos, não visavam a praticar um ato de altruísmo, mas adquirir, por tempo ilimitado, escravos aos quais pudessem tiranizar impunemente, usurpando-lhes o trabalho não remunerado.

Eu só encontrei, no decorrer da existência, um de meus irmãos, em circunstâncias trágicas para mim... Por que duvidar de uma vida superior à terrena para os oprimidos, os espezinhados, os que ficam sem teto, à mercê do destino e da crueldade humana, como nos sucedeu a mim e a meus desventurados companheiros de infância? Credes? Também eu! Deve haver uma causa poderosa e soberana, defluída do Alto, para que assim seja destruído um lar – qual o nosso o foi – para que criancinhas sejam apartadas das asas paternas, como avezinhas implumes arrojadas do tépido ninho a um solo glacial em noite de borrasca... Quem sabe, porém, não será reconstituído, futuramente, esse lar em condições favoráveis a todos nós? Há de existir além, acima de nossas frontes, mundos mais perfeitos do que este que palmilhamos, onde impere a justiça, onde haja a ventura idealizada em vão pelos burlados da sorte adversa, pungidos pelos autócratas deste globo...

Órfão aos dez anos, fui albergado em lar alheio, sempre hostil, educado na escola da adversidade. Nunca fruí conforto na puerícia nem na juventude, nos seus mais áureos períodos. Vivi sem folguedos e sem sorrisos, como os não têm os filhos dos párias e dos mujiques. Um virtuoso abade – que assistiu aos derradeiros momentos de meus pobres pais – entregou-me aos cuidados de uma família abastada, que me acolheu com rispidez, sem uma palavra sequer de comiseração por minha desdita... Constava essa família de poucos membros: o casal Peterhoff, depois reduzido ao consorte, que enviuvara; um rapazinho pouco mais velho do que eu, chamado André, e uma formosa menina, Sônia, contando oito anos de existência quando a conheci.

Eram todos bárbaros para mim, exceto a menina, cujo proceder estava de acordo com a sua aparência de arcanjo degredado na Terra vil... Depois que se desvaneceu o travor de minha dupla desdita, vivia obcecado por um anelo indomável – aprender a ler – e, se conseguisse realizá-lo, supunha seriam amenizadas todas as penas porvindouras...

Invejava a ida dos petizes de minha idade para o colégio, o único existente na misérrima aldeia em que morávamos, e, muitas vezes, em rápidos momentos de lazer, dele me aproximava, magnetizado por força incrível, e quase caía em êxtase ouvindo as criancinhas modularem algum hino, sacro ou cívico, que eu imaginava evolado das estrelas que, para mim, eram orifícios luminosos feitos pelo Criador, na abóbada celeste, com um trado de ouro...

Inúmeras vezes, rojando-me aos pés do Sr. Peterhoff, com os olhos turvos de pranto, supliquei me deixasse frequentar as aulas do abade Francisco – um venerando Pope,[1] assim chamado porque saíra de importante abadia, preferindo viver quase ignorado em pequena e rústica povoação, para velar pelos infelizes que a constituíam – o qual atraía, todas as tardes, ao presbitério, a infância desvalida dos arredores, para lhe difundir n'alma o lume inextinguível da instrução e da moral cristã, mas – ai de mim! – só conseguia repelões e gravames... Havia aulas em dois turnos: um, matinal, para

---
[1] Pope - Sacerdote.

crianças de ambos os sexos, até dez anos; outro, vesperal, para os meninos de mais de dois lustros, que laborassem durante o dia. Eu aspirava a frequentá-las, sem saber como conseguiria realizar o meu intento.

Tomei, então, uma deliberação peremptória.

Iludindo a vigilância de meus algozes, fui ter com o Pope no único santuário da localidade, sob o patrocínio da Máter Dolorosa.

Quando penetrei na sacristia, estava ele em preces, aguardando a chegada dos campônios para, em conjunto, elevarem os pensamentos ao Onipotente e a seus radiosos servos, à hora do *Angelus*. Era alto, magro, muito pálido, parecendo uma escultura em marfim, que os anos levemente alterara, com a fronte ampla, cingida por níveas madeixas, pois era já sexagenário.

Orava, quando dele me abeirei, sentado em velha poltrona, com os dedos marmóreos enlaçados e as pálpebras – em que havia tons de ametistas – completamente cerradas, os lábios imóveis.

Absorto em profunda concentração, pareceu-me um ente já desligado da vida material, que a sua alma de justo se alçara ao Empíreo, mas seu corpo fenecido ficara ladeado por uma falange de sentinelas luminosas; julguei, até, divisar um nimbo resplandecente, de suavidade estelar, sobre sua fronte jaspeada... Não ousei tocar-lhe com a mão crispada a negra túnica que lhe realçava mais a alvura de alabastro, e apenas pude murmurar com ansiedade e respeito, temeroso de despertá-lo e ao mesmo tempo desejoso de o fazer, para convencer-me se ainda existia ou não:

– Sr. Abade... Sr. Abade...

Ele descerrou as pálpebras, e vendo-me a seu lado, submisso e maltrapilho, enlaçou-me o busto carinhosamente e interrogou-me, fitando-me com o seu olhar arguto, mas revelador de bondade infinita:

– Que desejas, Pedro?

Todos me tratavam com rigor. Aquela amistosa recepção enterneceu-me até as lágrimas... Quase soluçante dei a conhecer as minhas aspirações. Afagou-me a cabeça, parecendo-me que, enquanto o fazia, eflúvios de consolação infiltravam-se-me n'alma sempre aflita.

Ouviu-me com benevolência e falou brandamente:

– Eu já me devia ter lembrado de ti há mais tempo, pobre Pedro – desvalido, órfão, analfabeto... Como foi possível esquecer-me de cumprir um dever tão sagrado – ó Deus meu! – qual o de iluminar o cérebro e o coração de um pequenino malfadado quanto este, cuja fronte acaricio neste instante?

'Tuas palavras, filho, chamaram-me ao cumprimento desse dever, que – com pesar to digo! – jamais um sacerdote pode olvidar impunemente... Ai! todos erram, Pai celestial!

'E é uma criança que me vem chamar à rebate a consciência... Tudo farei, agora, para sanar minha desídia para contigo.

'Pedro... Vai tranquilo, confiante em Deus que acaba de me esclarecer o Espírito e há de me auxiliar a obter o que almejas com tanto fervor... Hoje intercederei por ti, junto ao compadre Peterhoff'.

O campanário vibrou o *Angelus*... Ajoelhei-me e osculei a fímbria das negras vestes do ancião, que impôs a destra em minha fronte cálida, numa paternal e dulcíssima bênção.

Retirei-me da modesta capela tendo n'alma, pela vez primeira a rouxinolar, uma álacre esperança...

À noite dessa tarde a que me refiro, o Sr. Peterhoff foi procurado pelo abade e, depois de prolongada conferência, fui chamado à presença de ambos. Um estava radiante, com a fisionomia ressumbrando regozijo e triunfo – era o Pope; outro, de cenho contraído, visivelmente colérico – era o meu senhor. Eu o temia sempre e o seu aspecto iracundo infundiu-me instintivo terror.

Teria o *barine*,[2] na época a que me reporto, meio século de existência: era rubro, de barbas e cabelos fulvos como os da pantera; tinha os olhos cor de aço, frios e implacáveis; de estatura elevada, robusta, um pouco arqueado, parecendo que o próprio peso do corpo ou de remorso latente vergava-o para o solo, como me curvavam de dor seus injustos castigos e infindas atrocidades...

Sentia-me trôpego, atemorizado, gélido...

Em sua presença, julgava-me ameaçado de alguma catástrofe... Ouvi-o dizer com arrogância e cólera mal dissimulada:

– De amanhã em diante irás às aulas do Sr. Abade, a quem muito prezo, e, por isso, atendi à solicitação que me fez a teu respeito; mas, à menor falta que cometeres, serás expulso de lá como um cão hidrófobo! Lembra-te de que vais estudar ao lado de rapazinhos melhores do que tu e que não quererão ser pervertidos pelos exemplos nocivos do mais desprezível filho de mujiques...

---

[2] *Barine* – senhor.

Deus, por que há de sempre a alegria estar mesclada ao sofrimento? No instante em que conseguira realizar veemente anelo, tive apenas um lampejo de ventura, logo ofuscado por uma nuvem de trevas – a humilhação... Por que, naqueles momentos – que seriam de paradisíaco júbilo – tive a pungir-me o coração a víbora do ódio? Não sabia se deveria ou não prosternar-me aos pés do piedoso clérigo, que, compreendendo minha tortura, para a atenuar, disse com meiguice:

– Anda cá, Pedro Ivanovitch: prometes ser um bom menino, estudioso e bem comportado?

Impelido ternamente pelo velho abade, reclinei a cabeça em seu ombro direito e só ele ouviu o que balbuciei em surdina!

– Sim, não vos arrependereis de ter-me por discípulo...

Eu tinha, ao mesmo tempo, acúleo ferino trespassando-me o coração e um resplendor de felicidade a aureolar-me a fronte ardente...

O abade retirou-se contentíssimo e eu me fui ocultar nas palhas em que dormia, temendo a vingança do Sr. Peterhoff, que estava exasperado por haver feito uma concessão contrária à sua vontade potente...

Não pude conciliar sono tranquilo naquela noite. Levantei-me ao alvorecer e fui conduzir ao campo o numeroso rebanho do meu amo.

Quase não me alimentei, dominado por invencível nevrose. Ansiava pelo entardecer. Quando, depois de ligeiro repasto, obtive ordem da Sra. Peterhoff para ir à escola, quase fui presa de uma vertigem, tal a emoção que me assaltou ao chegar ao pardieiro em que dormia: não possuía nenhum fato, por mais modesto que fosse, com o qual pudesse apresentar-me ao abade Francisco e nunca possuíra um *kopeck*[3] para adquiri-lo...

Só me vestia com andrajos sórdidos... Pus-me a soluçar, no umbral de uma porta que dava acesso a grande pátio retangular, com um dos braços curvo sobre os olhos, de onde jorrava pranto incessante, transido de vexame e de agonia moral...

Viu-me a graciosa Sônia, que me tocou os farrapos dos ombros com a rósea e delicada mãozinha e interpelou-me:

– Por que choras tanto, Pedro?

Dei-lhe a conhecer a origem do meu pranto. Ouviu com interesse, pensativa, depois falou subitamente, juntando à palavra um gesto encantador:

– Espera! – e desapareceu no dédalo da vasta habitação.

Percebi o rumor de vozes exaltadas e, passados momentos – que me pareceram séculos – surgiu a alentada genitora de Sônia, sobraçando uma roupa infantil, de sarja azul safira – que fora do filho – já bastante usada, mas sem estar rota, escrupulosamente limpa, e deu-ma, dizendo com dureza:

– É só para frequentares o colégio e não para folguedos... Agradece ao pedido de Sônia e do padrinho de André, pois de outra forma não consentiríamos aprendesses a ler – luxo desnecessário a um filho imundo de mandriões que morreram à fome...

---

[3] *Kopeck* – moeda russa; é a centésima parte do rublo.

Há pessoas, senhor, que concedem uma esmola valiosa com as falanges contraídas, como as garras de rapina; custam a desprender a dádiva, querem retê-la depois que cai noutra mão, embora esteja esta mirrada de penúria ou de frio... Há criaturas que não sabem exercer a caridade, mesmo quando de seus dedos caíssem fúlgidas gemas de subido valor: tripudiam sobre o mendicante antes de o favorecer... Congelam as lágrimas de reconhecimento dentro do relicário do coração; elas aí ficam enclausuradas como pérolas que nunca chegam à flor das vagas, ou lírios crestados antes de desabrocharem, mortos pelas rajadas de brusca invernia... Transformam, em suas unhas de milhafre, as rosas de um óbolo em calhaus áridos, onde não germina a gratidão...

Se a Sra. Peterhoff apenas proferisse este rude vocábulo – toma! – eu lhe teria beijado a barra do vestido, ter-me-ia rojado às suas plantas; mas, como me espezinhou antes de me atirar aos braços aquela inestimável esmola, recebi-a silencioso, cabisbaixo, desejando apenas divisar a silhueta airosa de Sônia para lhe agradecer com o olhar o que por mim fizera; não o conseguindo, retirei-me ao lôbrego aposento onde passava as noites – muitas vezes aterrorizado pela escuridão que o invadia, transformando-o em túmulo glacial, onde eu rangia os dentes de pavor e de frio, nas lutuosas estações hibernais. Substituí meus farrapos pelas bem talhadas vestes recebidas, lavei o rosto, alisei os cabelos com um fragmento de pente que, há muito, apanhara numa alfurja, e, mirando-me nas águas de um tanque, aos últimos clarões do Ocaso, achei tão agradável o meu aspecto que me senti quase vaidoso; sorri como Narciso à minha própria imagem e, estugando o passo, quase alígero, dirigi-me ao presbitério já iluminado, que me pareceu um Éden cintilante... Minha presença causou sensação. Não era o maltrapilho dos outros dias, que todos viam levar o rebanho a pascer, e sim um outro petiz de rosto radiante, melenas penteadas, fato elegante. O Pope sorriu ao ver-me e disse, voltando-se para todos os seus discípulos já congregados:

– É mais um coleguinha que tendes convosco de hoje em diante, e espero haveis de estimá-lo muito, qual se fora um irmão...

Depois, olhando-me fixamente:

– Pedro Ivanovitch, desejo que te esforces muito para recobrar o tempo perdido; que sejas um aluno modelar, compenetrado de todos os teus deveres escolares e cristãos, aplicado ao estudo, afável para com todos os teus condiscípulos...

Eu perdera a voz. A comoção do primeiro momento magno da vida embargou-ma, estrangulou-ma na garganta ressequida...

Sentia-me ofegante, esquecido de minhas desditas, quando meu olhar cruzou com o de André, fuzilando de despeito, pois era destituído de beleza física, beleza essa que, compreendi, notara no seu pobre servo... Ele era rubro, sardo, de olhos garços quase inclassificáveis pelo colorido, de cabelos ásperos, cor de labaredas. Quem o avistasse a alguns metros de distância, teria a desagradável impressão de estar vendo um excêntrico frasco em forma humana, repleto de líquido escarlate, já mofento, sugado por uma tarântula de fogo, como o do averno – incombustível e inextinguível... Sua aparência inspirava temor, repulsa, aversão instintiva... Eu, ao contrário de André – hoje parece uma irrisão o que vos digo! – durante a infância e a juventude era insinuante, esbelto, de rosto oval um tanto pálido, cabelos castanhos encaracolados, olhos cor de topázio, cismadores, expressivos, formosos... Achavam-me belo, mesmo vestido de farrapos, e, certamente, foi esse o pensamento concebido por todos os que me viram, inclusive André, que, reconhecendo-se horripilante, para turvar o meu regozijo falou a um companheiro de bancada, de modo que eu ouvisse:

– Aposto em como não agradeceu à minha *santa* mãe a roupa que traz no corpo e que foi *minha*... É um soberbo, este Pedro! Ainda o ficarás conhecendo. Meu padrinho já está avisado – à menor falta que cometer, será expulso daqui como um leproso!

Senti-me deprimido, com os olhos nublados... O abade, adivinhando minha penosa situação – ficou ereto, fez sinal às crianças para que o imitassem e, fitando o alto, disse com brandura e solenidade:

– Vamos encetar os nossos labores escolares com um hino sacro, aquele consagrado ao Criador do universo, pois hoje obtive incalculável triunfo: foi-me por Ele concedida a graça de poder arrancar mais uma alma à caligem da ignorância para encaminhá-la ao arrebol dos mais úteis conhecimentos morais e intelectuais!

Perfilaram-se todos e, com a voz trêmula de emoção, o preclaro sacerdote entoou um hino melodioso, de melancolia indizível, de suavidade veludosa, de harmonia sideral, acompanhado por dezenas de puros gorjeios infantis, que pareciam descer das *selvas* celestiais ou ascender a elas...

Comecei a chorar, dolorosamente, após tantas e vivas comoções recebidas naquele dia, que me agitaram a alma, atormentando-a e ao mesmo tempo arrebatando-a ao Firmamento que, àquela hora, já devia estar florido de estrelas, como o Espírito luminoso de Jesus ou do abade Francisco – um dos mais esclarecidos apóstolos da caridade cristã, dos que têm baixado à Terra em missões santificadoras."

III

"Ia diariamente às aulas vesperais do piedoso eclesiástico, que, para confraternizar as crianças da obscura aldeia em que vivíamos, não admitia seleções entre as paupérrimas e as poucas abastadas que lá existiam, sem preconceitos de casta ou de fortuna, proporcionando a todas, indistintamente, instrução e preceitos morais. Não solicitava indenização alguma, de nenhum progenitor, mas, quando qualquer deles lhe enviava algum donativo, exultava, adquiria livros e materiais didáticos e seu rosto resplandecia de alegria ao distribuí-los igualmente por todos os discípulos, que o adoravam...

Aprendi em poucos meses o que outros meninos não assimilavam em um ano – assim proclamava o meu ilustre professor, que me tratava com extremos de pai. André, que era bronco, observou, entretanto, o meu talento e o progresso que eu fazia cotidianamente, e, por isso, cioso do dom excelso com que Deus me favoreceu, tornou-se mais hostil para comigo. Em casa, vingava-se da minha

primazia na escola – um jorro de sol em meio às trevas em que tinham vivido os filhos dos opressos mujiques daquela miserável aldeola – e, recebendo eu o fúlgido alimento intelectual, fiquei, inúmeras vezes, privado de uma côdea de pão ao erguer-me do palheiro em que dormia, sem um agasalho para afrontar as tempestades, sem um tamanco para não magoar os pés nas arestas de gelo das estradas desertas...
Emudecia, porém, para que ninguém suspeitasse meus tormentos, aguardando dias mais benignos. Após dois anos de frequência na escola paroquial, por uma tarde nebulosa, no início do inverno, ao regressar do campo dei por falta de uma ovelha. Fiquei alarmado.

Fui comunicar o ocorrido ao Sr. Peterhoff, que se encolerizou contra mim, vociferou impropérios, agrediu-me cruelmente e disse:

– Anda com as ideias à matroca este larápio, na persuasão de ser um *doutor* e poder deprimir o meu André! O compadre, com sua bondade excessiva, põe a perder este farroupilha...

Se me não deres conta da ovelha, que certamente mataste para me dar prejuízo, verás o que sucederá; nem o abade, nem Deus te livrará do merecido castigo!

Retirei-me atemorizado daquela fera humana e fui deitar-me, soluçante, sem me alimentar, pois me foi negada a ceia e eu não teria ânimo de ingeri-la, mesmo que ma houvessem dado... Por ter sido santificado o dia a que me refiro, não houve aula à tarde; o Pope celebrou uma cerimônia religiosa prolongada e, por isso, não pude falar-lhe como era meu desejo. Dormi pouco, em sobressalto, quase ao alvorecer. Despertou-me, brutalmente, André, antes da hora habitual, aos safanões, arrastando-me para fora da miserável enxerga a que me recolhera para repousar, após tantas dolorosas emoções da véspera.

Ordenou-me com violência fosse à procura do lanígero desaparecido, pois o queria morto ou vivo, a fim de verificar se eu não o vendera ou atirara a um fosso... Expliquei-lhe que a neve começou a cair mais cedo do que eu calculara e que, desorientado, envolto por súbito nevoeiro, só pude atinar com a falta da ovelha quando contei todo o rebanho no redil. Tentei erguer-me rapidamente das palhas que me serviam de leito, os membros estavam enregelados, invadidos por torpor quase invencível, devido ao frio e à falta de alimentação.

Com esforço supremo levantei-me, empunhei um bordão e pus-me a caminhar, sem ter sorvido sequer um trago de vinho...

Não avistava o horizonte, por mais que perscrutasse; o céu e a terra estavam confundidos, porque as serras longínquas tinham os píncaros nimbados pelo nevoeiro compacto, do qual parecia descer a neve, incessantemente, formando um oceano invertido, que se desfazia em cristais movediços, ligando o solo ao Espaço...

Atravessei a povoação penosamente, trôpego e, pouco distante da última choupana, caí de bruços sobre uma camada de flocos alvinitentes...

Viu-me tombar um condiscípulo e bradou por socorro aos avós, com os quais convivia. Não sei dizer quanto tempo fiquei desmaiado, sem dar acordo de mim. Quando recobrei os sentidos, achava-me num recinto paupérrimo, mas tépido, em frente de um casal de velhinhos que me fitavam com paternal compaixão.

Oh! meu senhor, podem todos negar que o beneficiado é sempre sem reconhecimento, olvidando o benfeitor; em vão asseguro, entretanto, que há seres que conservam, intacto, indelével, por toda uma existência, o sentimento da gratidão, que adquire a pureza e a candidez dos lírios, a rutilância dos astros e a durabilidade dos diamantes!

Foi um desses sentimentos que, naquele instante, medrou em meu coração e até hoje o bendigo, pois, em horas de secretas borrascas, é qual dourada seta de sol que desce à umbrosa masmorra de minh'alma.

Sou um malsinado, mas conservo também, no âmago do peito, qual santuário, uma lâmpada inextinguível, aquele olhar de piedade dos dois bondosos anciães que me albergaram no seu casebre e tiveram palavras de lenitivo para o débil pegureiro que lhes caíra próximo à porta, reanimando-lhe o organismo com um cálido alimento.

Comunicaram ao *barine* o sucedido.

Levaram-me, quase a braços, para a habitação dos meus algozes, onde fui recebido com rispidez, com ameaças de castigos físicos, e o que mais me mortificou foi o que dissera André:

– Sabem o que aconteceu? Foi, *certamente*, vinho demasiado que ele bebeu às ocultas, na adega; e caiu, ébrio, em plena estrada!

Essa insinuação caluniosa teve rápida repercussão na mente tigrina dos pais, que exultaram ao ouvi-la... Tive um momento de cólera fremente, desejei esbofeteá-lo, mas a minha situação não admitia esse desforço...

Contive-me a um olhar de Sônia, que estava presente e parecia dizer com infinita doçura:

"Contém-te que *eles* podem matar-te! São três contra um!..." Sufoquei no íntimo uma explosão de ódio, mas pela primeira vez não pude deixar de exclamar com desassombro:

— Não foi a embriaguez mas a fraqueza que me prostrou no caminho, pois desde ontem não me alimentava; caí inanimado de fome e frio!...

— Mentes descaradamente, bandido! — rugiu o Sr. Peterhoff. Ainda que fosse verdade o que dizes, tu te esqueces de que não somos, felizmente, teus parentes; acolhemos-te por *caridade,* e, se não trabalhares para fazer jus aos dispêndios com a tua manutenção, pôr-te-emos na rua como fizeram a teus irmãos, que morreram, certamente, mendigando pelas estradas... Deves considerar-te venturoso por te não espancarmos todas as vezes que o mereces!

Redargui-lhe, com voz tremente:

— Por que me não deixais, *agora,* desaparecer para sempre, como meus pobres irmãos?

— É o que faltava! Criaste penas em *minha* casa — que todos invejam — para poderes voar para longe, biltre? Então nada valem o teu vestuário e a tua alimentação durante cinco anos? Resgata o que me deves, a ovelha que mataste e deixar-te-ei partir até para as Geenas, se o quiseres!

— Mas nunca recebi sequer um *kopeck* e durante esse tempo tenho trabalhado mais do que me permite a idade, senhor!

— *Belo trabalho* o teu, digno de *recompensa*, ocasionando-me, constantemente, irreparáveis prejuízos, pois devido à tua inépcia a minha ovelha apareceu morta num valo...

— Não foi por descuido meu, senhor, pois ontem escureceu mais rapidamente do que eu supunha, e antes de contar todos os carneiros — que são muitos, precipitei a marcha para chegar mais depressa ao redil, mas a neve e a cerração desorientaram-me por completo... Só dei pelo tresmalho da ovelha quando regressei; logo, aflito, comuniquei o ocorrido ao senhor...

— São lérias forjadas para engazopar a nossa boa-fé, *seu* mandrião! Eu te conheço perfeitamente: és capaz de praticar todas as perversidades, todas as vilezas, à sorrelfa, mas, desta vez, caro pagarás teu desmazelo ou crime!

André, ferozmente, insinuou ao pai:

— Quereis que, neste momento, ele indenize todos os danos incalculáveis que nos tem causado? Vou buscar o *knout*...

Seu genitor riu satisfeito, mefistofelicamente, aprovando a sinistra sugestão do filho...

Foi, então, que ocorreu uma cena absolutamente inesperada: aproximou-se de nós a encantadora Sônia, que, até aquele instante, esteve à mesa da sala de refeições — o tribunal doméstico onde eu estava sendo julgado desumanamente por três cruéis verdugos — tecendo a filigrana de uma renda caprichosa, em profundo mutismo, disse ao irmão com as faces jaspeadas de pavor e indignação, talvez inspirada por um mensageiro divino:

— És muito inclemente, André, e Deus há de punir-te por tua falta de compaixão para com os desgraçados!

Três pessoas contra um rapazinho indefeso, órfão, infortunado e enfermo, é uma indignidade que clama justiça aos céus!...

'É bem verdade o que Pedro acaba de falar – sou testemunha de que, desde ontem, lhe foi negado o menor repasto, e queres afirmar que ele se embriagou, André? De que modo conseguiria penetrar na adega, se as chaves estão sempre em poder de nossa mãe?

'Quando cometer um delito, castiguem-no severamente; mas, hoje, imploro ao Criador me fulmine para não presenciar seja morto um inocente!

'Não és discípulo de um santo sacerdote, André? Que te valem os seus benéficos conselhos? Vai chamá-lo aqui, neste instante, para que ele, como juiz austero, julgue o teu e o procedimento de Pedro, e verás quem será acusado... Serás repreendido duramente, como desalmado! Tu, que aprendes todos os dias a ser cristão, não temes a Justiça divina, meu irmão?'

Era a primeira vez que a filha de meus senhores ousava manifestar claramente os seus pensamentos em desacordo com os de sua despótica família, intervindo numa questão doméstica, com energia até então desconhecida, porque certamente naqueles momentos – em que defendia heroicamente um oprimido – tinha a seu lado um fúlgido querubim, de flamejante gládio alçado para protegê-la, insuflando-lhe ânimo para patentear suas generosas ideias, diante de temíveis tiranos...

A surpresa foi geral: André quedou-se por alguns segundos, como que manietado por uma força mágica; depois, repentinamente, volvendo à realidade, encaminhou-se para a irmã, dizendo-lhe com escárnio, sem refutar-lhe as incriminações:

– Defendes um mujique, um rafeiro, sem dono, Sônia?
– Como poderás sê-lo ainda, André!

Era a culminante audácia de Sônia a meu favor. O nome do abade Francisco havia serenado os ânimos; a apóstrofe final, porém, exasperou novamente o feroz André, que avançou para a irmã, rubro de furor, como que chamejante:

– Se disseres mais uma palavra em defesa deste infame, retalho-o com o *knout*, até deixá-lo sem vida, na tua presença!

Sônia fitou os pais, desvairada de dor e de revolta, e, vendo-os insensíveis, pactuando com André, ajoelhou-se em frente à Sra. Peterhoff, que ela sabia ser menos bárbara que o genitor, com as mãos súplices, e implorou:

– Piedade, minha mãe, para este infeliz! Vede que ele está enfermo, quase desfalecido e não cometeu nenhum delito para ser ameaçado de tão crudelíssimo suplício!

'Em nome do Altíssimo, mandai que ele se vá deitar, minha mãe!'

Como era formosa, naqueles momentos, Sônia Peterhoff, senhor! Esqueci-me dos agravos recebidos, dos meus sofrimentos, de minha penosa situação, para contemplá-la: trajava um vestido carmesim que mais lhe realçava o rosto de açucena, levemente róseo; a fronte imácula era engrinaldada de cabelos castanhos, com revérberos de ouro, penteados com a singeleza das madonas de Sanzio; seus olhos de turmalina azul, inundados de luz e pranto, tinham cintilações de estrelas e poder fascinante!

Além de bela, era para mim o arcanjo tutelar da Misericórdia, e, por isso, não vos admireis se vos disser que, mais do que todos, eu estava perplexo, extasiado, deslumbrado...

– Afasta-te, Sônia – disse-lhe o carrasco do pai, com rudeza – o teu lugar não é aqui! Vai-te para a sala!

– Prometeis não espancá-lo hoje?

Foi sua mãe quem lhe respondeu afirmativamente, com um movimento de cabeça.

Ela obedeceu caminhando lentamente, até desaparecer no extremo de um longo corredor...

Assim que, compassiva, Sônia se retirou, o arrogante André injuriou-me brutalmente.

Baixei a fronte e conservei-me quedo.

O Sr. Peterhoff ordenou-me fugisse de sua presença para não ser tentado a estrangular-me. Tudo suportei cristãmente, silenciosamente...

Sentia-me petrificado, inerte, naqueles momentos em que julguei haver perdido a noção do tempo e até da dignidade: sujeitar-me-ia aos mais dilacerantes martírios sem proferir um lamento, um gemido, como vítima de um Nero, tal a perturbação mental em que me achava...

– Por quê? – haveis de imaginar...

Ai! perquirir – naqueles segundos memoráveis para os fastos da minha atribulada existência – o porquê da minha emoção, era o que eu não tentaria fazer... Mas, é mister desnude a vossos olhos todos os arcanos do meu coração, pois sei que faço a minha confissão *in extremis*... Ninguém mais, na Terra, ouvirá estes queixumes que são, talvez, os do mais malfadado ente humano...

Lembro-me nitidamente de tudo, senhor: quando fui recebido pelo *barine*, com a alma arpoada de dissabores, faminto e ulcerado; apartado de irmãos queridos, arrancados, soluçantes, de nossa palhoça por estranhos que sorriam de nossos lamentos; sofri, infinitamente, ao ser tratado com aspereza por ele, André e sua genitora, que me afrontavam injustamente com vitupérios e aleives; no entanto, senhor, assevero-vos lealmente que, desde que me surgiu aquela ideal criatura – Sônia – senti-me inebriado, enternecido, como se fora ela uma entidade exilada do paraíso por tempo ilimitado... Quanta bondade e meiguice revelava sua cândida fisionomia! Que olhar tranquilo e merencório, o seu – desses que baixam à alma, qual unção de bálsamo sutil!

Vê-la, era para mim o sentir no peito, amainadas, secretas tormentas; extinguiam-se-me subitamente inquietações e inomináveis desgostos...

No entanto, quanto padecia ao comparar os nossos destinos, tão diversos, reconhecendo a sua supremacia social, e, entristecido, contentava-me em contemplá-la de longe, e, se me permitiam as circunstâncias, fazia uma genuflexão à sua passagem, como quando nos aproximamos de um tabernáculo sacrossanto...

Poucas palavras havíamos trocado desde que me achava em sua habitação: ela apenas me transmitia ordens que eu executava prestemente, como vassalo submisso, pulsando acelerado o coração, de onde se irradiavam róseas alvoradas... Houve um período caliginoso para mim – quando Sônia, para aprimorar estudos encetados com o padre

Francisco, foi internada num dos mais afastados colégios de Nijni-Novgorod. Estive, enquanto durou sua ausência, taciturno e acabrunhado, até que, escoados quatro longuíssimos anos, eu a vi retornar para sempre, ao lar paterno.

Era ela, então, uma adorável adolescente de 13 primaveras; pareceu-me muito crescida e mais bela que antes, com requintes de dama fidalga, sabendo desenhar com perícia, tocar piano como artista, cantar com uma voz tão melíflua, que, se a ouvissem, enlouqueceriam de despeito as sereias sedutoras...

Não sabia definir, até aquela hora, o sentimento que lhe inspirava: se indiferença ou desdém.

A inesperada revelação da sua piedade por mim, protestando contra a acrimônia dos seus para comigo, em antagonismo a todos os membros de sua família, abalou-me o espírito até os mais profundos áditos, tornou-me alheio à dor, quase inconsciente ao que se passava em torno de mim, embrenhando-se-me, até os mais excusos meandros do coração, um jorro prateado de luar...

Poderiam, então, crucificar-me, ciliciar-me atrozmente que eu não soltaria um só ai: as lágrimas fúlgidas de Sônia dulcificaram-me todas as amarguras, inebriaram-me qual filtro divino, alhearam-me do mundo soez, transportaram-me às amplidões cerúleas...

Ai de mim! hoje posso afirmar, o que supusera ser o clarão de astro fagueiro, era a lufada de chamas de intérmino sofrer, a qual, mais tarde, havia de crestar-me todas as esperanças e ilusões da juventude... É que, naqueles instantes inolvidáveis, penetrara-me, para se tornar perene, um sentimento infrene que, para mim, tem sido um martírio inominável: aos quinze anos – idade flórea, fértil em sonhos e quimeras – eu, o ultrajado, o cativo de tiranos, comecei a amar insanamente a Sônia Peterhoff, a filha de um dos mais cruéis senhores que têm vindo a este planeta! Podeis avaliar toda a extensão do meu infortúnio, senhor!"

IV

"Mandaram-me às estepes mal dealbava o horizonte, e, ao deparar com os últimos despojos da trânsfuga, já quase de todo descarnada, invejei-lhe a sorte, senhor, e tinha razão para o fazer... Há, às vezes, incidentes que, a princípio, se nos afiguram de nenhuma importância e, no entanto, depois, tomam as proporções ilimitadas, dão origem aos mais graves sucessos em nossa existência... Aquela ovelha desgarrada – tantas vezes olhada com indiferença! – foi a gênese de muitos pesares, a fagulha que ateou a labareda de dor em meu ser, por algum tempo latente, sob cinzas... Aquela desertora, caída num abismo, dilacerada por corvos, simboliza, perfeitamente, o que me aconteceu: também eu, num dia borrascoso, cego pelo nevoeiro das paixões empolgantes, desviei-me do rebanho dos impolutos, rolei ao báratro do crime, fui esfacelado pelos abutres do remorso e dos sobressaltos infindos, e – o que é mais horrível ainda – arrastei na queda um ser fadado a todas as felicidades terrenas...

Não vos impacienteis, porém, por esta pequena digressão... Retomo o fio da trama urdida por minha própria sina:

Durante o dia estive apreensivo. Pungia-me aflitivo augúrio que, debalde, tentei desvanecer. À tarde, mal alimentado, pálido, com o coração confrangido por penoso pressentimento, dirigi-me ao presbitério. Ao aproximar-me dele, onde pontificava o bondoso sacerdote, que vivia para Deus e para as criancinhas, diversos garotos estavam aglomerados a alguns metros de distância da porta, aguardando o que quer que fosse com impaciência, discutindo à meia voz, acaloradamente...

André, ao ver-me, fez significativo gesto com a cabeça aos companheiros, que fugiram à minha passagem, prorrompendo em exclamações injuriosas:

– Olhem o bêbedo! Assassino de cordeiros! Fora!

O mestre assomou à porta com o rosto lívido e, impondo silêncio a todos, com energia, fê-los entrar para a sala onde lecionava e, deixando-os de pé até que lhes ordenasse o contrário, foi buscar-me à porta, quase desfalecido – pois a afronta recebida injustamente paralisara-me o sangue nas artérias... Acompanhei-o automaticamente. Ele me levou ao seu desguarnecido dormitório, onde havia apenas um duro leito, um cabide, um crucifixo de marfim, pregado à parede nua, e tosca mesinha onde se achavam empilhados livros sacros e científicos. Só mais tarde fiz esses reparos: então eu estava ofegante, abalado por indômita nevrose, sem uma lágrima, tomado de indizível agonia, com um dos braços arqueados sobre a fronte – como se a temesse desarticulada em diversos pedaços candentes...

Achava-me ao lado do amado benfeitor sem fitá-lo, sem ousar externar sequer um pensamento, ansioso que me interrogasse...

Com indizível surpresa e dor, ouvi-o falar-me com uma entonação ríspida, que eu desconhecia em criatura sempre carinhosa e serena:

– Pedro Ivanovitch – começou ele que, até aquele dia só me chamara filho, sentando-se à beira do seu pobre leito, esforçando-se por me descobrir o rosto – fiquei extremamente penalizado e desgostoso com a ação ignóbil de que há pouco foste vítima, e também pela que praticaste, tu, o meu discípulo dileto, o mais adiantado de todas as classes; tu que, tendo recebido diariamente os meus conselhos, os esqueceste num momento satânico para te desviares do caminho reto do dever!... Sempre te considerei merecedor de minha afeição e de meus esforços, e – se o Onipotente me permitisse – iria fazer-te feliz, libertar-te do...

Deixei os braços penderem ao longo do corpo, bruscamente, e fixei-o com os olhos abrasados, ao escutar aquelas palavras pronunciadas em tom magoado e repressivo, que me varavam o coração como farpas intoxicadas... Pareceu-me que ele tinha os cabelos mais nevados, as pálpebras mais roxeadas e o seu olhar austero e puro, como o de um redimido, devassava-me o Espírito até os mais secretos refolhos... Compreendi que me haviam difamado para me desprestigiar no bom conceito que ele me dispensava. A indignação e o rancor punham-me fogo nas pupilas.

Arguí-o, então, com firmeza, para que não duvidasse da minha lealdade:

– Que hedionda intriga tramaram contra mim, mestre?

Sua resposta não tardou e a voz lhe tremia ao dizer-me:

– Afirmaram-me que te embriagaste antes de ir apascentar o rebanho do Sr. Peterhoff... que caíste ébrio na estrada... que, por perversidade, atiraste a um precipício uma pobre ovelhinha...

Ouvindo, reproduzida pelo mestre querido, a aleivosia engendrada por André, meu rosto descorado purpureou-se e, de tanta angústia, depois de violento impulso, o coração começou a imobilizar-se...

Meus olhos turvaram-se e meu desejo, naquela hora, era o de me encaminhar para o lugar onde estivesse o ignominioso André e cravar-lhe um punhal no peito; mas, estava eu quase encarcerado nos braços daquele venerável ancião, adorado infinitamente, e, se o tentasse fazer, cairia desmaiado ao primeiro movimento...

– Deus meu! – pude, após alguns segundos de infernal tormento, exclamar, a custo. – Que outro infame, a não ser esse maldito André – que inveja o meu talento, tem ciúmes da amizade que me consagrais – forjou semelhante calúnia contra mim? Quer que me desprezeis e execreis quanto ele me escarnece e detesta, mestre!

'Pope, dá-me aquela imagem: quero jurar, tendo a Jesus por testemunha, que vos não disseram a verdade, que me imputam uma abjeção para que eu decaia da vossa graça...

'Chegou o momento de vos revelar todos os agravos, todos os vilipêndios de que tenho sido alvo em casa dos Peterhoff, o que sempre vos ocultei quando me interrogáveis...'

Lentamente, ele retirou da parede alva o celeste Imolado e o colocou em minha mão direita; fiquei genuflexo; depois de ter osculado o símbolo da redenção humana, e disse emocionado:

— Jesus bem-amado, sabeis que não adultero a verdade e tomo-vos por testemunha do que vou confessar ao meu querido mestre e vosso mais nobre servo; se eu mentir, fulminai-me, e que a maldição de Deus pese eternamente sobre a minh'alma, transformando-me no mais desgraçado ser do universo, por toda a consumação dos séculos!

Depois, voltando-me para o abade, fitando-o sem temer o seu olhar perscrutador, afirmei:

— Juro-vos, em nome do Mártir do Calvário e pela memória dos meus pobres pais, que nenhuma culpa me cabe pelo desgarre e morte da ovelha, acossada a um despenhadeiro, cega, como eu, pelos rigores da invernia inesperada...

'Juro-vos que me privaram de alimentos por mais de um dia, e, por isso, caí no caminho, exausto de forças, exânime de frio e fome...'

— Céus! — interrompeu o sacerdote alçando unidas as níveas e descarnadas mãos, que, depois, se desligaram, como asas brancas, cindindo os ares em demanda dos páramos divinos...

— Pedro, meu filho, juras outra vez não estares faltando à verdade? É tão horrível o que me relatas, que me custa crer na sua realidade!

Ele me trespassava a alma com o seu luminoso olhar e fez-me beijar novamente a efígie do Cristo, representando-lhe os derradeiros instantes de suplício, como, agora, acabo de chegar aos que me foram infligidos na Terra...

Obedeci-lhe e, cingindo o Redentor, estando ainda prosternado, narrei-lhe tudo quanto padecia na habitação dos meus verdugos, desde que lá residia, e tudo quanto se relacionava com os últimos acontecimentos, a intervenção providencial de Sônia em meu socorro, terminando a minha confidência nestes termos:

– Jesus, tomo-vos por juiz na questão que expus fielmente ao Sr. Abade, na qual fui torpemente infamado, como outrora vos fizeram vossos desumanos perseguidores; Senhor, desmascarai os que me assacaram tão tremenda calúnia; fazei-me justiça e puni os verdadeiros culpados!

O sacerdote levantou-se, abraçou-me, afagou-me paternalmente a fronte escaldante e disse então, sumamente comovido:

– Basta, meu filho! Não brades nunca vingança aos céus! Tens sofrido muito, como não podia avaliar, embora o suspeitasse há muito; mas o Pai celestial sabe por que assim deves ser torturado: tens carência de duras penas para tua salvação! A dor é o crisol no qual, como as pepitas, as almas se acendram e se purificam metamorfoseando-se em ouro radioso...

'Na decantada Hélade, nos misteriosos templos de Delfos e de Elêusis – que avassalavam inúmeros adeptos da imortalidade da alma – proclamavam que o Espírito tem diversos avatares, nos quais, aos poucos, vai sendo escoimado de impurezas, remindo crimes, alijando imperfeições, até se tornar quintessenciado, lúcido, preparado para existências venturosas em mansões etéreas... Assim também pensavam os geniais Platão e Sócrates... Não será essa belíssima e consoladora crença uma verdade inconcussa e não uma utopia, Pedro? Muitas vezes tenho meditado sobre ela, e, embora a religião que professo a condene como maléfica, julgo estar de acordo com o direito divino, e nunca a repeli como insensata... Por que há tanta dessemelhança no destino de cada ser humano? Por que nasceste em uma palhoça e outros têm o berço em palácios? Por que és belo e inteligente e André rude e hediondo? Deus é a superlativa justiça e não votaria ao gozo ou à desventura seus filhos – gotas da mesma fonte radiosa – senão baseado num Código que é a síntese de todas as equidades... Mereceste severa sentença, Pedro – a qual te parece agora injusta – porém, mais tarde, ao te lembrares dela, dirás: "– Obrigado, Pai, por só me haveres concedido a dor por companheira, para que minh'alma pudesse ficar redimida e luminosa! Benditos os que me flagelaram! Abençoados os que me feriram!". Esquece, pois, os teus padecimentos, imita àquele cuja efígie apertaste ao peito palpitante; perdoa aos teus ofensores, isto é, aos teus benfeitores!'

– É impossível, mestre, perdoar hoje aos meus algozes... Tenho a alma chagada, revoltada, azorragada, clamando vindita!

– Prometes, contudo, fazer esforços para perdoá-los?

Custou-me pronunciar um *sim*, pois o coração transbordava fel e desejos de desforra.

Ele, então, me fez sentar ao seu pé, no rijo catre, depôs na mesa o crucifixo e, enlaçando-me o busto amistosamente, falou:

– Pedro, eu me compadeço de ti inexprimivelmente; compreendo, agora, com clareza, a tua situação – que eu adivinhava ser intolerável em casa dos Peterhoff, uns desalmados – mas, para se evitar mais afrontas, mais acerbos pesares – e quiçá desgraça irreparável! – não quero que frequentes as mesmas aulas em que se acha André, teu rival, por causa do progresso que tens feito; com André que te abomina mais, desde que reconheceu em ti capacidades intelectuais que lhe faltam, quase em absoluto... Lembras-te ainda de quando fui implorar-lhe ao pai permissão para te ensinar, quanto lhe repugnou consentir que o filho adorado estudasse ao lado do seu servo, como ele te julga... Foi mister lhe asseverasse que a sua excusa magoar-me-ia sumamente, e se fosse estabelecida seleção entre os meus discípulos – quebrando-se o elo da fraternidade que desejo manter entre todos – partiria para longínquas terras no dia imediato...

'Ele – supondo que me preze muito e não ignore que sei transmitir ensinos suficientes para que o filho fique apto a cursar uma Academia, embora eu não alimente essa esperança, pois André é muito bronco – talvez receoso de fazer grandes dispêndios inúteis, com a educação do meu afilhado, acedeu ao meu pedido, permitindo que o descendente de mujiques frequentasse as minhas aulas com o dele, opulento *barine*... Tu progrediste rapidamente e a tua capacidade mental excitou a emulação excessiva de André, que se tornou teu rival implacável... Agora é que percebo tudo, lucidamente.

'A inveja é a víbora que espreita a sua futura vítima a todos os instantes, até encontrar ensejo favorável de inocular-lhe o seu *vírus* letal...

'Para te evitar maiores agravos, declaro que estás, desde hoje, impedido de comparecer à minha obscura escola...'
– Vós me expulsais, mestre! – exclamei no auge da consternação, sentindo que, só então, borbotões de lágrimas me afluíram aos olhos.
Ele me apertou a mão, sensibilizado, dizendo:
– Criança! duvidas acaso da minha afeição paternal? Pensas que te abandone em horas de reveses? Escuta-me, Pedro: mortifiquei-me insanamente quando soube havias claudicado, praticando ações vis; mas agora me regozijo por verificar que saíste ileso da imputação de André, continuando merecedor de meus desvelos, e, por isso, estou disposto a fazer por ti o que só faria a um filho amado...
'Não quero sejas, a vida inteira, um pegureiro atribulado por vexames e aleivosias, já que o Onipotente te fez superior a todos os aldeões pelo talento – um dom divino.
'Prometes cumprir um pacto sagrado que te vou propor?'
– Tudo quanto de mim desejardes, estou resolvido a fazer...
– Pois bem: para não agravar a tua situação, deixarás de vir às aulas...
– Eram as únicas horas felizes da minha vida, as que passava convosco, mestre!
– Não me aparteies, filho, verás o que pretendo pôr em execução... Vais continuar a aprender comigo, mas de modo que ninguém o saiba, para que te não apedrejem com cavilações e ofensas, para que melhor possa eu cultivar tuas faculdades intelectuais, merecedoras de carinhoso desvelo, sem suscitar rivalidades entre os teus colegas.

'Não me descuidarei, outrossim, de dar-te a educação moral, incomparavelmente mais valiosa que a científica, porque ela é que arroja nossa alma do tremedal terreno às paragens de luz, libertando-nos da masmorra de trevas em que jazemos, durante a nossa dolorosa romagem planetária!...

'Não convém – embora isso pareça uma covardia – excitares as hostilidades do Sr. Peterhoff contra ti, pois ele está exacerbado contra o fâmulo melhor aquinhoado pelo Criador, em faculdades mentais, que o filho querido e temível, e, num ímpeto de cólera, cometerá talvez uma violência irremediável contra o indefeso Pedro, não tolerando que Deus, a magnanimidade incomparável, não conceda tudo de estimável unicamente à prole dos *barines* abastados... É mister te humilhes agora para seres exaltado mais tarde; tens de alicerçar com lágrimas e sacrifícios tua ventura porvindoura... Qual a hora em que os Peterhoff adormecem?'

– Às nove, pouco mais ou menos...

– Pois bem, Pedro, a essa hora, cautelosamente virás ter ao presbitério, onde aguardarei tua chegada com alegria, onde te não faltará mais nutrição e agasalho, e, até às onze, eu te ministrarei lições correlatas à tua aprendizagem espiritual e intelectual. Quero que fiques conhecedor de alguns idiomas estrangeiros, para que possas obter vantajosa colocação longe da Rússia, nossa infortunada pátria, onde o proletário é considerado cativo ou rafeiro... Sê digno da minha dedicação paternal, Pedro, e verás que nunca te arrependerás de haver seguido a minha orientação, que eu pressinto, muitas vezes, vir do Alto, insuflada por entidades bondosas e afeitas exclusivamente ao bem... Aceitas o que te acabo de expor?

— Meu pai — disse-lhe eu, profundamente grato —, farei tudo o que me propusestes, e peço permissão para vos beijar a mão de protetor dos desgraçados...

Ele me estendeu a destra alva e diáfana, que cobri de carícias plenas de reconhecimento, tendo tido, então, a inabalável convicção de que, neste orbe, nunca encontraria afeto mais puro e desinteressado que o seu, e pressagiei que ele me guiaria através das procelas da vida, como o fazem os anjos tutelares, espalmando as níveas asas sobre os berços dos infantes adormecidos, sustendo-os com mãos luminosas — mas invisíveis para nós, mortais imperfeitos — pelas vestes fragílimas, à beira dos abismos, de que está eivada a vida terrena...

Depois, com imensa brandura, falou-me:

— Estás dispensado, meu filho, até amanhã.

Acompanhou-me com um dos braços cingindo-me as espáduas, até a sala de aula, onde as crianças fizeram um movimento de curiosidade ou de ansiedade mal reprimida, talvez de alegria, supondo fosse eu ser desligado brutalmente da escola que frequentávamos. O abade divagou o olhar por todo o recinto e, docemente, interpelou:

— Qual, dentre vós, já presenciou uma ação má praticada por Pedro Ivanovitch?

Silêncio tumular.

E prosseguiu:

— Não o conheceis, desde que ficou órfão, sempre modelar no procedimento, cortês para com os companheiros, respeitoso para com os anciães, delicado para todos que a ele se dirigem?

Um pequenino falou, timidamente:

– Sr. Abade, foi André quem nos contou ter ele se embriagado, depois de ter morto um cordeirinho de seu pai...

– Onde se acha André para sustentar e provar a veracidade da sua acusação?

– Ele e outros meninos aguardam, lá fora, a saída de Pedro para o apedrejarem, Sr. Abade...

– Queridos filhinhos – continuou o Pope, com inexprimível melancolia – que ato indigno cometestes hoje! Deus, em seu sólio incrustado de astros, de onde investiga tudo o que se passa no universo, não ignorando nem o palpitar de uma estrela, nem o adejo de um beija-flor, deve estar enfadado convosco, pois todos vós, hoje, tendes a voejar sobre as vossas róseas frontes o vampiro negro do pecado... Não nos assiste, nunca, o direito de condenar a quem quer que seja sem provas evidentes de sua culpabilidade. Jamais devemos motejar, nem dirigir apodos aos que erram, por mais criminosos que sejam, nem atirar calhaus aos loucos, aos ébrios, aos desventurados; antes, é nosso dever estender-lhes a mão fraterna, guiá-los através das estradas desertas, compadecer-nos de suas desditas... Quando soubestes que o vosso colega Pedro praticou um ato degradante – ao qual nenhum assistiu – devíeis ter-vos lembrado de que não vos competia o direito de puni-lo, direito que a mim competia, como seu mestre e confessor. Devíeis, antes, apiedando-vos dele, ter orado ao Pai divino, esperando que as minhas exortações o desviassem da senda do mal!

'Vós que o achastes um perverso, merecedor de severos castigos, tivestes maiores faltas que as de que o acusastes, pois deveis juntar à vossa violência a dor do remorso, porque injuriastes um inocente...

'Vede-o: Pedro não é um malfeitor, porque o seu passado imáculo é um desmentido à incriminação que lhe fizestes, e, se soubestes que ele desmaiou na estrada, é porque se acha enfermo, foi presa de uma vertigem... Há muito está sendo consumido de febre... Olhai-o: tem a palidez dos mortos, mas não a catadura dos réus!... Em vez de terdes comiseração dele... atirastes-lhe pedras e vitupérios!'

As crianças choravam, com as louras cabeças pendidas... O mesmo aluno que já se havia dirigido ao abade, intentou uma defesa para si e os colegas:

– Foi André quem nos aconselhou que batêssemos no Pedro, Sr. Abade, e que sobre ele recaia toda a responsabilidade do que fizemos...

– Estais arrependidos da ação reprovável que praticastes? Acenai as cabeças afirmativa ou negativamente.

Todos baixaram mais as frontes, murmurando como um sussurro de brisa:

– Estamos...

– Pois bem, espero jamais cometereis um ato condenável. Agora vos declaro que o pobre Pedro não vai ser expulso desta humilde casa de instrução – porque, se eu o fizesse, perpetraria uma clamorosa injustiça, merecedora da punição divina – mas, não o vereis mais entre vós, até que recupere a sua saúde, e...

– Pode ele morrer, senhor professor? – indagou um outro menino a prantear de compunção pelo que havia feito o enfermo sofrer.

– Quem te responderá com acerto, filho? Sentenciados à pena última, todos nós o somos pelo Juiz supremo, que, quando mal o cogitamos, nos faz comparecer ao seu tribunal para julgar todos os nossos atos, bons e maus, cometidos neste cárcere tenebroso – a Terra...

'Deixai-me, porém, concluir o que tenho a dizer-vos: não sei, ao certo, quando tereis o Pedro em vossa companhia... Talvez nunca mais... O futuro é tão vago e duvidoso!

'Ide, agora, todos vós – do lugar em que permaneceis – estender-lhe a mão direita, significando isso que continuareis a prezá-lo, que estais arrependidos do dissabor que lhe causastes, considerando-o doravante digno da vossa amizade e consideração...'

Todos de uma só vez alongaram os braços; viam-se mãozinhas trêmulas como adejantes falenas níveas ou cor de rosa...

O sacerdote, então, enxugando os olhos, onde cintilavam lágrimas, voltou-se para mim, quase desmaiado, e segredou-me, para que eu reproduzisse, em voz inteligível:

– Perdoo-vos. Adeus!

Depois que proferi estes vocábulos, o abade me osculou a fronte e acompanhou-me à porta.

Tinha eu dado apenas alguns passos fora do colégio, quando André e outros rapazinhos, que aguardavam minha saída com inquietação selvagem, ao me avistarem, prorromperam em assuadas, atirando-me seixos, que, por vezes, me atingiram o crânio e as faces, fazendo abrolhar sangue...

– Fora o assassino!

– Morra o bêbedo!

– Foi escorraçado pelo Pope!

Assim bradavam; eu, porém, não os ouvia quase: pareciam-me suas vozes, irritadas, uivos de feras enjauladas...

Caminhava nas trevas, cambaleante, mas tinha a engalanar-me a alma lúcidas rosas da esperança que, pela primeira vez na existência, desabrocharam nela, tornando-a edênica primavera: antevia a minha liberdade, e só esse pensamento grandioso ofuscava as minhas penas, obumbrava todos os meus tormentos físicos e morais...

Subitamente, deslizou entre eles e mim o vulto esguio do abade Francisco. Debandaram todos, acossados pelo temor de serem reconhecidos por ele. Achei-me só, em frente ao venerando mestre.

– Vou denunciar-vos todos a vossos pais, covardes! – exclamou distintamente o virtuoso sacerdote, cuja silhueta negra mal se divisava no luto da noite... Eu, porém, detive-lhe os passos, segurando-lhe uma das mãos geladas:

– Não, querido Pope, voltai! Quero provar-vos que compreendi os vossos belos conselhos, que almejo ser digno da vossa solicitude. Denunciá-los aos pais será perder-me, invalidar nossos planos, excitar o rancor dos Peterhoff contra mim, indispô-los para convosco! Deus os punirá, Deus unicamente! Não vos inimizeis com os meus senhores – tão cruéis para comigo! – pois seria malogrado o vosso projeto, que encheu de júbilos minh'alma atribulada... Não compliqueis a nossa situação angustiosa, mestre! Suportarei, sem um gemido, todos os opróbrios que me infligirem meus algozes, sabendo que vós e Sônia não me desprezais, não me julgais um delinquente, não desconheceis os meus infortúnios!... Desejo é não desmerecer do vosso inestimável concerto, tendo, agora, a iluminar-me o Espírito – até então amortalhado em crepe – o rosicler de uma esperança que nele fizestes surgir; a conquista da minha liberdade!

Ele, então, sem proferir sequer um vocábulo, me conchegou ao seio emagrecido, que – não sei por qual brusca metamorfose – cuidei possuísse a maciez das pelúcias e dos arminhos, parecendo-me entrever – nos intervalos dos ossos da caixa toráxica, mal coberta de carne – um coração fulgurante, de onde se irradiava luar opalino, dulcíssima fosforescência de lampiros, que iluminou o meu, incitando-o a crer no porvir... Vi-o, lentamente, dirigir-se ao presbitério.

Quedei-me, no mesmo lugar em que o abraçara, absorto e aturdido, percebendo, porém, claramente, que, naquele amplexo de afeição extrema, não foram os corpos que se uniram, mas as nossas almas que se agrilhoaram por todo o sempre, quer na vida, quer na morte..."

V

"À noite imediata àquela em que me agrediram André e seus sequazes, assim que cessou o rumor de passos na habitação do Sr. Peterhoff, ergui-me da enxerga em que jazia e, com precauções de felino, como bandido que quer entrar furtivamente num palácio, pus-me a executar as determinações do Pope.

Eu dormia, então, em lôbrego compartimento contíguo ao redil, apenas entaipado; abri a única janela nele existente, a qual ficava em frente, do lado posterior do quintal – que formava um grande retângulo murado – e, para não despertar um destemido molosso, guarda vigilante do rebanho, sondei por alguns momentos a escuridão noturna e atirei-me sutilmente ao solo. Não obstante estar próximo à residência dos Peterhoff, construída de cantaria, inexpugnável como um fortim, difícil foi divisar-lhe os contornos. Passados alguns instantes, comecei a lobrigar árvores frutíferas, que, desde o início do inverno, estavam despidas de folhas, parecendo corpos dissecados com os nervos salientes, ou múmias retiradas de seus estojos, e que, a todos os momentos, abolindo a sua rigidez secular, se curvassem às lufadas ríspidas dos vendavais... Reinava por todos aqueles sítios um silêncio de necrópole romana, abandonada desde os tempos ominosos de Nero...

Nenhuma luz interior ressaltava das grades das persianas, por onde, às vezes, rajadas de procela sibilavam tragicamente.

Velava apenas o mastim, que rosnou – quase como um rugido – ao ouvir a bulhe dos gonzos oxidados da janela e a de meus passos cautelosos... Estremeci, apavorado, temendo ser atacado pela fera ou pressentido por alguém...

Felizmente o cão era meu amigo, e, aspirando ruidosamente as trevas, bocejou, sonolento, entrechocando as mandíbulas e aquietou-se de novo.

Então, escalando o muro num ponto acessível junto a um olmo, atirei-me para o exterior do quintal e, depois, calcando a neve por caminhos esconsos, beirando as míseras choupanas da aldeia, achei-me em frente ao presbitério, tiritando de frio, mal podendo firmar-me nos pés entorpecidos. Bati mansamente à porta com as falanges contraídas e enregeladas.

A porta foi aberta pelo abade, cuja silhueta se desenhou, por segundos, numa tela de luz formada pela projeção da lâmpada suspensa ao centro da sala.

Dificilmente galguei os degraus da pequena escada frontal.

– Que tens? – inquiriu ele, aflito, vendo-me vacilar.

– Estou ébrio, mestre! – respondi-lhe eu com amarga ironia.

– Céus! vieste sem uma *tulupa*![4] Entra depressa, meu filho, para te aqueceres... Podes ficar gravemente enfermo, assim como te achas, Pedro!

Ele me auxiliou a entrar para o recinto tépido, foi buscar um agasalho incolor, pela idade, mas ainda espesso; envolveu-me nele, fez-me sorver um trago de falerno, que ganhara pelo último Natal.

Observando que me voltara a cor às faces esmaecidas, falou:

– Esqueçamos as urzes do presente para só nos lembrarmos das flores do porvir!

Seu semblante, sempre severo e triste, estava transfigurado, qual se o iluminasse suavemente um fanal interior. Meditou um pouco e prosseguiu:

– Pedro, vais doravante adquirir conhecimentos literários e científicos que, no decorrer desta longa e dolorosa existência, nunca tive ensejo de proporcionar a alguém... Apraz-te saber que ainda poderás viajar em todos os oceanos, exercendo a gloriosa profissão náutica?

– Sim, mestre, desejo conhecer os mares e os países dos quais apenas não ignoro os nomes, abandonar estas regiões

---

[4] *Tulupa* – manta de pele de carneiro, usada na Rússia.

onde tenho já sofrido decepções e agonias! Talvez muito além encontre uma nação em que haja mais compaixão para com os desventurados, do que na Rússia...

Ele me fitou, repreensivo; e falando com mágoa:

– *Aqui* tens sido tratado cruelmente por todos, Pedro?

Compreendi a alusão de suas palavras e fiquei ruborizado de vexames... Arrependi-me do que dissera irrefletidamente; surgiu-me à mente a imagem cândida e linda de Sônia... Havia sido duplamente ingrato!

– Perdoai, mestre! – exclamei emocionado. – Julguei neste instante não pertencíeis mais à humanidade terrena que tantas vezes me tem excruciado, mas a uma outra isenta de imperfeições... Já sois um ente mais ligado ao céu do que ao mundo vil que habitamos... Sois um inspirado apóstolo de Jesus, mestre!

Ele se comoveu com as minhas palavras. Seus olhos nevoaram-se.

Após alguns momentos de reflexão, continuou carinhosamente:

– Olvida, Pedro, os que te fazem padecer, isto é, os que te facetam a alma... Atenta, agora, no que te vou ensinar. Consoante já expus, desejo ensinar-te, além das ciências exatas, o idioma francês, porque tenho, pelo lado materno, diversos parentes domiciliados no Havre, e um deles é sócio de uma companhia transatlântica. Quando concluíres teus estudos, hei de escrever-lhe a teu respeito, a fim de que te coloque a bordo de um de seus paquetes; assim terás ensejo de percorrer o hemisfério ocidental, onde, mais tarde, escolherás para residência permanente o país que te aprouver...

Eu estava encantado.

Por mais de uma hora ele me proporcionou doutas explicações, mostrou-me grandes planisférios, seguindo, com a ponta de um lápis, viagens simuladas pelos continentes terrestres.

Omito, porém, senhor, muitos pormenores da minha vida de aprendiz, para abreviar o que tenho a narrar.

Uma vez, ao ver-me chegar ao presbitério, açoitado por temerosa tempestade de neve, o bondoso abade, sensibilizado, exclamou:

– Que imenso é o teu sacrifício, Pedro!

– É o preço da minha alforria, mestre! Não é preferível fazê-lo a continuar cativo?

Por espaço de alguns anos frequentei as aulas clandestinas do preclaro sacerdote. Meu Espírito recebeu projeções de sol, mas o meu organismo, exausto por contínuas fadigas, começou a definhar.

Foi mister um interregno em meus estudos, para me fortalecer. Completei dezoito anos de idade. Restritas eram as minhas relações sociais. Dotado de temperamento pouco expansivo, nunca fui seduzido pelos folguedos mundanos. Ocultos em sórdidas algibeiras, levava ao campo preciosos livros que o abade me confiava para estudar.

Minha situação na casa dos Peterhoff tornava-se dia a dia mais intolerável. André, que não conseguira cursar nenhuma academia, não se ausentava nunca, e, sem motivo plausível, perseguia-me com afrontas que eu, a custo, deixava de repelir.

Vitorioso, por supor ter eu deixado de estudar com o Pope, invejava o meu aspecto, pois, apesar de emaciado pela falta de conforto, era insinuante, de maneiras distintas e corteses, parecendo pertencer a uma estirpe superior à sua, destacando-me entre ele e os rústicos de nossa aldeia, que me olhavam de soslaio, consumidos de inveja.

Tratavam-me todos com dureza, exceto o abade e Sônia, que me expressava a sua complacência pelo olhar boníssimo, como a Imaculada deve fitar, no meio das labaredas do averno, os que lhe imploram patrocínio e bênçãos...

E, ai de mim! antes nunca a tivesse tido a meu favor...

Antes me houvesse ela tratado rispidamente, como quase todos os que comigo privaram.

Foi a sua comiseração que me perdeu para sempre, senhor... Desde aquele funesto dia em que esmoreci na estrada, todas as tardes, ao regressar do pasto, encontrava um invólucro sobre o meu grabato, contendo pão, queijo ou algum fruto saboroso...

A primeira vez que tal aconteceu, fiquei perplexo, indeciso se deveria ou não tocar-lhe; mas, vencida a momentânea relutância, tive aclarado o mistério, lendo um dístico grafado sobre ele, em belo cursivo feminino:

'Para o Pedro levar às estepes, quando for pascentar o seu rebanho.' Nada mais. Nenhuma inicial o assinalava, ocultando-se no anonimato o anjo compassivo que, a furto, entrara em meu lôbrego dormitório para praticar um ato filantrópico. Conjeturei, por um momento apenas, proviesse a dádiva do altruístico casal que me recolhera desfalecido; mas essa suposição foi logo pulverizada, pois o quintal da habitação dos Peterhoff era intransponível, sem nenhuma passagem, e patrulhado por terrível canzarrão...

Era, pois, Sônia, a fada benfazeja que continuava a proteger-me na juventude, qual o fizera na infância.

Guardei, por muitos meses, o minúsculo bilhete encontrado sobre o primeiro farnel. Li-o centenas de vezes, como se não o houvesse esculpido – desde o segundo em que o vi – em minha mente reconhecida, até que se deliu num dos bolsos do meu roto gibão.

Desde que o recebera, porém, me pareceu ter-se uma pétala da alma lirial de Sônia ligado à minha; percebi que um vínculo potente e indissolúvel unira os nossos destinos...

Com pouco mais de três lustros, podendo ser o modelo das Madonas de Murilo ou Corrégio, ela vivia enclausurada naquele casarão adarvado de muralhas – qual se fora uma alcáçova – sempre silenciosa, merencória, passeando apenas no jardim que ladeava o prédio à direita.

Às vezes, cumprindo alguma determinação de André, eu deixava de ir ao campo para o auxiliar no amanho das plantas do jardim e do pomar, mister para o qual revelava capacidade aproveitável; tinha, assim, ensejo de encontrá-la; e, quando ela me interrogava algo sobre um vegetal, fornecia-lhe informes que lhe causavam admiração.

Uma tarde, disse-me inopinadamente, mostrando surpresa e colhendo uma rosa:

'– Tu, Pedro, não tens a linguagem nem a aparência dos outros aldeãos... Dir-se-ia que descendes de nobres e não deixaste de frequentar as aulas do abade Francisco!'

Sua perspicácia angelical adivinhara a verdade. Fiquei ruborizado e entristecido: era eu tão mesquinho que a todos tinha de ocultar o óbolo inestimável que me dava diariamente o venerável sacerdote, que eu e ela adorávamos...

Uma vez, em hora matinal, vendo ela o irmão aproximar-se de nós, não pôde sofrear um gesto de impaciência e murmurou, rapidamente, quase em segredo:

– Queres ver, Pedro, como André vem enfadar-nos? Ele, e não tu, parece um lapúrdio...

Fiquei atônito, enlevado. Dia a dia achava-a mais graciosa, sua presença causava-me um enleio indizível – misto de magia e vago temor pelo que nos poderia suceder inesperadamente...

Ela não se enganara. André, que era um rapaz de altura descomunal, ruivo, horripilante, encaminhou-se para mim com arrogância:

– Não revelas, nunca, habilidade para qualquer serviço: és mau jardineiro quanto péssimo pegureiro!

Ia fazer algum reparo injusto sobre o cultivo dalguma planta – para me espezinhar e alardear superioridade – mas, antes que o fizesse, ouvi a gentil Sônia interpelá-lo, sorrindo com aticismo:

– Por que continuas a ser impiedoso na mocidade qual o eras na meninice, André? Que mais desejas para ficar contente e não hostilizares o fiel servidor de tantos anos?

– Que este labrego aprenda a trabalhar!

– E tu, meu irmão, por que não conseguiste fazer os preparatórios para te matriculares em uma Academia, com grande dissabor para nosso pai?

Baleado na sua vaidade excessiva, disse ele à irmã, já imensamente colérico:

— Começas a defendê-lo, Sônia, como *naquele* dia? Hei de relatar tudo a nosso pai, para que te proíba conversares com este biltre!

— Não converso nunca com o Pedro; apenas lhe transmito ordens que ele — ao inverso do que propalas — executa inteligentemente...

— Pois bem, *doravante* estás proibida de lhe dirigir a palavra... O amanho de todas as nossas terras está sob minha exclusiva direção; *ele* somente fará o que eu determinar; é a mim, pois, que tens de manifestar os teus desejos...

Sônia retirou-se prudentemente, talvez para me não acarretar maiores gravames. Senti-me subitamente inquieto, aniquilado, como se um fragmento da própria alma acabasse de submergir num caos insondável, compreendendo que amava delirantemente a irmã daquele que eu abominava! Pressagiei, para mim, um pélago de dores e humilhações, servindo sob a tirania de André. Passei o dia opresso. Anoiteceu. Pude, enfim, estar a sós com o Pope. Estava mais descorado que nas outras noites e o nervosismo que me agitava era tão visível que, ao transpor o limiar do presbitério, o Pope, aflito, indagou da minha saúde.

Não tardei a manifestar-lhe as minhas apreensões, fazendo-o conhecedor do incidente da manhã.

Ouviu-me, como sempre, com benevolência; depois, tomando pronta resolução, falou:

— Urge que partas, meu filho, mais breve do que eu conjeturava, para outro país... Aqui, não passarás de fâmulo dos Peterhoff; alhures, com os conhecimentos acumulados em anos de estudo e sacrifício, poderás desfrutar as regalias sociais dos povos cultos. A ocasião é propícia para executar o plano que há muito elaborei a teu respeito. Já escrevi ao meu parente do Havre. Ele te aguarda para dar cumprimento à minha solicitação.

Dar-te-ei o auxílio pecuniário imprescindível à tua longa viagem. Prepara-te, pois, para partires esta semana."

VI

"Ao ouvir essas palavras, fiquei meditabundo, com as feições alteradas por íntimo sofrimento: pensava em partir, em me separar eternamente daquele santo protetor e de Sônia Peterhoff, que eu idolatrava, sentindo por ela um amor invencível, como quando o temos tecido de obstáculos, sem esperança de ser partilhado o nosso afeto, amor que se tornava vibrante, perene, incomensurável!

– Pedro – repreendeu-me brandamente o abade –, ocultas algum pensamento angustioso ao teu confessor e velho amigo?

Pus-me a soluçar. Ele me encorajou ao dizer-lhe eu o que havia de secreto em meu íntimo. Obedeci-lhe.

Ao ouvir-me a confidência, ergueu-se bruscamente, comprimiu a fronte encanecida com as mãos quase imateriais, dizendo compungido:

– Por que, filho meu, não soubeste dominar os impulsos do coração enlouquecido? Por que me não fizeste, há muito, essa grave confissão, Pedro?

Eu estava mudo, sem aventurar uma tíbia defesa. Ele se achegou a mim, pousou a destra no meu ombro esquerdo, falando com inusitada energia:

– É mister partires mais breve do que supunha, para não cavares tua perdição, antes que seja o teu Espírito lacerado por atrozes tormentos! Não compreendes que serão capazes de tirar-te a vida – o Sr. Peterhoff e o seu filho – se desconfiarem que amas a Sônia? Ela é formosíssima e mais opulenta que o irmão. Há um legado do padrinho – para lhe ser entregue no dia de suas núpcias – avultadíssimo. Seu genitor já me revelou que vai levá-la a Moscou para realizar o consórcio com um sobrinho. Breve, talvez, hás de vê-la pertencer ao esposo, que não será melhor do que tu, mas desfruta prerrogativas sociais que não possuis... És sombra na Terra; Sônia é estrela radiosa; concebe-se que a ames, porém nunca a alcançarás, desventurado Pedro! É assim constituída a sociedade. Quem somos nós, eu e tu, míseros e obscuros, para derrocar leis seculares e absurdas? Deves partir para longínquas paragens, antes que Sônia se enamore de outrem!... Ai! filho meu! Não conheces ainda o suplício inominável que preme um pusilânime coração humano, quando transborda de zelos! Não sabes o que é a dor inaudita que o empolga, ao ver em mãos alheias o seu ideal, o objeto único dos seus sonhos, alvo da sua existência, que o fazia pulsar e conceber aspirações fagueiras... Quando possuídos deste luciferino sentimento – o ciúme – parece que há um desmoronar fragoroso dentro de nossa própria alma, fazendo ruir todos os nossos encantadores anelos; há um cataclismo em nosso coração quando perdemos a esperança de conquistar o único ente adorado neste mundo; cuidamos que se abre um orco apavorante a nossos pés, e um violento ciclone nos impele para ele, vertiginosamente, enquanto o peito nos estala com desespero!... Se, entretanto, resistimos a essas secretas eversões devastadoras, vivemos, desde então, como tendo o coração repleto de escombros, onde não floresce, jamais, o lírio de uma derradeira ilusão, mas vicejam, com exuberância, os cardos pungitivos de todas as reminiscências, de todas as saudades... que só morrem conosco!

'Se, ao inverso, nesses momentos de martírio ignorado nos deixamos dominar pela paixão que nos devora, não tendo a energia precisa para triunfar de impetuosos sentimentos, somos impulsionados, como ébrios, a perpetrar os maiores desvarios, as maiores vilanias, os crimes mais execráveis... Foge, Pedro, desses instantes diabólicos! Vai ocultar bem longe desta região as tuas desditas, implorando ao divino Pai que, quando a Ele recorremos, nunca nos abandona – conceder-te denodo moral, perseverança no trabalho, refrigério aos teus padecimentos, esquecimento do passado, e, então, poderes ligar ao teu o destino de modesta criatura, que te fará olvidar essa insânia da juventude... Urge partas depois de amanhã, Pedro! Sou eu, o sexagenário experiente dos parcéis da vida – quem te manda fugir à voragem de que andas próximo... como eu o fiz outrora, a tempo de evitar desventuras que, depois, seriam irremediáveis!'

Era uma revelação que ele me fazia e que eu nunca lhe suspeitara... Vi, então, enternecido por intensa piedade, daquele austero ancião sempre tão calmo e resignado, passar a destra fremente pelos olhos, tentando talvez suster lágrimas que afluíam em profusão, todo o seu débil organismo agitado por emoção insofreável...

Compreendi a grandeza da sua agonia, que ele soubera sempre sepultar no coração varonil, sentindo que nunca o venerara tanto como naqueles momentos inolvidáveis em que compreendi não ser o único a suportar angústias infinitas, que outras existem mais atrozes ainda do que as minhas, macerando almas nobres, votadas ao bem, vivendo sem uma quimera terrena, mas que sabem reprimir seus tormentos para lenir as chagas dos seus irmãos, pungidos da mesma pena... Comparei a minha mocidade em flor com o glacial inverno daquele velhinho adorado e arrependi-me de lhe haver confessado meus padecimentos, que se amesquinharam em confronto com os seus, com os que flagelavam seu vibrátil coração, morto para todas as felicidades mundanas, e que, por isso, se voltara para as do Empíreo, inexauríveis!...

Até então, amara-o como pai; doravante, porém, que uma grande dor nos aproximara como irmãos da mesma idade, avancei em anos, vi-me como ele, já com os cabelos de neve, no declínio da vida, sem ilusões nem sonhos, e essa igualdade de destinos nos aliou mais, confundiu nossas almas, algemando-as num grilhão indestrutível...

Era mister obedecer-lhe para lhe poupar mais sofrimento, para me desvencilhar do torvelinho que ele antevia, diante e sob meus pés...

Prosternei-me, suplicando me abençoasse, a fim de partir naquele mesmo instante...

Sacudiu negativamente a cabeça argenteada:

– Não, Pedro, ainda não disponho da quantia suficiente para a tua longa viagem... Arranjá-la-ei amanhã com um velho amigo.

'Fica preparado para partires à tarde. Aluga um bom corcel, prende-o onde te convier e vem, durante o dia, buscar a carta de apresentação, bem como o restante do dinheiro que te pretendo ofertar...'

Deu-me uma pequena bolsa com alguns rublos e aconselhou-me a que fosse repousar.

Retirei-me ao tugúrio, mas não pude adormecer. Meu cérebro parecia estar sendo crestado pelos pensamentos, tornados comburentes, quase crepitantes... Levantei-me ao dealbar e, tendo ido cumprir uma ordem do Sr. Peterhoff, avistei o abade Francisco, que, tão preocupado estava, não me enxergou.

Seu vulto esguio, entrajado de negro, com um capuz à fronte, passou por mim lentamente sem me perceber, e, quando o vi desaparecer além, numa curva do caminho em direção à residência de um antigo merceeiro, lembrei-me de que ele ia contrair uma dívida para me salvar...

Profundo enternecimento avassalou-me, não podendo reprimir o pranto copioso...

Não me comovera somente a prova de afeição que me dera o nobre velhinho, que eu via distanciar-se, mas a ideia de em breve não poder mais contemplá-lo com veneração, receber suas advertências, seus ensinamentos incomparáveis... Como me pungia a alma o saber que era forçoso apartar-me dele por todo o sempre, e daquela pobre aldeia que, em horas de humilhação e dissabor, eu desejara abandonar, mas que, no momento de realizar esse anelo de servo oprimido, tornava-se um suplício inominável para mim... O pensamento de que jamais poderia rever aqueles sítios, fez-me enxergá-los sob outro aspecto, compreendendo que os amava infinitamente... Olhava-os, já com saudade antecipada, com as pupilas embrumadas de lágrimas...

O coração, senhor, semelha-se a um menino caprichoso e irrefletido: não se sabe, nunca, ao certo, o que almeja realmente, e, por isso, a dúvida o martiriza do berço ao túmulo.

Às vezes o sonho fagueiro é-lhe suplício indizível à tarde, uma veemente aspiração, que lhe parece ser a única da existência realizada, encontra-o insensível e, por isso, se uma fada benfazeja lhe dissesse: 'Pode ser efetuada agora!', ele ficaria perplexo e interrogaria a si mesmo: – 'Serei realmente feliz, tornando a flor de um sonho em fruto tangível?' E teme que o seu almejo querido se torne em certeza palpável, porque, logo, se transformará em pó...

É por isso, senhor, que ele vive a fantasiar, a arquitetar castelos de névoas que o Eviterno derroca suavemente, porque o Eviterno sabe que unicamente o ideal é amado com delírio e pureza; só o que é insaciável, inacessível, tem duração no seio humano; a mais rósea quimera, efetuada, torna-se em cinza, a mais leve aragem a desfaz, polui, metamorfoseia o ouro do ideal em torno marnel...

Eis o que eu conjeturava naquela manhã, acompanhando com o olhar a silhueta do nobre sacerdote, que ainda adoro como antigamente.

Curvei a cabeça, e, contrito e arpoado por tétricos augúrios, implorei ao Criador me concedesse coragem de partir para sempre, de estrangular no âmago do meu ser os sentimentos que nele se conflagravam, e, sobretudo, para poder sepultar – como o abade, meu irmão pelo mesmo pesar que nos consumia – um amor impossível de ser correspondido, e, por ser irrealizável na Terra, duraria por toda a consumação dos evos...

No dia imediato ao em que fora decidida a minha retirada da Rússia, André arvorou-se em chefe da jardinagem, para ter ensejo de espezinhar-me.

À tarde, antes de ir à casa do Pope receber suas ordens, apurei meu vestuário e esperei o momento em que Sônia costumava passear no parque, para apresentar as minhas despedidas. Ela, porém, conservou-se reclusa no interior da casa.

Estava na sala de visitas, com as janelas semicerradas executando ao piano, em surdina, um merencório noturno...

Era um lamento, um doce queixume, que partia da sua para a minha alma.

Ouvi-o religiosamente, com a fronte descoberta, como se estivesse escutando uma prece de sons, com os olhos enevoados, o coração intumescido de acerbo padecer...

Eu me resignava a expatriar-me; mas desejava dirigir-lhe ao menos algumas palavras, apertar-lhe pela primeira e derradeira vez a generosa mão, agradecer-lhe a piedade que sempre por mim manifestara... Ai! e ela não aparecia à janela, e eu receava não a ver jamais, tendo já contado os segundos para fugir de quem ansiava por me não apartar, sequer, um momento...

Recolhi-me ao tugúrio – o qual nunca me pareceu tão mesquinho como naquela tarde, e, no entanto, desejava nele exalar o último alento – solucei por algum tempo, ouvindo ao longe, como em sonho quase indistinto, os harpejos que Sônia arrancava do piano, interpretando os gemidos do meu coração, que eu tinha ímpetos de varar com um punhal calabrês que, havia muito, dele me não separava...

Nunca me julguei tão malfadado, tão só e abandonado no mundo como naquela hora de sofrimento pungentíssimo...

Formulei, então, um plano para executar naquela noite que se avizinhava. Então, como tíbia esperança a minorar as constrições do meu secreto prisioneiro, a palpitar enlouquecido, pus-me em direção ao presbitério.

Recebeu-me o bondoso sacerdote com solicitude paternal, mas imensamente triste, assustando-se por causa da minha palidez, ele que parecia uma efígie de jaspe...

Palestrou longamente comigo. Deu-me instruções proveitosas e imprescindíveis à minha viagem. Ofertou-me algumas centenas de rublos e, depois, falou-me como um inspirado divino, proporcionando-me sublimes advertências. Eu o ouvia, emudecido, sem ousar pronunciar um vocábulo sequer, para dissimular minha agitação, que, de outro modo, explodiria em soluços...

– Compreendo a tua situação, Pedro – disse-me carinhosamente –, e para que te ocultar a verdade? Já estive em idêntica conjuntura. Enterro, porém, no meu seio, que começa a ser invadido pelo gelo sepulcral, todo o meu longo e doloroso passado, para me lembrar apenas do teu aflitivo presente; não quero esquecer-me de que já não careço das felicidades do mundo, para só me lembrar de que devo concorrer para libertar um cativo da tirania de criaturas opulentas, quanto cruéis; e do guante de um sentimento que, baixado talvez do paraíso, não tem guarida neste planeta soez e deve volver ao ponto de partida...

'Partirás ao alvorecer, sem que ninguém o saiba. Dar-me-ás notícias tuas, sempre que o puderes, pois bem sabes que me interesso por ti e desejo saber-te venturoso. Para evitar suspeitas – pois a morte pode ceifar-me inesperadamente – para que a tua correspondência não vá parar em mãos alheias, escrever-me-ás sempre em francês e com este nome – Pierre Doufour – que não é apócrifo. Pertenceu àquele jovem marselhês – da tua idade e com o físico semelhante ao teu – que em peregrinação pela Rússia, à procura de um membro de sua família, há precisamente quinze dias, afetado de febre cerebral, faleceu aqui no presbitério.

'Conservo os documentos que trazia, convenientemente legalizados, e, como não tens ainda os teus e para não perderes tempo precioso, utilizar-te-ás os do pobre morto, para saíres deste país livre de qualquer perseguição dos Peterhoff, que não hão de querer perder um escravo como tu, embora proclamem o contrário... Como não és nenhum delinquente, após alguns meses de permanência no Havre, poderás adquirir os documentos de que necessitas. Agora, porém, é mister um estratagema para evitar prováveis dissabores.

'O passaporte de Pierre Doufour ser-te-á de grande utilidade. Mais tarde, então, irás a Marselha restituí-lo, bem como os demais documentos pertencentes à família do extinto, à qual já participei o ocorrido. Podes ir repousar, meu filho, para melhor suportares as fadigas da jornada...

'Imploro, neste instante, à Majestade suprema a sua bênção e incomparável proteção para que sejas, sempre, digno de ser chamado seu servo, cumpridor de todos os preceitos sociais e divinos; para que nunca te desvies da senda alcantilada do dever e da virtude...

'Não te esqueças, nunca, do teu velho mestre, que, para morrer tranquilo, só deseja saber que estás liberto e feliz!

'Talvez não nos vejamos mais, e, por isso, transmito-te os meus derradeiros alvitres... Fico mais isolado, agora, nesta aldeia selvagem, sem nenhum lenitivo nos meus últimos dias de romagem terrena... Fazias-me companhia à noite e eu me sentia ditoso enquanto te lecionava. Esquecia-me de que não nasci para compartilhar de nenhum quinhão de felicidade humana, mas para acendrar o Espírito maculado no crisol da dor e da adversidade... Tive, porém, o despertar acerbo, que eu desejava adiar indefinidamente, mas que já se tornou um fato quase consumado: faltam apenas momentos para que te vás para sempre, Pedro! Deus meu! como é pungente o isolamento! A nossa alma – ergastulada em frágil organismo, pressentindo a algidez do sepulcro – entregue a si mesma, sem possuir um ente amigo ao lado, tem desfalecimentos, horas de indescritíveis amarguras; não percebe outro companheiro senão o espectro do passado ou o vácuo do presente... Acordo, às vezes, em sobressalto, ouvindo – a quebrar o silêncio absoluto da noite – pancadas misteriosas na porta, parecendo vibradas por falanges dissecadas... Todas as recordações dolorosas da existência, assinalada por cruzes na longa estrada percorrida, são incessantemente avivadas, e, então, em nosso íntimo abrolha a derradeira esperança, o último goivo que nele desabrocha: o desejo de repousar longamente, o advento da enviada celeste – a morte! Tu, Pedro, foste o extremo dardo de sol que me alegrou o inverno da vida, e, por isso, egoisticamente queria, sempre, ter-te junto de mim... Mas, agora, o temor de te ver infortunado chama à rebate minha consciência, que te alvitra fugir ao resvaladouro de que andas próximo... Concorrendo para a tua ventura, contribuí também para a minha, soterrando pesares inconcebíveis do meu passado lutuoso... Por que me afeiçoei mais particularmente a ti que aos outros discípulos, Pedro? Por que eras o mais desditoso? Talvez... Não soube, nunca, interpretar satisfatoriamente o que se passou comigo, desde aquela tarde em que vieste implorar meu auxílio para poderes estudar: pareceu que me tinhas despertado de um letargo longuíssimo, em que estivera mergulhado até então; julguei reconhecer tua voz e tua fisionomia, de outras eras; cuidei não seres um estranho para minh'alma; que as nossas existências já haviam sido vinculadas por elos sutis, mas indestrutíveis... Desde então, tu te tornaste para mim um filho amado, só me preocupava com a tua educação e o teu porvir, e, se protelava a tua retirada desta aldeia, é que desejava me cerrasses os olhos, Pedro... Agora, sei que vou morrer só, sem um carinho talvez, e que Deus abrevie o degredo é o que lhe suplico... Mas, não, Pai celestial, perdoai-me! Enlouqueço nos derradeiros dias de vida? Vós sabeis porque assim tem sido profundamente torturado o meu sensível coração, que, nesta existência, jamais feriu o de outrem... Vossos desígnios são, às vezes, impenetráveis, mas sábios e indiscutíveis: sois a justiça integral, incomparável, perante a qual devemos curvar-nos, pois a vossa vontade é potente, mas paternal! Prolongai meu sofrimento, o suplício moral em que tenho jazido há mais de meio século; dai-me apenas, Senhor, coragem para sorver, até a extrema gota, a taça de amarguras!

Vio-o fechar os olhos, de onde se filtravam lágrimas que me pareceram gotas de luz, ou de sua própria alma agoniada, em prece, com os alvos dedos fortemente enclavinhados...

Respeitei, sensibilizado, aquela dor augusta, e só quando o vi fitando-me com doçura é que fiz menção de me prosternar a seus pés. Ele, porém, me deteve, dizendo brandamente:

— De joelhos, só para alçarmos o pensamento ao eterno, ou para prestarmos um juramento sacrossanto! Bem sei que és um Espírito nobre e reconhecido — é quanto me basta. Sê, como até hoje, um homem probo, nunca macules tuas mãos com um crime e morrerei tranquilo e feliz, Pedro... Deus, em seu docel de estrelas, que espreita todos os nosso atos, mesmo os mais secretos, abençoa-nos quando somos os heróis do dever e temos elevadas aspirações...

Levantei-me, soluçando, e por alguns momentos estive abraçado ao querido benfeitor, sabendo que o fazia pela derradeira vez...

– Parte amanhã ao alvorar, Pedro... – murmurou ele em surdina, como se temesse a minha permanência naquela localidade ou quisesse consumar mais depressa o seu sacrifício, separando-se por todo o sempre do discípulo amado...

– Partirei amanhã, sim, mestre, mas, à tarde... Assim custarão mais a perceber a minha ausência, ou a minha fuga... Tudo já se acha aprestado para a partida ao entardecer.

– Vai, agora, repousar, meu filho. Que o divino Pai te abençoe em todo o percurso da tua existência terrena. Se algum dia regressares aqui, procura a minha humilde cova, depõe nela alguma flor e ora por mim, que, lá das regiões siderais, te verei, sorrindo, por te saber livre e venturoso... Não tarda também eu parta para as misteriosas paragens das quais ninguém regressa... com o mesmo envoltório material!

– Devo, então, ficar para receber a vossa última bênção...

– Não. Quero saber-te longe destes sítios, liberto dos teus opressores! Eis porque me conformo com a nossa separação...

Depois de alguns momentos de reflexão, prosseguiu, mudando de tom:

– Está convencionado que me escreverás em francês, com o nome de Pierre Doufour... Fazes questão de conservar a tua identidade?

– Não, meu pai, Pedro Ivanovitch vai morrer amanhã...

– Que ideia a tua, Pedro! Porque imaginas semelhante loucura?

– É mister tal suceda, mestre, para que um *outro* Pierre Doufour ressuscite do túmulo, qual novo *Lázaro* – mas ainda com o coração morto e dolorido – para me substituir e assim poder partir para sempre, porque Pedro Ivanovitch não terá ânimo de abandonar esta aldeia onde muito sofreu, mas onde ama como não o suspeitava...

– Ah! compreendo-te, meu filho... Assim acontece algumas vezes em nossa trajetória por este planeta: parece que estranha personalidade substitui inesperadamente – em certos períodos amargurados da existência – o que constitui o nosso *ego* desde a infância, quando éramos embalados por sonhos galernos, impulsados por emoções indômitas; a flama das paixões consome a primeira, que se torna em cinza; uma surge, a outra perece, com todas as suas ilusões e esperanças; desde então, nossa alma fica em eclipse permanente, só podendo desobscurecer-se quando transpuser as fronteiras deste mundo umbroso... Também eu senti essa metamorfose íntima, percebi que fora transmudada, em meu próprio ser, uma individualidade, anelava os júbilos terrenos – por uma outra bem diversa, no dia em que troquei as minhas garbosas vestes militares pelas de sacerdote – uma mortalha, um luto perene, o luto dos que não têm mais qualquer esperança de usufruir as venturas da Terra, mas as do Empíreo... Eu, porém, já ultrapassava a idade do Crucificado quando ela se alou aos páramos azuis... e tu, Pedro, tens ainda diante de ti mais do meio século para conquistares a felicidade e é razoável que a consigas... Não esmoreças, pois. Confia na proteção do Céu...

Após uma pausa, concluiu:

– Serás, de amanhã em diante, Pierre Doufour até alcançares a tua liberdade. Expliquei diretamente ao meu parente do Havre a necessidade que há, por enquanto, de teres um nome apócrifo...

Quando terminou, osculei-lhe as mãos álgidas e brancas como açucenas, e, cambaleante de dor inexprimível, saí do presbitério em direção ao meu lôbrego tugúrio.

VII

"O sono, na superexcitação nervosa em que me achava, não quis cerrar-me as pálpebras magoadas; faltava-me serenidade até para pensar, para coordenar ideias, e, por isso, ergui-me do grabato, abri a janela, debrucei-me ao tosco peitoril, sentindo os cabelos eriçados pelas rajadas glaciais da ventania, que suavizavam a ardência vulcânica do cérebro, e, nessa posição, chorei por algum tempo, angustiosamente... Tive, por momentos, ímpetos de varar o coração com um punhal que trazia à cinta; mas, ao conceber o tenebroso pensamento, pareceu-me vislumbrar nas trevas que me cercavam, nimbado de fulgor estelar, o vulto esguio do abade Francisco, e essa visão fez com que se desvanecesse o meu sinistro intuito, temendo desgostá-lo ou merecer a punição do Altíssimo...

Pela calada da noite, quando mais profundo o silêncio, como se todos os seres e a própria natureza estivessem imersos em catalepsia, tive ânimo de pôr em execução o plano premeditado à tarde, na ânsia de ver a adorada Sônia pela derradeira vez: escrevi-lhe, implorando não me recusasse o último adeus!

Acendi um denegrido candeeiro, escrevi a lápis, com caracteres incertos, à irmã de André, expondo-lhe o que desejava e, terminando o bilhete, agradecia-lhe a piedade angélica que, em ocasiões pungentíssimas para mim, manifestara a meu favor. Apaguei o candeeiro e me encaminhei para a porta, a cuja soleira parei, a fim de me habituar à escuridão, que transformava o cosmos num túmulo infindo...

Aproximava-se o Natal. O inverno já se fazia sentir com toda a rispidez. A cerração e a obscuridade eram tão intensas que tive a impressão de estar mergulhado em penumbra perene, de haver ficado cego por toda a consumação dos evos... Dir-se-ia que a Terra estava submersa num oceano de trevas, pulverizadas e gélidas, e *nunca mais* houvesse de amanhecer – paralisadas, por todo o sempre, as potências do universo; em marasmo aterrador, todas as criaturas estivessem adormecidas perpetuamente, e só eu ficasse em vigília e sofrimentos eternos... Caminhei tateando a caligem e os lugares conhecidos. Parei em frente às janelas do quarto de Sônia, que ficava na ala esquerda do prédio, no primeiro andar, tendo por vizinhança um descomunal salgueiro, cujos ramos roçavam os batentes.

Seu pai, por muitas vezes, quis decepá-los, mas tanto ela lhe suplicara não o fizesse, que ele desistiu, deixando-os ficar como se achavam então: mal abertas as vidraças, internavam-se algumas frondes pelo aposento da formosa donzela, formando, certamente, rendilhados de sombra no soalho, em manhãs luminosas, e ela as afagava infantilmente, desvelando-se para não as dilacerar, quando se recolhia ao leito.

Servi-me, pois, do gigantesco salgueiro – cujas folhas, a todo o instante, resvalavam e caíam rumorosamente dos galhos, como bandos de pássaros fulminados por caçadores invisíveis – para transmissor de minha pequena mensagem.

Subi à árvore e atei à extremidade de um ramo que mais se alongava pela alcova adentro, retirando-me depois, emocionado e palpitante...

Quanto desejei ser aquele vegetal, para receber as carícias de Sônia, merecer sua afeição, atalaiar o santuário em que sonhava seus devaneios puros de virgem, e, um dia, quando ela, e não eu, partisse para longe, penderia os meus ramos para o solo e morreria de saudades, estiolado e esquelético qual faquir, à míngua da luz do seu olhar... Tiritava de comoção pelo que fizera, como se houvesse praticado uma audácia imperdoável...

Quem poderia dizer-me se, naquele instante, a sua alma de névoa não pressentira a minha a carpir junto à sua, cerce ao lugar em que dormia placidamente o sono dos que não têm remorso e possuem um breve passado, repleto de flores, candura e bondade?

Não pude adormecer até a madrugada.

Agitado por peníveis pensamentos, levantei-me e pus-me a espreitar, do jardim, o aposento de Sônia. De quando em quando, passava sob as persianas, até que elas foram descerradas...

Um frêmito de hipnose percorreu-me todo o ser, acelerando as pulsações do coração encarcerado, que soluçava secretamente...

Verifiquei, dentro de poucos momentos, que o bilhete fora retirado, e, então, via a graciosa irmã de André perscrutar os arredores da árvore, e, ao deparar comigo, empalideceu visivelmente e fez um ligeiro meneio com a destra.

Acerquei-me do local em que se achava, e ela, reclinando-se ao peitoril, murmurou suavemente emocionada:

– Logo à tarde, quando eu sair em direção ao presbitério...

Descobri a fronte, fazendo um movimento afirmativo. Não a vi mais durante o dia.

Pretextando achar-me enfermo, roguei ao Sr. Peterhoff dispensar-me por algumas horas do serviço que me designara naquele dia. Saí, e, em modesta hospedaria situada nas imediações da aldeia, aluguei um ginete, cujo preço fora ajustado desde a véspera, pedindo ao estalajadeiro que o tivesse preso e selado desde as cinco horas da tarde, à frente da casa, para dele me utilizar quando me aprouvesse.

– Vais fugir, ó Pedro? – falou-me o velho a sorrir, maliciosamente.

– Não. Vou levar cartas a um parente do *barine*; devo regressar antes de uma semana.

– Mas, olha que vais viajar à noite e a neve não está para essas aventuras...

– Cumpro ordens de meus amos e aqui tem estes rublos para não revelares o que te disse, senão depois do meu regresso.

– Podes ficar tranquilo, meu rapaz. Não me iludes nesta idade: presumo que em tua viagem há diabruras do coração – do teu, ou do André Peterhoff...

Voltei ao tenebroso compartimento que ocupava, deitei-me por algumas horas, levantei-me às três da tarde, vesti o melhor fato que possuía – uma dádiva do querido abade – pus à cinta os documentos de que necessitava e aguardei, com impaciência febril, o declinar do dia.

Ao atravessar o jardim, André fitou-me e observou com escárnio:

– Penso vais ser agora o meu patrão... Estás realmente *enfermo*, como disseste a meu pai, a fim de que te dispensasse do trabalho, hoje... Queres algum médico? Vou chamar um de Moscou...

Não lhe respondi, sentindo uma onda de sangue turvar-me a vista, escaldando-me o cérebro, levando, certamente, rubor às minhas faces esmaecidas por sentimentos suplicantes.

Ele insistiu na afronta ao ver-me de cabeça baixa:

– Estás premeditando algum crime? Faz pavor o teu aspecto!

Mentia, para me deprimir e amesquinhar: eu era belo e ele hediondo. Essa supremacia física, que em mim notara, era um dos móveis da sua aversão contra o mísero Pedro Ivanovitch...

Compreendi o seu intento: queria exasperar-me para ter ensejo de cevar o ódio instintivo contra mim, tendo, talvez, planejado alguma vingança diabólica contra o indefeso servo...

Soube conter-me com inaudito esforço.

Retirei-me de sua presença e solicitei uma pequena dispensa ao Sr. Peterhoff para ir a umas milhas de distância, à aldeia de *** adquirir remédios, pois não os havia onde residíamos. Ele me fixou um olhar inquisitorial e, achando-me com aspecto combalido, concedeu-me a desejada permissão para me ausentar por algumas horas. Ia a retirar-me quando surgiu André, que, ao saber do ocorrido, insinuou ao pai:

— Perguntai-lhe quem lhe forneceu a quantia precisa para a aquisição de remédios, visto que não lha destes...

Eu me detive e respondi-lhe, com cólera mal dissimulada:

— Foi o Sr. abade quem ma deu! Nunca roubei.

— Mas és capaz de o fazer! — tornou André com insolência. Quando eras menino, raro era o dia em que não rapinavas alguma coisa...

Seu cruel genitor aplaudiu-o com uma casquinada de velho fauno...

Há injúrias que vergastam a alma, ulcerando-a por todo o sempre; contundem mais que os golpes do açoite lacerando as carnes, e jamais cicatrizam...

Lágrimas fluíram-me do coração, mas não chegaram a deslizar pelo rosto: foram extintas por uma flama interna, que me incendiava o cérebro. Calei-me, ainda disposto a ultimar o sacrifício, a esgotar o cálice de tormentos que, havia muito, sorvia lentamente em casa do *barine*.

Recalquei no imo do meu ser mais aquele ultraje, aguardando apenas a saída de Sônia para abandonar aquela casa execranda. Vi-a, após alguns momentos de angustiosa espera, sair só, em direção ao presbitério. Deixei-a desaparecer e, logo depois, fui ao seu encalço.

Estava no extremo do grande muro que tornejava a sólida morada, quando a alcancei. Custava-me conter os soluços. Não pude expressar-lhe o que almejava – tinha garganta e alma garroteadas pela dor e pela emoção...

Foi ela quem falou primeiramente, com a sua voz maviosa, um pouco trêmula:

– Estás resolvido a deixar o cativeiro para sempre, Pedro?

– Sim – consegui murmurar –, mas levo só o corpo liberto, porque meu coração ficará, eternamente, acorrentado aqui...

– E por que não o levas contigo, Pedro? – tornou ela, erguendo para mim o olhar casto e formoso, emperlado de pranto incontido... Tive um instante de inebriamento, de desvario, de consolo supremo...

Ia responder-lhe quando, inopinadamente, irrompeu à retaguarda, qual um tigre feroz, André empunhando o infamante *knout*, brandindo-o acintosamente, pouco distante de minhas faces e das de sua aterrorizada irmã...

Ai! senhor, só os que já sofreram muitos vilipêndios e foram muito humilhados, poderão compreender a situação desesperada em que me achei naquela hora inqualificável – maldita ou satânica!

Desejava aviltar-nos com o ignominioso *knout*, com o qual me ameaçara espancar, inúmeras vezes, o desumano André? Não se saciara, na minha infância, com as calúnias, os agravos e os castigos bárbaros que me infligira?

Não podia restar a menor dúvida: era seu intuito ferir-me e à Sônia, pois ouvi-o bradar enfurecido:

– Miseráveis! Não vos proibi conversásseis um com o outro? Estais fugindo à minha vigilância, infames? Hoje estão definidas as vossas criminosas relações e haveis de pagar com usura a desobediência *às minhas ordens*!

Sônia empalideceu de mármore. André, horripilante e colérico, com a barba e os cabelos fulvos revoltos – como se estivesse com a cabeça circulada de chamas prestes a cremar-lha – levantou para mim o látego, e, como já ia deixá-lo vibrar no meu rosto, sua irmã se postou entre nós dois, heroicamente.

Vi-o, então, empuxá-la com fereza, magoando-a ao ponto de fazê-la soltar um grito de dor, parecendo que ia desmaiar. Fiquei alucinado – não sabia mais se enfrentava um homem, se uma pantera sanguinária!

Então, não pude mais me dominar... É-me ainda penoso relembrar aquela cena trágica e perturbadora para minha alma agoniada, apesar do tempo decorrido...

Ante a ameaça ultrajante de André, todos os opróbrios suportados em infindos anos de martírio moral, de revolta sopitada a custo, de espezinhações degradantes, explodiram num só momento de ódio veemente: sacando rapidamente da cinta o punhal calabrês – do qual não me separava nunca – enterrei-lho no coração, e a sensação que experimentei, quando perpassou um osso, antes de pungi-lo, jamais me abandonou, é para mim tortura incessante e inominável... Ele tombou ao solo, pesadamente, praguejando, querendo atingir-me com uma faca que se lhe desprendeu bruscamente da mão crispada, num movimento convulsivo... Quando vi a idolatrada Sônia se retirar a correr em demanda da casa, enquanto o irmão estertorava golfando borbotões de sangue, sem saber que agia por mim próprio ou sob potência estranha, meio louco, pus-me também a correr até onde se achava o cavalo que alugara, galguei-o de um salto, soltei-lhe as bridas e, num galopar vertiginoso de duende, sem parar um instante, comecei uma hégira fantástica, indescritível...

Anoitecera de todo. Invernava implacavelmente. Atravessei valados, transpus extensas estepes com o rosto fustigado pela neve, sem chapéu, pois o meu fora arrebatado pelos vendavais – tão impetuosos, que me pareceram desprendidos do érebo, acumulados de séculos, – ululantes, como bisões irritados que se precipitavam nas planícies, estorcendo as árvores – transformadas em epiléticas – deslocando lajes e blocos de gelo do ápice das serras, os quais resvalavam precipitadamente pelas encostas com fragor de explosões de grisu. Dir-se-ia que iam despojar a Terra de todos os vegetais, de todas as edificações humanas, devastando-as num ermo intérmino, num Saara ilimitado, num orco de suplícios eternos...

Meus cabelos estavam eriçados no crânio, por efeito do pavor e dos furacões infrenes, alvejados pelos flocos de neve – como se todos os gênios vingadores e o próprio Deus bondoso, possuídos de cólera contra o desgraçado fugitivo, me apedrejassem do céu, para punir-me do crime que cometera... Sentia-me inteiriçado sobre a alimária, metamorfoseado em estátua de mármore, enquanto no íntimo o coração estuava de inaudito desespero!

A noite era tão negra que parecia haver descido do Infinito, sobre o mundo, um espesso velário de trevas compactas. Eu divisava, porém – com se as pupilas se houvessem tornado fosforescentes como lampiros – vagamente desfiladeiros que cresciam à minha passagem; os alvíssimos cristais que caíam do alto, vistos de relance na obscuridade em que me achava, tomavam formas inomináveis e assombrosas: semelhavam seres infernais, trasgos, zanagas, com esgares medonhos, perseguindo-me sem cessar, como escoltas aéreas; outros, pareciam mochos muito brancos, em combate com todas as aves, verdadeiros exércitos alados, compostos de pequenos monstros, alguns decapitados, outros aos quais faltavam asas, membros, corvejando ao redor de minha cabeça e de meu rosto, lacerando-me quase, com as garras ferinas... Julgava ver, desfilando ininterruptamente, alcateias de ursos brancos e de todas as feras foragidas das selvas africanas e de todas as jaulas, silenciosas e velozes, seguindo-me para me devorar, já com as fauces hiantes...

Sentia-me celeremente levado pelo corcel – que parecia também estar delirando ou pertencer ao mundo irreal que me cercava, um novo Pégaso com asas de nóctulas – desviado dos caminhos, como se houvesse compreendido a minha situação e quisesse livrar-me de crudelíssima falange de policiais, cujo tropel das montarias eu escutava, mas sem me alcançarem nunca...

O que me espavoria, porém, era ouvir, de vez em quando, fendendo os ares, lugubremente, os gritos de Sônia, como trazidos pelas fibras de um aparelho mágico, para me flagelarem...

Subitamente passou-se um fenômeno inusitado, enlouquecedor: julguei divisar, vinda do espaço, gigantesca e hedionda como nunca tinha visto, descendo lentamente, uma cabeça humana decepada, de coma desgrenhada, barbas intonsas, que, ao princípio, supus fossem negras, mas, quando de mim se aproximaram, observei serem cor de fogo; os olhos moviam-se nas órbitas sem pálpebras, projetando um clarão fosforescente; o rosto, tornado lívido, parecia de gesso, mas eu o reconhecia – era o daquele que eu havia trucidado algumas horas antes... Dirigia-se para mim como um vampiro, com as maxilas escancaradas, sedento de sangue, a cabeça encimada por um polvo de fogo e, então, extenuado, transido de horror, hirto de frio, com os músculos transformados em gelo, caí em profundo fosso que não pude distinguir de pronto, enquanto o cavalo, livre de qualquer obstáculo, continuou certamente a galopar pelas planícies, talvez como eu, delirando, desejoso de liberdade ou de alguma furna onde pudesse abrigar-se, livrando-se do azorrague de uma tempestade de neve..."

VIII

"Assim fiquei semimorto, atirado a uma cava por algumas horas, após aquela correria infrene pelas campinas desertas, semelhando o gênio da loucura ou do desespero... Sentia o corpo inerte, frígido, dorido, transmudado em chumbo – para jamais poder erguê-lo do solo – mas a alma estava lúcida, viva, concentrada no cérebro, como que contraída num refúgio incandescente...

Tinha a sensação de que um aracnídeo flamejante se me apegara ao crânio, enquanto que todo o organismo se congelara qual um *iceberg*... Não cessei de sofrer um só instante, desde a queda, de perscrutar todos os lances angustiosos da existência e – coisa inexplicável para mim, até então! – embrenhara-me por outras eras remotas, compreendia que já tivera outras vidas tumultuosas, sombrias, iníquas, nas quais ora me transformava em carnífice, açoitava seres humanos, que, não resistindo às minhas crueldades, tombavam ao solo com as carnes diaceradas; ora me sentia preso por guantes de ferro que me esmagavam lentamente os ossos, transmudando-me em massa imóvel, como naqueles instantes...

Quando descerrei as pálpebras, membros ainda marmorizados, o Espírito como que exumado de tétrica masmorra, içado de uma voragem insondável onde estivera sendo martirizado, tripudiado, seviciado, jungido porém ao meu corpo material, para ser atormentado por uma coorte de evocações pungentíssimas – apoderou-se de mim um desalento e uma consternação invencíveis, um desejo ardente de ser aniquilado, um pesar inominável por haver voltado à vida, para não lembrar que estava irremediavelmente perdido, que era um homicida tendo por futuro unicamente o remorso, a vingança do *barine,* o calabouço ou a morte patibular... Não pude, então, conter gemidos que cortavam funebremente os ares, exprimindo imperfeitamente o padecimento e a amargura indizíveis do coração, mais ferido pela ansiedade e agonia moral, do que aquele que, na véspera, eu esfacelara... o André, cuja lembrança nítida me atemorizou, pois julguei vê-lo como no momento em que baqueara ao chão, com os cabelos rubros, ouriçados de sanha impotente contra mim...

Mas, quem gemia realmente: eu ou o meu coração excruciado? Não vo-lo sei dizer, senhor... Era eu uma dor corporizada, com a configuração humana, eterno condenado por Deus e pelos homens...

O Sol já havia surgido, aquecendo-me docemente, e eu o amaldiçoava, pois seria preferível que na minha infortunada situação jamais ele assomasse no horizonte – para que sucumbisse de inanição – ou descambasse ele, por todo o sempre, nos abismos do Espaço incomensurável.

Um esgotamento invencível se apoderou de todo o meu ser.

Tornei-me indiferente ao destino, almejando até me arrastassem a um ergástulo, a um cadafalso; mutilassem-me, esquartejassem-me... No entanto, sobressaltei-me ao deparar com um desconhecido, tentando descer à sepultura em que me achava, ainda aprisionado à vida que eu execrava... Para que existir fisicamente, quando a alma está denegrida, inumada qual um rei egípcio – sob uma pirâmide de reminiscências – sem uma esperança a doirá-la, sem um afeto a confortá-la?

Viver – sabendo que o mundo tão vasto e impiedoso não possui uma caverna bastante recôndita para ocultar nosso corpo magoado, na qual possa adquirir serenidade o Espírito conturbado; sem ter quem estenda benfazeja mão para comprimir a nossa, dando-nos alento ao coração desfalecido – não é viver, é deixar que o destino nos arrebate num turbilhão, qual o que impetuosamente arranca as derradeiras folhas do outono, mirradas e descoloridas como as ilusões que existiram em nosso âmago...

Fechei os olhos numa apatia desoladora, entregando-me à justiça terrena, pois supus fosse aquele indivíduo algum encarregado de minha prisão, que me seguira através dos campos soturnos, e predispus-me a uma captura. Fiquei surpreso quando o ouvi dizer alegremente, afagando enorme cão:

– Eh! camarada, escapaste de ficar sepultado na neve... Foi o Criador que me fez seguir por um atalho, há muito desprezado... Vim, com a minha *telega*[5] e o meu fiel Kiew, por estes lados, a fim de encurtar a jornada a Nijni-Novgorod, quando ele começou a uivar; segui-o até este valo... A custo descobri o camarada sob uma camada de gelo. Já aí fui, fiz algumas fricções por teu corpo, mas, julgando-te cadáver, retirei-me para relatar o ocorrido às autoridades, quando ouvi os teus ais... Retrocedi e eis-me às tuas ordens, camarada. Tens a cabeça ferida. Para onde devo levar-te? Como foi que vieste ter a este ermo?

– Viajava à noite, sem conhecer os caminhos – falei-lhe com dificuldade. – Por que me não deixaste morrer, bom homem? Assim a justiça divina e humana teria sido feita com maior presteza...

– Ai! camarada, falas em ir para a cova em tão bela idade? Aposto em como estás enamorado de alguma beldade... que preferiu outro noivo! Dize-me de que aldeia vieste... que te direi onde deixaste o coração...

---

[5] *Telega* – carro de transportar mercadorias na Rússia.

Ele proferiu estas últimas palavras fazendo um gesto longo, e não sei expressar o que se passou em meu ser – cuidei divisar ao longe, na fímbria do horizonte, a pequena povoação de que fugira, salientando-se o presbitério em que vi, curvo qual se conduzisse pesado mas invisível madeiro, o abade Francisco...

Inenarrável enternecimento fez que o pranto me jorrasse dos olhos... Que me valeram os doutos conselhos do santo varão? Por que não havia partido ao alvorecer, como fora por ele determinado? Perdidos todos os seus esforços para me libertar da opressão em que vivia, todos os seus desvelos para me encaminhar a uma existência serena, para a conquista das venturas terrenas, do amor casto de uma esposa... Recordei-me de suas expressões de austera moral incitando-me a ser honrado e laborioso, e, no entanto, todos os tesouros que acumulara em meu Espírito – em tantos anos de dedicação e sacrifício – foram destruídos, submersos num báratro infindo, num instante de desvario... Era a minha sina – tinha de ser desgraçado desde a infância: uma fatalidade inexorável esmagava-me, e, por isso, todas as minhas lutas para atingir a felicidade foram anuladas, reduzidas a pó... E, para cúmulo de suplício, a amada figura do virtuoso sacerdote apareceu-me com o olhar severo, indicador estendido, expulsando-me de sua presença, abandonando-me à minha dor e à minha abominação... Odiado, eu, pelo adorado mestre e por Sônia – supremo martírio! Estar sentenciado a viver, desde então, foragido, vilipendiado, pungido de remorsos – era sentir a demência apoderar-se de mim, e, num impulso de revolta e desespero, quis esfacelar a fronte entre as mãos. Elas, porém, estavam gélidas e amortecidas... Fora eu, porém, o exclusivo culpado de tudo o que sucedera? Por que me detestava, desde a puerícia – órfão e desvalido – o perverso André? Que mal lhe fizera para me tiranizar com tantos agravos e humilhações? Ai! fora ele quem me arrastara ao crime, mas ninguém daria crédito à minha defesa; ninguém no mundo se comoveria com a minha desdita; seria entregue às violentas leis de minha pátria, morreria de vexame e de amargura em alguma enxovia, sem merecer uma palavra de comiseração de quem quer que fosse... Arrependia-me de não ter repelido a tentação da vingança, de haver deixado a aldeia sem me despedir de Sônia, a fim de poder, no porvir, receber a derradeira bênção do abade e do próprio Criador do universo... Um segundo de insânia desmoronara para sempre todo o áureo castelo do meu futuro, alicerçado num passado de misérias, de lágrimas, de sacrifícios! Tudo estava desoladoramente acabado! Que mais poderia esperar da vida?

A perseguição, a vindita, o sofrimento. Era mister entregar-me à polícia, ser condenado, execrado, martirizado...

Minha existência terrena arruinada, sem horizonte, entrincheirada em muralhas intransponíveis, onde não penetrava nem um dardo de sol... Para isso é que me retirara daquele amplo sepulcro um desconhecido, a mim, a ovelha transviada do dever e da virtude, que rolara ao fosso da desventura, como acontecera à que, na adolescência, eu apascentava e que fora causa de tantos dissabores? Ovelha, eu? Não. Dessa vez fora o próprio pegureiro que trasmalhara do rebanho de Jesus, de que me falava, como um enviado do Céu, o abade Francisco... Para requinte de meu suplício continuava a escutar os gritos estrídulos de Sônia e parecia-me ter sido anatematizado pelo Mestre estremecido... Horror! Podeis avaliar o meu tormento, senhor?

Por que não sucumbi, deixando meu corpo de repasto aos corvos? Ah! é que a minha expiação pungentíssima não estava senão *in limine*...

Tinha de levar ao Gólgota a esmagadora cruz da minha redenção.

O compassivo mujique, vendo-me chorar, falou para me encorajar:

– Ânimo, camarada! Não te abandonarei neste estado. Toma alguns tragos de vodca. Moro acolá naquela cabana e ficarás comigo até que estejas em condições de viajar.

Compreendi que era um ente leal e generoso e não devia usar de perfídia para com ele. Disse-lhe resolutamente:

– Não sabes a quem socorreste... Não sou digno da tua comiseração.

– Seja como for – replicou, soerguendo os ombros –, sei unicamente que estás carecendo dos meus socorros: se fores um assassino, não me hás de tirar a vida sem te ter eu molestado; se um ladrão, vou conduzir-te à minha palhoça... e desafio que encontres alguma preciosidade para surripiar! Mas olha que estou apenas a fazer conjeturas: não pareces nem uma nem outra coisa...

Depois, tirando o chapéu, aparecendo-lhe a bela fronte aureolada de cabelos louros, voltou a olhar para o zimbório celeste, de onde caíam ainda lírios de neve, e tornou com energia que revelava a nobreza dos sentimentos:

– É em nome do Altíssimo que te quero salvar, camarada, sem cogitar de gorgeta... que não aceitarei, se ma deres!

Fiquei sensibilizado. Aquele homem não estava mentindo. Era rude, mas abnegado.

– Vejo que és bondoso e honrado – disse-lhe com amargura – e, por isso, não desejo iludir-te: sou um homicida! Entrega-me à justiça.

Ele estremeceu, olhou-me fixamente e, no mesmo tom de confiança e clemência, murmurou:

– Abre-me o coração, camarada! Dize-me porque cometeste o crime de que te acusas...

Relatei-lhe todos os infortúnios desde a infância até o desenlace dramático da véspera. Quando terminei a sincera confissão, vi o campônio muito pálido ajoelhar-se a meu lado, suster-me a cabeça quase novamente desfalecida em suas mãos vigorosas, e depois, com os olhos turvos de pranto, falou-me com ansiedade:

– Dize-me: como se chama o algoz a quem foste entregue? Peterhoff?

– Sim. Como o sabes?

– És Pedro Ivanovitch?

– Sim... Vais entregar-me à prisão?

– Ai, pobre e desventurado Pedro! Não te lembras mais de Frederico... o teu irmão mais velho?

Não podia perceber claramente a inesperada revelação, sentia as ideias anarquizadas pelo efeito da intensa comoção. Ele continuou com uma voz em que vibrava piedade e carinho infinitos:

– Perdoa-me, Pedro! Sou o culpado do delito que praticaste, pois há muito devia ter ido procurar-te, arrancando-te às garras dos Peterhoff, que eu sei desumanos!

'Eras o mais novo quando nossos pais morreram, mais necessidade tinhas de minha proteção. Perdoa-me, irmão querido e desditoso! Fugi da maldita aldeia onde tanto sofreram nossos míseros pais, mas devia lá ter voltado para me inteirar da tua sorte...

– Era a minha sina, Frederico: tinha de ser consumada!

Vi-o, então, havia pouco tão contente, abraçar-me soluçante...

Oh! senhor, como nos conforta a alma, quando, na hora da angústia se nos depara um amigo leal, que compreende a nossa dor e chora conosco as nossas vicissitudes! Como abençoei aquele encontro providencial com um irmão já esquecido, um protetor enviado por Deus para balsamizar meu coração chagado de desventuras! Iludira-me quando, poucos segundos antes, supusera estar abandonado no mundo, qual bergantim desarvorado e sem palinuro sobre um mar proceloso. Foi ele quem insuflou coragem ao meu Espírito consternado:

– Tu, Pedro – afirmou –, não serás entregue às leis crudelíssimas do nosso país. És bom, padeceste muito, foste levado à prática de um crime, por um perverso! Foge, meu irmão, à vingança de Peterhoff e faze o que te aconselhou o Pope: trabalha, sê honesto, expia nobremente a tua falta por meio do dever e de ações meritórias! Eu devia expatriar-me contigo, mas não sei que ímã poderoso me atrai a estes sítios, talvez por serem uma solidão: esquivo-me à humanidade impiedosa, que deixou nossos pais morrerem de penúria e só amo este recanto solitário e o meu cão – meu único amigo até hoje – a nada mais aspiro senão tê-lo a meu lado e lutar, enquanto as forças não me faltarem... Nunca me casarei.

'Para que hão de os malsinados dar o ser a outros, que têm por herança somente a pobreza e a desventura? Sou um rude, sem ambições, sem ideias, analfabeto, sei que hei de sucumbir ignorado de todos, como se fosse árvore isolada em deserto, ceifada por um raio, que tomba sem ser vista sequer por uma ave errante... Quem se detém perante um tronco caído num ermo? Ninguém. Sou uma árvore humana que passará despercebida em sua obscura existência, até ser alcançada pelo corisco da morte... de que ninguém se livra! Tu, porém, tens direito à vida noutras condições: és muito jovem, possuis um tesouro que invejo – a instrução. Não sejas avaro: reparte-o com os famintos do pão de luz, que se chama saber; eu darei o da terra aos que me estenderem as mãos engelhadas de frio... os que não têm teto, agasalho, alimento!

'Não sou um egoísta, Pedro. Em minha choupana tenho asilado muitos párias. Vivo de transportar mercadorias para Nijni-Novgorod e de cultivar estes terrenos. Durante o inverno presto o meu auxílio aos que caem exânimes sobre o gelo. Precisas, porém, de alimento e não deves mais permanecer aqui. Vem, Pedro. Ali está a minha *telega*. Vou deitar-te nela, sobre a minha *tulupa*.'

Assim fui instalado no grabato de Frederico, sorvi leite aquecido e adormeci por algumas horas. Meu irmão não se achava junto de mim. Decorridos alguns momentos, abriu a porta frontal do casebre e sentou-se a meu lado, esmaecido e agitado.

– Que tens? – interroguei-o.

– Andava acolá na estrada, quando fui abordado por uma patrulha que anda à tua procura... Fui inquirido por um policial. Mostrei-me alheio a tudo quanto indagou e convidei-o a vir tomar vodca em minha cabana, jogando essa cartada arriscadíssima para dissipar qualquer suspeita... Tremo ainda ao imaginar se ele aqui viesse ter!... Compreendes a tua situação, Pedro. Não sejas louco em te entregar à bárbara justiça de nossa infortunada pátria. Deus te proteja para que em breve, restabelecida a saúde, te possa evadir para a França..."

IX

"Frederico desvelou-se, por muitos dias, no meu tratamento físico e moral.

Pouco a pouco, suas palavras tomaram vulto em meu âmago: não devia entregar-me ao desforço de Peterhoff, mas ir para um país longínquo, mourejar de sol a sol, tornar-me modelar em probidade, reparando assim meu delito condenável, embora não premeditado.

Quando mais acerbas eram as recordações, meu irmão me cingia em seus braços robustos e falava-me com bondade e energia:

– Coragem, Pedro! Desperta para a vida. Sê forte e vencerás!

− Quando estás junto a mim, tornas-me impávido e fortalecido, mas, quando te afastas, quando me vejo isolado, sinto-me tão desalentado e infeliz, que tenho ímpetos de voltar à aldeia, beijar as mãos do abade Francisco e depois me entregar ao inimigo, para pôr um paradeiro ao meu sofrer... Para que hei de continuar a viver assim torturado, Frederico?

− O tempo desvanecerá teus pesares atuais e a virtude resgatará todos os erros do passado...

− Se fosses comigo...

− Pensemos primeiramente em tua saúde, que urge seja recobrada...

Ficávamos horas seguidas dialogando, a lembrar nossos pais, nossos irmãos dispersos por lugares ignorados, nossas privações e angústias e, às vezes, traduzindo mágoas inauditas, lágrimas nos vinham às faces...

Um dia, disse-lhe:

− Eras venturoso nesta humilde choupana; vivias despreocupado e tranquilo, trabalhando na prática do bem, auxiliado por Kiew; eu vim trazer-te inquietações, perturbar a paz que desfrutavas...

− Sinto-me ditoso − retorquiu ele − sempre que socorro algum desventurado e, por isso, abençôo o ensejo que tive de te livrar da morte e de um algoz desumano...

'Vieste-me lembrar a prática de um dever: não abandonar em mãos alheias os que podemos amparar e proteger... Vamos, porém, tratar agora do teu futuro. Não poderás ficar sepulto neste casebre, ameaçado continuamente de seres descoberto por um acaso. Não acho conveniente seguir-te, para não suscitar desconfianças.'

Combinávamos planos, para os realizarmos no início da primavera. Ele comprou um fato não usado pelos campônios, chapéu, sapatos, mala, em Nijni-Novgorod. Cortou-me os cabelos e a barba de modo inverso ao que eu usava. Faltava-me, para a viagem marítima, alguns documentos, além dos que possuía.

Ao cabo de alguns meses de permanência na cabana, menos apreensivo, com a saúde já restaurada, mas tristonho e saudoso, ao alvorar de um belo dia primaveril, parti em direção à almejada cidade, oculto na *telega* de meu irmão. Em lá chegando, apresentei-me ao comissariado central de polícia, dizendo em francês:

– Sou marselhês. Fui agredido e roubado no caminho. Desejo legalizar meus documentos, pois alguns que trazia desapareceram.

Olharam-me com desconfiança e um agente policial, consultando apontamentos exarados numa carteira, inquiriu:

– Ouviste falar que há quatro meses, precisamente, foi praticado um bárbaro homicídio na aldeia de... ?

– Sim – respondi tranquilamente – e não ignoro que foi cometido por um mujique, talvez analfabeto, por isso não podeis suspeitar de mim que vos dirijo a palavra em francês; aqui tendes meu passaporte, que testifica a minha identidade...

Ele se excusou da interpelação após examinar detidamente os papéis apresentados e forneceu-me os que eu desejava. Ficamos, eu e Frederico, por dois dias, em modesta casa de pasto, sem ter ânimo de nos separarmos.

Na manhã do terceiro dia, emocionado, disse-me ele haver resolvido partir no mesmo instante.

Apareceu-me subitamente, na tela interior do cérebro – onde se arquivam todas as reminiscências – o seu casebre, na solidão em que jazia, no qual passamos horas inolvidáveis, em fraterna comunhão de ideias... Ele estava, como eu, atormentado por dolorosos pensamentos. Temperamento quase selvagem, tinha, contudo, meigo e afetuoso coração, potente inteligência, realizava atos heróicos e altruísticos, que ficavam ignorados do mundo – como diamantes atirados a um paul, mas que, no entanto, o Criador deve ter contado, vendo-os lá do domo sideral, para tecer fúlgidos lauréis que hão de lhe aureolar a fronte de abnegado...

Reiterou ansiosos conselhos.

Abracei-o, lacrimoso, por momentos; quis dar-lhe alguns rublos para fazer reparos na sua palhoça. Recusou, quase ofendido:

– Tu, e não eu, necessitas de dinheiro para a viagem.

– Pois bem! respeito-te a vontade, mas não deixes de aceitá-los, com esta condição: sempre que salvares alguém do guante da morte, sob o gelo, dá-lhe uma destas moedas, rogando-lhe que ore por mim... Bem sei que te não posso recompensar pelo muito que fizeste, nem tento fazê-lo, senão acumulando n'alma um eterno reconhecimento... Abençoados dias passei em tua companhia, Frederico! Deus te pague quanto por mim fizeste, devotadamente, meu irmão! Ainda nos encontraremos. Onde? Não sei. Na Terra ou no Espaço, hão de se reconhecer nossos Espíritos, estreitamente unidos por uma afeição que, sincera e vibrante, há de desafiar os séculos!

Guardou os rublos um tanto constrangido. Disse-lhe ainda:
— Desejo, de vez em quando, dar-te notícias minhas. Para onde devo dirigir-te minha correspondência?
— Não, Pedro — respondeu meneando a cabeça, negativamente, com imensa mágoa —, não me deves dirigir carta nenhuma! Não sei ler; o que me escreveres será lido por estranhos e as tuas referências talvez suscitem desconfianças... É mais um sacrifício que se nos impõe; vivamos como até há pouco tempo, ignorados um do outro! Se algum dia puderes voltar à Rússia, já sabes onde é a minha choça, e, se a encontrares ocupada por outrem, é sinal de que o Altíssimo já se compadeceu de mim e deu-me descanso... Faze por mim uma prece e prossegue a tua jornada, Pedro!

E o pobre irmão partiu com os olhos nevoados de lágrimas.

Uma vez só, invencível desalento dominou-me algumas horas. Depois, com esforço heroico, consegui reagir contra os próprios sentimentos e resolvi prosseguir minha romagem. Em São Petersburgo fui aturdido pelo bulício da grande capital moscovita, eu, um pegureiro habituado à plácida vida aldeã... Parecia-me sempre que ia ser reconhecido por alguém; que estava sendo seguido por policiais secretos; que um gemido me acompanhava onde quer que estivesse... Tudo quanto via — rumorosas *urbs*, paisagens desconhecidas, o mar — causava-me profunda impressão, mas coisa alguma me atingia, pois me sentia isolado no seio das multidões, deslocado em ambiente no qual não fora criado, tudo visto através do pranto que me nublava os olhos, através da mágoa que me velava o coração...

Alheava-me da vida que se me deparava tão diversa da que havia tido até então; julgava estar sob o domínio de uma efialta martirizante; não achava serenidade em parte alguma; deixei de elevar o pensamento ao Céu, que, certamente, havia de repeli-lo como indigno de lhe penetrar o âmago radioso e puro; sentia-me demais no mundo – que supunha execrar-me como a Caim – parecendo se houvesse transformado num ente humano, hostil à minha pessoa, ou fosse um tribunal inexorável, apto a condenar-me, a degredar-me para o averno, em punição perpétua: eu temia, pois, senhor, a Deus, a natureza, a humanidade, os meus pensamentos, a própria existência...

Punha-me a contemplar as ondas, que admirava, mas, horas havia em que, para meu cérebro doentio, elas tomavam formas assombrosas de monstros fabulosos, de polvos líquidos e ferozes, que erguessem os tentáculos para me arrastarem a um precipício e devorar-me vorazmente, eternamente...

Cheguei, afinal, ao Havre, sem nenhum incidente digno de registro. Apresentei-me ao parente do Pope e fui admitido a bordo do *Devoir*,[7] um magnífico transatlântico, e fiquei fazendo parte da sua tripulação.

Escoaram-se os meses.

Não podendo olvidar meu benfeitor e para desafogo de minhas penas, escrevi-lhe longamente, narrando-lhe a viagem, as determinantes do crime e prometendo reabilitar-me nobremente."

---

[7] *Devoir* – Dever.

X

"Passaram-se meses, esperei, dia a dia, numa ansiedade indefinível, notícias do amado mestre e momentos havia em que me sentia apavorado, conjeturando houvesse minha carta parado em mãos alheias...

– Quem sabe – pensava agoniado – já não ascendeu ele aos páramos azuis, alanceado em pleno coração pelo desgosto que lhe causei! Quem sabe, vendo fracassar todos os seus sacrifícios, ficou abominando-me como o próprio *barine*?

Já não nutria esperanças de qualquer resposta do abade quando, em chegando ao Havre pela sétima vez, depois que lhe escrevera, recebi uma carta expedida da Rússia. A letra era do venerável sacerdote. Abri-a com avidez, almejando lê-la de um jato, mas subitamente deteve-me um augúrio de infaustos sucessos...

Acalmei-me ao cabo de alguns segundos e iniciei a leitura da missiva, que, efetivamente, era do abade. Sintetizo-a nalguns tópicos, que ainda tenho gravados na memória: 'Escrevo-te na calada da noite, imerso no silêncio do presbitério, e, tão nítidas são as recordações que de ti me pairam n'alma, que chego a iludir-me: parece-me ver-te a meu lado, Pedro, como outrora... Quanto tenho padecido desde o teu sumiço, acabrunhado por causa do acontecido, no nefasto crime que perpetraste – certamente dominado por Satã – tu, tão bondoso, de sentimentos tão nobres que me enlevavam e desvaneciam!...

'Não sabes ainda todas as lamentáveis consequências do teu ato de insânia: Sônia enlouqueceu, está tresvariando desde o momento fatal do homicídio do irmão...'

Foi com extrema dificuldade, com o cérebro incendido e as mãos trêmulas a ponto de fazerem bailar a carta que sustinham, que prossegui na leitura:

'Julgo prudente – continuou o abade noutro tópico – não me escreveres mais, enquanto não fores previamente avisado, pois me acho enfermo, à beira do túmulo, e temo sejam tuas cartas entregues a pessoas adversas, após meu passamento...

'Lembro-me muito de ti, Pedro; e quando mais vivas são as lembranças, faço rogos a Deus que te inspire louváveis resoluções, encaminhando-te na senda áspera, mas luminosa, da virtude...

'Não te condeno nem absolvo, como sacerdote: só Deus tem o direito de o fazer. Envio-te, do meu leito de quase agonia, um amistoso – *Adeus!* – que será o derradeiro nesta existência de amarguras; mas, prometo – se o Criador mo consentir – continuar a velar por ti, quando meu corpo baixar ao sepulcro e minh'alma escalar as mansões sidéreas, pois muitos anos, de duras provas, talvez já lhe tenham dado jus a fruir venturas e paz, inatingidas neste planeta tenebroso...'

Quando finalizei a leitura, tive instantes de desvairamento, ao imaginar que a adorada Sônia ficara alienada, pelo pesar que lhe causara, e que o meu incomparável benfeitor, aturdido pelo mesmo dissabor, ia baixar à tumba...

Essas duas lúgubres notícias levaram-me ao apogeu do sofrimento. Até então, considerava-me um transgressor do Código Penal: desde aquele segundo, fui um ofensor das Leis divinas.

Rasgar o peito a um contendor que nos detesta, em defesa própria, é um crime com dirimentes e atenuantes legais; embeber um punhal na alma dos que nos amam é a superlativa iniquidade! Trucidar corações que palpitam por nós é a suprema covardia, é o mais hediondo de todos os delitos! Deixei de ser exclusivamente assassino para tornar-me um celerado, um réprobo, um maldito!

No entanto, o abade, um ministro do Juiz supremo, não me incriminara e ainda expendera pensamentos que revelavam o mesmo paternal afeto por mim, patenteado quando eu era justo e bom... Sua missiva, nas últimas páginas, tinha vestígios de lágrimas, pois nelas havia máculas de tinta, irradiadas dos caracteres que ficaram ininteligíveis, como quando um manuscrito é aspergido com água...

Senhor, às vezes a piedade é um látego: exacerba mais o nosso padecer que o aguilhão da violência... Eu perpetrara um crime que se tornara nefando, porque tivera consequências funestas, deploráveis – atingira duas almas imaculadas, dignas de todas as ditas do universo! Por isso, se verberassem o meu ato ignominioso, se supliciassem o meu corpo num pelourinho e ultrajassem o meu Espírito mofino, sentiria decrescer meu íntimo sofrimento, que transbordaria do coração, qual de uma taça um vinho efervescente, deixando-o após, pacificado e sereno; gotejaria com o sangue que se derivasse dos músculos dilacerados... Ao inverso, a bondade com que me tratara o abade, as suas expressões de carinho represaram-me as lágrimas, aumentaram-me o remorso, que, então, crescera até o ilimitado, pois fora o causador não de *um*, mas de *três* infortúnios...

Incomensurável minha culpa; inominável e imperdoável meu crime! Eu próprio me julgava um bandido, um precito passível de tormentos inquisitoriais e eternos, indigno da compaixão humana: devia ser amaldiçoado e não confortado...

Como é que o Pope, um santo, um incorrupto, não me acusara? Sua increpação vibrante ter-me-ia feito alçar a fronte, do caos em que me achava, para retorquir-lhe com altivez: 'Mestre, teria suportado mais uma atroz afronta de André, mas não poderia consentir açoitasse brutalmente um anjo de indizível clemência e pureza – Sônia Peterhoff! Foi para defender minha generosa protetora que me tornei assassino... Venham agora, para mim unicamente, todos os martírios, mas, seja ela feliz e bendita pelo Criador, é ao que aspiro!'.

Eu, porém, não tinha mais direito a essa excusa: vitimara ao mesmo tempo o algoz e a cândida presa...

André jazia num sepulcro; Sônia tornara-se desventurada; fizera eu extinguir em sua mente – pelo excesso de sofrimento e terror – a lâmpada maravilhosa da razão; matara-lhe o coração em flor, pois o louco é um morto vivo, é um ser de quem se desliga o Espírito, deixando-lhe apenas fragmentos, para que o organismo não entre em putrefação... É a demência um cataclismo no cérebro, com repercussões demolidoras n'alma, ocasionado por um frêmito de dor infinita; é qual terremoto que faz trepidar um vergel florido, tornando-o, bruscamente, em fendas ou num abismo hiante... E esse delito fora cometido por mim, o maior desgraçado da

Criação; ele é que me fazia os cabelos eriçarem-se no crânio vulcanizado, os dentes a rilharem de desespero, dobrarem-se os joelhos sobre o soalho e não ter ânimo de implorar misericórdia ao Todo-Poderoso, que, certamente, não atenderia às minhas imprecações, repeliria as minhas preces do Empíreo, tão infame eu próprio me considerava...

Como é que o abade Francisco – protótipo de virtudes! – não me acusara, conhecendo toda a hediondez de meus crimes?

Devia fazê-lo como austero sacerdote.

Sua comiseração por mim é que me esmagava, tirava-me a coragem da defesa: precisava ser justificado, garroteado, guilhotinado ou azorragado, para que meu Espírito adquirisse serenidade; para que minha consciência ficasse aligeirada do peso eril que me fazia pender para um despenhadeiro apavorante, uma cratera insondável, a qual, começando no Equador, houvesse já perfurado as entranhas da Terra, ligando-se do Pólo Sul ao espaço indefinido, somente conhecido do Eviterno... Derramara ele bálsamo em meu coração dorido e equimosado, em vez de lhe tocar com pedra-lipes para comburir e sanear-lhe as chagas; por isso, não lhe sentira a suavidade, parecia estar metamorfoseado em bloco de gelo polar, coagulando no seu âmago o pranto que não chegara aos olhos...

Estava em meu beliche, prosternado no chão, com a carta do Pope contraída na destra crispada, braços pendentes, sem ousar erguê-los ao alto, possuído de angústia inenarrável... Anoitecera.

Uma vela ardia a meu lado.

– 'Senhor – murmurei a medo, como se a voz me fosse estentórica e pudesse ecoar, atroadoramente, por todo o universo: – iludi as leis de meu país, mas não posso fazê-lo às vossas... Eis-me aqui, Senhor, entregue à vossa Justiça! Puni a Pedro Ivanovitch, o mais celerado dos delinquentes!'

Ateei fogo à missiva do abade e, por segundos, vendo-a inflamada, tive a impressão de que lançara às labaredas infernais o meu próprio coração, para reduzi-lo a cinzas...

Ainda genuflexo, passou-se comigo estranho e inexplicável fenômeno: de olhos cerrados, divisava, além, descendo lentamente do Firmamento, uma taça de ametista rutilante, de beleza e melancolia indescritíveis, donde transbordava um fluido sutil e violáceo, sustida por uma entidade extraterrena da qual apenas pude distinguir um braço de névoas alvinitentes... Estendi uma das mãos trêmulas para recebê-la, julguei tê-la aproximado dos lábios – no meu horto ignorado de agonias – sorvi todo o conteúdo, que me deixou nos lábios, por muito tempo, um travo de absinto, indelével... Tombei no soalho, em delíquio que durou horas. Quando recobrei os sentidos, havia baixado à enfermaria de um hospital, ardia em febre e supus haver sonhado o que sucedera comigo...

Quando recuperei a saúde e reencetei meus labores marítimos, tive a impressão de que me achava degredado em mundo no qual a ninguém seria permitido apiedar-se de mim; parecia-me ser odiado universalmente; compreendi não ter jus a nenhuma ventura terrena. Ludibriara a justiça humana, mas entregara-me à divina; e esta arvorara um tribunal em meu próprio imo – a minha própria consciência, implacável como a do Iscariotes, juiz em causa própria, que me sentenciara a não fruir um instante de tréguas, não olvidando um segundo os meus crimes, avivados incessantemente, como por uma tinta lúcida, em minha mente...

Para maior tortura tinha o corpo enclausurado no *Devoir* e a alma acorrentada à longínqua aldeia onde delinquira: ora peregrinava no presbitério, no qual *via* pálido e agonizante o amado benfeitor, ora em casa de Peterhoff, onde *via* passar com os cabelos desalinhados, olhos esgazeados, feições descompostas, a idolatrada Sônia...

Como não endoideci também, senhor?

É que a insânia, para mim, seria a revogação da pena que me fora imposta pelo código celeste; seria uma inaudita felicidade, pois esqueceria os meus transvios e eu precisava ter intactas as faculdades mentais, todas as potências anímicas, para reparar, no sofrimento moral e físico, todas as minhas culpas...

Estava, enfim, senhor, condenado a viver, desejando se me extinguisse a existência, sem ter a enflorá-la a mais tênue ilusão, um único sonho mundano...

Ai! senhor! sabeis o que é assim viver alguém, com o coração árido, sem o menor bruxuleio de esperança? Não? Como sois afortunado, senhor! Pois bem: vou dizer-vo-lo eu, com triste e longa experiência própria: é sentir morta, para as alegrias humanas, a própria alma sepulta num jazigo vivo e sensível – o corpo material – que se move, respira, age, tem faculdades fisiológicas, palpita, chora arrastando sua desditosa companheira emasmorrada em diversos pontos do globo terráqueo; é ser impelido, com indiferença, pelo destino, qual globo de granito desgarrado de um penhasco, rolando sem cessar, como a pedra de Sísifo por uma encosta íngreme e áspera, que vai terminar em voragem; é sentir-se asfixiado pela cerração intérmina do desalento a envolver-lhe o Espírito, que se torna qual galera desarvorada e perdida em regiões árticas, tendo partida a bússola e extinto o fanal; é prantear no isolamento em que permanece de contínuo, e não ter um ente amigo que dele se aproxime para dizer-lhe: '*Espera e crê no porvir! Venho enxugar-te as lágrimas, lenir a tua dor, de que compartilho, e, por isso, dividida ao meio, decrescerá...*'.

É imaginar que pode expiar abandonado por todos, não tendo, na hora da agonia extrema, quem lhe chegue à mão um crucifixo, quem lhe cerre as pálpebras arroxeadas, e, depois, à beira da cova humilde, quem verta uma lágrima de saudade, deponha nela um goivo, profira uma prece; é estar sentenciado a não ouvir senão o silêncio noturno, nas infindas horas de vigília e de incomensurável flagelo moral; é viver sempre estranho perto dos que sorriem de júbilo – do qual não pode compartir – e que o olham com desconfiança ou desdém, porque ele possui no rosto macerado o estigma de secretas mágoas; é soluçar às ocultas e não ter a quem dizer: '*Sofro!*', porque o homem é egoísta e escarnecerá da sua dor sagrada; é sentir-se, ininterruptamente, resvalar para um vácuo – o futuro – e não divisar nenhuma teia de aranha a que se apegue no presente umbroso, soturno, hibernal: é, enfim, senhor, existir como existe o mineral nos filões do subsolo – sem afetos, sem sonhos, sem sorrisos, isolado, sem quimeras, bloqueado de trevas; não tem um alvo ao qual colime seus pensamentos; seu cérebro fica enevoado, entenebrecido; o coração calcinado, sem norte, sem Deus, sem roteiro, sem amor...

Assim foi que vivi por alguns anos... Compreendeis quanto tenho padecido?

Não vos importuna a narração de meus infortúnios? Dizeis que não, mas estais fatigado... Amanhã prosseguirei a tragédia da minha existência. Ide em paz, abnegado desconhecido que tendes lacrimado, ouvindo o relato das minhas amarguras... Obrigado! Já não tenho quase lágrimas, senhor: extingue-se, aos poucos, essa bendita fonte de consolação, tanto tenho carpido nesta minha atribulada vida... No entanto, sou agora menos desgraçado do que antigamente, pois julgo haver atingido a meta dos meus reveses... Supus, outrora, poder conquistar a ventura terrena; mortifiquei-me por vê-la sempre a se esquivar – qual sombra de nuvem errante – e só agora começo a vislumbrá-la longe da orla do horizonte, muito além e acima de nossas frontes, lá onde adejam as estrelas, as douradas falenas divinas... A esperança gorjeia em minh'alma, que concebe uma felicidade ideal, não inacessível no céu, porque o é neste planeta, onde tudo é falaz e efêmero..."

FIM DO LIVRO I

Livro II

Entre o céu e o mar

I

"Minha existência, desde que deixei de ter tranquila a consciência, se me tornou uma incessante expiação. Não achava prazer em folgar com os outros marujos, quando o nosso transatlântico ancorava nalgum porto. A bordo, tornou-se proverbial a minha taciturnidade.

Nas horas vagas, ficava contemplando o oceano, que o *Devoir* singrava, e só uma ideia me dominava, qual tentação satânica: atirar-me às ondas e desaparecer para sempre... Desapareceria, porém, realmente?

Era a interrogação que eu próprio me fazia, miríades de vezes, com o cérebro a escaldar, sem que pudesse dar-lhe resposta satisfatória...

Ocorria-me, então, à mente, os divinos conselhos do abnegado padre Francisco, e só ao pensar no mestre venerando, um enternecimento indizível assenhoreava-se de todo o meu ser, fazendo com que o rocio da saudade me aljofrasse os olhos, recordando, com precisão admirável, tudo quanto me dissera sobre o suicídio – que ele considerava um dos mais execráveis delitos, porque não só afronta diretamente o Criador do universo, como fica impune pelas leis humanas:

'Todos os crimes – dizia – são praticados contra o próximo, e, segundo a sua gravidade, são previstos pelos códigos penais, que estabelecem para todos sentenças equivalentes à culpa, ao passo que o suicídio atinge diretamente o Onipotente, é uma revolta contra as provas necessárias à lapidação do Espírito maculado, estatuídas por Ele para reparação de faltas abomináveis, e não pode ser punido pelas leis sociais... É, pois, o suicida, o delinquente máximo: pratica um homicídio voluntário, premeditado, torna vítima o próprio corpo indefeso pelo qual deve desvelar-se, foge ao proscênio da vida onde veio reabilitar um passado poluto, burla a justiça humana, e, por isso, há a intervenção da Justiça divina, que nunca é demasiado severa para um delito tão hediondo...'

Rememorando essas palavras do provecto sacerdote, supunha, às vezes, vê-lo surgir-me qual fantasma de brumas alvinitentes, as mãos alçadas como quando elevava a lirial eucaristia em gesto de bênção, ou me apontando o céu, onde tenho de ser julgado... Então, repelia com pavor todos os mais sinistros pensamentos que me haviam aflorado ao cérebro incandescido...

Ao chegar o *Devoir* – cujo nome me suscitava a única diretriz de toda a existência – a algum porto americano, em que costumava fazer escala, descia a terra apenas para adquirir algum livro de moral ou de ciências exatas e regressava logo, pondo-me a lê-lo em todos os momentos de lazer, para refrescar as ideias, temendo qualquer divagação pelo passado...

Certa feita, o comandante, inspecionando o navio, deteve-se a observar-me. Eu me achava sentado numa escada atento à leitura. Ao vê-lo, fechei o livro. Era ele já um sexagenário, porém robusto, de tez rosada, aspecto nobre, olhar franco e penetrante. Fiquei surpreso ao ouvi-lo dizer:

– Como é possível que sendo tu marítimo, preso a bordo dias seguidos, em vez de te alegrares nos momentos de liberdade – como o fazem teus companheiros, sempre folgazões – voltas ao cárcere para te entregares à leitura de livros que demonstram não seres um rude, nem desprovido de cultivo intelectual?

– Senhor – respondi-lhe com humildade e voz contrafeita – só me apraz, nas horas de folga, a companhia dos meus livros... Apenas sede de saber, senhor!

– Pensas admiravelmente bem, meu rapaz, e felicito-te por assim procederes, mas, onde adquiriste conhecimentos filosóficos e científicos? Há dias estavas a ler Spencer e hoje Buffon... É mister saber o teu preparo intelectual, para que mais tarde ocupes melhor lugar...

– Senhor, não tenho aspirações. Desejo apenas um ganha-pão para não morrer de fome. Não posso, entretanto, deixar de vos agradecer o generoso interesse que por mim manifestais. Obrigado! Deus vos recompense.

– Por que ocultas o que sabes?

– Porque sou um desventurado, não tenho família e desejo morrer como tenho vivido até hoje – ignorado e obscuro... Recebi austera educação ministrada por ilustre sacerdote, e talvez ainda me faça clérigo.

— Não me iludes, meu rapaz: tens é grande desgosto a mortificar-te e, por isso, te tornas misantropo; mas o tempo dissipa todas as mágoas e tenho a convicção de que ainda te verei animado de ideias menos sombrias...

Não protestei. Baixei a fronte, sentindo as lágrimas prestes a rebentar-me dos olhos.

Ele se afastou pensativo e eu ia reencetar a leitura, quando, de súbito, inesperadamente, senti leve pancada no ombro direito. Ergui o olhar e defrontei idoso e rústico marinheiro bretão, de rosto acerejado e risonho. Uma fisionomia ressumbrando franqueza e bondade — dessas que parecem possuir perpétua infantilidade, mesmo quando a fronte já está aureolada de neve, como os Alpes no inverno...

Sorria-me e, entre malicioso e repreensivo, disse:

— Deixaste noiva em tua aldeia, ó camarada?

Estremeci. Era necessário, porém, dominar-me. Aparentando indiferença e contrariedade, falei:

— Que te importa a minha vida, tio Guilherme?

— É que andas sempre arredio às diversões, tão macambúzio que os nossos colegas — uns bons rapazes brincalhões! — andam a suspeitar algum mistério em tua vida... Na tua idade, viver meditando e lendo, não é natural...

'Lá isso salta à vista de qualquer bolônio... És algum sábio ou asceta disfarçado em marinheiro?'

— Não acho prazer em jogar nem em me embriagar — prefiro aqui ficar estudando. Todos se lembram do corpo para lhe dar gozos; eu me lembro da alma e tento fazê-la melhor...

– Qual camarada, estás é perdidamente enamorado, e por alguma campônia que, talvez, já seja de outrem... Olha que só depois de morto é que me hão de atirar terra aos olhos!

– Amo somente o mar e os meus livros... Sofro porque receio estar separado, para sempre, de minha família...

– És casado?

– Não. Tenho apenas irmãos, esparsos pela Polônia e pela Rússia...

Tio Guilherme pôs-se a rir, ruidosamente, e, sempre jovial, retrucou:

– Viveres assim macambúzio pela ausência de irmãos, tem graça, Pierre!

'Queres iludir-me, meu rapaz, mas não o consegues... Abre-me o teu coração e dize-me que deixaste alhures uma amante ou uma noiva adorada que te não é fiel, e é o zelo, o desgosto de a teres perdido que te causam essa constante tristeza... Nosso coração é sensível ao afeto da família; enternece-nos a recordação dos velhos pais e dos companheiros de infância; mas, o que nos faz desgraçados, insociáveis, é o ciúme que nos devora, quando nos falta o coração, roubado por alguma formosa mulher! Os filhos sabem rir e bailar longe de suas mães velhinhas, que, quase a desaparecer no túmulo, opressas de saudades, choram por eles, vivem a rogar à Virgem Maria que não lhes suceda nenhum mal; estes, porém, só se julgam desditosos e pranteiam quando ausentes de suas amadas, ou de suas esposas, e sabem que elas possuem outros prediletos... Esta é uma verdade que, em minha longa vida – a que não faltam dolorosas experiências – nunca foi desmentida e não o será, que já estou com os cabelos transformados em flocos de algodão e com a sepultura quase aberta para receber o corpo fatigado de lutar contra as tempestades da existência e do oceano – o nosso temido e adorado adversário...

'Não me enganas, pois, rapaz; tu tens algum compromisso amoroso e sofres, longe da tua prometida...'

– Não, tio Guilherme, não atinaste com a causa de minha tristeza. Sou um mísero marinheiro e não penso em contrair tão sério compromisso, qual o de constituir família...

Ele descobriu a fronte ampla e passou a mão áspera pelos velos de prata que a cobriam. Estava visivelmente preocupado e, como se fora contagiosa a minha melancolia, tornou-se repentinamente grave e apreensivo. Ficou silencioso por instantes, olhou-me fixamente e falou, baixando a voz:

– Pois, camarada, vou dizer-te a verdade: simpatizo contigo, aprovo teu modo de pensar e de proceder, tanto me cativaste o coração, que concebi um projeto a teu respeito...

– Que projeto é esse, tio Guilherme?

Ele hesitou por alguns momentos e, depois, disse-me com a franqueza habitual:

– Vou ser sincero contigo, Pierre, pois detesto os segredos... Bem sabes que sou casado; mas o que ignoras é que o bom Deus nunca me concedeu um filhinho, o que foi motivo de dissabor para mim e para a fiel companheira, durante muito tempo. Disse dissabor e não expressei bem o que queria dizer: tinha grande pesar por ter sempre despovoado o lar, e esse sentimento foi agravado pelos zelos que tive do meu único irmão que, consorciado muitos anos depois de mim, em pouco tempo viu a sua união abençoada pelo Altíssimo com o nascimento de uma encantadora menina, digna de ser uma rainha...

'Confesso-te que invejava intimamente a ventura de meu irmão, apesar de idolatrar a sobrinha, minha afilhada, e para a qual escolhi o nome de Catarina, que é, para mim, o mais belo do mundo, porque era o de minha santa mãezinha...

'Subitamente, a felicidade de João foi perturbada: minha cunhada adoeceu gravemente e rendeu a alma ao Criador; meu irmão, inconsolável, não tendo quem cuidasse da filhinha, entregou-a aos cuidados de minha mulher e, então, começamos a adorá-la ainda mais do que quando não era nossa. Viveu ele sorumbático alguns anos e também veio a morrer-me nos braços... Não é que os olhos ainda se me arrasam de lágrimas, passado já tanto tempo da morte do meu João? que o coração da gente é como este mar em que vivemos: nunca lhe faltam gemidos, nem água para subir pr'o céu – do qual parece ter saudades e, por isso, quer alcançá-lo, sempre em vão...

'O destino é caprichoso, meu rapaz: por que era necessário meu irmão ser desgraçado para eu ser venturoso? Por que é que Deus me não concedeu uma filhinha legítima e lançou em nossos braços uma orfãzinha, para nos fazer ditosos? Não sei. Há mistérios nos desígnios da Providência que nunca poderemos desvendar... Parece-me que, dessa vez, ela quis repartir o mesmo tesouro com os dois irmãos – como se possuísse um só no Paraíso...

'Seja, porém, como for, alegrei-me bastante com a dádiva que nos fez.

'Agora, terminando a história – que eu não sei se te comoveu ou não – completo também o que desejava expor-te: Catarina conta, presentemente, dezoito primaveras, é educada, prendada, sensata, bondosa e bela qual princesa dos contos de fadas... Pois, meu amigo, sabes o que anda a me preocupar os miolos? É que já não sou positivamente um jovem, temo deixar o mundo a qualquer momento, e a minha Catarina ficaria órfã pela terceira vez...

'Conheço-te, tenho estudado o teu caráter, acho-te trabalhador, bem comportado e imaginei que poderás fazer a felicidade da minha sobrinha... Que respondes a isso, meu rapaz?'

Era a primeira vez que alguém me acenava com um pouco de ventura realizável neste planeta. Fiquei comovido e enleado.

Refleti alguns instantes, e, repentinamente, esvoaçou-me na mente a triste visão de Sônia, louca por minha causa... Como poderia tentar a felicidade, se a fizera desgraçada? Julgava-me um réprobo, mas não um covarde. Era meu dever recusar a taça de ambrosia que me ofertava o generoso velhinho, para libar até as fezes a do absinto, que o Altíssimo me fizera chegar aos lábios.

Disse-lhe, então, com indescritível amargura:

– É demasiada, para mim, a honra que me concedes, tio Guilherme! Não me conheces ainda suficientemente para que me consideres merecedor do inestimável tesouro que ora me ofereces...

– Deixa-te de modéstias, rapaz! Pois, então, em três anos de convivência contigo, ainda não sei quem és? Um excelente mancebo de ótimos costumes!

Baixei a cabeça, entristecido. Por que não inteirar da verdade os bravos companheiros? Algo de extraordinário passou-se em meu íntimo: pareceu-me que *alguém*, naqueles segundos, vedava-me a liberdade de ser sincero, de expandir os meus secretos pensamentos... Foi ele quem quebrou o silêncio, falando-me a rir:

– Não tomes, por enquanto, nenhum compromisso, Pierre! De retorno ao Havre, levar-te-ei a *nossa* casa, apresentar--te-ei à minha dedicada companheira e à formosa Ketty...

'Olha que vais ficar maravilhado, meu rapaz, e verás se tio Guilherme sabe mentir.'"

II

"Pouco tempo decorrido dessa confabulação com o velho marujo – tendo-se, desde então, estabelecido recíproca afeição entre nós – regressamos ao Havre e tive ensejo de ir ao seu pobre mas ditoso domicílio.

Fiquei atônito, senhor, ao ver-lhe pela vez primeira a ideal sobrinha: basta dizer-vos que era a sósia de Sônia. Peterhoff, como se fossem gêmeas e iguais!

A mesma altura, o mesmo porte airoso, os mesmos cabelos de topázio luminoso, o mesmo timbre mavioso de voz, os mesmos olhos azuis, repletos de suavidade e melancolia! Parecia-me estar delirando...

Ver a gentilíssima Sônia transportada a um lar amigo, poder conversar com ela livremente sem ser espionado por André, ser permitido unir ao meu o seu destino, abençoado por Deus! Seria demência minha? Estaria desperto, ou sob ação de paradisíaco narcótico? Era excessiva ventura para que eu a considerasse viável.

Mostrei-me perturbado e absorto na presença de Ketty, e, enquanto ela palestrava comigo, sentia-me torturado: se não fosse estar incurso nas Leis divinas e sociais, seria a ocasião propícia de ser ditoso; mas, as reminiscências do passado aniquilaram-me, pois seria um crime aliar ao meu coração conspurcado o daquela pura e fascinante donzela!

Não permitiria o Todo-Poderoso que se unisse a noite à alvorada – porque esta repele aquela, como a virtude à iniquidade; como a água ao réptil!

Retirando-me do lar do meu companheiro de lides oceânicas, parecia-me ter sido vítima de uma alucinação, ter ouvido um filtro enfeitiçante, e nunca me julguei tão mal-aventurado...

Tinha de renunciar a uma ventura inconcebível, por me julgar indigno de merecê-la, para evitar prováveis dissabores a um ente tão nobre quanto Ketty.

Não pude adormecer durante a noite em que travei relações com ela. Levantei-me aos primeiros albores matinais, mais acabrunhado que de costume.

O navio tinha de permanecer alguns dias no Havre e tio Guilherme insistiu para que repetisse as visitas ao seu lar.

Tentei esquivar-me, mas a tentação de rever a estátua de Sônia arrastava-me até lá, era mais forte que o desejo de reagir à invasão de um sentimento avassalador...

Achava-me ao mesmo tempo deslumbrado e infeliz. Dir-se-ia estar dominado por intensa magia, por força magnética indômita. Dentro em pouco eis-me insanamente enamorado de Ketty, e notei que ela não era insensível ao meu amor – que eu não sabia se lho consagrava, ou à imagem viva de Sônia Peterhoff, sempre adorada e inolvidável, e cuja evocação me punha travos de fel na boca e lágrimas nos olhos... Venci, porém, todos os escrúpulos da consciência, e, numa das viagens de volta à França, desposei a graciosa sobrinha do bondoso Guilherme. Vivi alguns meses sob a égide de fagueiro sonho; senti amortecidas minhas ânsias e tribulações. Venturoso, enfim, eu, o trânsfuga, o precito? Não estaria iludido ou tresvariando? Houve um interregno de pesares e remorsos; um rejuvenescimento espiritual; cheguei a conjeturar que, com o correr dos anos, esqueceria o passado tenebroso... Enganava-me, porém. O que eu supunha fosse dilúculo, início de uma estação radiosa, era apenas crepúsculo, prenúncio de noite cerrada e intérmina...

Eu tinha sede de expansão. Comecei a pensar fixamente em contrariar a vontade expressa na carta do abade Francisco, em lhe escrever longamente, implorando-lhe abençoasse, em hora de preces, no santuário do presbitério, o meu enlace com Catarina.

Uma tarde, por um passageiro eslavo, recentemente chegado de Nijni-Novogorod, soube que ele ainda existia, mas seriamente enfermo.

Escrevi-lhe minuciosamente, e no cabeçalho da epístola grafei, como endereço: '*Bordo do D...*'

Desde, porém, que expedi a carta, sem atinar porque, algo de inquietador começou a turvar-me a efêmera ventura.

– Quem sabe – inquiria-me secretamente – ao chegar a carta à Rússia já não estará ele morto? Onde irá ter, nesse caso, minha confidência?

Voltei a ser o taciturno Pierre, que todos conheciam, tão opresso vivia.

Uma tarde, senhor, atemorizado por não haver logrado receber a anelada resposta, fiquei insone. Já quase meia-noite e não me retirara do tombadilho do paquete, contemplando o Atlântico. Não sei se o conheceis nas zonas tropicais... É um verdadeiro portento! Um cenário imponente, parece uma apoteose em que tomassem parte atores siderais, após a representação de uma ópera divina... Nas cálidas noites de estio, nunca se faz noite plena, porque a escuridão não pode vencer o lampejo das constelações que fulguram no zimbório celeste do hemisfério ocidental, como se Deus lhes houvesse atirado a esmo cornucópias repletas de moedas de diamantes acesos, em todas as direções, qual verdadeiro Nababo da luz, que Ele o é...

O oceano, refletindo as irradiações astrais, tinha as ondas balouçantes, incrustadas de incomparáveis miríades de pérolas luminosas, que, desgarradas dos seus prodigiosos estojos de nácar – sequestradas na profundidade das águas, nalgum alcáçar encantado – houvessem subido à tona para um festival em homenagem a Anfitrite... Dir-se-ia, também, que, das jazidas celestes, houvessem rolado toneladas de gemas preciosas sobre as vagas siderais, que têm sob a sua guarda os tesouros divinos.

Eu estava estupefato, contemplando a natureza portentosa, quando, repentinamente, vi formar-se à flor das vagas, qual se fora feito de espumas, um corpo humano... Seria um náufrago? Ia prestar-lhe socorros, mas logo refleti que a nenhum mortal Deus outorgou o poder de se equilibrar nas ondas e palmilhá-las, qual outrora o Cristo sobre o azul Genesaré, como o fazia sutilmente, aquele estranho ser, deslizando em direção à nau...

Fiquei apavorado, petrificado, imóvel, debruçado na amurada, sem poder desviar a vista da aparição, na qual reconhecia o meu benfeitor... o abade Francisco! Glacial suor cobriu-me o corpo, transformando-o em bloco de gelo... Tive a iniludível certeza de que ele havia deixado a vida material, e, antes de se librar ao Empíreo, fora dar-me o testemunho de sua amizade inigualável...

Caí genuflexo – o que não fazia desde que recebera sua primeira e última carta – com os braços estendidos para a visão querida, como se tentasse apertá-la de encontro ao peito, onde rumorejava de dor o íntimo ergastulado... Deixara de existir, neste orbe miserando, o mais dedicado protetor dos órfãos e dos desamparados, o mais nobre dos anciães e fora eu – de quem tantas vezes ele aligeirou as penas! – que lhe causara o pungente dissabor que o levara ao sepulcro, fazendo-o agonizar durante anos de tortura indômita!...

Que sublime criatura aquela, que, não me amaldiçoando, e devendo fazê-lo, ainda me buscava antes de ascender às paragens estelares? Através das lágrimas que, copiosas e ardentes, me umedeciam as faces, pude contemplar longamente a diáfana aparição, que elevou a destra num gesto de bênção, ou como a apontar-me a umbela constelada, para a qual estava de partida, até que se esvaiu qual floco de bruma, de alvura lactescente...

Eu continuava ajoelhado e soluçante, compreendendo que findara a minha breve felicidade terrena, que se avizinhavam novas e tétricas tormentas, e que somente cruciantes sofrimentos poderiam reabilitar-me ante o Criador do universo... E foi nessa posição súplice que me encontraram dois marujos, julgando que houvesse enlouquecido por causa dalgum recôndito desgosto.

Por muitos dias estive tresvariando, acometido de febre cerebral. Pouco a pouco fui recobrando o senso e a saúde, que se tornaram alteráveis à menor emoção.

Fui salvo, senhor, de gravíssima enfermidade, porque ainda não estava consumada minha expiação: era mister viver, lutar e padecer!

ひ

Naquela noite memorável, que venho de referir, não estava a bordo do *Devoir* o tio Guilherme. Quase à hora do embarque fora acometido de súbita indisposição e ficara em tratamento em nosso lar, pois vivíamos em comum. Quando regressei, não mais pude vê-lo – tinha também morrido! Chegara-lhe a extrema hora, durante minha ausência; não cerrara os olhos, como de seu desejo, no bojo do *Devoir*, embalado pelas ondas, nas quais quisera ser sepultado. Deus lhe chamou a alma generosa e leal mais depressa do que previa, e, certamente, ele se lhe apresentou risonho, sem um delito a enodoá-la, pois essa alma, a meu ver, deve ser alva como um jasmim, pura como a de uma criança. De volta ao Havre, ainda convalescente, encontrei os nossos envoltos em crepe. Fui, na companhia de Ketty, levar algumas flores ao modesto sepulcro do velho marítimo, e, ao prosternar-me ali, assim, lembrei-me doutro, muito longe, também recém-aberto... Compreendi que, ao mesmo tempo, perdera as duas mais profundas afeições paternais que possuíra na Terra – a dele e a do abade Francisco...

Abriram-se, em dois pontos distantes do mundo, duas campas rasas, ligadas, para mim, pelo hífen da saudade, parecendo-me que haviam sido cavadas no meu próprio coração, desde então fendido por dois vácuos impreenchíveis...

Nossa alma, quando vivemos mais de um quartel de século, se vai tornando funérea necrópole, onde fenecem, inumadas, caras ilusões e alviçareiras esperanças; povoa-se, apenas, de dolorosas lembranças, de espectros queridos, e, por isso, pontilha-se de cruzes e saudades...

Passaram alguns anos sobre os episódios relatados. Meus conhecimentos náuticos, aliados ao estudo incessante a que me entregava, fizeram-me acatado por todos os que comigo privavam, mormente pelo comandante do navio, de quem granjeara simpatia, e que prometeu promover-me a primeiro piloto logo que houvesse vaga. O anelo de melhorar de situação despertara-se em mim, ao conceder-me o Onipotente uma bela filhinha, imensamente semelhante à sua genitora e, portanto, à Sônia.

Como já havia feito estudos de Filosofia Hindu, que assevera a peregrinação do Espírito em sucessivas reencarnações neste planeta, até atingir a perfeição psíquica, supus que, falecida na Rússia, houvesse nascido em meu lar a irmã de André, para poder amá-la santamente, retribuir-lhe em carinhos a piedade que tivera por mim, beijar-lhe a fronte angelical, sem ver erguido para nós um *knout* ultrajante...

'Fechou-se, pois, um túmulo' pensei eu 'para surgir um berço; desfolhara-se um goivo, além, no Império moscovita, para abrolhar uma açucena em França; voara do cárcere cândido colibri, para pousar em humilde ninho humano, no qual não lhe faltariam ternuras, alimento, conforto...'

Tão convicto fiquei de ser a minha galante e loura filhinha a encarnação do Espírito imaculado de Sônia Peterhoff, que lhe fiz sua homônima. Quando a estreitava nos braços, comovia-me imenso, e, quando lhe cobria de beijos a nívea fronte, ficava com os olhos nublados de pranto: é que, senhor, não era lícito adorá-la sem remorso, não tinha o direito de fruir um gozo sem jaça!"

III

"Decorreu um decênio, após minha evasão da aldeia de... Vivi quase sempre com o cérebro ofuscado por atrozes reminiscências; uma única ideia punha-lhe laivos de rosicler – rever a meiga esposa e a linda Soniazinha...

Quando desta me apartava – como sucede agora, em que tenho em eclipse todo o meu ser –, sentia-me acabrunhado.

Haveis de estranhar narrar-vos tudo no pretérito, como se a família não existisse mais... Ainda existem, sim, aqueles dois seres estremecidos que a constituem; eu, porém, é que me considero morto para ambos, pois sei que estamos separados, neste mundo, por todo o sempre; e, por isso, faço-lhe referências qual se já fosse um ente extraterreno...

Havia, em minha vida, períodos de desânimo, em que desejava, com veemência, perecer; outros, em que sentia avigoradas as potências psíquicas, almejando posição invejável, para tornar ditosas a consorte e a filhinha.

Um dia, sem motivo justificável, me senti inquieto, lembrando os tempos idos.

Quanto mais mortificado, mais percebia a meu lado um ser invisível, gargalhando continuamente, qual Satã zombeteiro e vingativo... Que seria? Fiquei alarmado, com receio de endoidecer. Eu considerava uma punição do Alto essa vibração de escárnio que ecoava em meu ser, para que não pudesse planejar venturas irrealizáveis, avivando na memória o ocorrido em minha pátria, na qual revia todas as cenas relativas à minha vida, desde a orfandade até a fuga... Tentei descartar-me desse efialta, mas meu pensamento se achava acorrentado à mísera localidade em que fui criado, qual um aeróstato cativo, querendo librar-se aos espaços interplanetários e tendo a retê-lo, neste orbe, um cabo indescritível e possante...

Esforcei-me por fazê-lo voltar até ao Eviterno, dirigindo-lhe uma prece, mas não consegui formular nem uma *Ave Maria!*

Algo de inusitado se passava comigo, em meu âmago e no meu exterior: acastelavam-se em derredor de mim nuvens tempestuosas, nimbos denegridos...

Queria desvendar o futuro e este me parecia paralisado por súbito *staccato*, desaparecido num terremoto que só eu *via*, tornando-se em mar de sombras e escombros, e unicamente o que eu havia sido é que se me desenhava, nítido, na retentiva, como se esta fôsse dividida por muralha que separasse o porvir e o passado – este em pleno dia e aquele em densa escuridão...

Cuidava me bradassem na mente – que repercutia com as pancadas de um camartelo gigantesco, de ferro candente, empunhado por Titã ultriz – estas palavras, que só as compreende quem as tem gravadas a fogo:

'– És um maldito! Tiraste a vida a um irmão, mataste de pesar a dois entes nobilíssimos que te amavam! Caim, não podes aspirar aos júbilos do mundo, que os não merece um réprobo, o qual pode esconder os seus delitos dos homens, não do eterno, que o espreita em seu próprio ádito – a consciência – o seu mais implacável verdugo, um espelho cristalino, onde se refletem a todos os segundos as faltas perpetradas... Vê se te ocultas a ti mesmo, assassino! Pensavas poder ser ditoso tendo feito tantos desgraçados, Pedro Ivanovitch?'

– Deus – imaginava –, de onde provém essa voz sibilante, na qual cuido reconhecer a de André? Será a de algum severo executor das Leis divinas, testemunha de todos os meus atos, intérprete de todos os maus pensamentos, para que o direito celestial não seja burlado?

Naqueles momentos aflitivos, não me flagelava unicamente o remorso por haver interrompido a vida de criaturas humanas, mas a dor de ter perdido a virtude; de ver derruídos totalmente todos os meus planos de ventura, pois quem é delinquente não pode ser feliz em parte alguma, na Terra ou no Espaço; não há antro que o acoite, nem abismo em que esteja, sem que lá não ressoem os gritos de suas vítimas!

Por que, após alguns anos de letargia, recrudescera então, como nos primeiros tempos, tão atroz compunção?

Por que não lenia mais os meus sofrimentos a imagem risonha da minha pequenina Sônia?

Não me era dado chorar, para aligeirar meus pesares excruciantes. Patenteou-se-me, então, em toda a luminosa hediondez, um outro crime que cometera: dar o nome da pobre louca à minha filha, supondo fosse a encarnação de sua alma, como se o Onipotente – a Suma Justiça – pudesse pactuar comigo, premiar as minhas iniquidades, entregando-me uma de minhas vítimas... Por que, somente então, fora minha consciência devassada por um jato radioso, descido do Alto, para desnudar todos os meus erros?

Ai! senhor, é que soara o momento da expiação, e, hoje, devo abençoar minhas horas de agonia, que vos relato agora como se falasse de outro ente, que não este, visto nesta rocha, com aspecto medonho, semelhante ao de uma larva monstruosa...

Não me reconhecia mais, parecia ser outro indivíduo, nunca ter praticado um só ato meritório, ter sido arrastado a um tribunal que eu temia, mas que dele não poderia fugir, se o tentasse.

Fiquei insone, a contemplar o oceano, como era meu hábito. A noite ia alta. De repente, alguém me tocara sutilmente no ombro direito. Julgando fosse algum companheiro de faina marítima, voltei-me prestes para atendê-lo, mas, na penumbra em que me achava, distingui vagamente um ente imaterial, envolto em clâmide translúcida.

Reconheci nele, por secreta intuição, o padre Francisco... Vi-o estender um dos braços para o centro do navio, e logo após se esvair, qual incenso de turíbulo a que faltasse lume...

Era aquela noite – memorável nos fastos de minha vida – a primeira após o *Devoir* haver zarpado do Havre. Ainda me achava agitadíssimo depois da aparição célere que vira por segundos, quando ouvi, quebrando a quietude da natureza, um grito estrídulo, partido de um dos beliches da primeira classe.

Eu estava dominado pelo sobrenatural: não sabia distinguir se o grito proviera de algum enfermo ou de um duende, de alguma alma penada de náufrago – que lançasse aquele brado de dor aos vivos, para assinalar o lugar onde encontrara a morte do corpo, devorado pelas feras marinhas – se saíra do abismo de Netuno ou do meu próprio *eu*...

Em qualquer outra ocasião, talvez não me causasse tanto temor supersticioso; mas, na superexcitação nervosa em que me achava, pareceu-me um pio agourento de estrige fantástica... De quem seria?

Verifiquei que o médico não fora chamado para atender a qualquer doente. Comecei a andar pelo tombadilho do *Devoir*. Outros gênios voejaram lugubremente pela vastidão oceânica...

Oh! como fremia o meu próprio Espírito dentro dos músculos enregelados, desejando – como aquela criatura que, perto de mim, manifestava o seu sofrimento – soltar ais lancinantes, para aliviar o peito opresso, em preamar de prantos, e dizer ao desditoso que os proferira:

'– Teus brados de desespero ou de angúsia me repercutiram no íntimo em vibrações indeléveis: compreendo-os, porque os que estrangulo na garganta seriam iguais aos teus, de tormento inaudito, se eu os proferisse! Vinde, desgraçado que gemeis – carpindo, talvez, uma ventura dilacerada pela engrenagem do destino! – e, ambos, eu e tu, ajoelhados sob o céu sem estrelas, como a nossa vida, em luto perene, peçamos a misericórdia de Deus; depois, de mãos dadas, busquemos nas vagas o repouso para os nossos corações – eivados de remorso ou de padecimentos incompreendidos!'

Teria eu expresso esses pensamentos em linguagem articulada? Talvez... Eu estava prestes a endoidecer ou a desmaiar. Escutei vozes alteradas pela ira. Os gemidos decresceram até se extinguirem. Restabeleceu-se o silêncio a bordo. Só eu velava – além dos tripulantes de serviço, alheios ao meu secreto sofrimento – para meu eterno suplício...

Só ao amanhecer é que procurei o leito, onde me estirei pesadamente. Dormi pouco, incompletamente, como se o Espírito recusasse desprender-se da matéria vigilante, por sabê-la em perigo iminente, estabelecendo-se um colóquio entre ele e o invisível, zurzido por gargalhadas estrídulas e gemidos dolorosos...

Sentia-me opresso, como se um *iceberg*, rolando de um dos pólos, houvesse parado, de súbito, sobre meu peito, para me reduzir o coração a lâmina delgadíssima como na tortura da roda de pedra, ao tempo de Torquemada..."

IV

"Quando despertei, supus que houvesse sido vítima de um pesadelo.

Experimentei uma sensação indefinível de placidez ao tomar parte nas fainas marítimas. Um favônio delicioso me refrescava a epiderme. O Sol, qual pérola de fogo, parecia ter emergido das profundidades do oceano para se engastar na concha sideral, levemente opalina.

Estava à amurada da embarcação, quando se aproximaram do local onde me achava, embuçados em mantos negros, dois indivíduos, um jovem, outro idoso.

Sem fazerem reparo na minha presença, começaram a conversar em tom velado, em língua eslava.

O moço falou, visivelmente contrariado:

— Muito me apoquenta o *sucesso* da noite finda... Aqueles gritos são comprometedores... Vamos, hoje, ser alvo de indagações curiosas...

— Não estás mais enfadado do que eu, Sacha... Somos forçados a declarar que aquela *desgraçada* sofre das faculdades mentais, que a tratamos carinhosamente, empenhados em lograr melhoras à sua saúde... Causa-me indignação vê-la sempre insubmissa às minhas determinações, não esquecer o sicário que nos infelicitou, pronunciar com carinho o seu nome, o que não faço, para não queimar meus lábios!

A palestra prosseguiu no mesmo tom, por mais de um quarto de hora. Eu estava estarrecido, pois acabara de reconhecer o velho e a sua voz inolvidável – Peterhoff! – ali a poucos passos de mim!!!

Mais convicto fiquei dessa alarmante realidade, quando o ouvi dizer:

– Há muitos anos vivo sob a ação de um ódio virulento, que intoxica todos os segundos de minha existência. Quando me lembro que tive em minha casa aquele facínora, podendo tirar-lhe a vida sem que ninguém o soubesse; calcar-lhe a cabeça qual a de uma víbora peçonhenta, e, no entanto, deixei-o viver em liberdade, frequentar a mesma escola que meu adorado André, para ser, depois, o seu carrasco; sinto-me sublevado contra mim mesmo e contra o próprio Deus – se é que há realmente Deus, que não fulmina os assassinos, deixando-os frustrar a justiça dos pais extremosos!

Pela continuação das confidências, averiguei que estavam de posse da carta que eu escrevera ao abade, enviando-lha sem o seu consentimento, e, por ela, sabiam que Pedro Ivanovitch achava-se como tripulante de uma nave francesa. Descobriram as relações afetivas entre ambos, e, por isso, cobriram-nos de injúrias e impropérios...

A situação aclarou-se, mas eu me sentia indefeso, acovardado, sem ânimo de enfrentar meus cruéis adversários...

Quis retirar-me da presença de tão terríveis indivíduos, mas faltaram-me forças; tinha a impressão de estar pregado ao solo e à amurada do navio, compelido a ouvir o que me causava tormentos inenarráveis... Sobre todas, uma ideia me vergastava o cérebro – ia rever Sônia Peterhoff, demente! Estava, pois, viva ainda e não me havia esquecido! Amava-me, continuava a ser desditosa por minha causa... Maldição sobre mim! Eu a merecia, para expiar meus crimes, que se agravavam dia a dia!

Sentia-me desvairar ouvindo as confidências dos infames, e, ao mesmo tempo, duas resoluções me vieram à mente – matá-los, ou me suicidar...

Estive meditando longamente, até que me chamaram para desempenhar um mister do meu cargo, e, então, afastei-me dos celerados, cambaleante como um ébrio, sentindo-me trespassado pelos olhares dos dois abutres humanos, investigando em todos os marujos a presa cobiçada...

Eu estava, certo, bem mudado: um decênio de lutas físicas e morais modificara o meu aspecto por completo – minha fisionomia perdera o encanto juvenil, tornara-se a do homem que moureja ao sol e à chuva, padece sobressaltos e desgostos incessantes, que se vão patenteando nos sulcos da fronte, na expressão do desalento, nos olhos nevoados, nas faces empalidecidas, nos cabelos que branqueiam prematuramente... Minha tez, que era alva, tisnara-se à canícula dos Trópicos. Vendo-me, o próprio abade, se ainda existisse, certamente só me reconheceria com a visão mágica de sua alma lúcida...

Imaginai, como vivi desde então, no *Devoir*, onde me sentia asfixiar, sem garantia, sem tranquilidade espiritual, sabendo que estavam na minha pista dois lobos sedentos de vingança...

– Por que – indagava eu, intimamente – trazem consigo a pobre Sônia? Onde a querem levar? Urgia saber o mistério que encerrava a sua ida a América.

Dois dias foram decorridos sem que houvesse algum sucesso notável.

Ao entardecer do terceiro dia, depois que deixamos as costas da França, tornei a ficar inquieto. Estava sôfrego para que a noite amortalhasse o Atlântico: receava a luz solar, temendo ser espionado por Peterhoff e seu sequaz.

Parecia-me, naquele crepúsculo, haver olvidado por completo que possuía um lar distante, que era esposo e pai extremoso, para só me ocupar de Sônia Peterhoff...

Amá-la-ia ainda? Não sei dizê-lo ao certo. A inesperada revelação de que ela me correspondia – o que ignorava, quando a adorava com intensidade – perturbara-me por completo o coração, que sentia enfermo, após tanto sofrer...

Há ocasiões em que nós mesmos nos desconhecemos; nossa individualidade, depois das grandes tempestades morais, torna-se enigmática e indecifrável – parece que um outro ser, estranho ao nosso, apodera-se do nosso organismo, embrenha-se em nossa própria carne, substitui por completo o que éramos, abala e destrói nossas mais puras convicções. É como se houvesse uma hecatombe em nosso íntimo, sucumbindo nela todos os nossos anelos, ilusões, esperanças...

Não era mais, talvez, *amor* o sentimento que por ela experimentava, mas, um acervo de remorso, de reconhecimento, de comiseração infinita por suas desventuras, de reminiscências da infância e da juventude, o que me dominava naqueles instantes...

Temia vê-la e, no entanto, era um suplício inominável saber que ela estava perto de mim, sem poder falar-lhe, implorar-lhe perdão por tudo quanto lhe fizera padecer, e por tudo que ainda sofria por minha causa...

Desejava vê-la, pois, uma só vez que fosse, mas faltava-me a precisa coragem para notar a máscara de dor que, certamente, havia substituído sua venusina e angelical formosura...

Engolfado em tétricas cogitações, tardei em observar que, de há muito, a noite envolvera o mar num sudário de trevas, para ocultá-lo à fronte da Terra, por algumas horas. Nas proximidades do Equador nunca há treva absoluta, a não ser em noite procelosa: após o crepúsculo, a escuridão invade subitamente a natureza, mas, pouco depois, surge o zimbório celeste constelado de sóis longínquos e multicores – como que agitando asas ou velas de bergantins luminosos – refletidos pelas ondas, que começam a bailar docemente ao ritmo de uma orquestra misteriosa, só percebida pelos idealistas...

A embarcação singrava em vagas fosforescentes. Eu e diversos passageiros estávamos alheados à realidade, empolgados pelo espetáculo majestoso que nos oferecia a Criação. Repentinamente, ouvimos gemidos e vozes exaltadas, partindo de um beliche da ala esquerda. Os viajantes ficaram atentos, trocando comentários. Quando maior era a ansiedade geral, surgiram no convés três personagens, dois dos quais todos já conheciam – Peterhoff e o sobrinho – ladeando uma dama esguia, trajada de branco, cingida em alva mantilha, com o andar trôpego

– o dos enfermos incuráveis, para os quais vai faltando o equilíbrio, a força centrípeta, ao passo que aumenta a da atração do Ilimitado...

Ao deparar com aquele espectro de níveas roupagens, quase perdi os sentidos; tive, logo após, ímpetos de soltar um rugido de aflição que me oprimia o peito... Fui recuando até encontrar apoio na amurada, com uma das mãos crispadas sobre o lado esquerdo do tórax...

Consumara-se uma das provas mais atrozes desta existência, fértil em lances dramáticos – a presença da adorada vítima de um dos meus crimes, tendo no rosto, já sepulcral, os vestígios de inauditas agonias!

Deus! como a vossa Justiça se exerce às ocultas, mas eficazmente! Como o réprobo padece, excruciantemente, as consequências de suas iniquidades, resgatando, às vezes, num só instante de dor superlativa e incomensurável, séculos talvez de execrandos delitos!

Deixai-me tomar fôlego, senhor: sofro, ainda, ao rememorar o que ora vos relato... Cuido que, naquela hora de angústia, uma esponja embebida na lixívia de lágrimas acerbas, empunhada por um dos executores das Leis divinas, passou-me n'alma, desvanecendo dela uma das suas máculas mais denegridas...

Se eu estivesse com as carnes a calcinarem-se numa pira indiana, ou com o crânio dilacerado nas fauces de um leopardo, não teria padecido tanto como deparando com o avantesma vivo de Sônia Peterhoff!

Assassinara, ao mesmo tempo, os dois irmãos: André, fisicamente; Sônia, mentalmente. Compreendi bem, então, essa pungente verdade: Peterhoff tinha razão em me odiar: despovoei e desgracei o seu lar!

Sônia, tão formosa e meiga, em plena juventude, transformara-se em fantasma visível para todos, naquela noite radiosa que eu desejaria fosse de densa caligem, para que não a visse tal como se achava então: esquelética, envolta num como sudário de neve, o rosto encoberto, os olhos móveis e ardentes; era, em suma, a personificação da dor em seu auge, a estátua do desalento mais intenso que, até hoje, já observei...

Senhor, mais que sempre, julguei-me maldito pelo Todo-Poderoso... Para mim, a pena última, ou a de galé perpétua, não seria suficiente à expiação do meu crime: ser o causador da desventura de quase toda a família Peterhoff!

Vendo a pobre louca, quase todos os viajantes estavam compungidos – só eu não podia chorar naqueles momentos atrozes, porque me parecia estar sendo devastado por um incêndio interior, que consumia todas as gotas de pranto que deveriam subir do coração aos olhos, e que eu desejava fossem realmente comburentes, para me calcinar o corpo, tornando-o em pó, que seria abatido no convés e levado pelos euros marítimos, até o abismo de Tétis ou do Espaço... e assim, não pudesse mais enxergar a fúnebre aparição que, no entanto, se me infiltrava nas pupilas, na mente, no próprio Espírito, ao ponto de supor que estivesse sendo fotografada em meu cérebro, para não poder esquecê-la jamais! Vê-la-ia até de pálpebras cerradas!

Achava-me tolhido, mãos contraídas como garras, bendizendo a penumbra junto à chaminé, na qual me refugiava para esconder minha perturbação, meus olhos dilatados, imóveis, fixos no vulto branco que deslizava entre dois algozes, que, por fim, deixaram-na em liberdade.

Súbito, estremeci, tocado como por uma descarga elétrica, com a celeridade de um corisco; alguém, que outro não era senão Sônia, estava ao pé de mim. Sentia-lhe o hálito em pequeninas gotas...

Todos estavam mudos...

Apavorado, dei alguns passos laterais, fitando a desditosa que me seguia, fixando-me também com insistência, como se me houvesse reconhecido por uma intuição sobrenatural, para se vingar de todos os martírios que lhe causara...

Quando maior era a minha tortura, chamou-me à realidade a voz retumbante de Peterhoff, que, em péssimo francês, disse, tentando segurar a filha pelas vestes:

– É louca, senhores; no intuito de melhorar seu deplorável estado, experimentando diversos climas, empreendemos esta longa viagem da Rússia à Norte-América, a fim de que, vendo ela novas terras e outros céus, tratada por abalizados médicos, talvez se consiga voltem a saúde e o senso que lhe faltam há dez anos, esquecendo, para sempre, o passado...

– Pobre moça! – exclamou um clérigo normando, já idoso.

Ela se afastou de mim e aproximou-se dele. Sem ter compreendido o que dissera o clérigo, emitiu em língua eslava ali desconhecida, exceto por mim e seus parentes:

– Conheceste meu irmão? Ai! como era cruel para com o desventurado Pedro! Ó Pedro, porque fizeste nossa desgraça, tirando-lhe a vida?

Levou uma das extremidades da mantilha aos olhos, para enxugar lágrimas; depois, andou precipitadamente e, desprendendo-se dos braços paternos que a retinham, parou outra vez à minha frente. Por momentos, seu olhar ardente, dardejando um fulgor fantástico, cruzou com o meu...

Retrocedi novamente, apavorado, não podendo suportar o brilho daqueles olhos, que me causticava o coração, como se fora de ferro candente...

Tive ímpetos de me ajoelhar, implorar-lhe perdão e após confessar publicamente as minhas faltas, entregar-me à vindita do feroz Peterhoff...

Não pude, porém, efetuar meu intento: dominava-me uma potência insuperável, que me vedava expressar em linguagem articulada os pensamentos; dir-se-ia que uma repentina paralisia me imobilizara a língua e todo o sistema nervoso, sentindo, no entanto, apuradas, todas as faculdades psíquicas...

Seu pai advertiu-me, em alta voz, para que todos o ouvissem:

– Ela é inconsciente, senhor, mas não ofende a ninguém... Está com as faculdades mentais anarquizadas desde que presenciou uma cena horrível: o assassinato do único e *idolatrado* irmão, por um bandido... Só o que faz, é lastimar-se...

O padre tentava prender a atenção da alienada, e, não sabendo expressar-se em russo, rogou a Peterhoff interpretasse o que almejava falar-lhe, assim concebido:

– Minha filha, todos aqui são teus amigos e não te querem mal... Dize-me: que é que sofres?

Peterhoff usou de uma revoltante felonia: depois de interrogar os circunstantes se conheciam o seu idioma e receber resposta negativa, em vez de transmitir à filha o que o sacerdote dissera, repreendeu-a, ordenando-lhe que calasse. Compreendi a falsidade de que usava o infame, quis pôr em evidência a sua hipocrisia, mas bruscamente lembrei-me de Ketty e nossa filhinha e, mais uma vez, dominei-me, estuante de indignação...

Ela, porém, por uma percepção lúcida, duvidou da asserção do pai, que, para atemorizá-la, dissera seria espancada pelo clérigo, se desse um só grito que fosse...

Abeirou-se dele, dizendo, com voz lamentosa:

– Pois não tendes piedade de mim, vós que sois irmão do bondoso padre Francisco? Que mal vos fiz? Dizei-mo! Conheceste o abade? Era o único amigo do Pedro...

Exaltou-se subitamente, não logrando resposta compreensível.

Peterhoff perdeu a paciência e bramiu ameaçador:

– Cala-te, cala-te, maluca! Todos te detestam!

Compreendendo, porém, que todos o olharam represensivos – pois a entonação da voz patenteava estar profundamente encolerizado – mudou de tática, falando-lhe em surdina:

– Não sejas idiota, ninguém, aqui, conhece as pessoas da aldeia de...

Somente eu, para meu tormento, compreendia o que falava o desventurado pai!

Sônia calou-se, esteve alguns instantes queda, circunvagando um olhar repleto de desconfiança por todos que a rodeavam; depois, estugando o passo, num movimento rápido e imprevisto, quis atirar-se ao mar...

Peterhoff, compreendendo-lhe o trágico intuito, susteve-a pelas vestes, fazendo em farrapos a mantilha que lhe envolvia a cabeça, e, então, surgiram-lhe os cabelos cortados até o occiput, completamente encanecidos...

Antes dos trinta anos de idade, Sônia, como a infortunada Maria Antonieta, ficara com os cabelos prematuramente brancos; parecia ter mais meio século de existência...

– Vamos, maldita – bradou novamente Peterhoff, esquecendo-se de que se achava na presença de indivíduos civilizados, como se se dirigisse a míseros mujiques – estás, hoje, muito inconveniente!

Ele assim falou, premendo-lhe brutalmente um dos braços, num assomo de cólera irreprimível. Sônia começou a gritar lancinantemente, e, pondo as mãos em rogativa, murmurou, com uma voz em que havia terror e pranto:

– Não me espanqueis mais! Vou ficar quieta... muito quieta!

Ah! senhor... Ouvira, enfim, a revelação que previra, dos próprios lábios da infeliz: era seviciada pelo monstro que lhe dera o ser!

Um estremecimento de ódio me abalou todos os nervos. Quis verberar em público o procedimento indigno de Peterhoff, relatando o que surpreendera, pelo diálogo que ouvira, entre pai e filha, mas algo de extraordinário me empolgava, coartava-me o desejo de libertar minha protetora do guante do seu algoz, pois, se desse a conhecer que compreendera a língua eslava, teria de entrar em explicações, suscitaria a desconfiança de quem estava no meu encalço. Seria perder-me para sempre, levar a desonra ao meu próprio lar...

Para salvaguardar o nome de minha família era mister deixasse Sônia consumar seu longo martirológio...

Julgava-me covarde, pusilânime, mas sentia-me subjugado por uma força invencível, para que me conservasse em mudez absoluta, ao passo que me ressoavam no íntimo estas palavras misteriosas:

'Tu te entregaste à Justiça celestial: és um galé divino! Não te denuncies mais aos tribunais humanos: sofrerás mais, em silêncio, vendo torturada aquela que amas, do que no cárcere ou no patíbulo...

A tua expiação e a de Sônia Peterhoff atingem a meta...'

Calei-me, pois, mas a Providência não abandona os desditosos; todos compreenderam a situação da louca e censuraram o procedimento bárbaro do pai, pois ninguém mais duvidou de que fosse espancada...

O arcano aclarou-se: estava desvendada a origem dos gemidos dolorosos que, desde que o paquete zarpara do Havre, os passageiros ouviam quase todas as noites...

Mas por que a execrava o pai?

Por que ainda não olvidara a Pedro Ivanovitch? Não era racional que a deixasse morrer em sua longínqua pátria? Por que levá-la à América para – no dizer do celerado – ser tratada por médicos famosos?

Qual o empenho em lhe conservar a vida, a que ela própria desejava pôr termo?

Para prolongar o suplício, num requinte de perversidade? Ninguém saberia elucidar o mistério existente entre aqueles dois seres...

Para finalizar a cena que todos presenciaram, compungidos, o primo de Sônia deu-lhe o braço e levou-a, quase de rastros, para o camarote. Peterhoff seguiu-os.

V

Depois de muitos comentários dos viajantes, o tombadilho ficou ermo, todos foram repousar.

O que se passara diante de mim, as emoções que me haviam feito vibrar todas as fibras mais recônditas, quebrantando-me as forças físicas, aturdiram-me, deixaram-me como que imbecilizado e apático, sem energia precisa para tomar qualquer deliberação judiciosa...

Estive muitas horas a cogitar no que fizesse, mas as ideias estavam obumbradas por compacto nevoeiro, formavam um caos insondável, predominando, porém, o intento de me denunciar, para que se pudesse aclarar a situação de Sônia. Vencido pela fadiga e por uma depressão moral indizível, findo o meu quarto daquela noite, recolhi-me ao beliche, exausto, e contra a minha expectativa adormeci pesadamente e comecei a sonhar: *vi*, então, com exatidão assombrosa, numa das ruas do Havre mais movimentadas, uma criaturinha loura, de quatro anos presumíveis, mal coberta de farrapos negros, tiritando de frio, estendendo à caridade dos transeuntes a violácea e magra mãozinha, e, ao mesmo tempo, como se os seus pensamentos tivessem sido concretizados, eu avistava, ao longe, aquela para quem ela esmolava... sua mãe, em miserável catre, já com a fisionomia cadavérica. Quis depor um óbolo na sua mãozinha, antes de ir beijar a minha encantadora Sônia, mas, debalde procurei um soldo nas algibeiras, pois não só estavam vazias, como deixavam a mão atravessá-las, como se estivessem com rupturas que as tornassem abismais, insondáveis...

Ao ver-me, a criança estugou o passo.

Penalizado, acompanhei-a, e, então, ao abeirar-me do leito da enferma, notei que era o meu. Quando as vi abraçadas, soluçando, reconheci-as: Sônia e Catarina Doufour, transformadas em espectros, como a irmã de André... devido à penúria em que se achavam, num pardieiro lôbrego e sem pão...

Fiquei terrificado, e, despertando em sobressalto, compreendi que o Onipotente não me exigia o sacrifício imaginado para se concretizar no dia já prestes a desabrochar no Levante: – entregar-me às autoridades francesas, após relatar quanto sabia a respeito de Sônia Peterhoff, para que pudesse perecer livre do monstro paterno, tranquilamente...

'– Quê! – supunha alguém a segredar-me – será lícito lançares à miséria, à viuvez e à orfandade dois seres válidos e inculpados, para socorrer quem não pertence mais a este mundo senão por limitados dias? Não será, o que pensas efetuar, mais uma iniquidade a se juntar às que perpetraste? Olvidas que não podes mais dispor livremente de tua pessoa? És um calceta confiado à tua própria guarda: foste sentenciado a sepultar no coração a tua dor infinita, para que jamais possas ouvir uma palavra de conforto ou de esperança, proferida por algum ente humano!'

Comecei a gemer, em surdina, proferindo queixumes, chamando pelo abade Francisco, narrando-lhe minha penosa situação, suplicando-lhe um conselho, rogando-lhe proteção...

Repentinamente, aquietei-me, deixei de soluçar e uma calma invencível me empolgou, parecendo que sobre a fronte febril pousaram duas leves mãos tutelares, e, sem estar adormecido, estabeleceu-se entre mim e um amigo imaterial um diálogo secreto, de alma para alma... Seus alvitres não se me fizeram esperar: meu Espírito, exteriorizado do combalido organismo, *ouvia* um silencioso solilóquio, do qual não perdia um vocábulo, pois todos se me impregnavam na mente.

Confabulamos, assim, longamente; belas exortações jorravam a flux no meu ádito, ordenando-me fosse forte, repelisse o desalento, sofresse em segredo e com resignação meus infortúnios, resgatasse com lágrimas todos os meus delitos impunes pelos códigos humanos, que eu havia burlado em findos avatares.

'– És – disse-me ele – um sentenciado pelo Juiz e Legislador supremo e não mais pelos tribunais humanos, de que fugiste... Estás sendo justiçado lenta e eficazmente; deves padecer, agora, *só*, as consequências de tuas culpas, e não é justo sacrifiques duas criaturas insontes – esposa e filha – executando o plano que concebeste. Se fosses unicamente responsável por tua individualidade, sem ter que velar por aqueles entes e protegê-los, praticarias um ato nobilíssimo e meritório denunciando-te para libertar Sônia Peterhoff do jugo de seu algoz; mas, contraíste perante Deus sacros deveres conjugais, tens um nome a zelar – o qual foi sempre impoluto, porque não é o do homicida Pedro Ivanovitch, mas o de um probo marselhês, que o deixou sem desdouros, e é iníquo queiras levar a desonra a teu próprio lar, para emancipar a tua desventurada protetora, que está quase liberta pela morte e pelo Sempiterno... Teus delitos serão mais produtivamente reparados se te não entregares tardiamente às leis humanas, pois num presídio, murado, em soturna e lôbrega enxovia, inerte e inútil à sociedade, não padecerás tanto como lutando contra a adversidade, livre perante o mundo, mas prisioneiro dos executores do Código divino... Não cogites, agora, para salvaguardar uma de tuas vítimas, de fazer mais duas...'

Concluiu a *voz* amiga incitando-me a erguer uma prece ao Criador do universo, que, sendo a suma Clemência, não repeliria – qual supusera – as rogativas de um delinquente arrependido, antes as receberia com júbilo paternal... Ditou-me uma imprecação sublime e fervorosa, que eu repetia mentalmente, deixando escoar, pelas pálpebras semicerradas, lágrimas de reconhecimento e balsâmico lenitivo...

Cessou então, de súbito, a influência espiritual; adormeci por momentos e, quando já levantado fui encetar meus misteres, julguei houvesse sonhado o que acabo de vos narrar lealmente; mas, ao passar à frente dum espelho, quase soltei um grito de pavor e surpresa; supus estar nele refletido um estranho, como se meu corpo houvesse sido substituído por outro durante a noite, tendo vivas e palpitantes todas as suas dores e recordações em um novo cárcere desconhecido... Meus cabelos estavam transformados, prateados: envelhecera decênios numa só noite de agonia profunda e dantesca! O rosto lívido, macilento; a fronte sulcada – tal a tormenta que se me desencadeara no cérebro em algumas horas de compunção e padecimentos morais indizíveis!

Meus lábios contraíram-se num ríctus de amargura ao observar a mutação que se me operara no físico, dizendo comigo mesmo: Deus, a incomparável previdência que cogita de todas as suas obras, corroborando as exortações do abade Francisco, dera-me, durante a noite, uma verdadeira máscara forjada pela dor, para afivelá-la ao rosto, tornando-me quase irreconhecível e podendo assim escapar à justiça terrena, mas assinalou a sua posse – como se o fizesse com um ferrete, por meio de indelével estigma – o do sofrimento –, apoderou-se do meu Espírito, aprisionou-o em novo ergástulo, fê-lo em momentos ressarcir muitas faltas desta e de transatas existências, de que me ficaram vagas reminiscências na memória...

Admirei a Justiça divina que me feria fundamente: senhoreando-se da sua presa, livrara-me, contudo, dos calabouços da Terra...

Eu poderia, se quisesse, regressar à Rússia: ninguém mais se lembraria, vendo-me, de que ainda vivia o homicida Pedro Ivanovitch... Meu nome e meu organismo tornaram-se os de outro ser: apenas a alma era a mesma, pois só ela, sendo imortal, teria de remir seus crimes... A dor me libertara de Peterhoff. Iludira-o, mais uma vez, mas não poderia embair o eterno. Desvencilhara-me de um abutre, que se cevaria numa vingança contra a matéria – que se dilui em vermes – para ser a presa de uma Águia de Luz, que perscrutara meu Espírito até seus mais ocultos escaninhos, mas poderá alçá-lo ainda aos páramos constelados...

O corpo estava sem grilhões, mas a alma cativara-se em Deus...

Cobri a fronte encanecida com a boina que aqui vedes, e, ao apresentar-me ao comandante para receber as ordens daquele dia, fui observado com espanto:

– Como é isso possível, Pierre – falou-me, cheio de assombro – teres-te assim transformado em poucas horas? Dir-se-ia que padeceste um desses abalos tremendos que podem fulminar um indivíduo! Que te sucedeu Pierre?

– Estou enfermo – respondi-lhe, baixando o olhar.

– Sim, deves estar seriamente enfermo. Urge consultes o Dr. Arnold e repouses por alguns dias. Estás dispensado de trabalhar até ulterior deliberação. Vai ao consultório.

Obedeci-lhe, dirigindo-me ao mencionado médico de bordo, um digno sexagenário, cujos distintivos morais eram: franqueza e retidão de caráter.

No instante em que me auscultava o tórax, bateram à porta com precipitação.

Era Peterhoff que, mostrando-se aflito, requeria-lhe os cuidados profissionais para a filha.

– Tranquilizai-vos – disse o Dr. Arnold –, irei ver a doente daqui a alguns segundos.

Peterhoff olhou-me com indiferença e retirou-se apressadamente.

O médico, depois de minucioso exame, entregou-me uma receita, fez diversas prescrições relativas à enfermidade, cuja gravidade não me ocultou.

– Estou cardíaco – disse-lhe com frieza.

– Está agitado o coração, como um oceano proceloso; as sístoles e diástoles acham-se anarquizadas. És inteligente, Pierre; evita emoções violentas!

– Obrigado, doutor, por vosso bondoso interesse. Alegra-me saber que estou prestes a ser liberto...

– Liberto? De quem és prisioneiro?

– De um pesar que, há muito, me acabrunha e há de em breve me levar ao túmulo...

– Tentarei realizar a cura, sondando primeiramente a alma. Depois conversaremos. Vou atender ao chamado que o russo me fez.

Segui-o, e, ansioso, detive-me junto ao beliche em que entrou. Ouvi a demente pronunciar meu nome e o de André, em tom doloroso.

Repentinamente, foi aberta a porta na qual assomou o Dr. Arnold. Ao ver-me, ordenou que fosse ao seu gabinete buscar um estojo que havia esquecido na secretária.

– Volta com presteza e vem auxiliar-me a segurar os braços da enferma. Seu pai está incapacitado de o fazer, tal o seu estado de agitação e cólera... Parece que houve uma das cenas desagradáveis, que já presenciamos...

Há um mistério a desvendar – é o que colijo – na vida desses dois seres, que suponho vítima e algoz...

Cumpri as determinações do médico, quase automaticamente. Quando entrei no beliche, sobraçando um estojo cirúrgico, observei um quadro que novamente me comoveu: Sônia, trajando alvo roupão, ampliado no corpo devido à sua excessiva magreza, recostada a uma espreguiçadeira de lona, agitava os esqueléticos braços seminus, onde se notavam nódoas violáceas. A certa distância, achava-se uma senhora que, depois, soube, era sua governante, oferecendo os seus préstimos ao médico. Era natural de Moscou, mas expressava-se regularmente em francês.

Perguntou-lhe o Dr. Arnold porque a doente se mostrava apavorada. Ela fixou, temerosa, Peterhoff e formulou resposta evasiva. O doutor percebeu ter-se passado algo de anormal e, como era sagaz e inteligente, resolveu proceder com prudência e tática.

— Pierre — impôs ele —, segura-lhe o braço esquerdo. *Mademoiselle* Stephanie, fazei o mesmo ao direito.

Trêmulo, aproximei-me de Sônia e, ao sentir o contato do seu braço lívido e descarnado, fui tomado de ligeiro delíquio, que me fez cambalear e cair-lhe aos pés... Ela não cessava de gritar e relancear olhares desvairados pelos circunstantes.

O doutor amparou-me, exclamando:

— Esqueci-me de que também te achas enfermo, Pierre!

Fez-me aspirar sais e sorver um copo d'água...

Achei-me em condições de auxiliá-lo no que desejava. Intempestivamente, Peterhoff interrogou-me, penetrando-me com o seu olhar de falcão:

— Como te chamas? Já estiveste na Rússia?

Foi o médico quem lhe respondeu com ironia:

— Causa-me admiração fazerdes pesquisas desnecessárias agora, não vos mostrando apreensivo pelo estado melindroso de vossa filha... que se encontra no limite da existência!

Ele enrubesceu mais, tornou-se quase apoplético e disse:
– Ignorais porque lhe faço essas perguntas, senhor! Sou um pai ferido no íntimo do coração... Procuro, há muito, o assassino de meu filho adorado, sei que ele está refugiado num navio francês e, como este marujo se chama – Pierre – recordou-me o nome do bandido... Pedro Ivanovitch! Anseio por encontrá-lo para fazer justiça por minhas próprias mãos!

– Esquecei-vos, senhor, de que vos achais no transatlântico de uma nação livre e não em vossos domínios. Estais equivocado. Este marinheiro é de modelar procedimento e é marselhês. Deixai-o em paz. A hora é imprópria para polêmicas. Confiai-me vossa filha por alguns minutos e retirai-vos, até que termine meus serviços profissionais. Depois, irei ter convosco e prestar-vos-ei a máxima atenção...

Peterhoff retirou-se arrebatadamente, encolerizado ao extremo, tendo antes olhado significativamente para a governante, como a lhe transmitir secreta ordem, que só ela compreendeu...

VI

Todos se sentiram aliviados com a retirada do repulsivo Peterhoff e do sobrinho.

Roguei ao médico humildemente:
– Deixai-me ficar, doutor: já estou reanimado...

– É uma imprudência que cometes, mas consinto fiques, porque necessito da tua presença.

Voltando-se para a aia, inquiriu:

– Por que *Mademoiselle* Sônia está assim agitada?

– Imagina que todos a detestam...

– E quem lhe incutiu no cérebro essa ideia maldosa?

– Perdoai-me, doutor, não vos posso relatar o que se passa com esta infeliz...

– Não é preciso que mo digais: compreendo que a maltrataram cruelmente! Se não sois cúmplice dos que a mortificam, transmiti-lhe este pensamento: *'estais perto de amigos, que se compadecem de vossos sofrimentos!'*.

Estefânia foi leal na interpretação das palavras do médico.

A fisionomia de Sônia tornou-se serena, deixou de pervagar o olhar receoso pelos que a cercavam; brusca tristeza transpareceu-lhe no rosto alabastrino, dando-lhe uma aparência de mártir santificada, cuja expressão de dor comove e edifica, forçando o crente a ficar genuflexo diante do altar em que se acha, ao mesmo tempo que murmurou uma prece veemente, que transpõe os páramos azulados...

Os olhos não tinham mais a mobilidade e o brilho dos alucinados, mas o fulgor de lágrimas que os tornavam resplandecentes quase...

– Como devia ter sido bela esta desventurada! – exclamou o médico impressionado pela metamorfose que se operara, desde que se convenceu serem amistosos os intuitos dos que a cercavam. Voluntariamente, apresentou o braço para a incisão que o médico desejava fazer. Ao observá-lo, porém, o doutor mostrou-se indignado:

– Vejam quantas equimoses provenientes de sevícias! – disse ele. – Não posso fazer sangrar um braço quase putrefato! Perversidade inqualificável!

A aia empalideceu, murmurando confusa:

– Às vezes, doutor, é mister empregar-se alguma violência para segurá-la, a fim de que não se precipite das janelas ao solo, porque tem a mania do suicídio...

– Confessais, então, que a torturais fisicamente?

– Eu? Deus me fulmine se pratiquei tal crime! Tenho tanto dó da pobre louca... É o pai quem a segura...

– Espanca-a, certamente, e é por isso que a sua presença lhe causa indescritível pavor...

'Vou receitar um sedativo para que ela adormeça; ficarei vigilante até desembarcarmos em Nova Iorque, onde talvez leve ao conhecimento das autoridades o procedimento inqualificável desse pai desnaturado...'

Sônia estava quase adormecida e, contemplando-a em silêncio, eu evocava o passado, a nossa infância, respirando o mesmo ar, sentindo um pelo outro estreita coesão de almas que se adoravam em segredo... Não pude conter o pranto e meu anelo era, ajoelhado a seus pés, suplicar-lhe perdão, protestando que nunca deixara de a idolatrar...

Foi o médico quem me chamou à realidade, dizendo-me em inglês:

– Quanto desejo interrogar diretamente a enferma! Parece-me que está em momento de perfeita lucidez...

– Transmiti vossos pensamentos à aia, para que esta seja a intérprete do que almejais dizer-lhe.

— Tenho receio de ser ludibriado. Prefiro interrogar a governante.

Voltando-se para *Mademoiselle* Estefânia, perguntou-lhe:
— Por que o pai e o primo de *Mademoiselle* Sônia a acompanham sempre, quando esse encargo vos compete?
— É que ela se refere a fatos íntimos e eles temem alguma indiscrição...
— Receiam divulgue algum plano criminoso, não é assim?

A aia calou-se, cabisbaixa.

— Pois bem — tornou o médico, resolvido a cumprir o que prometera —, se não quiserdes que vos denuncie como conivente dos dois celerados, velai por ela solicitamente!
— Eu só aguardo chegarmos a Nova Iorque para lhes apresentar minhas despedidas!

O Dr. Arnold acreditou na sua sinceridade e disse-lhe:
— Não vos comprometerei, se quiserdes prestar-me alguns esclarecimentos e transmitir à louca algumas ideias minhas.
— Do melhor agrado, senhor.
— Dizei-lhe que estamos aqui para defendê-la e não consentiremos, *jamais*, que lhe magoem os braços.

Ela reproduziu lealmente o que o médico ditara. Sônia descerrou as pálpebras, fitou-o serenamente, falando com tristeza:
— Quanto tenho sofrido, quanto, desde que André morreu! Por que a morte demora tanto a me levar? Sois médico? Dai-me um veneno para terminar meu suplício!
— Por que desejais tanto a morte? — redarguiu ele, dialogando com a enferma, por intermédio de Estefânia.

— Pois não é verdade que Pedro já não existe? – disse ela lacrimosa.

O Dr. Arnold perguntou diretamente à aia:

— Por que lhe fizeram crer que não vive mais quem ela amava? Por crueldade, exclusivamente?

— Não, doutor, para que resolva esposar o primo que a acompanha...

— Que dizeis? Pois esta infeliz tuberculosa e alienada ainda tem pretendentes à sua mão?

— Vou falar-vos a verdade, doutor, mas – pelo amor de Deus! – não me comprometais! *Eles* são capazes de me assassinar...

— Não sou delator de inocentes! Saberei ser discreto e proteger-vos, tanto quanto a *Mademoiselle* Sônia, que fica sob a minha guarda.

— É que ela é afilhada de opulento banqueiro, nosso patrício, que lhe legou avultada quantia, para lhe ser entregue unicamente após o consórcio, pois julgo se ter ele inimizado com o Sr. Peterhoff. Ela ignora essa disposição testamentária do padrinho, mas, apesar do desequilíbrio de suas faculdades mentais, persiste em se conservar solteira e fiel a quem ama... O pai e o primo levam-na à América a fim de que façam constar que lá recobrou a razão, e voluntariamente esposou o Sr. Alexandre, para que este e seu cúmplice entrem na posse da considerável fortuna... Eis a origem da desarmonia entre pai e filha...

Eu devia estar lívido ao ouvir o que Estefânia revelara...

— Para não vos comprometer – tornou o médico –, pois estou convicto de que falastes a verdade, não tomo as providências que o caso requer. Velai, porém, por esta infeliz e avisai-me algo de anormal que suceda. Estarei vigilante e tudo farei para melhorar a situação.

O médico, vendo Sônia tranquila, retirou-se. Acompanhei-o quase automaticamente.

Meu tormento íntimo era indefinível.

Encontramos os parentes de Sônia, aparentando intenso receio por sua saúde precária, mas percebemos que o que temiam era termos descoberto seus planos sinistros.

– Como deixastes a *pobrezinha*, doutor? – disse Peterhoff, hipocritamente, acercando-se do médico.

– Acha-se calma, quase adormecida.

– Não lhe deste a sangria?

– Não.

– Por quê? – interrogou, acovardando-se, o impiedoso pai.

– Porque a debilidade é extrema e, sobretudo, porque os braços estão repletos de equimoses...

Depois de uma pausa, para observá-los e vendo-os empalidecer, prosseguiu intencionalmente:

– Já preveni a governante que evite, a todo o transe, magoá-la, pois de outro modo eu a responsabilizarei por qualquer ato de brutal coação...

Peterhoff, desde as primeiras palavras do médico, perdeu a cor. Disse, depois, fingindo não haver atinado que a ameaça era a ele dirigida, e não à aia, para atenuar culpabilidade, com estudada entonação de tristeza:

– Ah! doutor, não calculais quanto trabalho e quanta inquietação nos tem causado a desventurada demente!

– Porque não a deixastes morrer em vossa pátria e estais levando um cadáver para a América?

– Compreendeis, doutor, se sois pai, quanto me aflige vê-la sofrer: não tenho mais esposa nem filho – e é a minha única esperança na vida! Quero, pois, mostrá-la às sumidades da União Americana, a fim de que a submetam a um tratamento rigoroso...

– Despertastes tarde... Perdido trabalho o vosso, pois além de louca, vossa filha se acha com afecção bacilar, quase no último período... O que deveis fazer é interná-la num sanatório e eu me encarrego de vos indicar um que é modelar no gênero...

Os cúmplices se entreolharam significativamente. Compreendemo-los: queriam dizer um ao outro: 'E são, assim, baldados todos os nossos esforços para lograrmos alcançar um tesouro que Sônia insanamente rejeita?'

O médico prosseguiu, com energia, de modo a que eles percebessem a resolução inabalável:

– Vou tomar o máximo cuidado para com a vossa infortunada filha e tudo farei para lhe melhorar a saúde fortemente abalada! Desejo medicá-la convenientemente e tê-la sob minha responsabilidade.

– Obrigado! Obrigado, doutor! – falou Peterhoff com fementido reconhecimento.

Quis apertar a mão do médico, mas este que sabia ser a antevisão do provento pecuniário, e não o amor paterno que o compelia a fazê-lo, cruzou os braços e disse com altivez:

– Nada me agradeçais antes do serviço realizado!

– Dar-vos-ei uma fortuna se conseguirdes a cura de Sônia!

– Obrigado! Vou iniciar, hoje, o seu tratamento; mas não quero remuneração alguma; a pobre enferma inspira-me compaixão e interesse paternal!

Foi assim que o Dr. Arnold começou a velar por Sônia Peterhoff e evitou tocar a mão do seu genitor, que lhe causava asco."

VII

"Decorreram alguns dias, sobre o que acabo de vos expor, sem que houvesse a bordo do *Devoir* qualquer sucesso digno de registro.

Já nos avizinhávamos das costas da América do Norte quando uma tarde, imerso em meditação, num momento de lazer, vi surgir no tombadilho do vapor a aia de Sônia, amparando-a com um dos braços vigorosos e se encaminhando ambas para o local em que me achava. Desde a intervenção do médico, sempre atento, a enferma melhorara senão física, ao menos moralmente. Estava extremamente emagrecida, com a palidez característica dos que padecem do cérebro ou dos pulmões, e, de vez em quando, olhava para trás, temendo, certo, a presença de um dos algozes. A governante fê-la sentar-se numa *chaise-longue* e falava-lhe de diversos assuntos para distraí-la; no entanto, ela se conservava em silêncio, divagando o olhar pelo céu ou pelo mar. Subitamente, seu olhar cruzou com o meu – talvez atraído pelo ímã secreto das almas amantes, que os faz reconhecerem-se através das vestes carnais – fitou-me e sorriu.

Aproximei-me, fascinado. Enternecido, interroguei Estefânia Andrelowna:

– Como passa *Mademoiselle* Sônia?

– Mais calma, compreendendo que há quem a proteja e se desvele por ela; mas tem tido muita dispneia... É por isso que a trouxe a respirar este ar puro e livre...

– Permiti, senhora, que lhe faça uma pergunta?

– Sim.

– Sônia continuava a observar-me e inquiriu à aia:

– Quem é? Parece-me que já ouvi esta voz...

– Um marinheiro enfermo. Não o conheceis. É um piedoso francês.

– Que deseja ele?

– Saber como estais passando de saúde.

Ela sorriu com doçura – o sorriso da outra Sônia, a que eu conhecera em nossa pátria, idealmente bela – e murmurou:

– Quase boa...

E apontou o céu azul, com o índex muito branco e descarnado.

Compreendia-a, mal contendo os soluços. Para afastar a governante, falei-lhe:

– A viração está fresca em demasia: ide buscar a mantilha de lã de *Mademoiselle* Sônia, eu ficarei velando por ela até o vosso regresso.

Estefânia achou razoável o alvitre.

Apressadamente foi buscar um agasalho para envolver a ama, fazendo-me recomendações a seu respeito.

Ficamos quase isolados. Apenas alguns viajantes, que temiam a moléstia de Sônia, nos fitavam de longe.

Bruscamente disse-lhe em língua eslava:

— É verdade que amáveis muito a Pedro Ivanovitch?

— Como o sabeis? Se não sois um traidor, um comparsa *deles*, falai-me de Pedro, se sabeis alguma coisa!... Mas se *eles* aparecerem, calai-vos! Prometeram bater-me se pronunciasse mais o seu nome...

— Não trairei o vosso segredo, juro-vos, senhora! Disseram-vos que Pedro morreu?

— Sim, na cadeia...

— *Ele* morreu, sim, mas não no cárcere. Conheci-o. Trabalhamos juntos, no Havre. Era meu companheiro inseparável e muitas vezes o ouvi falar a vosso respeito e chorar por vossa causa. Amava-vos muito, senhora! *Ele* me encarregou de vos dizer, já na agonia, que, se fôsse algum dia à Rússia, vos pedisse perdão em seu nome, por tudo quanto vos tem feito sofrer... Foi Deus quem me fez encontrar-vos. Dizei-me, em nome do Criador, se o perdoais...

Olhava-a, intensamente comovido. Ela me fitou surpresa, interrogando:

— Eras, então, amigo de Pedro? Não me estás iludindo?

— Juro-vos que estou falando a verdade! Dizei-me, por Deus, se perdoais de coração o crime de Pedro!

— *Ele* não foi culpado do que se passou... Era bom e honesto. Nunca o julguei criminoso, mas uma vítima como eu mesma, de criaturas desumanas. Mas por que falas como Pedro? Tens a sua voz...

Fitei-a, estupefato; suas palavras não eram as de uma alienada – eram as da vítima da tirania dos Peterhoff... Quem proferia aquelas expressões revelava critério e pleno conhecimento dos fatos passados e presentes...

Estaria Sônia num de seus momentos de maior lucidez? Seria possível ainda ser curada pelo Dr. Arnold, se a arrancassem do jugo de seus cérberos? Ai! não era possível me enganar a respeito: estava duplamente sentenciada à morte; espreitavam-na, ao mesmo tempo, dois verdugos – a loucura, que apenas lhe dava momentâneas tréguas, e a tuberculose...

Estava, pois, Sônia, quase a esfacelar para sempre as algemas paternas.

A morte, enviada por Deus, seria a sua redentora.

Com os olhos semicerrados ela me dizia, como se monologasse em sonhos:

– Onde já ouvi tua voz? Parece-me que a ouvi outrora... É igual à de Pedro...

Antes que pudesse dizer-lhe algumas palavras consoladoras, vi-a abrir desmesuradamente os olhos, seu semblante tomar uma expressão de pavor, ao mesmo tempo que um tremor convulsivo lhe agitava os membros: acabava de ver surgir o pai e o primo, visivelmente contrariados...

Estavam em companhia de Estefânia, que os seguiu cabisbaixa, com a fisionomia entristecida, sobraçando longa mantilha escura, com a qual envolveu a enferma.

Os dois coniventes me fitaram suspeitosos e um deles, Peterhoff, teve um olhar terrível para mim e para a filha.

Falou, depois, ao companheiro, em idioma patrício:

– Este marinheiro começa a incomodar-me... Parece que tenta descobrir alguma coisa, por conta própria ou do

Dr. Arnold, de quem tenho sérias desconfianças, e, se o conseguir, sei o que tenho a fazer...

O moço interveio, para tranquilizá-lo:

– Tenho bastante vigor e *ele* parece estar doente...

– E se ele nos estivesse compreendendo?

– O médico disse-nos que é francês...

– E se estivesse representando uma farsa? Não sei definir o que sinto quando o vejo!... Suponho estar na presença do execrando assassino de André...

Sônia olhava-os com angústia.

Ele, embora de cenho contraído, quis mostrar-se solícito para com a filha, perante os passageiros ou para predispô-la a lhe obedecer às injunções e, por isso, falou com entonação carinhosa, para que todos o compreendessem:

– Estás melhor, hoje, minha filha?

Ela se conservou muda e apenas fez um leve movimento afirmativo com a cabeça.

Peterhoff aproximou-se. Era já outra a expressão fisionômica.

Disse-lhe rapidamente, fixando-me o olhar, com a inflexão de voz completamente diversa da que usara momentos antes, cheia de aspereza e desafio:

– Estavas a conversar com *alguém*?

O mesmo silêncio da enferma.

– Por que vives a me contrariar, desgraçada?

Uma agitação a sacudiu toda, soltou um grito como se houvesse sido apunhalada, e falou:

– Deixai-me! Estava tão bem aqui!

Eles ficaram lívidos e ferozes, Peterhoff ameaçou-a, cerrando os dentes:

— Se gritares mais, nós te levaremos à força, daqui para o camarote, onte te prenderemos qual fera, até...

Ia prosseguir, proferindo uma palavra cruel, quando o Dr. Arnold, que os seguira, disse ao desnaturado pai:

— Senhor, esta infeliz piora quando a contrariam... Assim, serão baldados meus esforços para curá-la. Por que não a deixais apenas com a aia?

— Acaso pensais que vivemos a atormentá-la, doutor? – interrogou Peterhoff com arrogância.

— Há vestígios nos seus braços das violências que lhe fazem; há contusões pelo corpo que atestam um crime. Quereis levar-me ao extremo de fazer uma denúncia à polícia?

Ambos ficaram pálidos de gesso.

Peterhoff perdeu de todo a calma; esqueceu-se de que o médico prometera esforçar-se para melhorar o estado da filha. Mostrou-se, sem disfarces, o cruel déspota que eu bem conhecia:

— Sabeis com quem estais falando, ousado doutor?

O médico apenas sorriu e soergueu os ombros.

O pai de Sônia fitou-o com rancor:

— Sou um fidalgo russo e, se estivésseis no meu país, dar-vos-ia a resposta condigna ao que dissestes!

— Felizmente estamos a bordo de um navio francês, e, tanto eu como o senhor, temos de respeitar as leis de uma nação em que impera a justiça. Defenderei, baseado nos códigos franceses e nos deveres de humanidade, a infeliz que é vossa filha! Não é bastante o que já lhe tendes feito sofrer?

– Como o sabeis? – rugiu.

– É mister não ter nenhum vislumbre de inteligência – tornou serenamente Arnold, apontando a fronte ampla – para deixar de compreender que vossa filha tem sido torturada física e moralmente por inquisidores implacáveis, por motivo que se ignora...

– Se assim fosse, estaríamos exercendo uma íntegra justiça, pois esta maluca que estais vendo aqui, sendo de estirpe nobre, se enamorara de um infame mujique que assassinou meu único e adorado filho!

A exasperação em que se achava Peterhoff fê-lo divulgar, sem o querer, um segredo que, até então, guardara avaramente.

– Não desejo entrar nos meandros da vossa vida privada, senhor; o que vos posso afirmar, porém, o que me diz a consciência clamorosamente, revoltando-a, é que ali jaz quase um cadáver, e acho humanitário não vos vingueis num cadáver!

'Será possível que o vosso coração de pai não se comova com a desdita desta indefesa louca e tuberculosa, ou que não possais aguardar, sem impaciência, o seu próximo fim, pois que a morte vai livrar-vos da sua presença importuna?'

Estas palavras chamaram à realidade os dois compansas, que se entreolharam significativamente. Foi ainda Peterhoff quem falou, manifestando mais apreensão por ver frustrados os seus planos ambiciosos, do que zelo paternal:

– Tendes absoluta certeza do que dissestes?

— Absoluta! Sou médico há mais de trinta anos e não me faltam recursos na Ciência e na prática profissional para basear minha afirmativa de há pouco. Deveis interná-la num sanatório, assim que chegardes a Nova Iorque, para que *Mademoiselle* Sônia possa morrer tranquila...

As últimas palavras do médico foram intencionais, mas Peterhoff quase não as ouviu, tão preocupado estava com o provável fracasso de seus projetos, e disse ao sobrinho, no seu idioma:

— Fizemos tarde demais esta viagem...

No semblante do moço transpareceu o descontentamento.

Naqueles instantes, compreendendo, melhor que todos, o drama daquelas vidas tenebrosas, toda a intensidade da infâmia que urdiam contra Sônia, a par de todos os segredos dos dois vilões tão próximos de mim que podia roçá-los com os ombros e perdendo-me ao mesmo tempo, ou, então, num supremo esforço, arrojar-me sobre Peterhoff e atirá-lo ao mar, como lastro inútil ao navio, mas pesado à humanidade... Não o fiz, porque algo de extraordinário me compelia a sofrer ainda mais o meu suplício, em silêncio, no recôndito de minh'alma.

Decorreram mais alguns dias sem que houvesse algo mais de anormal a bordo do *Devoir*.

O Dr. Arnold Dudevant cumpriu o prometido relativamente à Sônia, pois esteve sempre alerta, prestou-lhe carinhosas atenções e cuidou-lhe seriamente da saúde.

Aportamos, enfim, em Nova Iorque, e, devido às providências tomadas pelo médico, Sônia foi internada em magnífico sanatório. Vi-a, senhor, pela derradeira vez, apoiada aos braços de Estefânia Andrelowna, com o andar trôpego, até que tomaram um veículo que as conduziria ao lugar designado pelo Dr. Arnold, que as acompanhou. Nesse dia, não pude aproximar-me de Sônia, senão no extremo instante.

Ela me reconheceu, estendeu-me a destra gelada e ainda me parece ouvi-la murmurar com a voz já afônica, quase imperceptível:

— Está quase findo o meu martírio! Adeus... amigo de Pedro!

Tinha os olhos úmidos de lágrimas.

Uma emoção indizível me constringiu o peito. Cambaleei, prestes a cair ao solo, quando o Dr. Dudevant me amparou, falando-me:

— Nada de imprudências, Pierre! Não sabes que tens o coração em mau estado?

Quis dizer-lhe: — Dizei que o tenho em frangalhos, doutor! — mas perdera a faculdade de articular sequer um vocábulo...

Peterhoff, que nos seguia, aproximou-se do sobrinho e disse-lhe:

— Este marinheiro é suspeito... Cada vez se confirmam mais as minhas suposições. Por que se comove tanto com a presença de Sônia, este maldito cão?

O sobrinho aparteou:

— Dar-se-á o caso de que se tenha enamorado de minha prima?

— Não é possível! Ela está cadavérica, não tem mais nenhum atrativo feminino... Parece-me é que ele já a conhecia... Se não fora a idade que aparecia, diria que é o bandido que ando há muito procurando...

Vê como Sônia manifesta aflição por sua causa! Que lhe teria dito quando se despediram?

— Interrogai a aia.

— Estou suspeitando que essa mulher foi subornada pelo Dr. Arnold, que ainda me pagará com juros a sua ousadia...

Amparado por um companheiro de lides marítimas, regressei ao vapor, quase desfalecido, sentindo a constrição, como de um trismo, flagelar-me dolorosamente o tórax, onde agonizava o coração angustiado...

FIM DO LIVRO II

Livro III

No Rochedo das Lágrimas

I

Na viagem que acabo de descrever, o *Devoir* foi além do México, escalando em diversos pontos da América Central, e, de retorno a Nova Iorque, pela primeira vez solicitei permissão ao comandante para me ausentar do navio por algumas horas.

Sabia, por intermédio do Dr. Arnold Dudevant, do paradeiro de Sônia Peterhoff, e fui, cautelosamente, saber notícias suas.

Informaram-me, no sanatório em que fora internada, que, há dois dias, rendera a alma ao Criador... Ao ter ciência do infausto sucesso fiquei aturdido, prestes a desmaiar.

Achava-me no saguão do prédio e roguei ao informante que deixasse permanecer alguns momentos no banco em que me achava, supondo jamais dele me pudesse erguer, tal o esmorecimento que me dominava, sentindo os membros paralisados, como que travados por grilhões de gelo...

Estive assim aniquilado por algum tempo. Depois, a custo, desci ao parque em frente ao edifício, e novamente me senti à borda de um canteiro, sorvendo as auras matinais, que eram insuficientes para me saciar os pulmões opressos...

Estive, assim, muito tempo acabrunhado, sem uma lágrima, sentindo, entretanto, que uma aluvião delas estava represada no meu imo.

Quando me dispunha a partir, por um desses acasos que não podem deixar de ser uma intervenção da Providência, deparei com Estefânia Andrelowna, que saía do sanatório conduzindo uma pequena mala de viagem. Foi ela quem, reconhecendo-me, prestamente se acercou de mim. Havia sido brutalmente despedida por Peterhoff, que a acusara de estar subornada pelo Dr. Dudevant, sendo ambos causadores do malogro de todos os seus planos. Narrou-me cenas que eu ignorava a respeito de Sônia, e por fim falou dos seus derradeiros instantes:

– Estava tranquila, a enferma – disse –, num momento de perfeita lucidez, após uma noite em que pudera adormecer profundamente, quando viu o pai se abeirar do leito e dizer-lhe que, naquele dia, lhe ordenava declarasse ao diretor do sanatório que desejava retirar-se voluntariamente e que, uma vez instalada em habitação confortável, que alugara, realizaria o seu consórcio com o primo, pois tudo já estava preparado para isso... Ela, ao ouvi-lo, empalideceu até a lividez e respondeu com indizível amargura:

– Deixai-me morrer, meu pai, sem me torturar mais! Falta tão pouco! Não se casa um cadáver.

Peterhoff exasperou-se logo e exclamou:

– Continuas a ser uma filha ingrata e sem consciência! Nunca me fizeste uma única vontade e só vives para me causar desgostos e transtornos! Não és louca, bem o sei; mas, para não satisfazeres a vontade que nutro de te unir ao Alexandre – um digno e nobre rapaz, que não mereces – tens, hipocritamente, representado esta desprezível farsa de alucinada! És uma filha maldita!

– Piedade, meu pai! Faltam talvez horas para que esta desgraçada, que sou, não vos cause mais nenhum dissabor!

– Não hás de poder morrer sem aceder ao meu desejo, maldita! – vociferou o carrasco, brandindo os punhos cerrados. Vou retirar-te, à força, do sanatório, ainda que tenha de te arrastar pelos cabelos!

A infeliz, que se achava alojada num aposento do terceiro andar, não tinha ninguém para defendê-la contra qualquer agressão do monstro, senão eu, que, dominada por indescritível pavor, me sentia presa ao soalho e prestes a desmaiar de angústia... Infelizmente, nenhuma enfermeira o acompanhara, pois o desalmado pai rogara ao diretor do estabelecimento permissão para ver a enferma, prometendo-lhe demorar-se alguns segundos apenas, pois tinha necessidade de estar a sós com a filha.

Amedrontada ante as ameaças do celerado, Sônia afastou-se do leito, de encontro à parede, tentando esquivar-se ao contato de suas mãos brutais, tão pálida como um cadáver, com o peito arquejante, estertorando, de olhos esgazeados, e, numa aflição indizível, procurando rasgar as vestes do lado esquerdo, soltou um grito estridente e bradou:

– Pedro! Vamos! *Deixa o mar... e segue-me!*

Caiu inerte, para trás, batendo com a nuca no espaldar do leito.

Precipitei-me no intuito de ampará-la, mas encontrei-a inteiriçada, boca entreaberta, golfando sangue em jatos incessantes...

Tive, então, forças para correr e bradar socorro. Vieram duas enfermeiras em meu auxílio, mas, abeirando-se do leito de Sônia, compreenderam que havia soado para ela o extremo instante e, efetivamente, em poucos minutos, a desditosa era cadáver...

Uma das enfermeiras, reparando na fisionomia do Sr. Peterhoff, alterada por sentimentos que a tornavam hedionda, julgou-o excruciado de dor e disse-lhe:

— Resignai-vos, senhor, com a vontade do Criador: vossa filha deixou de sofrer!

O algoz saiu do aposento cambaleante, não sei se pela ebriez do ódio ou do remorso, e, então, eu e as enfermeiras fomos tratar dos aprestos fúnebres de que carecia Sônia. Enquanto o fazíamos, Sr. Pierre, sentia-me quase ditosa; é que me lembrei de que Deus, a piedade suprema, libertara a criatura angélica de um jugo satânico, e eu não podia lamentar a liberdade concedida àquela mártir, pois ninguém poderá, melhor do que eu, aquilatar-lhe o sofrimento, a longa e inenarrável agonia moral em que vivia...

Estefânia calou-se, tendo os olhos fulgurantes de lágrimas.

— Não estivestes ainda com o Dr. Dudevant para lhe narrar tudo quanto me acabais de revelar? — pude falar-lhe, então, sentindo o coração trêmulo de dor.

— Não, e não o poderia pôr ao corrente da verdade, porque o monstro que conhecemos ameaçou-me de morte se eu o denunciasse à polícia, e igual sentença pesa sobre o Dr. Arnold, se descobrir a verdade...

– Uma vez sob o guante da polícia americana, que vos poderá fazer o bandido?

– Se for preso, disse-me ele, vingá-lo-á o sobrinho, que se acha em lugar ignorado... Que vale mais ser ele preso e condenado, Sr. Pierre, se a infeliz Sônia já repousa numa cova? Deixemo-lo entregue à Justiça divina...

– Como eu estou! – murmurei em surdina, baixando a fronte.

– Quer ir comigo ao cemitério ver onde descansa a pobre Sônia, em sua humilde campa?

'Ia lá, neste momento, orar por alma daquela mártir... Vou guardar a mala no saguão do sanatório e logo virei buscá-la.'

– Sim, mas iremos de carro, porque mal me posso suster em pé: tenho as pernas entorpecidas...

– Continuais enfermo?

– Não tarda a soar a hora da minha libertação e eu a aguardo com ânsia...

'Mas, não falemos de mim. Ides ficar em Nova Iorque ou regressareis à Rússia?'

– Já obtive colocação aqui, numa casa pia, e, voluntariamente, jamais voltarei à pátria. Isto é uma terra admirável, Sr. Pierre, de verdadeira independência individual! Pobre estrangeira que sou, gozo de mais regalias aqui do que na Rússia, mesmo que fosse milionária... Sinto-me bem nesta terra.

Estefânia Andrelowna deu-me o seu apoio para que me acomodasse num modesto veículo de praça, o qual, em limitado tempo, transportou-nos à necrópole onde Sônia fora sepultada. Apeamo-nos e começamos a andar silenciosos, depois das últimas palavras pronunciadas por aquela que assistira ao desfecho do drama pungentíssimo e integrante da minha própria existência.

Apesar de aparentar calma, ela estava sensibilizada, muito pálida, e tinha os olhos ainda marejados de pranto.

Abeiramo-nos de jazigos suntuosos, que revelam o esplendor dos *yankees*, e, por fim, de um sepulcro recém-fechado, que por distintivo não tinha, encimando-o, mais que um retângulo de ferro numerado...

Ajoelhei-me comovido no solo ainda abaulado – pois a terra que o coveiro retira da cavidade, onde encerra os despojos humanos, parece crescer, revolvida, e só depois de alguns dias é abatida, como a vaidade mundana após as decepções terrenas – deixei a cabeça pender ao peito, no qual sentia soluçar, rugir de dor o coração...

Repentinamente, meus pensamentos, como absorvidos por voragem de que me não poderia livrar se tentasse fazê-lo, tomaram novo curso, volvendo ao passado; todos os meus sofrimentos e os de Sônia foram reavivados em cenário íntimo, e, por alguns instantes, estive alheado do local em que me achava prosternado. Minh'alma divagava pela Rússia, em pleno inverno, nas estepes infindas por onde passara como fantasma enlouquecido, na noite do assassínio de André, supondo-me arrastado pelos cabelos, erguido do solo nas garras de um abutre colossal e raivoso, que crocitava clangorosamente de contínuo aos meus ouvidos, qual estrídula gargalhada de sarcasmo...

Não era a primeira vez que meu Espírito fora vergastado por aquele riso diabólico: ele reaparecia sempre nas minhas horas de amargura infinda!

Depois, pouco a pouco, voltou-me a noção da realidade, pude pensar fixamente no presente: Morrera Sônia! Finalizara o seu suplício, ao passo que o meu se tornara mais tenebroso, recrudescera imensamente... Cessara de padecer aquela flagelada: Deus se apiedara dela antes de mim, um precito indigno da sua compaixão...

Era a Justiça divina que assim se manifestara em toda a sua plenitude. Devia curvar-me, sem murmurar, ante a sentença exarada pelo supremo Magistrado do universo, que eu devia cumprir sem tergiversações, austeramente. Eu, que tornara Sônia desventurada, é que não podia alcançar mais um momento de repouso nesta existência, nem talvez na outra. Nem uma atenuante, sequer, se apresentara para amainar a tormenta que me convulsionava a alma, naqueles momentos de agonia.

Por que desobedecera, outrora, ao santo abade que me educara? Por que não fugira ao abismo quando ainda a tempo de evitar as desditas de que fora causador?

Por que não repelira o egoísmo de me fazer insinuar no coração daquela formosa e meiga criatura, que, por compaixão somente, me defendia da crueldade dos seus?

Por que não trespassara com um punhal o próprio coração, em vez de o fazer ao de André Peterhoff?

– Maldito! Maldito! – eis o vocábulo que, repentinamente, julguei ouvir pronunciado por voz estentórica, como saída de um precipício insondável, do âmago do globo ou dos dédalos infernais, fazendo-me estremecer e eriçar no crânio os cabelos, pelo excesso de pavor, depois de rojar a fronte sobre o túmulo de que me achava à beira e no qual desejara desaparecer para sempre, corroído pelos mesmos vermes que devorassem o corpo amado de Sônia...

– Misericórdia! – murmurei então, com humildade e voz trêmula de emoção, supondo que aquelas palavras proviessem do Infinito ou dos abismos das Geenas...

'Perdão! Tende piedade de mim, Senhor! Compadecei-vos da minha intérmina desventura!'

– A quem implorais perdão! – interrogou aterrorizada a ex-aia de Sônia.

Quase não lhe percebera as palavras. Ficaram elas sem resposta e continuei a prantear e a implorar misericórdia ao Criador e à morta querida, abalado pelos soluços. Já me não atemorizava o saber que alguém me observava, que o meu procedimento poderia suscitar suspeitas na mente de Estefânia: a dor me desvairava! Desapareceram, para mim, as convenções sociais. Morrera Sônia!

Eis tudo o que sabia, não podendo mais dissimular meus sentimentos, até então constringidos pelas conveniências mundanas.

Quando despertei, a boa senhora havia fugido: supôs, certamente, que eu houvesse enlouquecido como Sônia, e, para evitar qualquer depoimento ou inquérito policial, achou prudente abandonar-me...

Não me causou estranheza o seu proceder, pois também julguei que estivesse louco; e que seria lícito, para resgatar *in totum* o meu delito, ser ferido por pena de talião, sofrer do mesmo mal que aquela cuja luz da razão fora eu o culpado de que se extinguisse, vibrando-lhe no coração sensível o venábulo intoxicado de dores inconsoláveis! Receberia, assim, justa punição: como se a demência de Sônia, errante como um nóctulo sobre o seu sepulcro, se aferrasse à minha mente, desequilibrando suas faculdades até então normais e íntegras...

Somente mais tarde percebi a desaparição de Estefânia. Naqueles momentos, porém, estava empolgado ao mesmo tempo pelo fantástico e por uma pungentíssima realidade. Pertencia a dois mundos: um espiritual, onde minh'alma contemplava todos os episódios transcorridos de minha existência; outro, material, onde se patenteava em plena nudez o meu presente sombrio, que era aquele túmulo, onde estavam encerrados despojos queridos, parecendo-me que meu Espírito subdividido em diversos fragmentos retalhados por uma tesoura vingativa – como as raízes de uma árvore secular – entranhara-se pelo solo em profundidade incomensurável, possuindo, porém, cada uma de suas frações, sensibilidade extrema e apurada visão, enxergando no seu ataúde o corpo de Sônia, hediondo, verminado, putrefato...

Compreendeis o meu suplício dantesco, senhor? Ah! dizei que sim, e eu protesto: não, não o compreendeis! Não o pode avaliar um ser cuja vida não foi acidentada quanto a minha por esses lances angustiosos, enlouquecedores, que parecem pertencer à fantasia de poeta ébrio, ou alucinado!

– Perdoai-me, Senhor! – continuava a gemer.

Inopinadamente, serenou a crise que me empolgara por minutos que pareceram séculos, tão torturantes foram...

Através das lágrimas ou da alma enevoada, lobriguei, próximo do local em que me achava, à cabeceira do sepulcro de que beijara a terra ainda revolta, um vulto do qual distingui as feições, para mim inconfundíveis – as do abade Francisco, aureolado de um fulgor de estrelas, que o tornava todo radioso, fazendo com que aquela humilde cova fosse a mais bela da necrópole, porque as outras possuíam frios arcanjos de mármore e alabastro, cinzelados com arte, mas impassíveis; ao passo que aquela fora aformoseada por uma entidade imaterial mais vívida, cuja contextura de neblina e sol, cuja beleza harmônica e perfeita era inigualável na Terra! Tinha no semblante nobilíssimo a mesma expressão de outrora, de compaixão e afeto; errava-lhe nos lábios um sorriso bondoso e conservava elevado para a abóbada celeste o braço direito, que parecia asa alvinitente de algum cisne do paraíso...

Compreendi o que sugeria: uma prece ao Sempiterno... As lágrimas cessaram de correr; o coração pulsou mais compassado, meus lábios se moveram brandamente, proferindo uma imprecação fervorosa, ditada por ele, tão breve e tão profunda, que jamais hei de olvidá-la:

'– Pai, que estais nos céus, eis ao vosso dispor o mísero Pedro Ivanovitch!

'É tempo, Senhor, de vos prestar estreitas contas de todas as minhas existências eivadas de erros, desvios, iniquidades! Exercei sobre mim a vossa justiça severa, mas remissora, porque anseio por vosso perdão, quero reparar todos os meus crimes, ressarcir todos os meus delitos, alcançar a paz da consciência que tenho vergastada de remorsos e dores inomináveis!'

Já não chorava; estava quase tranquilo; era a alma que, certamente, absorvendo todas as lágrimas, se arrojara ao Firmamento para rogar clemência e perdão ao eterno. Ao mesmo tempo, para lhe fazer a confissão dos seus delitos, das suas amarguras, entregando-se à sua Justiça reta e infalível...

Pareceu-me, então, que a fúlgida entidade se aproximou, tentando elevar-me do solo; senti nos ombros um contato de névoas e ouvi, nitidamente, com uma suavidade cariciosa, qual se fora um cicio de brisa dentro do cérebro, estas palavras:

– Está quase finda a tua odisseia, Pedro Ivanovitch! Prepara-te para a derradeira batalha, que será a mais tremenda de todas as de tua existência! Esforça-te por saíres vencedor desse prélio angustioso, no qual, se triunfares, receberás a redenção divina. Não lamentes a liberdade de Sônia e luta por obter a tua!

'Ela reparou uma dolorosa dívida do passado, de quando era uma impiedosa, que fazia enlouquecer de dor e de tortura os seus desventurados vassalos; e agora é ditosa, fruindo a serenidade peculiar aos redimidos pela virtude e pelas árduas provas! Deixa-a em paz, meu filho, parte! Cumpre austeramente os teus deveres, sofre com resignação as tuas penas.

'Velo por ti e auxiliar-te-ei, como outrora, com os meus desvelos paternais e as minhas orações!'

Estaria sob o domínio de um sonho? Poderia iludir-me com a linguagem do abade?

Quis levantar-me para estreitá-lo nos braços, mas, bruscamente, tudo se volatizou como bruma e achei-me só, como se fora o único habitante da vasta necrópole...

Fitei, para me certificar da realidade e convencer-me de que não enlouquecera, a terra convolvida, a placa do sepulcro, que, desde então, me ficou pirogravada na mente...

Ergui-me quase oscilante e só naquele momento percebi a ausência de Estefânia Andrelowna... Que terríveis conjeturas teria a minha atitude feito germinar no seu cérebro? Não me importava sabê-lo, naqueles amargurados instantes. Estava indiferente a tudo.

Dir-se-ia que estava sem alma, que esta ficara sepultada com os despojos de Sônia; que me transformara em fantasma de carne, foragido de uma tumba, conservando tangível o invólucro material para sofrer, errante e indestrutível, invulnerável à morte, eternamente, por toda a consumação dos milênios...

Tive a impressão de que, ao transpor o portão do cemitério, seria detido pela polícia *yankee*; veria Peterhoff, fulo de raiva, entregar-me ao tribunal humano, ou me estrangular.

Caminhava devagar, cabisbaixo, sentindo-me invadido por desânimo invencível...

Fiquei imóvel, observando se alguém estava à minha espera... Passavam transeuntes indiferentes à minha presença, com passos apressados. Ao passar por mim um veículo desocupado, acenei ao condutor para que me levasse ao local desejado – o ancoradouro do *Devoir*.

Quando desci do carro estive, longo tempo, na praia, fitando o mar, com o pensamento errado, à feição das ondas, parecendo-me estar atraído por uma voragem indômita...

Quando mais tétricas eram as minhas ideias, surgiu-me à frente uma jovem senhora conduzindo pela mão uma louca e encantadora criança, da mesma idade da minha filhinha.

Uma ternura infinita me transbordou d'alma; tive ímpetos de alçar a criança nos braços e oscular-lhe a fronte puríssima, buscando nessas lídimas carícias conforto para o meu dolorido coração... Tive, então, um pensamento que me encorajou a buscar de novo o transatlântico, a volver à luta: era mister viver para a Sônia da Terra, já que a outra fora chamada ao Céu, liberta dos seus verdugos, desfrutando, nalgum remanso de paz, a ventura a que fazem jus os obscuros, crucificados pela crueldade humana!"

II

"Passaram-se meses...

Eu tinha vivido, senhor, desde o passamento de Sônia Peterhoff, uma existência de inenarrável agonia moral...

Havia regressado à França, envelhecido, quase com aspecto cadavérico, causando minha enfermidade inquietação à cara esposa, que custou a reconhecer-me quando ingressei em nosso lar. Tinham encanecido, quase completamente, meus belos cabelos castanhos: achava-me taciturno, alquebrado, absorvido por ideias pungentíssimas.

Catarina não queria consentir que voltasse para o *Devoir*, aconselhou-me a solicitar do comandante uma licença prolongada, mas, o receio de que a minha permanência no Havre, inativo, nos acarretasse dispêndios extraordinários ou desequilibrasse nossas finanças, fez-me teimar em partir novamente. O navio, quando voltara da América, necessitava de reparos urgentes e, por isso, enquanto os fazia, repousei no lar durante quase um mês, em que vivi tranquilo; e essa serenidade espiritual, de que carecia, foi suficiente para reanimar as forças e dar-me novo alento. Durante esse tempo precioso que permaneci em casa, as carícias e cuidados de dois entes queridos refrigeraram grandemente as minhas mágoas. Parecia-me haver convalescido de grave enfermidade, ou antes, ressuscitado como Lázaro, depois de já ter estado sepulto na terra ou nas trevas...

A hora da partida, porém, foi, para mim, assaz perturbadora.

Abracei-me aos dois entes idolatrados, sem ter ânimo de me apartar deles, augurando lutuosos acontecimentos, e quase esmoreci de intensa emoção, ao tocar os lábios nos dourados cabelos da encantadora Sônia, porque me assaltaram dois pensamentos torturantes: um, que não a veria jamais; outro, que ela era a ressurreição da outra – a que estava sendo carcomida pelos vibriões – em plena infância, com todos os atrativos da saúde e da tenra idade, como um verdadeiro lírio humano, rociado pelo orvalho divino da inocência, da candura e da beleza! E, no entanto, em vez de ficar para adorá-la, para cercá-la de incessantes carinhos, era-me forçoso partir, abandonar a Sônia amada, que o próprio Onipotente me concedera!

Podeis compreender, pois, quanto me foi doloroso desvencilhar-me de seus nédios e cetinosos bracinhos – que acorrentavam mais meu coração ao seu do que se fossem elos de bronze – mormente, quando a ouvi murmurar, soluçando:

– Fica, meu paizinho, com a tua Soniazinha! Não te vás embora outra vez! A mamãe vai ficar muito triste e a tua Sônia também...

Beijei-a longamente, sentindo-me sem forças para deixá-la. Repentinamente, porém, como se fora desperto pelo dever imperioso de trabalhar para que a dileta criaturinha nada viesse a sofrer, cobrei novo alento, depu-la no regaço da esposa lacrimosa e saí a correr, sem coragem de volver para contemplá-la mais uma vez, e, até longe, ainda ouvia o choro de Sônia, a sua voz entrecortada de soluços, repetindo:

– Volta breve, meu paizinho!

Voltar? Ai! que presságio atroz me assediou naqueles momentos, senhor!

Tive a clara antevisão do futuro que se vai realizando pouco a pouco – jamais verei os dois entes estremecidos, os dois anjos do meu lar desfeito para sempre!

Naqueles dias passados no Havre, mais tempo do que costumava ficar com a família, habituara-me à vida plácida de um *ménage* ditoso e casto, e, por isso, nunca me fora tão penoso ausentar-me dele. Apertaram-se-me, desse modo, grilhões afetivos fortíssimos, para que se me tornasse mais doloroso o seu dilacerar...

É que, senhor, sou um precito que não fez jus à felicidade humana; sou uma alma em ríspidas provas para resgatar um passado tenebroso, de crimes horripilantes!

Regressei ao *Devoir,* contristado, mas desejoso de laborar pelos que ficaram carpindo a minha ausência.

Aguardava-me nesse dia uma desagradável surpresa: à tarde, ao atravessar o tombadilho do vapor, em busca do comandante para lhe transmitir um aviso necessário, deparei com Peterhoff e seu sequaz, mais hediondo que nunca, de cenhos contraídos, catadura irada, hipocritamente trajado de luto – luto por sua vítima, luto pela liberdade da desventurada Sônia! Fiquei revoltado, mas soube conter-me, dominando os meus sentimentos.

Vendo-os, tive um angustioso pressentimento e julguei ouvir a mesma voz misteriosa que me soara aos ouvidos, à beira do túmulo de minha infortunada companheira de infância:

'– Prepara-te para a derradeira batalha, que será a mais tremenda de todas as de tua dolorosa existência!'

Concebi o plano de me esquivar, o mais que me fosse possível, dos olhares inquisitoriais dos temíveis adversários, pois não podia iludir-me quanto às suas intenções a meu respeito: era a vingança o único móvel de sua viagem no mesmo paquete em que se achava Pierre Doufour, em cuja pista andavam como galgos ferozes, farejando o rastro de uma lebre cobiçada!

Também eu me via assaltado pelos mesmos sentimentos funestos de represália contra eles: sempre que os via, de longe, um ódio indômito fazia acelerar as pulsações do enfermo coração, e desejava atirar-me a Peterhoff como um tigre açulado pela fome, fazendo-o pagar caro os tormentos que infligira a Sônia! Sabia, porém, refrear meus impulsos, manifestar-me por meio de um esforço hercúleo contra mim mesmo; mas não podia evitar acerbas evocações: supunha ainda estar vendo, ao lado dos sicários, a pobre enferma tal qual saíra do *Devoir* – com um traje escuro, que mais lhe realçava o jaspe do rosto, esquelética, amparada por Estefânia, quase arrastada entre alas de viajantes que, penalizados do seu estado, ou temerosos da sua moléstia, se detinham para que pudesse ela andar sem empecilho... A presença dos seus algozes me fazia sofrer imensamente: desejaria vingá-la se me fosse possível, mas, infelizmente, sentia-me de novo pusilânime, impotente para o prélio que teria de sustentar, a fim de triunfar de dois adversários poderosos!

À noite, num intervalo dos meus afazeres, fechado no beliche, ajoelhei-me e fiz longas implorações ao abade Francisco, rogando-lhe me inspirasse como deveria agir naquela aflitiva situação.

Mais plácido depois da prece, pude adormecer algumas horas, havendo tido, porém, sonhos terrificantes, em que me sentia no mar, dilacerado por crustáceos e peixes monstruosos. Amanhecera. O paquete já começara a se afastar das costas ocidentais da França, destino à Inglaterra, pois ia a Dublin receber viajantes, e, só depois, se dirigiria à América, escalando ainda em portos espanhóis e lusitanos.

Durante o dia, havia-me esquivado de encontrar os meus terríveis conterrâneos, mas, observei que eles estavam a espionar-me.

Anoiteceu. Não podendo conciliar o sono, abalado por inquietações espirituais, ergui-me do leito em que me atirara para repousar das fadigas diurnas, e fui expor-me às brisas marinhas que eu sorvia com sofreguidão.

A noite estava amena, mas o nevoeiro era compacto. Da abóbada sideral, que certamente estava estrelada, fluía branda claridade que parecia incendiar suavemente a neblina que unia o céu ao oceano – alva e tênue como um véu nupcial.

Mal me debrucei na amurada, distingui dois vultos negros, pouco distantes do local em que me achava, conversando em voz soturna e pronunciando vocábulos ininteligíveis.

Estavam, certamente, a maquinar algum projeto sinistro e, por isso, para o executarem, dialogavam com animação. Não me viram quando cheguei. Esgueirei-me sutilmente e ocultei-me o mais que pude, por trás de uma das chaminés do navio.

Com a fronte descoberta, deixei que a aragem agitasse meus cabelos, que se revoltaram no crânio enfebrecido como a própria alma que se rebelava em meu íntimo.

Invencível melancolia invadiu-me todo o ser: tinha ímpetos de genufletir no tombadilho, orar longamente, eternamente, envolto naquela luminosidade astral que jorrava do Espaço, como polvilho de prata lúcida...

Lembrei-me de que *ela* já devia estar lá, ruflando as níveas asas nos páramos celestiais, e, às vezes, parecia-me estar sendo acariciado por diáfanas plumas que me roçassem sutilmente a fronte... Um bem-estar incomparável, uma calma inigualável me dominaram por completo, deixando perceber que se estabelecera um diálogo de minh'alma com uma outra – a de um bondoso Invisível, incitando-me a ser corajoso, a ter resignação nos momentos de ásperas provas planetárias. Falava-me de uma outra vida, incomparavelmente melhor que a terrena, para os que sofrem, pugnam sem tréguas, suportam humilhações, duras expiações...

— Mas sou um criminoso! – murmurei a medo, secretamente.

— As lágrimas redimem todos os delitos, irmão! Vou exemplificar o que te assevero: o mal que praticamos impregna-se nos refolhos do Espírito, onde fica alojado, às vezes por séculos, tornando-o tenebroso, impuro; quando sofremos, porém, e pranteamos com dor indizível, vai sendo ele fluidificado e, pouco a pouco, instilado pelos olhos, gota a gota, e, como nas estalactites, desagrega-se do Espírito e esvaece nos ares... elas depuram e angelizam a alma... Nunca as verteste, irmão?

— Ai! quantas vezes, bom amigo! Não me viste prantear? Nunca tive infância, que não a tem o órfão em lar estranho e inóspito, sem carícias paternas, e o único afeto imáculo que me consagrava um lindo ser, por lhe haver correspondido santamente, tive de purpurear as mãos em sangue humano...

'Parece-me ter já chorado tanto, que, se reunisse todas as minhas lágrimas, formariam um arroio incessante... Devo, pois, não perder a esperança de ver minorado o meu sofrer, quando deixar de existir?'

— Sim, irmão. Mas tu existirás eternamente! Somos imortais. Deus, o Legislador supremo, saberá galardoar-te se não transgredires mais suas leis retas e remissoras. Não queiras, pois, interceptar a vida orgânica, voluntariamente. Apega-te a ela, qual náufrago a um despojo de nave, mesmo que te seja ela sombria, eriçada de acúleos ferinos! O suicídio, no qual tens pensado muitas vezes, entrava o progresso do Espírito por tempo ilimitado, torna-o passível das punições do Alto! Não tentes mais, pois, fugir da luta e da vida por meio de um crime! Adeus! Sempre te inspirarei o Bem.

Estaria mergulhado em sonho ou me tornando visionário? Não vo-lo sei explicar, senhor.

Sei apenas dizer-vos que, subitamente, supus ter sido despertado por uma força estranha, como por efeito de um choque magnético.

Atentei no que me circulava.

Ouvi o soluçar do Oceano em eterno lamento, talvez por não poder atingir o céu, para o qual ergue as vagas impotentes – tentáculos líquidos de um polvo inconsolável, às vezes enfurecido, outras, quérulo e sereno – como nossa alma, que em momento de angústia deseja alar-se ao Firmamento, mas sente-se anquilosada à Terra, acorrentada ao sofrimento e às misérias humanas...

Concentrei toda a atenção na animada palestra dos dois vultos negros. Manifestavam seus desígnios na língua natal. Pus-me a escutá-las com sumo interesse.

Dizia o mais idoso:

– Desconfiei da permanência do bandido num paquete francês, desde que tive conhecimento da carta misteriosa que li, após a morte do abade... Conjecturei logo que houvesse mudado de nacionalidade...

– Mas a carta está expressa em bom francês, revela cultivo intelectual que Pedro Ivanovitch não pode possuir, porque não é admissível tenha cursado alguma academia, depois que abandonou a Rússia.

– Ele não era destituído de inteligência e quem sabe se o próprio abade, clandestinamente, não lhe ministrava ensinos superiores, depois de haver simulado tê-lo expulsado do colégio? Não te lembras que há nela um tópico, no qual alude aos *sábios ensinamentos* que lhe foram ministrados pelo Mestre? De quem os recebeu em nossa aldeia, constituída de rústicos?

– Quem sabe se essa carta foi escrita por um ex-discípulo do abade, antes de residir no lugar em que faleceu?

– Impossível! Ele era frade, desde jovem vivia num claustro, até que obteve licença para sair e morar no presbitério de nossa aldeia, desgostoso da vida monástica. Antes disso, nunca lecionou.

'Ele próprio mo disse, várias vezes. O assassino de André era seu discípulo favorito e sempre teve pelo indigno uma escandalosa predileção, em detrimento até do meu André, seu afilhado...'

– Neste caso, meu caro tio, esse Pedro não era um boçal, como eu o imaginava e pesa-me dizer-vos que, assim, não me admira haja minha prima Sônia dele se enamorado: era belo e inteligente!

– Fazem-me mal as tuas palavras, Sacha![7]

– Deixemos o passado que vos mortifica e vamos deliberar o que temos a fazer no presente, que constitui a nossa única preocupação. Nada vos adianta a exaltação em que vos achais!

– A chaga aberta em meu coração ainda sangra, qual se ma houvessem produzido agora!

– Bem o sei, meu tio, mas é forçoso ter calma.

---

[7] Nota da psicógrafa: Corruptela de Alexandre, na Rússia.

'Planejemos o que importa. Que é que vos levou a crer na possibilidade de ser o marujo Pierre Doufour o vosso antigo servo?'

— A sua atitude suspeita, quando se achava na presença de Sônia, e os olhares dela para o infame, protegidos ambos de Estefânia Andrelowna, que eu devia ter punido convenientemente, antes de regressarmos da América!

— No entanto, a idade que atualmente deve ter o criminoso, 33 anos no máximo, pois o homicídio de André deu-se há três lustros, não é a mesma de Pierre, que parece haver ultrapassado os 40...

— É o remorso que o envelheceu precocemente, Sacha... Não posso estar equivocado; ele foge de nós, desde que nos pressentiu a bordo deste paquete, e as derradeiras palavras de Sônia revelaram-me que ela também o havia reconhecido, e, por isso, resistiu até as ameaças que lhe fiz, não consentindo em desposar-te... O transtorno que essa rebeldia nos causou, o sicário há de no-lo pagar com usura... Seja ou não o marinheiro de quem desconfio, o procurado criminoso, só aguardo nossa chegada a Dublin para denunciá-lo às competentes autoridades. Ele será detido, e, após rigoroso inquérito, havemos de elucidar o que desejamos. Promoverei todos os meios para a extradição do delinquente e, assim, possa ser julgado e condenado em nossa pátria. Lá é que sabem punir os larápios e mujiques!

'Tenho convicção íntima de que o piloto e o assassino de André são a mesma pessoa. Quando me lembro que aquela desgraçada morreu, desautorando-me e pronunciando o nome execrando, tenho ânsias de encontrá-lo para lhe embeber no coração o mesmo gume com que golpeou o de André. Esse punhal, trago-o comigo há quinze anos, para quando soar a hora bendita do desagravo!

– Tranquilizai-vos, meu tio, estamos quase no momento do triunfo; para que precipitar os acontecimentos?

– Resignas-te, assim, facilmente, Sacha, sem te lembrares de que a esta hora podias estar quase milionário?

– E se tentássemos obter o que seria de Sônia, forçando o padrinho a redigir codicilo?

Neste ponto da conversa o moço baixou a voz e os dois, quase abraçados, dirigiram-se ao camarote, sem me terem percebido.

Fiquei a sós. Sentia um desespero e uma revolta indomáveis me estrangularem o dolorido coração, e, a meus ouvidos que se habituaram de modo a receber transmissões misteriosas, chegaram estas palavras de sarcasmo, de revolta com o ruído das ondas:

– Vais ou não, ser denunciado? Foge agora à cadeia, assassino!

Estaria realmente *só*, no tombadilho? A passos trôpegos percorri-o todo, sondando qualquer esconderijo que se me apresentasse, no qual alguém pudesse ficar oculto. Ninguém! Estava completamente isolado. De quem seria, pois, aquela voz zombeteira e sibilante? Estaria tresvariando, ao reconhecer nela a de André? Tive pavor de estar só, de poder defrontar o seu espectro hediondo e ultriz...

Como fugir à sanha dos implacáveis adversários – os de Além-túmulo e os do mundo material? Que me restava mais fazer, senão buscar a morte como solução única da minha desesperada situação?

Por que zombara da minha credulidade o Invisível, que, havia apenas poucos momentos, me alvitrara não desertar da fileira dos vivos, não fugir ao prélio que, então, se me apresentava insustentável, desigual, apavorante, não vislumbrando no futuro senão a desonra, o calabouço ou o punhal de Peterhoff?

Seria razoável conservasse a existência para que fosse depois arrancada pelo crudelíssimo déspota? Não era a morte o que me assustava – era o ceno que iria conspurcar meu lar, onde ficaram, a chorar por mim, dois entes puros e dignos de todas as ditas terrestres!

Estava irremissivelmente perdido; se não quisesse mais tingir as mãos em sangue humano, teria de aniquilar a própria vida... Chegaram ao ponto culminante os acontecimentos; não havia mais tempo para hesitações, não poderia mais sustá-los, não poderia conjurá-los de minha fronte, como não podemos sustar uma borrasca elevando às nuvens nossos braços frágeis e misérrimos, que não atingem sequer um metro de extensão, quando seria mister tivessem quilômetros de dimensão!

Impossível desembaraçar-me de tantos contendores terrenos, poderosos, que me assaltaram de todos os lados – saídos da Rússia e do túmulo – tangíveis e intangíveis!

Com as mãos comprimindo a cabeça, onde se eriçavam os cabelos, impotentes para a pugna que teria de sustentar, rangendo os dentes de ódio, desespero, horror ao opróbrio iminente sobre mim e minha família, sentindo-me esmagado pela adversidade, imprequei às sombras que me cercavam:

– Vêde a deplorável emergência em que me encontro, todos vós que tendes vindo aconselhar-me em momentos de acerbo infortúnio! Se não é uma ilusão tudo o que tenho *ouvido,* nem o que me tendes falado incitando-me a enfrentar, de ânimo forte, a batalha da vida, dizei-me como devo agir...

'É mister entregar-me à justiça humana, ou à divina? Urge matar Peterhoff, expor-me à sua vindita, ou me suicidar... Que devo fazer? Orientai-me, este segundo, pois não há tempo a perder!'

Proferia estas palavras, à meia voz, ressumbrando a agitação de minh'alma. Ninguém mas respondera... Celeremente, porém, como compelido por energia irresistível, tomei uma deliberação ainda não acorrida à minha mente, medrada como um relâmpago em negros nimbos... Era preciso pô-la em execução com a máxima presteza!"

III

"Era noite alta. Reinava tumular silêncio a bordo; o vapor singrava a Mancha em demanda de um porto bretão.

Pensei, alguns segundos, em bater à porta de Peterhoff e, quando ma abrisse, estrangulá-lo. Não ficaria, porém, outro adversário para me denunciar à polícia – seu sobrinho?

Estremeci, à só ideia de ser levado aos tribunais humanos, para ser julgado por duplo crime... Quanta vasa atiraria, por todo o sempre, sobre os entes queridos! Seria preferível o suicídio, pois, sepulto em Netuno, não haveria perdigueiro, mais adestrado ainda que Peterhoff, que me seguisse as pegadas, que descesse onde vivem as algas, para arrastar um cadáver ao júri... Ficaria, porém, impune esse novo delito perpetrado contra mim mesmo? Não era eu o galé de Deus, entregue às suas Leis incomparáveis e íntegras?

O que quer que fosse de insólito se passou repentinamente comigo, parecendo agir em meu âmago uma potência super-humana.

Estabeleceu-se relativa tranquilidade em meu Espírito. Recordei a esposa e a filhinha adoradas. Não queria manchar-lhes o nome que usavam – o meu – e que supunham fosse honrado. Era mister salvar-me sem lhes causar dissabor. Que deliberação deveria tomar?

Tive ímpetos de ir ter com o comandante do *Devoir,* que manifestava afeição por mim, expor-lhe minhas aflitivas circunstâncias e implorar-lhe proteção.

Conhecia-o, porém: era austero em demasia, e, certamente, lhe repugnaria à consciência impoluta deixar impune um homicídio.

Volveu-me, então, com insistência à mente, uma resolução inabalável: fugir do *Devoir*!

Rapidamente fui ao local em que dormia, mudei de fato – este que aqui vedes e que usava sempre no Havre, nos intervalos de meus labores, para viver feliz e desconhecido por alguns dias, ao lado dos entes estremecidos.

Amarrei à cinta uma lata de conserva alimentícia, um frasco cheio de vinho, o meu último passaporte; escrevi ao comandante dizendo-lhe que tomara a resolução de pôr termo à existência, porque me sentia inválido para o trabalho.

Suplicava-lhe promovesse uma coleta entre os camaradas, e, juntando-a à quantia que encontrasse com a carta, fizesse o obséquio de entregá-la à minha mulher, da qual deixava o endereço. Deixava-lhe alguns documentos comprovando-lhe a minha identidade.

Despedia-me dele e dos companheiros com indizível pesar, rogando a todos me perdoassem alguma falta involuntária e orassem pelo desditoso Pierre Doufour.

Seria mais de meia-noite, quando a concluí. Andei cautelosamente pelo tombadilho; atei às axilas duas boias e estive, por momentos, a fitar a cerração, a escutar o rumor das ondas que se quebravam de encontro ao casco do transatlântico...

Desejava chorar copiosamente, mas estava febril e as lágrimas refluíram-me dos olhos ao coração, intumescendo-o.

Lancei um derradeiro e amistoso olhar à nave, sentindo-me tiritar de superexcitação nervosa. Comecei, então, a agir sob influxo alheio à minha vontade.

Passei pelo mastro do navio – como se cinge uma gravata ao pescoço – um cabo de algumas dezenas de metros de comprimento, para que pudesse retirá-lo com facilidade quando me prouvesse, não deixando vestígios por onde me evadisse; segurei-o, assim dobrado, e fui resvalando por ele até ficar em contato com o mar. Um empuxão que lhe dei foi o suficiente para arrojá-lo fora do paquete.

Deslizei ao lado esquerdo do mesmo, e o choque recebido, quando alcancei as ondas, foi formidável. Tive receio, por momentos, de ser arrastado para a quilha, devido à violenta deslocação das águas produzida por potentíssima hélice que aí funcionava ao impulso titânico dos motores, mas, em breve, verifiquei que o navio se afastara do lugar que me achava. Parecia-me que ia ser tragado por um sorvedouro, sem equilíbrio nas vagas ainda compelidas pela passagem do *Devoir*.

Terror indizível apoderou-se de mim.

Quis bradar por socorro, mas, mesmo naqueles angustiosos instantes em que predominava o instinto da conservação, imaginei que, sendo encontrado a fugir de Peterhoff, estaria irremediavelmente perdido...

– Estou à mercê de Deus e dos fados! – pensei, então, meio alucinado. Se Ele é Juiz, como suponho, lavre a sentença que mereço... Quero evitar a desonra e não destruir a vida que Ele me confiou!

Comecei a pelejar com as ondas, a esmo, sentindo repentina algidez tolher-me os membros entorpecidos por uma frialdade polar.

Sei nadar regularmente, mas, após tantas emoções, com o organismo depauperado, havia muito, por pertinaz enfermidade, seria evidente que as forças me abandonariam...

O pavor de estar só na vastidão oceânica, quase ofuscado por espessa neblina, em porfiado duelo com as vagas que começavam a encrespar-se, fazia-me entrechocar as maxilas ruidosamente.

Já havia transcorrido mais de meia hora que deixara o *Devoir*, nenhum vestígio existia dele ou de qualquer embarcação onde me pudesse acolher, quando, no auge da fadiga e do sofrimento, comecei a bradar, não deprecando socorro à humanidade impiedosa, mas ao eterno, ao abade Francisco, ao amigo sideral que comigo dialogara no início daquela noite tremenda e inolvidável...

Ninguém, contudo, correspondia aos aflitivos apelos... Estava já desalentado, resolvido a abandonar-me à voragem oceânica, quando ouvi distintamente uma voz imperiosa, como de comando, dentro do nevoeiro que me envolvia:

– Nada para a direita. Rumo de Este!

Comecei a nadar na direção indicada, cobrando novo alento, mas, subitamente, julguei estar sendo perseguido por uma risada diabólica, estridente, ininterrupta. Seria falsa a ordem recebida? Estava, certamente, sendo vítima de um gracejo infernal, mas, pela segunda vez, com maior precisão, recebi a mesma orientação:

– Nade para a direita. Rumo de Leste! Avante!

Pareceu-me, então, recordar o timbre de voz amiga... a do abade...

Pus-me a palestrar, quase aos gritos, com o mestre querido, suplicando-lhe o auxílio na desesperadora conjuntura em que me encontrava... Senti-me subitamente invadido por brando letargo que me ia paralisando pouco a pouco os membros, dando-me a impressão de que iria adormecer para não despertar jamais... Seria a morte? Iria desfalecer apenas? Poderia desvencilhar-me daquele terrível entorpecimento? Se morresse, seria ou não considerado suicida, tendo atirado-me ao mar sem esperanças de me salvar? Por que me não entregara à justiça, a fim de resgatar meu crime, em vez de aumentar a culpa? Cometera falta grave fugindo à ignomínia para não macular o nome de dois seres boníssimos?

Pobres criaturas, que, no Havre, oravam por mim, esperando o meu regresso! Desventuradas criaturas que me julgavam probo, de sentimentos nobres e, no entanto, eu não passava de miserável trânsfuga, que evitara as leis humanas e estava transgredindo as divinas!

Comecei a perder os sentidos e a noção da realidade... A angústia vencera-me por completo. Julguei estar perecendo e tentei pensar em Deus ou no abade, mas as ideias estavam confusas, como se a cerração que me envolvia houvesse penetrado toda no meu cérebro, por uma fenda aberta pela desventura!

Amanhecia...

Descerrei as pálpebras que me pesavam como se fossem de bronze. Certamente, já estivera desmaiado por algumas horas, em que flutuara sempre, vertiginosamente, compelido por uma força prodigiosa, que me deixara no íntimo a impressão de que voara como possante alcíone, ao nível das águas, e, desperto da síncope em que estivera, vendo-me ainda exposto às ondas, conservando-me à tona por intermédio das boias que atara às axilas. Depois de haver esquecido por momentos o meu suplício, indizível amargura me transbordou da alma: estava ainda imerso num oceano que me ameaçava a vida e parecia conter um outro, mais volumoso, dentro do meu crânio; oceano feito de agonia, de dores, de desalento! Pensei em desatar as boias para que terminasse o meu martírio, submerso para sempre, mas as mãos estavam inativas, os dedos engelhados e inteiriçados, como que mortos... Estava irremediavelmente perdido, à mercê de Deus e das vagas, que começavam a crescer, e era mister sofresse até que Ele se amerciasse de mim... Por vezes, era sacudido por uma dor dilacerante, agudíssima em diversos pontos do corpo, como se estivesse sendo picado por acerado estilete, e só mais tarde compreendi que estava sendo picado por peixes ferozes, talvez cruéis moreias...

Quantas horas haviam passado depois que abandonara o *Devoir*? Impossível sabê-lo ao certo. Parecia-me estar possuído do dom da ubiquidade, ligado ao navio, por laço fluídico que me subdividia a alma em duas, ficando um pedaço a sofrer sobre as ondas, outro arrastado ao *Devoir* para assistir ao alarme a bordo, dos ex-companheiros, ao verificarem a minha desaparição, o meu *suicídio*; presenciando a explosão de furor de Peterhoff que, certamente, revelaria a todos o segredo da minha vida, já que meu corpo escapara à sua vindita...

Como se vingaria, o bandido, do mísero Pedro Ivanovitch? Estaria desperto realmente, ou sob o domínio de pavoroso pesadelo? Por que custava tanto a morrer este desgraçado Pedro Ivanovitch? Tinha, porém, absoluta certeza de que ainda estivesse vivo? Quem saberia dizer se já não havia passado os umbrais da existência terrena e meu Espírito é que teimava em não abandonar o corpo? Iria enlouquecer depois de *morto*? Repentinamente, fez-me volver à realidade o ruflo de asas que se aproximaram, e então vi algumas gaivotas passarem cerces à minha fronte...

Sentia-me enregelado e prestes a sucumbir de inanição e fadiga, quando pressenti algumas pedras por baixo dos pés, e, pouco distante de mim, um vulto granítico, que emergia das ondas, tisnando a alvura lirial das brumas oceânicas.

Cobrei novo alento e comecei a bracejar com algum vigor, vendo realmente um ilhéu que estava quase ao alcance das mãos, próximo de grande penedo, que, até então, não tinha avistado. Com um impulso violento, abeirei-me da ilhota, abracei-me a uma pedra pontiaguda que nela existe, e, por alguns momentos, conservei-me nessa posição, qual cristão unido ao símbolo da redenção humana – a cruz – sentindo-me seguido pelas vagas, como se fossem patrulhas de Deus, ao encalço do fugitivo, zelosas do prisioneiro que tentava evadir-se...

Após algum tempo, pude galgar uma elevação de terreno e estirar-me sobre seixos que me magoavam as carnes e, nesse leito de suplício, exausto da refrega, fui presa de súbita vertigem que, talvez, durasse horas... Quando dei acordo de mim, a neblina já se havia diluído e os últimos flocos bailavam nos píncaros de uma serrania, não longe do local em que me achava. O sol, embora sem intensidade, aquecera-me, fazendo o sangue circular nas artérias. Uma sensação de cansaço e de fraqueza me advertiu de que precisava alimentar-me. Recordei que trouxera à cinta alguns alimentos. A custo desprendi-a dos flancos e, depois de ingerida a conserva, sorvi, a tragos lentos, todo o conteúdo do frasco, um velho moscatel, um verdadeiro néctar auri-rubro. Senti-me reanimado.

Comecei a conjeturar, a fim de sair daquela penosa situação. Ameaçava-me a fome e a sede, se ali permanecesse.

A grande ilha com que defrontava, próxima àquela em que me via, era, certamente, uma das anglo-normandas e urgia atingi-la. Conhecia-a, pois já a tinha visto, numa de minhas viagens a portos ingleses ou irlandeses.

Atirei-me de novo às águas e, dentro de poucos minutos, transpus a distância que me separava da ilha, que me dissestes ser a de J...

Estirei-me no solo, à beira-mar, porque sentia o corpo contundido, como que chagado pela ação de um pelourinho cruel e incessante. Passaram-se horas.

Novamente me torturou a fome.

A fome, que coisa dolorosa e inexprimível! Quando alguém, no momento em que estamos saciados por suculentos acepipes, nos estende a mão descarnada solicitando socorro, com voz lamurienta, dizendo que, nesse dia, ainda se não alimentou, não queremos ouvir-lhe a exposição dos infortúnios e lhe atiramos, com indiferença, uma pequena moeda, para que siga seu caminho semeado de abrolhos.

Não compreendemos o que sofre o infeliz; não nos compenetramos da sua desdita, ao tormento por que está passando; achamo-lo enfadonho e exagerado; é mister ter ficado sem alimento por muitas horas a fio, por muitos dias, para saber o que é um organismo devorado por si mesmo, desde que lhe falta o combustível para se movimentar regularmente. Só então me pareceu que, pela primeira vez, *senti* a vitalidade de todas as células do meu corpo, como se fossem milhões de pequeninos seres formando todos os tecidos musculares, tentando desmembrar-se uns dos outros ou se triturarem; as vísceras conflagravam-se no estreito arcabouço do tronco, como se houvessem aumentado consideravelmente de volume, odiando-se como feras vorazes, espreitando-se mutuamente, eriçadas, saídas de seus esconderijos, prestes a atacar para se esfacelarem reciprocamente, e de todas elas a que mais rugia era o coração, torturado e túmido de lágrimas, que me não afluíram aos olhos...

A garganta estava abrasada, a língua saburrosa, sem saliva para a lubrificar... Mas *eu* fora aniquilado pela matéria unicamente; já não tentava reagir contra as dores que me mortificavam interna e externamente; julgava estar sendo azorragado dentro e fora do corpo, numa flagelação ininterrupta... Se fechava os olhos, tentando adormecer, parecia-me estar sendo arrastado pelas pedras, por perverso ser invisível, que me despertava brutalmente, como quando criança, tal qual os repelões de André; e tinha a impressão de que alguém ia arrojar-me da rocha ao mar, impiedosamente. Acordava abalado por um calafrio que me fazia rilhar os dentes. Era a segunda noite que passava no rochedo. Apenas de orvalho umedecera a língua.

Estive quase sempre completamente desperto, mas delirando sem cessar; só ao alvorecer senti aplacar-se um pouco o meu tormento. Sentia-me sem energia para me conservar de pé, faltando-me a precisa coragem para pesquisar esta ilha ou pedir auxílio a qualquer ente humano, pois de mim se apoderava um contínuo receio de ser reconhecido, preso e levado à presença de Peterhoff ou de um tribunal. Mais aliviado, porém, do sofrimento que me assediara durante a noite, pus-me em movimento, como as crianças que não sabem andar, ora roçando as pedras, ora firmando-me na palma das mãos.

Devia estar hediondo: os cabelos, impregnados d'água marinha e limo, estavam emaranhados e terrosos, como os de um defunto há muito sepulto; meu fato, qual vedes, estava já repugnante, fizera-se em rasgões por onde minhas carnes se dilaceravam nas arestas pedregosas em que me rojava: era um sáurio gatinhando por alcantis, sedento e faminto, com a língua a pender da boca, como a dos enforcados...

Encontrei, depois de algum tempo de doloroso trajeto, alguns vegetais num verdadeiro oásis mais além, e pus-me a devorar as folhas tenras, um pouco aciduladas.

Julguei fossem nocivas à saúde; mas que me importaria a vida se me extinguisse assim, involuntariamente? Que coisa poderia reter-me à Terra, sem família, sem teto, sem nome, abandonado até pelos Invisíveis que me haviam prometido auxílio e proteção nos momentos mais acerbos da prova? Por que não procurar a morte – fendendo o crânio ardente nas lajes pelas quais me arrastava, ou me deixando rolar até o oceano? Haveria crime em pôr termo à miserável existência, eu que estava perdido para a sociedade, dilacerado de fome, de sede, de ódio, de desesperança? Já estivestes em circunstâncias assim, igual à minha, senhor? Não! Que ventura a vossa! Que era eu então? O maior dos desventurados.

Eu que usava o nome de um morto – nome que dignifiquei por meio de honrado labor – via-me expulso do mundo, morto para a felicidade terrena, e, no entanto, a vida não me abandonara ainda: era um corpo sem nome, um desgraçado anônimo, um náufrago que não podia bradar por socorro, um cadáver insepulto que tinha fome e sede, receava um patíbulo, era, enfim, a dor que se personificara em cima de um penedo para simbolizar, eternamente, todos os sofrimentos morais e físicos, no percurso dos séculos, no percurso de toda a humanidade!

O padecimento que dizem suportar os entes que se acham fartos, num lar confortável ao abrigo das intempéries, por mais pungente que seja, não é nem arremedo, sequer, do que sofri durante noites e dias intérminos, nestes rochedos que, muitas vezes, me pareceram ter traçada a legenda do *Inferno*, de Dante Alighieri: *"Lasciate ogni speranza ó voi ch'entrate!"*.

Por que me abandonara o abade, depois que me orientara a nadar para Este? pois que reconheci o timbre da sua voz amiga, quando lutava contra as ondas. Desobedecera-lhe eu nalguma ordem, sem o saber? Ignorava ele que não tentara contra a minha existência, mas que fugira ao crime, ao vexame, à ignomínia, quando me evadira do *Devoir*?

Pensando em tudo o que me flagelava a mente, quis chorar e as lágrimas não me afluíram aos olhos: é que tinham sido absorvidas, como o orvalho que caísse em placa metálica incandescente – apenas fiz um esgar, certamente horrível, pois todos as músculos faciais foram contraídos num ríctus de loucura... Uma gargalhada escarninha – a mesma que ouvira diversas vezes, até de envolta com o rumor das vagas – vibrou a meus ouvidos, motejando da minha dor, por me ver em tão aviltante conjuntura, transformado em herbívoro, quadrúpede, verdadeiro muar, mas com uma alma sensibilíssima, estuando de sofrimento inconcebível!

Seria ainda André, ou a própria rocha que estava zombando da minha dor? Como seria suave a morte ou a demência naqueles acerbos instantes!

Pouco a pouco, a serenidade de que carecia, para não cometer um ato de desatino, me voltou à mente...

Fitei o nascente róseo como um dossel de gazes nacaradas, e era tão belo que esqueci, por momentos, as minhas agonias e infortúnios, alçando, então, a alma a Deus, em prece muda e vibrante. A risada mefistofélica, que não cessara de ouvir, estrídula e sarcástica, transformou-se bruscamente em prolongado gemido, que decrescia gradativamente, como sucede quando se chocam nos ares duas nuvens plenas de eletricidade, produzindo um surdo clangor, que é repercutido em todas as outras, e depois vai diminuindo, diminuindo, nas mais longínquas, de segundo a segundo, parecendo arrastada pelo Espaço uma carreta de guerra, cheia de canhões que se entrechocam; mas, como se afasta velozmente, o seu ruído vai sendo cada vez menor, até que desaparece de todo...

Houve um colapso em todo o meu ser. Recostei-me a uma laje, semicerrei as pálpebras e, então, ouvi este transcendente monólogo, que ecoou docemente na minha alma, qual cicio dulcíssimo da viração:

'– Aceitai a batalha como a procurastes e dela tínheis precisão, Pedro Ivanovitch! Estais em momento de transição redentora, de transfiguração anímica, remindo tremenda dívida do passado, de quando éreis temido e sanguinário déspota, que ordenava açoitassem míseros prisioneiros em atroz pelourinho, arrojassem outros às ondas, dos píncaros de alcantiladas rochas, encerrados em bolsas de couro; decretáveis a reclusão de outros desventurados em infectas masmorras, até que expirassem exânimes, mas que tais desgraçados dilaceravam antes as próprias carnes para sugarem o sangue das artérias, a fim de lhes abrandar a ardência das gargantas afogueadas...

Vosso Espírito, que já tem progredido em séculos de amarguras, foi quem escolheu esta prova dolorosíssima, porém a única reabilitadora... Abandonai, pois, os pensamentos de rancor e de vingança; humilhai-vos e submetei-vos à Justiça divina, que tendes evocado várias vezes e à qual vos entregastes; preparai vosso coração para perdoar aos vossos adversários – André e Peterhoff – vítimas da vossa perversidade de outrora, que as fizestes aos milhares.

Muitas vezes vosso sono tem sido perturbado pelos gemidos desses infelizes, os que ainda não vos perdoaram, e só deles vos libertareis por meio da lágrima, da humildade, da resignação... Sônia, um de vossos comparsas de delitos hediondos, é agora venturosa, pois terminou há pouco uma série de pungentíssimas expiações, e ainda a vereis mais bela e mais cândida que em sua infância. Coragem! Sus! Abri vossa alma à luz que desce em catadupas do Espaço até vós, Pedro!

Não desespereis! Sede valoroso e fazei uma rogativa pelo desditoso que zomba da vossa agonia, aquele a quem arrancastes a vida em mais de uma existência – André – para que sua alma se inunde de comiseração por vossos padecimentos, o qual acaba de ser retirado de vossa presença. Pensai nele sem ressentimento, para que possais usar para com o infeliz a caridade suprema – perdão – de que tendes também necessidade... Ele ouvirá vossos pensamentos impregnados de amor fraternal, sensibilizar-se-á por vossa prova de generosidade e mais tarde será aliado à vossa própria família, será amado pelos que adorais, terminando assim, para todo o sempre, a animosidade que existe entre ambos. O amor esmagará a hidra do ódio. A luz vencerá as trevas. Vamos, meu irmão, formulai a imprecação que, há muito, vosso Espírito já devia ter improvisado!'

Sentia-me aniquilar, mas, bruscamente, como que revigorado por um eflúvio celeste, fiquei genuflexo, olhar fixo no Levante de eloendro e ouro, suplicando ao Criador do universo coragem para sair triunfante da prova decisiva que me fora imposta por Ele, a fim de ressarcir crimes abomináveis, e que tivesse misericórdia para com o desventurado André, fazendo que eu olvidasse os tormentos que a mim infligira, e assim pudesse perdoar-lhe...

Talvez tenha ficado em êxtase, senhor, pois me ajoelhara sobre calhaus agudos, que me lancearam as carnes, tingindo-as com o meu sangue, e não senti mágoa nenhuma senão quando despertei, parecendo que fora metamorfoseado em pedra, estátua de Ájax – depois de vencido e impotente em sua cólera contra o céu – transformado em rocha como aquela em que me acho: – este Gólgota ignorado pela humanidade, no qual minh'alma, sequestrada em corpo semidilacerado, sorveu até as fezes a taça de amargor..."

IV

"Desde esse dia, senhor – e já decorreu um mês que se passou comigo o que vos acabo de revelar – notei que grande mutação ou revolução salutar se estava operando em meu íntimo. Já não tinha acessos de cólera. Uma resignação comparável à dos primeiros mártires do Cristianismo me adejou n'alma. Comecei a alimentar-me do suco de plantas que encontrava, de algumas ostras que apareciam na base dos rochedos meio submersos pelo mar, e sugava algumas gotas d'água que, por uma fenda aberta numa dessas grandes moles de pedra, fluem como lágrimas, que eu recebia na língua ressequida e, muitas vezes, enquanto as sorvia, tinha a impressão de que o granito também chora, por uma dor ignota, de que só Deus pode ter ciência; e ao passo que minhas lágrimas iam secando, absorvidas pela carne faminta, ele me ofertava as suas... Não é essa linfa proveniente de um manancial. Tem origem nas terras silicosas mais próximas às muralhas de granito: a umidade é concentrada, não tem passagem nas pedras, é represada e filtrada e, por fim, sai pela primeira frincha que lhe dá passagem. Se deixar de chover, por alguns dias, não produzirá a fonte factícia nem mais uma gota de líquido. Era essa a minha ideia fixa, vendo a *Fonte das lágrimas*, como a batizara, ir diminuindo dia a dia durante uma quinzena de canícula... À noite acolhia-me a uma pequena gruta onde mal me podia conservar de pé. Fiz-me asceta, dominado por um poder estranho. Pareceu-me que o organismo e o Espírito se aquietaram, saciados, enfraquecidos, mas convalescentes, em condições de restabelecimento.

Ficava, horas intérminas, do alvorecer à noite, sentado em uma laje, rememorando a existência desde o início, e, por vezes, julgava que o pensamento recuava séculos, numa evocação retrospectiva. Então, um estremecimento me sacudiu as carnes: tinha pavor de mim mesmo! Já não era mais o ser de outrora, quando pensava que era a vítima da injustiça social, dizendo no íntimo este pungente monólogo:

– Sempre me compadeci do sofrimento humano e só encontrei hostilidades, com raras exceções; nasci para ser bom e honesto e me tornaram um criminoso; humilhei-me ante os mais aviltantes insultos e só me revoltei quando vi que ia ser torturada a mais compassiva e nobre criatura que conheci – Sônia Peterhoff; suportei os vexames e as afrontas assacadas à minha dignidade, e só me exaltei para punir o ofensor do ídolo de minha adoração; procurei instruir-me, iluminar o Espírito com o farol da Ciência e tive de ocultar de todos o tesouro que possuo, como se fora usurpado a outrem; esforcei-me por ser digno da afeição do abade Francisco, e como é que, sem premeditação, querendo fugir ao abismo, neste me arrojei, inopinadamente? Que gênio do mal se apoderou de mim no momento em que embebi no coração de André uma arma ferina?

Ai! senhor, até então eu assim pensava, convicto de que a perversidade humana concorrera para minha perdição; depois, porém, que o bondoso Invisível dissera que todos os meus sofrimentos eram produto de minhas indignidades perpetradas em existências tenebrosas, compreendi a integridade da Justiça divina, achei suaves todas as dores que me haviam ferido e curvei-me perante Deus e a humanidade... Nunca, até vir parar nesta geena, tinha tido sincero arrependimento por haver praticado um homicídio e só me flagelava o coração o remorso de ter feito uma vítima querida – Sônia, a mártir que me perdoara e morrera pronunciando o meu nome poluto; mas, desde que ouvi aquele doloroso gemido, como que partido das entranhas da Terra, houve uma completa evolução em minh'alma: arrependi-me de não ter sido mais espezinhado em casa dos Peterhoff: de não haver sofrido com mais resignação todas as amarguras, porque comecei a perceber que, em nossa vida, nos lances dramáticos e excruciantes que sucedem no seu decorrer, há o que quer que seja de indomável, de esmagador, de invencível, que constitui a punição do Alto, reconhecendo que é a Justiça de Deus que se manifesta com luminosidade, quando a engrenagem da dor nos apanha pelas vestes rotas e, então, tritura, não os músculos e os ossos, mas o Espírito, a fim de que se depure, se transforme, progrida, torne-se imaculado e alvo, qual floco de neve... A própria situação, em que me achava, obedecia a um plano deífico: via-me, pelos pedrouços, sem nenhum grilhão visível, mas sentia-me prisioneiro, eternamente, nestas muralhas graníticas...

Que força estranha aqui me acorrentava?

Por que não procurava a convivência dos homens? Para que fugira às leis sociais? Não seria preferível o cárcere, o vilipêndio, todos os tormentos, do que ter as vísceras devastadas por chamas incessantes?

Quando um princípio de revolta ia germinando em meu ádito, cuidava ouvir, trazidas pelas auras, estas palavras:

'– Ainda não terminaste a reabilitação de muitos flagícios perpetrados na Antiguidade, contra os imolados pela tua prepotência, Pedro!'

Uma vez, interroguei com voz trêmula o Invisível:

– Foi, realmente, André Peterhoff uma das vítimas sacrificadas por minha perversidade, nos tempos idos?

– Sim. É mister esqueças o que ele te fez padecer, pois já o supliciaste barbaramente outrora!

– Tenho profunda compunção por haver delinquido, tirando-lhe a vida; arrependo-me por não ter sofrido com mais resignação as afrontas que me fez, mas ainda me lembro do quanto padeceu a querida Sônia e sinto que ainda não perdoo de coração, que ainda não posso orar por ele com sinceridade...

Calou-se o ser imaterial. Senti-me abandonado e, nesse dia, minha tortura recrudesceu. A *Fonte das lágrimas*, após alguns dias de estiada, secara por completo. Um descoroçoamento invencível me empolgou de todo. Deixei-me ficar onde estava, estirado num leito de lajes, e, como estava alvorecendo, por vezes encostava a língua às pedras para sugar algumas gotas de orvalho. Bruscamente, tive um abalo nervoso e fui impelido a descer à praia. Sobre a areia que parecia pulverizada de prata, tão alva era, encontrei um grande caramujo, o mais belo que meus olhos já contemplaram. Parecia lavorado por egrégio escultor, níveo qual o alabastro, com alguns veios róseos, com incrustações de nácar, formando estrias e volutas graciosas. Um pensamento me absorveu por completo: como é que repugnante molusco, hórrido e sem um membro apreciável, pode aprender escultura, só comparável à dos grandes mestres? E elevei o olhar para o céu e exclamei:

— Deus, Artista supremo e inimitável, cuja sapiência admiro e exalço com alma fremente e ajoelhada, assim como não vos esqueceis dos mais obscuros e ínfimos seres, concedendo a todos um átomo da vossa inteligência inesgotável, lembrai-vos também de mim, deste infortunado Pedro Ivanovitch, e dai-me uma só fagulha do vosso amor, a fim de que, esculpido o meu Espírito pelo cinzel da dor, possa ele ser digno de vós, tornar-se mais belo do que esta primorosa concha, que jamais meus olhos se fatigarão de contemplar!

Repentinamente, fui acometido de passageiro delíquio, pois desde a véspera não me alimentara... Começaram a torturar-me sede e fome indizíveis, com uma recrudescência espantosa. Com uma lasca pontiaguda de sílex consegui retirar da concha univalve e formosa o seu hediondo e repulsivo enclausurado, desejando ingeri-lo.

Pareceu-me ter retrocedido ao período terciário, estar transformado em troglodita dos tempos pré-históricos, quando todas as criaturas humanas, sem teto, sem nutrição, saciavam os corpos descomunais triturando, crus, os moluscos e talvez os vermes...

Um desconforto indomável me dominou; não tive ânimo de consumar meu sacrifício, quando senti nos lábios o contato frio e viscoso do hórrido animálculo, e fui atacado por uma ânsia convulsiva, supondo, por momentos, que fosse expelir pela boca todas as vísceras ardentes...

Estive assim, por algum tempo, em verdadeiro e indescritível flagelo; quando as vascas cederam, lavei cuidadosamente a maravilhosa obra-prima e sorvi algumas gotas d'água marinha.

A sede aumentou, tornou-se intensa e intolerável.

Comecei a rastejar pelas fendas do penedo em busca de asilo ou de qualquer nutrimento. Nesse dia deparei com a caverna que se tornou em habitação para mim.

Tornei-me, desde então, um homem primitivo. Tendo por moradia uma brenha, que se acha naquela mole, acolá, pouco distante, e que não tem dois metros de profundidade nem de altura, mas pode acomodar um homem melhor que as celas das antigas masmorras... as que, certamente, em prístinas eras, mandei construir para tormento dos semelhantes! Essa ideia me perseguia com insistência.

Em uma das cavidades existentes na gruta, contendo terra alagadiça – um alegrete em miniatura – medraram alguns cogumelos, que devorei em poucos segundos.

A sede, porém, exacerbou-se sensivelmente.

Era um flagelo indizível a me devastar os órgãos internos. Estirei-me no solo saibroso que, certamente, talvez no período de transição, fosse coberto de águas marinhas, e pensei que houvesse soado, para mim, o extremo instante. Comecei a delirar novamente. Houve um momento em que me pareceu ver surgir, à entrada da caverna, um vulto feminino de roupagem alvinitente, e tive a intuição de ver a amada Sônia, baixada do Céu onde se achava, para me cerrar as pálpebras para sempre...

Senti por ela a mesma veneração que sempre consagrei à Mãe do Nazareno.

Seria incapaz de tocar-lhe, sequer com os lábios. Inaudita alegria – mesclada, entretanto, de incoercível angústia, devido à minha penosa situação – inundou minh'alma: podia, enfim, ter a meu lado a formosa e imaculada criatura que adorava desde a infância, sem ter que recear o *knout* de André, o ódio de Peterhoff! Era a felicidade suprema que o Onipotente me reservara para lenir meus derradeiros instantes de agonia... Podia, pois, morrer envolto na clâmide dessa ventura, que, por ser demasiada para o pobre pária que sou, nem ousara sonhá-la...

Não me banhavam a face macerada torrentes de lágrimas jubilosas, qual Jordão purificador, porque o organismo já não as produzia – consumido pela febre e parecendo arder em pira inextinguível, que ia aos poucos me crestando as carnes...

– És tu, enfim, querida Sônia? Vê quanto padeço! Roga a Deus que abrevie o meu martírio!

– Pobre e desventurado amigo! – ouvi, então, como se fora um cicio de brisa. Por que prolongas teu suplício não perdoando aos adversários?

– Já não os abomino, Sônia; somente agora sinto pungir-me o remorso de haver ceifado a vida de André; mas meu sofrimento é tão intenso que meus lábios e meu coração só lhes perdoariam sinceramente, se me dessem um copo d'água pura, não igual a que bebi hoje e mais me avivou os tormentos da sede... Como é inútil para mim o oceano, Sônia, de vez que, perto dele, não posso mitigar a tortura que padeço! Morro de sede junto dessa infinita massa d'água, que daria para saciar milhões de exércitos humanos! É o suplício de tântalo que me atormenta, Sônia!

'Por que não fêz o Criador – previdente em todas as maravilhas que elaborou – os mares com a linfa igual à dos rios, à dos regatos?'

– Não é o teu corpo que está sequioso, Pedro; é a tua alma que se acha ávida do perdão divino: do perdão que aplacará a tua sede secular e vivificará a tua alma, tornando-a invencível! Esquece, pois, todos os sofrimentos originados pela crueldade dos nossos semelhantes, e a misericórdia celestial balsamizará todas as tuas dores físicas e psíquicas!

– Dá-me uma gota d'água, querida Sônia, e a tudo me submeterei, humildemente! Por Deus, eu to suplico, Sônia! Dize-me, porém, antes, se já estou ou não irremediavelmente perdido, se ainda não morri e não estou sendo atormentado nas geenas, por todo o sempre, por uma coorte de Satanases!...

– Teu Espírito ainda está unido à matéria, desventurado Pedro! Hás de ainda ser feliz, imensamente feliz, pois o Criador não pune os precitos eternamente, como pensas!

'Dize-me se perdoarás, no íntimo d'alma, a todos os que concorreram para que se cumprisse a Justiça divina.'

– Sim, se Ele me conceder umas gotas d'água que abrandem as chamas que me devastam as vísceras...

– Tu as negastes outrora, Pedro, às vítimas da tua prepotência; mas o Onipotente, que é a suprema generosidade, vai aplacar tua sede... Promete, porém, perdoar a André e a todos os teus adversários, dos quais conseguirás libertar-te por toda a eternidade, se seguires os meus alvitres.

— Já não abomino a quem quer que seja, Sônia; sou um vencido, um miserável farrapo humano e tudo farei para merecer a misericórdia celestial.

— Está quase finda a tua expiação, meu pobre amigo: não desfaleças nos momentos decisivos! Abre a tua alma à luz do arrependimento e do perdão; reconcilia-te com os que te causaram fundos e cruéis sofrimentos, orando por todos os que te magoaram, e a bênção do eterno descerá sobre tua fronte, como um halo tecido de raios estelares, cicatrizando as chagas feitas no teu sensível coração... Eu e tu, Pedro, praticamos outrora delitos hediondos; por isso, há séculos, para resgatá-los, temos padecido em comum, e separados, as mais cruciantes dores. Nossa afeição profunda e recíproca não teve origem nesta última existência, perdura em nosso Espírito há talvez um milênio e, por isso, quando sob o mesmo teto, em condições bem diversas, nos reconhecemos, quanto te amei em segredo e como compreendia a pureza e intensidade do teu afeto, sentindo que ele era tanto mais veemente, quanto mais me esforçava por esmagá-lo no coração, ávido do teu amor!

'Não mais lembremos, porém, o passado angustioso, e, sim, o presente: prepara o teu Espírito para receber o perdão divino, o resgate de todas as tuas iniquidades... Tu te entregaste à Justiça do sumo Árbitro do universo e Ele quer a tua alma pura como a açucena, para nela fazer incidir um fulgor inextinguível, que é o apanágio e o troféu de conquista dos evoluídos...'

— Obrigado, Sônia querida! Vieste trazer um raio de sol ao aljube em que padeço suplícios dantescos! Bendito sejas, piedoso arcanjo! Quanto me sinto venturoso por conseguir, enfim, pela primeira vez, poder confabular santamente contigo, sem constrangimentos, sem temer o azorrague dos teus parentes revoltados contra o mísero Pedro Ivanovitch!

'Agora, teu pai é Deus e esse Pai não impedirá tua compaixão por mim...

'Como o eterno é bom e magnânimo, em haver permitido te aproximasses de mim nesta hora de inaudita amargura e recordasses a nossa imaculada afeição!'

– Sim, Ele é a generosidade incomparável do universo, mas, para conquistarmos a ventura que nossos espíritos anelam, há muito – uma indissolúvel e fraternal aliança – é mister os tenhamos acendrados pelas lágrimas, pela virtude, sem nódoa a mareá-los, a fim de que o galardão seja adquirido por mérito e não por graça parcial e injusta...

– Obrigado por essas palavras que me fazem aspirar à felicidade, a mim que me julgava, há muito, sofrendo perpetuamente as torturas do averno... Vê, porém, quanto sofro ainda, minha adorada companheira de infância! Que coisa horrível a sede, minha Sônia!

– Bem o sei; mas é que já a infligiste a centenas de criaturas, meu amigo... Vê como é reta e perfeita a Justiça celeste: jamais fere os inocentes! Mas, adormece, Pedro: velarei por ti, suavizando os teus cilícios, até os derradeiros instantes desta existência. Já achei o repouso e tu o encontrarás também. Perdoa-me ter-te recordado páginas sombrias do passado criminoso, para que pudesses compreender a inteireza das Leis divinas. O Onipotente vai mitigar tua dupla sede: a da alma e a do corpo!

Mais alguns dias de expiação e estarás livre, porque és o calceta do Senhor. Já te eximiste da alçada dos códigos humanos. Bastas vezes, no decorrer de várias encarnações, quando eras déspota poderoso e vivias em palácios reais, esquecido da dor alheia, não sabias refrigerar, mas agravar a sede do nosso semelhante... No entanto, agora, és mais venturoso tendo por leito pedras, do que antigamente reclinado em coxins de púrpura, porque já te estás aproximando do Sempiterno... Em breve poderás procurar o convívio dos homens... que te não farão mais nenhum mal...

Estás quase liberto, Pedro. Dorme, agora. Repousa, meu irmão...'

Estaria delirando? Seria, realmente, a idolatrada Sônia que – à força de venerá-la nem ousara evocar-lhe o nome em dias de tribulações – baixando do Firmamento constelado, viera confortar-me, incutindo-me n'alma esperanças imperecíveis?"

V

"Adormeci, após a visão consoladora... Quantas horas estive alheio à vida? Não vo-lo sei dizer.

Deixei de padecer: por algumas horas o Espírito despregou-se do seu ínfimo cárcere carnal e este, então, entrou em descanso; ficou em inércia tão absoluta, quase como a que empolga os mortos. Parecia-me ter esvaído para sempre, restando apenas a sensação de haverem pousado, sobre minha fronte gélida, duas mãos de pelúcia ou duas asas de arminho, sutilíssimas...

Quando despertei, ao entardecer, agitava a natureza uma procela apavorante. O oceano avolumara-se, arqueara o espinhaço qual pantera enraivecida e ameaçadora diante de contendor vigoroso; saíra do seu eterno calabouço e avançara até os rochedos, como se sobre estes precipitassem exércitos líquidos, alucinados, bramidores...

Supus fosse assistir a uma guerra formidável, uma conflagração mundial dos elementos esparsos no Cosmos, movida pelo próprio Deus para que se aquilatasse qual a potência mais temível – a da água, móvel, crespa, atroadora, avassaladora; ou a da pedra, impassível, queda, rígida... Os vendavais, como Napoleão do Infinito, marechais supremos, entraram na batalha deslocando nuvens prenhes de chuva e eletricidade, que se arremessavam umas às outras com o ruído clangoroso de metralhadoras titânicas! Soerguendo, a custo, a cabeça, pude enxergar o céu transformado em escombros, em abismos negros, como que desmantelado, derruído, onde nimbos sombrios vogavam vertiginosamente – caravelas desarvoradas pilotadas por audazes corsários, sobre as quais tripudiassem as serpentes de fogo dos coriscos, a divisa de suas flâmulas temerárias!

Pouco a pouco fui recobrando a noção da realidade; supus, entretanto, ter vivido um século naquela posição e naquela brenha; lembrei-me da prova tremenda por que estava passando; recordei a aparição que me abrandara as penas, e, quando olhei para a entrada da gruta, aclarada pelo momentâneo clarão de um relâmpago, deparei com o escultural caramujo que encontrara pela manhã, transbordante d'água fresca e hialina... Arrastei-me morosamente até o local em que estava aquela preciosidade netunina, sentindo um como dilaceramento interior ao menor esforço que fazia; tomei-a nas mãos febris com voracidade e sorvi o conteúdo de um só trago. Uma frescura balsâmica me desceu da garganta às entranhas, parecendo-me haver ficado repleto de orvalho. O coração e todas as vísceras se acalmaram como por encanto, cessando, por instantes, a tortura orgânica em que me achava até então, durante aquelas infinitas horas em que meu corpo, inerte e quase cadavérico, não perdeu de todo a vida, porque o Espírito ficou a rondá-lo, para que não entrasse em decomposição. Muitas vezes, porém, tive a vaga compreensão do que sucedera; julgava haver decorrido uma dezena de decênios, depois que deixara a convivência dos homens; supunha ter ouvido lancinantes gemidos, como se o penedo em que estava, subitamente vivificado, carpisse de um pesar inconsolável, ou talvez porque eu – o déspota amaldiçoado que, outrora, ceifara miríades de existências humanas! – lhe pesasse no dorso, qual Leviatã monstruoso, ciclópico; ou, então, talvez estivesse reproduzindo o lamento de todas as minhas vítimas, para que eu empreendesse nitidamente o sofrimento que já infligira ao próximo... Revezavam-se, pois, meus padecimentos físicos e morais: quando uns minoravam, outros se agravavam...

Acordei de todo, e, espreitando a natureza convulsionada, tive a impressão de que o mundo estava sendo esfacelado, derrocado, esmagado por potência insuperável, que não poderia ser outra senão a do Altíssimo, chegando, assim, o derradeiro instante para todos os seres da Criação; e no entanto eu, anatematizado e expulso por toda a humanidade, tinha de aguardar por milênios a sentença divina, naquela furna, solitário e desditoso...

Bruscamente me lembrei que, pela manhã, formulara solene promessa: se o céu me enviasse um gole d'água, perdoaria a todos os que me haviam molestado – era a permuta dalgumas gotas de linfa cristalina e frígida por outras de luz – as que se desprendem da alma, quando nos alçamos a Deus para perdoar aos nossos algozes; para que Ele também tenha misericórdia de nós e considere remidos nossos crimes...

Recordei-me de tudo, de todos os meus martírios morais e físicos; de todos os meus dias de inquietação passados no rochedo que ali vedes, e durante os quais em meu Espírito se passou o que quer que fosse de enigmático e inovador, que operou em meu ser profunda e indelével metamorfose, tornando-me outro ser... Em meu imo se implantara infinita ternura por todos os entes da Criação; minh'alma iluminara-se por um clarão interior, desarraigara-se de todos os sentimentos ultrizes e de ódio, e, inesperadamente, julguei que a caverna se enchera de luminosidade luarina, irradiação estelar que partia do meu próprio coração fendido pela dor...

Sustive a concha com ambas as mãos, ergui-a acima da fronte, qual sacerdote na hora de consagrar a eucaristia, e, genuflexo, comecei a orar ao Soberano do universo um lídimo solilóquio do meu Espírito com o que paira acima da Terra, das nuvens, no éter onde fulgem os sóis e as nebulosas; e então, com veemência e humildade, implorei perdão para todos os meus delitos cometidos em transatas existências. Quando recordei André, as lágrimas que há muito me não golfavam dos olhos, afluíram ininterruptamente, deslizando-me pelas faces esmaecidas... E tive uma visão longínqua: a de Jesus no Horto, sorvendo a taça de amaríssimas provas... Estaria esgotada a minha taça? Teria de libar mais fel?

– Perdoa-me, André! – murmurei com tristeza e sinceridade, ressoando lugubremente a voz naquele âmbito de pedras.

'Compadece-te do pobre Pedro Ivanovitch, teu desgraçado companheiro de infância e colégio, que te arrancou a vida num assomo de insânia e tem sofrido muito, muito, resgatando em anos de árduas expiações, que parecem séculos, o seu bárbaro crime...

'Eu também te perdoo, do âmago do meu ser, as dores e injustiças que tu e teu pai me causastes, a fim de que a bênção divina baixe sobre nossas almas, iluminando-as eternamente, e assim possamos, como irmãos queridos, iniciar existências profícuas e ditosas, viver com a consciência ilibada – a maior das venturas da Terra e do Céu!'

Enquanto assim monologava com voz débil, mas com intensa contrição, deixei de ouvir o clamor das ondas, o ribombar dos trovões; enquanto a natureza estava em peleja, em conflito com os furacões, passando-se nos ares fenômenos metereológicos impressionantes, meu Espírito começou a entrar em bonança, sentiu uma irradiação estelar envolvê-lo docemente, e, quando cessei de suplicar ao Altíssimo, ouvi a mesma voz carinhosa que me norteia sempre nos momentos de tribulação:

— Estás liberto, Pedro Ivanovitch!

'Amanhã poderás deixar este ergástulo de sofrimentos!

'Acabas de consumar o ato mais belo e dignificador aos olhos de Deus — perdoar aos ofensores, aos que já te mortificaram, aos que já te arrancaram lágrimas em torrentes fecundas e remissoras!

'Desprenderam-se de teus pulsos algemas incoercíveis que te acorrentavam à dor, que te imantavam a este planeta tenebroso... Enquanto o ódio se lhe enjaula n'alma, o homem se vincula ao mundo dos prantos, afasta-se da Fonte do Bem — que é Deus — condena-se a viver nas trevas, a sofrer duras expiações, embrenha-se nas profundidades do Ilimitado, como aerólito que, desprendido duma estrela, começa a cair vertiginosamente, eternamente, no oceano de éter, do qual só Deus pode sondar a imensurável vastidão...

'No momento em que perdoa, o Espírito susta a sua queda para o caos e começa a ascender à Umbela azul, onde se acham as constelações e o Criador; mergulha na luz, rompe as cadeias que o retinham na Terra, começa a ser norteado para o céu e para as venturas que não fenecem nunca, porque são amalgamadas com o ouro indestrutível da virtude, que tem por corolário a perfeição.

'Estás apto a deixar este planeta ou iniciar uma existência fértil em abnegações, em exemplos edificantes, na qual possas ser um semeador do bem, suster no torvelinho do erro e das iniquidades os réprobos qual foste e norteando-os para o Onisciente. Consumou-se, hoje, uma das tuas mais dolorosas e profícuas expiações. Estás redimido e com o Espírito acrisolado pelo sofrimento. Acabas de obter esplêndido triunfo espiritual, que te dará supremacia sobre todos os teus adversários, cuja animosidade não mais poderá atingir-te.

'Estás liberto, Pedro Ivanovitch...

Repousa, agora, meu filho; teu leito, que é de pedra, vai transformar-se em arminho...'

Calou-se a blandiciosa voz amiga.

Por vezes enchi d'água pluvial a formosa e nívea concha, que, por momentos, tinha fulgurações de diamantes focalizados de sol, sorvendo-a com sofreguidão. Coloquei-a, depois, à entrada da caverna, que estava constantemente iluminada.

De onde lhe viria esse clarão permanente? Dos coriscos, que serpenteavam na amplidão? Do abade Francisco, que eu não via, mas cujo corpo astral devia ter revérberos de astro?

Adormeci, talvez, por mais de um dia. A debilidade em que me achava era quase invencível e, por isso, quando despertei de novo, não tinha noção exata do que se passara, nem forças para me erguer do lugar em que me achava estirado. Que sucedera ultimamente comigo? Sonhara? Confabulara com criaturas imateriais? Estaria livre, qual recordava ter ouvido?

Por que me sentia quase feliz, alma serenada, como se lhe houvessem retirado de cima uma avalanche de proporções descomunais que a esmagasse de muitos séculos?

Dormira apenas, ou estivera em letargia?
Que é que se dissolvera em meu ser?

Com esforço considerável comecei a inteirar-me da presente situação; achava-me quase exausto de forças físicas e mentais, depois daquele prolongado prélio em que lutara contra as ondas, contra a fome e a sede, que, há muito, me devoravam as entranhas; tinha sido tremendo o embate moral travado em meu íntimo e do qual tive a impressão de sair vencedor; não sabia, ao certo, se despertara num abismo, se deixara de existir fisicamente, se meu Espírito estava apenas atrelado a um cadáver de que não poderia separar-se, se o tentasse, ou se fora arrebatado ao Espaço... Parecia-me haver sido distanciado centenas de milhas, de toda a humanidade, que, se a buscasse, ainda me julgaria um celerado; se voltasse ao seu meio, talvez me repelisse de suas habitações confortáveis e não se apiedasse de mim, como não se apieda dos cães famintos...

Eu, porém, não detestava a mais ninguém; sentia infinito enternecimento por todos os infelizes que padecem os rigores do frio e a falta do pão; meu desejo era levantar-me, tomar um cajado e sair de lar em lar, esmolando para repartir com os órfãozinhos, com os enfermos, com os que não têm teto nem vestes para cobrir os corpos esqueléticos... Desejava abandonar os rochedos, mas ainda a eles me achava preso como por uma força estranha à minha vontade.

Subitamente, como não sucedia desde alguns dias, em que me pareceu ter estado com o pensamento fragmentado, carcomido, incinerado, devido ao suplício que me fora aplicado, lembrei-me da pequenina Sônia e da dedicada esposa... Já, certamente, estavam cientes do meu *suicídio*; vi-as, de roupagens negras, soluçantes, muito ao longe, qual visão fugitiva, mas nítida... Era mister renunciar à única, à derradeira ventura que poderia confortar minh'alma chagada – o regresso ao lar, que eu enlutara, para não o ver enlameado por Peterhoff... Não me sentia, porém, desgraçado; algo de dúlcido e inebriante invadiu-me o ser, como se um bálsamo divino se houvesse derramado em todas as minhas profundas úlceras; *senti* que jamais seria atingido pelo rancor leonino de Peterhoff, que desaparecera para sempre no extremo do horizonte, como o *Devoir*, que eu vira mergulhar-se nas sombras noturnas; cessara por completo o gargalhar mefistofélico de André, cuja lembrança, então, me comovia e fazia com que meus olhos se aljofrassem de pranto. Perdoara-lhe? Sim. E ele? Só Deus o sabe... O futuro mo dirá.

Haveis de imaginar, certamente, senhor, que eu tenha sido vítima de contínua alucinação, devido ao excesso de padecimentos orgânicos e mentais por que tenho passado. No entanto, afirmo que, por mais intensos que tenham sido eles, todas as minhas faculdades anímicas estão ilesas.

Eu não estava em delírio quando ouvi, em liça renhida contra as vagas, aquelas assuadas estridentes que quase me ensurdeciam, parecendo o sibilar dos vendavais através das frinchas de muitas janelas de um castelo abandonado... Há quinze anos conheço o oceano, estudo-o, compreendo-o e comparo-o, nas suas revoltas impotentes, ao nosso coração quando ferido por acerbas dores;

mas nunca lhe ouvi rumor igual àquele que me zurzia o cérebro e fazia com que ficassem, eretos no crânio incendido, os cabelos úmidos de salsugem... Quando, depois, escutei aquela voz a me nortear para a direita, reconheci a de um ser amigo. Sobre os penhascos, torturado física e moralmente, sem ânimo nem forças para rastejar até onde vivem os homens, continuei a ouvir o mesmo gargalhar macabro, e, às vezes – não me julgueis um louco! – sentia-me arrastado pelas arestas das pedreiras, por uma potência estranha e incoercível, ficando com as carnes contundidas, gotejando sangue. Outras vezes, quando adormecido por momentos, parecia-me estar sendo puxado sobre o saibro, era despertado rudemente aos repelões, como outrora em casa dos Peterhoff, e, no mesmo instante, compreendia que se havia estabelecido a meu favor uma intervenção celestial; que eram retiradas de meus cabelos mãos crispadas de ódio, e que meu adversário invisível era repelido por benévolo Protetor, certamente o abade, que eu evocava em horas aflitivas. Cessavam então as assuadas, mas ouvia rugidos de cólera, que se afastavam rapidamente, até que se restabelecia o silêncio por completo. Desde que perdoara a André, senti-me calmo, liberto do seu influxo maléfico: ele me perdoara também, certamente, instruído pelos mesmos generosos mentores espirituais, que norteiam todas as almas para o Bem e para a virtude. Estou convicto de que foi em obediência a uma determinação do Alto que fui arrojado a esta rocha, a esta verdadeira Tarpeia de dor e de lágrimas, a fim de ressarcir inomináveis crimes. Não a aborreço, agora, porém, como nos momentos em que me vi só, aqui, esfaimado, sedento, angustiado... Bendigo os sofrimentos aqui experimentados.

Já não sou o mesmo ser de outrora, que execrava os que me mortificavam: houve uma transição radical no meu *Ego*, após os martírios por que hei passado. Depois de ter querido, inúmeras vezes, atentar contra a própria vida, com a ideia fixa de me atirar ao mar, encontrei, finalmente, a paz que ambicionava; guiado por gênios tutelares reconciliei-me com o Juiz supremo, que me votara à dor para resgate de crimes hediondos.

Estou convencido de que, se me houvesse suicidado, meu sofrimento ter-se-ia exacerbado prodigiosamente; foi por meio de preces, de lágrimas, de padecimentos corporais e anímicos inconcebíveis, que consegui obter a misericórdia divina...

Era a luz do perdão celestial que me faltava para que, outrora, fosse venturoso; luz bendita que hoje me ilumina a alma, ainda vestida de carnes maceradas, quase chagadas...

– Estou livre! – eis a frase que meu Espírito repete, e sinto ser uma grande e consoladora verdade! Ainda permaneço, porém, nestes sítios, porque os amo, depois de muito os ter detestado...

'Hoje, vibra em mim um hino incessante – um Hosana! – a Deus, à Suma Justiça. Uma compaixão imensurável por todos os que sofrem! A única amargura que há em meu coração é esta: ter de renunciar à felicidade de contemplar a minha pequenina Sônia; saber que jamais poderei oscular-lhe a bela fronte imaculada!"

VI

"Passaram-se alguns dias após o que vos acabo de relatar.

A *Fonte das lágrimas* começou a manar água suficiente para me mitigar a sede; as rochas, em grande parte submersas nas ondas durante um intenso preamar, assim que houve vazante, me forneceram ostras, com as quais me alimentei alguns dias.

Senti-me um pouco reanimado e, com insistência, pensei abandonar o meu refúgio rupestre. Uma ideia, porém, me preocupava constantemente: como me acolheria a sociedade – da qual ando banido há quase dois meses – quando a buscasse novamente? Acreditaria, ou não, houvesse caído de um navio? Iriam recomeçar meus temores? Uma tarde, tendo-me arrastado para longe da furna, avistei-vos próximo desta rocha em que nos achamos; depois, vós vos sentastes numa laje e vos quedastes em profunda meditação.

Orastes, talvez, em plena natureza, porque houve um momento em que julguei divisar uma alma, um corpo diáfano e nebuloso, em lugar deste que ora contemplo – o material – formado de ossos e de músculos... Como já me habituei a confabular com os imateriais, não me assustei, antes procurei abeirar-me de vós. Tive a inabalável certeza de que sois um Espírito nobre, porque sabeis meditar, isto é, discretear com o céu, com as ondas, com as estrelas, com o Invisível, tal como aprendi a fazê-lo nestes dias inolvidáveis que aqui se escoaram. Vivo a sondar a alma humana, senhor. O homem, para ser conhecido, não deve estar em sociedade, onde aparenta alegria, dor, sentimentos altruísticos, dignidade, caráter, que, às vezes, não possui realmente.

Insulado, porém, sem saber que é observado, a máscara da face mostra-se tal qual é, refletindo-lhe os sentimentos, que são a expressão da realidade: unicamente, então, seu rosto exprime júbilo ou tristeza, que exista, de fato, no seu íntimo.

O egoísta, o usurário, não fixa ponto algum – fica com os olhos semicerrados, abrindo-os apenas para não tropeçar pelos caminhos; não fita o céu senão para verificar se chove ou faz sol; tem a alma concentrada nos bolsos, nas gavetas ou nos Bancos, onde deposita seus haveres; gesticulam quando calculem quanto lhe rendem os capitais; seu Espírito fica aferrolhado na carne, até que esta apodreça e, então, a morte os leva perante o tribunal divino...

O homicida, o celerado, o larápio, o traidor, quando andam, voltam-se constantemente para a retaguarda e para os lados; não levantam o olhar do solo, temendo erguê-lo e defrontar alguma de suas vítimas; quando a sós, as fisionomias tornam-se hediondas; os pensamentos sombrios, que abrem vincos na fronte e se entrechocam no cérebro, como nuvens plenas de relâmpagos, fazem aprumar seus cabelos no crânio ardente; com as mãos crispadas como garras, revolvem a barba ou as comas hirsutas; não sabem meditar, mas cogitar em crimes praticados ou por praticar, de cenho contraído quais víboras no inverno; os punhos estão sempre cerrados, ameaçadores; às vezes estremecem, estatelam os olhos como se estivessem prestes a cair num vórtice, ou como se ouvissem tropel ou gemidos de espectros vingadores...

O homem frívolo, sempre conjeturando deleites mundanos e festivais ruidosos, sorri alvarmente e logo o rosto fica inexpressivo, porque a alma borboleteia pelos salões ou pelos antros em que passa todas as noites; não tem, nunca, o Espírito integral, mas fragmentado, esfacelado – um pedaço em cada lugar de prazer... Olvida Deus e a natureza.

Somente o justo, o observador profundo, o que cumpre austeramente seus deveres, o que tem a consciência reta e sã, possui atitude calma, quase estática, quando se acha isolado. Esquece-se de si mesmo, recorda os entes amados que lhe povoam a alma serena, pensa na humanidade e deseja beneficiá-la; lembra-se de Deus, ama o universo, quer cheio de trevas, quer inundado de sóis; seu olhar, como o de um condor equilibrado no espaço, divaga pela amplidão sidérea, tentando perscrutar os arcanos da Criação...

Conheci, pois, vossos sentimentos, antes de vos falar; não me iludi a vosso respeito, sequer um instante: sabia, antecipadamente, ter encontrado um Espírito nobre, incapaz de uma baixeza, admirador dos prodígios da Criação...

Antes de adquirir esta paz interior, só possuía uma ideia: esperar a vinda de uma criatura humana a estas paragens, e, à vista de quem tem casa, agasalhos, pão à farta, pôr termo à minha existência e ao meu suplício, deixando-me rolar desta rocha Tarpeia ao mar; no entanto, quando deparei convosco, já vencido por um poder divino, submisso às determinações do Alto, senti estranha emoção, as lágrimas se me derivaram dos olhos e escutei a voz dileta dizer-me com insistência:

'Confessa-lhe todo o teu passado! Ele se compadecerá de ti.'

Fui impelido, assim que trocamos as primeiras palavras, a confidenciar-vos todos os episódios da minha atribulada *Via Crucis*, todos os martírios por que hei passado; e agora que o fiz, apelo para os vossos sentimentos generosos: meu aspecto é o de um desenterrado, de um lêmure horripilante; mas não desconheceis a minha dramática existência e, por isso, sabeis quem sou – um malsinado, mas não um bandido – incapaz de vos ofender sequer com um vocábulo insolente, mesmo sabendo que, de posse de todos os meus segredos, fôsseis denunciar-me aos tribunais humanos...

'Não tenho, porventura, padecido mais – sujeito ao aresto divino – do que Edmundo Dantés na fortaleza de If, ou alguém aprisionado nos subterrâneos infectos do castelo de Santo Ângelo?

'Dizei-me: inspiro-vos ainda pavor e repulsa, como quando me vistes? Aguardo vossa sentença, como se me achasse perante austero magistrado e fosse – como realmente sou – um réu confesso, mas contrito...'

— Quero abraçar-te longamente – respondi-lhe – antes de te proporcionar meus conselhos e meu auxílio!

— Não, meu senhor; devo estar hediondo e sórdido: minhas vestes manchariam as vossas!

— Enganas-te, Pierre; estás belo como jamais vi um ser humano – tu te transformaste a meus olhos, depois da tua dolorosa confissão, tal qual Jesus no Tabor, orando ao Pai celestial, apareceu aos atônitos e maravilhados discípulos...

Não é teu corpo esquálido e enfermo que eu desejo envolver num amplexo, e sim estreitar, de encontro à minha, a tua alma redimida, acendrada nas dores mais pungentes, vestida de luz apenas interceptada pelo ceno corporal!

O infeliz caiu prosternado a meus pés, sem ousar estender-me os braços, tentando oscular-me as mãos, o que não consenti. Inclinando-me para aquele misérrimo ser humano, consumido pelas vigílias e dissabores, beijei-lhe a fronte esmaecida e fria de mármore, afastando-lhe os cabelos hirsutos que, vistos ao lusco-fusco vespertino, me pareceram alvos como flocos de espuma... Chorava o infeliz...

Quando o abracei, meus amigos, estranha emoção fez fremir-me a alma, pressentindo que, a partir daquele instante, forjara-se um elo misterioso ligando o meu destino ao de Pierre... Como? Por quê? Assim que o vi tranquilo, disse-lhe:

– Esta noite não dormirás mais sobre calhaus, pois terás abrigo em meu lar.

– Como caminhar até lá, senhor? Tornei-me quase um réptil, e tão debilitado estou, que, com pouco mais de trinta anos, já pareço um octogenário...

– Vim de charrete, que deixei pouco além do local em que nos achamos; irás, pois, com facilidade.

– Obrigado, senhor. Vossa família está prevenida? Ficará apavorada ao ver-me...

– Vivo isolado, Pierre. Meus filhos – uma menina e um adolescente – estão internados em colégios franceses. Sou viúvo. Os criados, realmente, ficarão amedrontados ao ver-te, mas te receberão fidalgamente, porque assim o quero...

— Obrigado. Seja Deus tão generoso convosco quanto tendes sido comigo! Antes, porém, de partirmos, desejo ouvir vosso conselho amigo...

— Escuta, Pierre, o que tens a fazer: Peterhoff não mais te perseguirá, porque a justiça humana atual não estatui leis contra os mortos e tu já estás morto para ele; não deves, agora, tentar rever tua família, nem regressar à França; mas poderás ser ainda, como até aqui, bom pai e esposo dedicado. Depois de recobrares a saúde, eu te auxiliarei a partires para a América, onde trabalharás ativamente e, sem que tua esposa jamais suspeite de sua procedência, enviar-lhe-ás, como amigo anônimo de Pierre, o fruto do teu labor.

— Agradeço-vos a ideia que me alvitrais. Já havia imaginado partir para a América, onde está o sepulcro de Sônia, e lá mourejar para os entes queridos que se acham na França; mas, além de não possuir recursos pecuniários, sinto-me tão enfraquecido e enfermo que julgo a vida prestes a se me extinguir, agora que suponho resgatados muitos crimes prístinos.

— Enganas-te, Pierre, pois que, se Deus te conservou a existência após tantos sofrimentos corporais e psíquicos, é para viveres ainda longamente!

— Não, vós é que vos enganais. Ordenaram-me confessasse todas as tristes peripécias de minha existência para que a dolorosa história do desventurado Pedro Ivanovitch fosse conhecida e servisse de salutar exemplo aos que delinquem... Sônia não me disse que os homens não mais me perseguiriam, e que estou liberto, talvez para sempre? É a do corpo ou da alma, a liberdade que conquistei à custa de lágrimas de sangue?

— É para que se inicie uma outra era, talvez florida de róseas alegrias, em tua existência...

— Quem me fará venturoso, senhor, longe dos entes idolatrados, que infelicitei e me prendem o coração à vossa pátria?

— Queres viver aqui, administrando o que possuo, a fim de que possas mandar vir tua família?

— Oh! Seria a felicidade para mim, semelhante situação, mas isso é irrealizável... Sabeis por que, senhor? Não tenho o direito de fruir tão grande ventura, eu, que tenho perturbado corações, semeando dissabores e lágrimas!

'A esta hora, Catarina está coberta de luto e, se soubesse que ainda existo, enlouqueceria ou, em sua mente, medraria uma suspeita deprimente a meu respeito, fazendo-a duvidar da minha probidade, ela que, até hoje, me julga merecedor da sua pura afeição... Não posso, pois, aparecer-lhe mais, nem lhe escrever, porque, se o fizesse, seria forçado a declarar a verdade, a relatar-lhe meus erros e meu crime e, então, vendo ela o nosso nome para sempre desdourado, sentir-se-ia desditosa; seu afeto por mim talvez fenecesse e eu não deveria consentir que nossa adorada filhinha – anjo de candura e beleza! – me osculasse a mão poluta de homicida e trânsfuga... Seria demasiado suplício, para meu coração, assistir à derrocada da minha única felicidade terrena, na impotência de sustê-la...

'Para evitar essa deplorável situação, prefiro o desterro, os maiores tormentos morais, a saudade esmagadora que me punge desde que saí do Havre! Renuncio, pois, ao derradeiro raio de ventura que a vossa magnanimidade fez baixar à minh'alma... Estou resolvido a partir para a América.

— És severo em demasia para contigo, Pierre. Se tua esposa conhecesse, como eu, a tua vida, talvez sua afeição aumentasse... Não te lembres mais do passado e encara com estoicismo a tua atual posição. O essencial é recobrares a saúde profundamente abalada por penosíssimos reveses, que deixaram vestígios patentes no teu organismo.

— Dizei-me, senhor, se estais convencido de que eu vos falei a verdade...

— Sim, tua narração é verdadeira, pois quem descreve os sentimentos qual o fizeste, deve possuir sinceridade e coração generoso; o bandido ou o hipócrita não sabem descrevê-los como o justo: tu me confessaste lealmente todos os transes da tua amargurada existência. Acolho-te em meu lar, sem receio de o fazer, e, assim fiques curado física e moralmente, partirás para onde te aprouver, e, com labor e economia, poderás adquirir um pecúlio para a encantadora Sônia, que, quando dele tiver ciência, julgará receber uma dádiva do Céu. Irei levar-lho, Pierre, e dar-te-ei notícias detalhadas da tua família...

— Quanto sois magnânimo! Quando fui impelido a narrar-vos minha vida, sabia, de antemão, que me não repeliríeis, pois foi *ele*, o bom abade Francisco, que me não abandona nunca, quem me aconselhou fazê-lo... Os *mortos* leem melhor nossos pensamentos do que os vivos, porque, para eles, as ideias transparecem no cérebro como se este fora de cristal, e aqueles de luz; outras vezes, nossa alma exterioriza-se da matéria e aparece-lhes desnudada, transparente.

Então, todas as nossas máculas e virtudes lhes são patenteadas como, à noite, podemos ver no Espaço, a olhos nus, nimbos escuros e estrelas de ouro líquido que nele emergem, parecendo que o céu tem poros e transuda luz...
— És uma alma excelsa de filósofo e de visionário, Pierre. Agradeço-te, e ao santo abade, o lisonjeiro conceito que de mim fazeis, através dos vossos Espíritos translúcidos. Acompanha-me agora, meu amigo. Arrima-te assim a meu braço direito.
'Desejo que, uma vez repousado, antes de partires cuides do meu jardim, pois já foste cultor de flores...'
— Infelizmente, senhor... Por que não consentis oscule as vossas mãos?
— Porque a gratidão, Pierre, é também um ósculo, mais lúcido — não o recebemos nas mãos, mas na alma... Já me osculaste expressando o teu reconhecimento pelo pouco que fiz por ti, dando-me a conhecer a odisseia da tua existência: meu Espírito já recebeu, pois, o casto beijo da gratidão de Pierre! Não careces beijar a destra que se estende para salvar um náufrago da vida, de quem não espera outra recompensa senão um olhar de Deus através de uma estrela, uma bênção radiosa que desce à fronte como um raio de sol de primavera sobre uma flor...
'Partamos, amigo. Estás liberto, já te disseram desvelados Protetores. O *Rochedo das Lágrimas* — qual chamarei, doravante, a esta pétrea região — vai ficar deserto agora...
— Virei aqui meditar e orar, e — quem sabe? — oscular estas lajes das quais, às vezes, supus ouvir a voz, os gemidos, crendo então, como os holizoístas, que todas as coisas da natureza

são dotadas de alma e vida, para agradecer ao Onipotente todas as redentoras torturas que aqui passei... Parece-me que Jesus ama o Gólgota e eu também quero imitá-lo...

'Aqui, nestas agrestes penedias, quanta luz tem sido joeirada em meu Espírito! Aquela furna de onde me viste sair, rojando-me como bactéria colossal vinda de um sepulcro, já tem para mim o aspecto de um palácio de fadas, porque nela é que me veio ver a idolatrada Sônia, venturosa e vestida de luar; foi nela que recebi o perdão do Criador e os conselhos dos dedicados Invisíveis... Seria bom que lá exalasse o derradeiro suspiro...'

– Não pensemos em coisas lúgubres...

Depois da tua redenção, deves julgar-te ditoso e trabalhar na conquista de um tesouro para um anjo terrestre: – o que está chorando por ti, no Havre!

VII

Era noite cerrada quando chegamos a casa.

A presença de Pierre causou grande pavor aos criados. Ordenei a um deles que lhe desse um fato e o instalasse num aposento onde houvesse todo o necessário à sua higiene e *toilette*. Quando um serviçal lhe foi levar a refeição noturna, tão diverso o achou do que vira pouco antes, que, assombrado, custou a reconhecer aquele que julgara um espectro. Disse-me tê-lo encontrado chorando, o olhar erguido para uma nesga do céu, que aparecia através dos vitrais, qual uma tela de Rembrandt pincelada depois de haverem descoberto a mais bela das tintas, a que não existe na Terra – a tinta de luz, para pintar estrelas! Prantearia de saudade da gruta em que tanto sofrera, vendo ao longe o *Rochedo das Lágrimas*? Ou estaria formulando uma prece? Deus o sabe...

No dia seguinte ao de sua chegada, apareceu-me pela manhã, tão diverso do que era na véspera, que custei acreditar fosse o mesmo ser encontrado nas rochas. Um fato modesto, de lã ultramar, era o seu traje.

Escanhoado, com os cabelos aparados, tendo a palidez de um crucifixo de marfim, a fisionomia perdera o aspecto patibular que lhe surpreendera ao avistá-lo pela primeira vez. Ressumbrava tanta calma, tanta bondade e nobreza de sentimentos, que impressionara agradavelmente a todos quantos o viram. Anoiteceu lagarta e alvoreceu borboleta. Pareceu-me possuir algo de translúcido, como o alabastro; traços delicados de escultura bizantina, que não revelavam um mujique, um homem afeito a trabalhos rudes, mas um idealista, um asceta habituado à contemplação e à prece... Não me surpreendeu, então, que a Sônia Peterhoff houvesse inspirado uma afeição inabalável...

Por alguns dias o deixei repousar e, depois, quando o vi em melhores condições morais, entreguei-lhe o jardim para que o cultivasse, ou, antes, para que tivesse uma distração.

Havia em seu rosto uma expressão de melancolia permanente e uma palidez doentia, que me fizeram recear por sua vida. Interroguei-o, respondeu-me que se sentia apenas debilitado e nada mais.

À tarde ninguém o via. Saía vagarosamente e só regressava em plena escuridão, quando o firmamento cintilava, como em apoteose, ou as sombras já o velavam por completo, envolvendo-o em crepe.

Uma vez o esperei e disse-lhe:

− Não te fatigues, Pierre... O relento do inverno, que começa, pode alterar-te a saúde.

− Oh! senhor, habituei-me não ao relento, mas às intempéries, em mais de meio cento de dias de suplícios...

− Esquece o passado... Faze por equilibrar a saúde!

− Não vos oculto o meu mais íntimo pensamento, meu mais secreto padecer: tenho-me ausentado do vosso lar generoso para voltar ao meu Calvário, para rememorar as amarguras que lá passei, e para agradecer ao Criador a paz de consciência que me concedeu desde então... Ouço o rumorejo das vagas e parece-me que é o coração da Terra, desfeito em lágrimas, que geme e desprende contínuos e eternos queixumes; vejo o Sol mergulhar no ocaso; contemplo as estrelas e procuro adivinhar em qual delas Sônia se acolheu, como um colibri em ninho dourado e rutilante...

'Passo algumas horas deslembrado da vida e, muitas vezes, parece-me que o rochedo, onde tanto sofri, se cobre de neblina, que, subitamente, se transforma em legião de seres incorpóreos, sutis, que me transmitem seus pensamentos; dentre todos destaco o vulto do abade, que se tornou de tessitura de Vésper, vestido de bruma radiosa. Ele palestra comigo, ajoelhado a seus pés, para o ouvir. Às vezes, confundo-o com o Cristo transfigurado sobre o Hermon...

'Oh! quem me dera saber traduzir no imperfeito idioma humano tudo quanto tenho escutado nessas horas de êxtase!

Quer acompanhar-me um dia, senhor? Quem sabe se vereis os meus amigos e compreendereis a sua linguagem sublime, vós, que sois uma alma nobilíssima? É mister, porém, desprender, exteriorizar o Espírito do seu envoltório material, e então vê-los-eis dentre a cerração noturna...'

– Sonhas, Pierre, quando vais ao rochedo...

– Benditos sonhos os meus, senhor! Deixo de sofrer e sou transportado ao céu...

– Um dia irei contigo...

Quando vier a primavera e as noites não forem tão frígidas como as de agora, acompanhar-te-ei até ao *Rochedo das Lágrimas*...

෴

Passaram-se quatro meses que Pierre estava comigo.

Em torno dele surgiram diversas lendas: chamavam-lhe náufrago de um navio fantástico; desconfiavam fosse algum foragido de um paquete, quando levado a um presídio; supunham-no comparsa de algum corsário que, em momento de cólera, ordenara à maruja que o atirasse ao mar; diziam-no algum terrível criminoso que, depois de morto, tivesse novamente voltado ao corpo, que se tornava, dia a dia, mais pálido, quase marfíneo. Espreitavam-no em seus passeios vespertinos e afirmavam que, quando voltava ao rochedo, era de novo transformado em lêmure. Muitos homens rudes dele se afastavam, persignando-se, julgando-o possuidor de algum influxo nefasto.

Só eu sabia a realidade e não o via através de ficções, pois conhecia todos os seus mais escusos sentimentos, e ainda não consentira que partisse para a América, como era seu intento, avisado por secreto augúrio.

Uma tarde, em que o vi sair em demanda do lugar favorito, não fora possível segui-lo, pois me retinham em casa deveres sociais a cumprir: haviam chegado de França alguns compatrícios com os quais eu confabulava amistosamente.

Pela primeira vez, esqueci-me de interrogar os criados se Pierre voltara, como nos outros dias, do passeio vespertino.

Ao erguer-me do leito, na manhã seguinte, soube que ele não regressara ainda...

– Certamente – conjeturei – não se lembrou de tornar a casa, tomado de transporte, como já sucedeu quando habitava os rochedos...

Passou a noite em cogitações transcendentes, fitando o céu estrelado, supondo ver o abade, e Sônia de vestes vaporosas, a seu lado...

Preparei-me para sair, e, em companhia de meus visitantes, partimos cedo, em demanda do local onde pensava encontrar Pierre. O véu das brumas já se havia feito em farrapos sobre as penedias e sobre o mar, que aparecia sereno, cintilante, quase sem ondulações, qual se fora um só imenso bloco de esmeralda, fundido aos raios solares, tornando-se líquido com reflexos de ouro...

Toda a natureza era um – *laus perene* – de absoluta placidez, entoando ao Criador, como o que desprende a alma do justo em momentos de sincera comunhão com as regiões etéreas, e com a própria Divindade...

Chegamos ao lugar desejado e, por algum tempo, fizemos infrutíferas pesquisas...

— Quem sabe se Pierre foi acometido de um acesso de loucura e se atirou ao mar? — imaginei com o coração opresso.

Repentinamente, lembrei-me da caverna em que vi pela vez primeira o infeliz marujo do *Devoir*, que tanta impressão me causara, pois o julguei um facínora, um duende ou um desventurado, tal o aspecto desagradável que apresentava.

Dirigindo-me para a gruta, minha vista foi atraída para um ponto róseo, à sua entrada, como a me impelir àquele sítio um farol de nácar. Ao aproximar-me do limiar da caverna, verifiquei que lá fora plantada uma formosa roseira, na qual desabrocharam duas incomparáveis flores — duas somente, como almas gêmeas — nascidas num só hastil esmeraldino. No solo, junto ao vegetal, uma concha de dimensões anormais, de beleza mágica, parecendo feita de espuma rósea, petrificada.

Ajoelhei-me quase, para retirá-la de sobre a terra orvalhada e, depois, sondando o interior sombrio da lapa, deparou-se-me o cadáver de Pierre, não estirado no solo, mas sentado em uma laje, tombado para trás, com os cabelos prateados completamente revoltos, uma expressão de ventura estampada no rosto lívido, boca descerrada como se tivesse morrido conversando com algum ser invisível, braços pendentes ao longo do corpo, as extremidades dos dedos tocando a nevada areia que cobria o chão...

Sucumbira, certo, à ruptura de um aneurisma, de acordo com a ciência médica; deixara de sofrer, rodeado por amigos diletos, confabulando talvez com o abade Francisco, ou Sônia Peterhoff... Eis o que penso até hoje.

Tinha a placidez dos mártires cristãos gravada em suas nobres feições. Uma intensa emoção me dominou a alma:

estava morto o Pierre! Morto? Não, livre para sempre do ódio de Peterhoff; apto a cindir o Espaço e poder, ao lado de entidades queridas e puras, iniciar missões redentoras, tornar em realidade seus místicos sonhos do Rochedo.

Para que, pois, lamentar a liberdade de quem tanto padecera? Deus, quando faz volver a si um de seus filhos, como Pai extremoso, tem sempre onde o acolher. Muitas vezes, pois, choramos a partida de um ente amado, lastimando a ventura que encontrara alfim, com o término de uma existência fértil em dores e amarguras.

Resignei-me com os desígnios divinos que decretaram tirar do meu humilde domicílio o pobre Pierre para, talvez, lhe dar ingresso em mundo feliz, onde fossem balsamizadas as suas mágoas acerbas.

Com lágrimas nos olhos, inclinei-me para o corpo inanimado e toquei, com as minhas, as suas mãos geladas. Naquele instante, lembrei-me de quanto desejara ele oscular minha destra, no dia em que o acolhi no meu lar... Quase senti remorsos por não lhe haver consentido que o fizesse... Fui eu, então, que lhe osculei a fronte marmórea.

– Eis aqui o único túmulo em que deveria ser encerrado este náufrago da vida – disse apontando o local em que nos achávamos.

– Não – respondeu um dos amigos, profundamente católico – é mais conveniente que este infeliz repouse em terra sagrada...

– Amigo – expliquei com amargura –, sagrada é toda a Terra, porque a fez o supremo Artista, o Santo dos Santos, o divino Forjador de astros e planetas! Não considerais inqualificável ousadia do homem – imperfeito e pecador – querer tornar melhor um quadrilátero de pó – um cemitério – santificar o que foi feito por Deus? Quem lhe outorgou tal direito? Insana vaidade dos sacerdotes!

'O Onipotente elaborou este orbe, fê-lo sulcado de torrentes d'água, como o nosso organismo por artérias vitalizantes, e nem o Ural, o Danúbio, o Ganges, o Nilo, o colossal Amazonas tornam-no bendito: é mister que o homem estulto recolha um pouco de linfa e, com o hissope, borrife um pedaço de solo com algumas gotas, para que fique abençoado e sagrado! E, qual a vantagem que advém à alma com o ser o seu invólucro putrefato inumado aqui ou além?

'A terra abençoada pelos sacerdotes deixará de consumir as carnes que se desfazem em vermes? A alma que tiver o seu derradeiro estojo no fundo do oceano ou em selva secular, sofrerá mais ou menos por isso, do que a daquele que a tiver num santuário humano, em necrópole abençoada por centenas de clérigos? Qual o influxo que exerce no Espírito a poeira em que se dilui um cadáver, se tem de ser julgado unicamente pelo bem ou pelo mal que praticou?'

– Tendes razão, amigo – ponderou um dos compatriotas –, essas usanças seculares radicaram de tal sorte em nossa alma, que é mister intensa claridade penetre no seu subsolo, para melhor compreendermos a Justiça divina e a estultícia humana...

'Obrigado pela orientação que me destes! Vou pensar de modo diverso do que o fazia até há poucos momentos, a respeito do que serviu de tema à nossa amistosa palestra.'

– Há sempre na Terra alguns Espíritos mais esclarecidos do que outros. Não repilamos, pois, as luzes que eles nos transmitem.

– Concordo, agora, convosco. Obtenhamos permissão das autoridades locais para que este desventurado – que disseste amar tanto estes sítios, onde exalou o último suspiro – possa ser sepultado nesta caverna que ele embelezou de flores...

VIII

Pierre não fora inumado no lugar em que o encontramos morto, pois não obtivemos a necessária aquiescência das autoridades britânicas.

Repousam seus despojos perecíveis em humilde necrópole, que visito sempre, levando igualmente rosas para o sepulcro de minha adorada esposa. Sobre este desditoso, até hoje não cessaram os comentários: pescadores e homens rústicos afirmam que ninguém mais poderá abeirar-se da gruta em que morreu, sem que se ouçam gemidos ou se depare uma cabeça de cabelos argênteos e eriçados, surgindo à entrada da lapa para impedir o ingresso de algum curioso...

Eu, porém, que nenhum receio tenho do marujo, conhecedor de toda a tragédia dolorosa de sua existência, convicto de que não baixará de páramos esplandecentes senão para o cumprimento de meritória missão, poucos dias após o passamento, por um crepúsculo formoso, lembrei-me de fazer uma prece por ele, no *Rochedo das Lágrimas*.

Aproximei-me, sem temor, da anfractuosidade em que fora encontrado sem vida o pobre Pierre. A roseira que ele plantara, sem ter sido regada durante uns dias, estava quase estiolada. Destaca-se das primeiras sombras, que inundavam a gruta, a concha nevi-rosada na qual Pierre desalterara a sede, ao mesmo tempo que imergiu a alma num oceano de paz...

Tomei-a nas mãos, sentindo os olhos marejados de lágrimas.

– Eis a suprema lembrança do desditoso Pierre! – exclamei.

Estive indeciso se a levaria comigo, ou a deixaria onde a encontrara.

A vacilação durou pouco: levei-a, depois de ter feito uma férvida rogativa por Pedro Ivanovitch.

Já era noite cerrada quando regressei. Acesa a lâmpada do gabinete de estudo, examinava a preciosidade que trouxera do rochedo, quando descobri em suas volutas, um papel com diversas dobras. Retirei-o do lindo escrínio e pude ler, no silêncio de uma noite estrelada, em que o mar, muito calmo, quase não sussurrava, estes pensamentos que submeto à vossa apreciação:

MEDITAÇÕES

(Uma alma dentro de uma concha)

1

"Ouve-se o quérulo rumorejar das vagas, observa-se o seu eterno fluxo, as suas cóleras em hora de procela, sua majestosa serenidade quando reflete o céu estrelado, onde flutuam arquipélagos de sóis; mas, ninguém suspeita que o oceano é o coração da Terra que se liquefez e ainda pulsa, geme, soluça, sofre de uma dor incógnita, por um bem perdido ou inatingido, qual o nosso, antes de ser devorado pelos vermes..."

2

"Assim como o vegetal germinado em terra sáfara se estiolaria à falta de zelo incessante, do rocio e da chuva, não despido das urzes que lhe medrassem ao pé e dos seixos que lhe atirassem os vagabundos; assim também o homem, para em seu imo vicejarem nobres sentimentos, carece do orvalho da lágrima, libertado dos acúleos do vício e das imperfeições, para que sua alma desabroche em flores, as únicas que Deus colhe nos páramos celestiais: as virtudes e as preces!"

3

"O egoísta, em casa confortável onde a lareira nunca se apaga, só se lembra dos deleites que lhe proporciona o ouro, não cogita do sofrimento alheio, não o compreende, não fita nunca o céu, tem o seu ideal chumbado à terra, qual réptil que vive a rojar-se pelo solo...

Existe unicamente para si e para o mundo, de que parece fazer parte integrante, qual bloco de pedra que se não ergue voluntariamente do solo, por toda a consumação dos séculos...

Esquece a humanidade e o Criador."

4

"O miserável pária, sem lar nem agasalho, fustigado pela fome e pelas invernias, deita-se nas lajes, às vezes sobre agudas arestas, e, como sobre sua fronte não há um teto, o seu olhar incide no firmamento, contempla os astros embuçados em névoas, ou vestidos de luz inextinguível, seu pensamento vai além de todos eles, deslembra-se do que sofre na Terra para, como um raio de sol, cindir o Espaço, onde deseja aninhar-se: seu ideal concentra-se em Deus e no Infinito! Aspira, então, a usurpar o ouro das estrelas para edificar palácios, onde possa albergar os que não têm teto, nem luz, nem pão..."

5

"O primeiro é verme – entranha-se na terra; o segundo, condor – alcandora-se no píncaro das serranias que tocam as nuvens. Um é salgueiro – pende os ramos para o pó; o outro, hera – nasce nas ruínas e busca o Sol, volve-se para o Céu!"

6

"Quando o homem é ditoso, circundado de glórias, de flores, de conforto, não perquire os magnos problemas da existência, torna-se indiferente ao futuro que o aguarda Além-túmulo; absorvido pelas frivolidades mundanas, só se detém para olhar o que se passa ao redor de si mesmo, como se o seu raio visual atingisse unicamente poucos milímetros de âmbito; desconhece, às vezes, os próprios sentimentos; ignora se possui ou não a partícula imortal – a alma; restringe, enfim, todos os seus anelos aos gozos do presente.

É um fantasma ao inverso dos outros – de carne e osso, sem alma, que vagueia pelos salões, cassinos, teatros, dominado por uma única aspiração – fruir todos os prazeres terrenos!"

7

"Quando desventurado, porém, ou isolado das vaidades sociais, volve o olhar para o Infinito e os pensamentos para o seu íntimo, perscruta os próprios sentimentos e investiga as constelações; observa que, no mundo em que vive, tudo é falaz e perecível, e só Deus, a alma e seus atributos são eternos e indestrutíveis. Sonda então o pélago do porvir de que faz parte inalienável o seu Espírito imortal, deduz, por infalível matemática, que os enigmas transcendentes têm maior mérito que os ruídos dos festivais de duração efêmera... É que a sua vista deixou de ser circunscrita a limitado horizonte, como a dos batráquios imersos nos paúis; não fita mais o limo em que palmilha, para se tornar penetrante como a da águia, e, então, devassa o próprio Espaço, onde se conglomera a poeira lúcida das nebulosas e dos sóis, aos quais poderá alçar-se um dia!"

8

"Há de, então, a humanidade toda viver insociável, insulada? Não. Deve, na ventura, não esquecer o semelhante, nem o Criador; dedicar, por dia, uma hora à meditação e às preces, isto é, destinar alguns momentos para dialogar com Deus, alar-se ao Infinito..."

9

"Quando a Terra foi elaborada, não teve outro intuito o Arquiteto supremo senão construir um outro degrau da escada ascensional da evolução humana, constituída de mundos, que começa nas trevas e termina nos astros...

Para a alma galgar cada um deles, os séculos desaparecem na voragem dos Evos: é que, não é o pé que se move para atingir um degrau, mas o Espírito que marcha lentamente, de orbe em orbe, e em cada um se detém para se acrisolar no cadinho da dor, para adquirir conhecimentos úteis; decai e ergue-se muitas vezes à conquista da perfeição – esta se não granjeia num momento, mas em milênios de lutas e de lágrimas..."

10

"O ódio não atinge unicamente o execrado – volta, de ricochete, e fere o ser que o concebe: tortura mais a si mesmo que ao adversário.

É como se alguém ateasse fogo ao próprio coração, para que as chamas se propagassem ao de outrem; sofre mais o incendiário do que a vítima.

O ódio é o inquisidor da alma que o alimenta; é uma procela de fogo dentro de um coração!"

11

"O perdão é o olvido de injúrias, de gravames, de dores: é a bonança da própria alma generosa em que ele medra. Quem o recebe sente-se tranquilo; quem o dá sente-se no Paraíso. É um lume suave de santelmo, uma radiosidade estelar que substitui as chamas infernais, uma tempestade de orvalho que alonga as furnas abertas n'alma pelo alvião do ódio: é a bênção divina que refrigera o coração e fá-lo desabrochar em rosas de santas e imaculadas afeições, que se alam ao Céu e podem ser colhidas pelo próprio sumo Floricultor do universo..."

12

"Quando amamos alguém que se torna o ídolo de nossos pensamentos, julgamos que o coração voa do seu ninho de ossos e pousa noutro seio; mas, quando nos apartamos do ser amado, volta ele ao seu primitivo albergue, porém, não é mais o que fora – forma-se de duas metades, uma com que nasceu, outra que permutou...

Eis a saudade: – é a partilha de uma dor igual, a fusão de dois pedaços diferentes de corações fendidos, em luto..."

13

"A felicidade faz o homem esquecer que o aguarda um longo futuro e só cuida do presente, que se esvai como um sonho, com a celeridade de um meteoro. A desventura, ao contrário, faz pensar no porvir, prolonga cada segundo, transformando-o em dia, e este, em século..."

14

"Uma é alvorada – dura momentos; outra, é noite – dura horas. É à noite, porém, que no céu se acendem formosas estrelas, ocultas a nossos olhos, enquanto esplendia a luz solar..."

15

"Assim a alegria, dourando a alma, eclipsa os astros mais radiosos, que a constelam nos instantes eternos da desventura: a resignação, a esperança numa existência venturosa extra-túmulo, o desejo de se librar no Infinito, o desprendimento do que é material e efêmero. Aproxima-se, desse modo, do Fator de todas as coisas, o refúgio e consolador dos desgraçados – Deus!"

16

"O benefício que a dor opera em nosso íntimo só é comparável ao do lapidário que afeiçoa o mármore – tira as arestas da alma, modela, dá-lhe os contornos belos e puros, transforma-a em escultura lúcida, digna de figurar na galeria divina, num certame do Artista supremo!"

17

"Sofrer é sanear a alma neste Jordão purificador, de linfa mais alva que o diamante – a lágrima!"

18

"Quando fitamos o Firmamento, à noite, parece-nos que ele está chorando luz... Quem sabe se as mais brilhantes estrelas não se formaram de todas as lágrimas de dor do universo, recolhidas em taças de ouro, transportadas ao Espaço, e, por isso, são elas as gotas do infortúnio, que acendram e iluminam as almas, como archotes eternos, norteando-as para o céu?"

19

"Onde existe a ventura? – no amor, na opulência, na juventude? Não. Somente na alma em que está Deus. Ele, somente, faz medrar a felicidade perene e sem jaça, e, quem não o compreende, quem não o conhece, quem não o tem na consciência tranquila e impoluta, não será ditoso na Terra nem no Ilimitado..."

20

"Sei que pouco me resta viver – o coração está prestes a estourar no peito, a diluir-se em lágrimas de sangue... Abençoada morte, que é vida, pois, restituindo meu corpo exausto à natureza, liberta-me o Espírito, restituindo-o ao Céu!"

21

"Por que há benfeitores que não permitem lhes osculemos a mão generosa que estende aos desventurados com um óbolo precioso? É que imitam o Benfeitor supremo que nos dá o orvalho, a luz, as flores, os frutos, o pão, as vestes, e paira tão alto como as estrelas, que não podem ser atingidas por um beijo, mas por um olhar ou uma prece... É a prece, pois, o ósculo da gratidão..."

༄

Aqui terminam as páginas de Pierre, que a morte interrompeu.

A concha primorosa que encerra, como pérolas, os frutos da sua meditação, conservo-a como o faria a valiosa relíquia. Ei-la, meu amigo. Muitas vezes a levo aos ouvidos, e, então, ouço algo qual o rumor de um coração pulsando sempre, oculto em seus meandros.

Pierre deixou um fragmento d'alma dentro deste maravilhoso caracol de neve e nácar: compreendo-a, amigo – sabe ela dialogar com a minha, algumas vezes!

FIM DO LIVRO III

Livro IV

Procela e bonança

I

Não foi outorgada aos Invisíveis, por enquanto, permissão ampla de erguer o sendal que esconde à vista dos seres materializados o esplendor e a penumbra da vida do Além, senão no que concerne ao acrisolamento da alma humana.

No entanto, para elucidar algumas equações anímicas – até há pouco insolúveis – permitiu o Criador do universo que, do Alto, dilúvios de luz jorrassem sobre este orbe. Então, muitas verdades transcendentes, que constituíam sigilo nas eras remotas, se tornaram conhecidas e patentes.

Não deveis, pois, estranhar que eu – que tanto me preocupei na última etapa terrena com o Além, possuindo já a rútila certeza de que o Espírito, após a transição impropriamente chamada *morte*, prossegue a sua trajetória, não somente nas estâncias planetárias, como nas siderais, através do Imensurável – reate a trama da narrativa do desditoso eslavo sepulto no solo da ilha de J..., continuando, desse modo, a sua surpreendente e trágica história, do ponto em que se achava estacionada, fazendo minhas as suas expressões, que me foram transmitidas por ele, após a minha desencarnação.

Leitores, um dia, talvez breve, conhecereis o mundo espiritual em que vivemos e laboramos; onde se acham os intangíveis amigos da humanidade, e, então, vereis que aqui, onde nos encontramos, não há *urbs* como as vossas, não há países e populações limitadas e circunscritas, às vezes pelas águas, pelas florestas, ou pelas serranias; mas abrangemos com a vista psíquica todo o orbe terráqueo, todo este planeta que baila veloz e eternamente em torno de Apolo – qual falena enfeitiçada e atraída pelas chamas de lâmpada gigantesca – e, para nós, todo ele constitui um único viveiro de Espíritos, alguns encasulados na carne, outros libertos da matéria – os quais já não podeis mais ver, mas que, no entanto, adicionados às populações de todos os países geográficos que conheceis, as ultrapassam muitas vezes.

Os que não têm mais os músculos, por libré, livres ao vosso lado, como se fossem a vossa sombra, ou cindindo o Espaço – os que já possuem predicados psíquicos adquiridos em sucessivas encarnações, férteis em árduas pugnas – não ignoram o que se passa a todo o instante em vossos lares: episódios dramáticos, íntimos, dolorosos, que, às vezes, vós mesmos desconheceis em todas as suas minúcias, em toda a sua plenitude...

As muralhas, a caliça, a distância, são óbices à vossa percepção visual; nós, porém, os desencarnados, enxergamos através dos sólidos, transpomos as maiores longitudes com a celeridade de um meteoro, e, por isso, o que vos é vedado saber, o que vos parece despovoado, para nós é visível e repleto de miríades de seres animados...

Não vos admireis, pois, que, tendo me interessado vivamente pelo drama da vida de Pierre, haja, auxiliado por ele e seus Mentores, reconstituído o que se passou em seu lar, após o desprendimento da sua alma, que teve por majestoso cenáculo o *Rochedo das Lágrimas*:

Transportemo-nos em pensamento retrospectivo a uma cidade francesa, à beira-mar, grande empório comercial do Antigo Continente, com elevada população laboriosa.

Não divagarei pela formosa *urbs*, aninhada perto das vagas de Calais e das torrentes do Sena, porque o que nos atrai não é uma aglomeração de casas, um conjunto de palácios e de jardins, mas aqueles que os habitam, ou antes, o que jaz oculto no escrínio carnal, a crisálida humana – a Alma!

É por causa desse átomo de Deus, dessa partícula do Infinito – misto de lume e de trevas nos que iniciam romagens planetárias – que aqui descem os agentes siderais desejosos de norteá-la aos páramos estrelados, de lhe ministrar ensinamentos que, fazendo-a desvencilhar-se da caligem que a ensombra, a transformem em luz, *ab eternum*, e, assim, se torne apta aos grandes surtos através do Firmamento constelado, como, na Terra, um audaz condor, alcandorado nos píncaros da cordilheira, sonha mergulhar as asas no Espaço e jamais pousar no mesmo lugar de onde partira, onde teve o seu ninho rupestre.

Desçamos a vista a um modesto *ménage*: uma saleta, uma alcova e outro compartimento para diversos misteres, dependências de uma habitação aprazível, pertencente a um polaco e sua família, que não é numerosa, pois consta ao todo de quatro membros.

Entra-se para a saleta por uma porta lateral, por uma pequena escada assente em estreita nesga da terra, onde há recipientes com diversas plantas floridas.

A casa é propriedade de um filho da desditosa Polônia, o qual cedeu, por módico aluguel, os três compartimentos já mencionados a uma jovem viúva francesa, costureira hábil que reside em companhia de uma pequenita de cinco anos primaveris, que prende a atenção de quem a vê pela meiguice e beleza arcangélica que possui, e está de acordo com a sua alma lirial, exilada, talvez, de um mundo ideal, do qual já foi banida a imperfeição e com o qual os poetas e os artistas sonham para produzir suas obras-primas.

Ali não há conforto, mas há higiene; não há júbilo, mas harmonia. Quem penetra naquele recinto tem a impressão de transpor um santuário, pois os pensamentos puros, emanados de seres impolutos, criam um ambiente que penetra a alma do visitante, como um suave perfume de cíclame, e lhe dá paz, ideias de benevolência, inspira-lhe afeições imaculadas.

Penetremos, neste momento (o que faço por uma faculdade anímica retrospectiva, pois, então, ainda não tinha sido desmaterializado), como aves invisíveis, naquele sacrário humano: a mãe, que deve ter pouco mais de cinco lustros, está rigorosamente trajada de luto. Tem a fronte descoberta, muito alva e bela, como a das esculturas gregas; seus cabelos são dourados, num adorável penteado em que não há artifício, deixando alguns anéis, rebeldes à prisão que lhes dá sua possuidora, emoldurar-lhe o rosto alabastrino, com leves tons de púrpura; a estatura é mediana, bem proporcionada, de contornos venusinos, talvez um pouco descarnados, devido ao trabalho incessante e exaustivo a que se entrega, para auferir meios de subsistência para si e para a adorada filhinha. É bela, mas de formosura casta, de Madona de Murilo, que infunde êxtase e muda veneração. A seu lado, brincando com um desconjuntado polichinelo, acha-se graciosa criança que apenas ultrapassa quatro róseos janeiros. É loura como sua mãe; possui, porém, o encanto seráfico dos seres pequeninos, que são um *simile* dos anjos fantasiados pelos mais egrégios artistas deste planeta. Tem as faces de rosa, cabelos áureos com laivos castanhos, em caracóis flexíveis, que se põem em gracioso movimento ao mais insignificante meneio da linda cabeça que engrinaldam.

Não cessam de se fitar os dois pulcros entes que se albergam sob o mesmo teto; como estrelas engastadas no mesmo firmamento azul, transmitem uma à outra seus raios de luz, porque seus corações estão sempre sedentos de carícia e de aproximação.

Compreende-se, ao vê-las, que são dois seres profundamente ligados por elos afetivos, partes integrantes um do outro: a criança é o complemento, o desdobramento da jovem senhora, cuja alma se fragmentou, ou antes, fez desabrochar uma outra alma em flor.

Conversam, no momento em que penetramos na modesta saleta. Ouçamo-las. É a criança quem fala:

– Já fez um ano que papai morreu?

– Não, filhinha; mas pouco falta.

Intensa melancolia velou-lhe o semblante ao proferir aquelas palavras.

– Morreu no mar, não foi?

– Sim...

A menina abandonou o boneco e foi postar-se diante da mãe carinhosa. Fixou-a, com insistência, e murmurou, como se despertasse bruscamente de prolongado sono e desejasse inteirar-se da realidade que pressente dolorosa:

– Queria que me dissesses tudo, como foi que o papai morreu. Tenho tanta saudade dele, mãezinha!

– É justa a saudade do teu meigo coraçãozinho, Sônia; mas, não quero revelar-te o que só deves saber futuramente, para não amargar tua infância. Deixa as lágrimas só para mim, querida filha! Estás na idade de folgar e eu não te desejo ver triste... Queres um retalinho para fazer outro fato para o polichinelo?

– Sim, quero aprender a costurar, para poder auxiliar a mãezinha.

A senhora teve os olhos mareados de lágrimas.

Suspendeu o trabalho por momentos, e, com os cotovelos apoiados no rebordo da mesa, onde se achava a máquina de costura, apoiou a fronte nas lindas mãos e, alheando-se ao que a circundava, começou a rememorar o passado não distante.

Viu-se, na infância, privada dos pais, que quase não conhecera; depois, transportada à casa de uns velhos tios que a adoravam, recordou o tempo de colégio, a adolescência, em que se via requestada, admirada por todos, completando, afinal, a sua educação, quase primorosa, graças aos esforços e sacrifícios dos protetores.

Estremeceu ao lembrar-se do aparecimento de um merencório jovem, Pierre Doufour, muito insinuante, em companhia de seu pai adotivo, um bom marujo britânico; recordou o noivado venturoso, sem sombra de desgostos, sem nenhum obstáculo à realização do seu primeiro sonho da juventude; depois, viu-se esposa, sempre à espera do regresso do consorte estremecido, aumentando gradativamente, com os receios da ausência e uma intensa saudade, o amor conjugal; viu-se mãe de adorável entezinho que, por escolha de Pierre, recebeu o belo nome de Sônia.

Repentinamente, o céu da sua bonançosa existência começou a encastelar-se de nimbos, pressagiando borrascas violentas: morreu, quase subitamente, a meiga velhinha que a criara e, poucos meses após, o rude, mas bondoso companheiro, foi-lhe no encalço, para o Além, porque, certo, suas almas eram inseparáveis, só achavam ventura reunidos, quer na Terra, quer na amplidão cerúlea. Desde então, começou a temer algo pelo esposo... Por quê? É que o pressentimento é um radiograma transmitido, ao presente, das regiões misteriosas do porvir...

A penúltima vez que o viu, não parecia o mesmo ser: visível tristeza se lhe afivelara ao semblante, qual máscara de alabastro; não sorria nem mesmo recebendo as carícias da filhinha, cada vez mais bela e vivaz. Sempre engolfado em preocupações constantes, abstrato, acabrunhado. Interrogou-o e a resposta foi:

– Não te aflijas, Ketty, pois meu regresso, agora, não me pode causar alegria, como antigamente, visto não ter encontrado mais, com vida, os adorados velhinhos que se foram para sempre, deixando-nos saudosos e inconsoláveis... Além disso, sinto-me um pouco adoentado.

– Por que não pedes uma licença ao comandante para que possas, com repouso e tratamento conveniente, cuidar da tua saúde?

– Não devo agora interromper meus labores, pois nos falta o concurso do bondoso tio Guilherme...

"Vou fazer-te uma sincera confissão: a vida de marujo é a única que me convém! Apraz isolar-me da humanidade em pleno oceano, e, se pudesse viajar contigo e a nossa querida Sônia – meus dois únicos tesouros no mundo – seria infinitamente venturoso! Em terra não me sinto contente...

"Parece-me que já estou aquático, Catarina!"

Ela não quis insistir; observava, porém, que Pierre sempre amável e solícito, quando se achava em casa, estava continuamente imerso em cismas. Na véspera da derradeira viagem, viu-o tomar nos braços a querida Sônia, oscular-lhe a face e os cabelos e, depois de a repor no soalho, debruçar-se à mesa e soluçar longamente...

Por quê? Pressentia a morte naqueles instantes? De que algo anormal lhe sucedera, não lhe restava a menor dúvida.

Vira-o acabrunhado, de retorno das duas últimas viagens, mas não tanto como da última vez. Então, começou a suspeitar que algum mistério tenebroso toldava a existência daquele homem, que parecia tão honrado quanto bondoso...

Ele afirmara sempre que era francês, mas não dissera nunca onde nascera, nem onde residia a sua família. Uma única vez aludira à perda dos pais, quando muito novo, e que fora criado em casa estranha, onde muito sofrera.

Tinha, por isso, grande comiseração por todas as criancinhas órfãs, e seria capaz de se despojar do derradeiro soldo para socorrer um pequenito de luto, que lhe estendesse a mão mirrada...

Era um excelente homem, de elevados sentimentos e de cultura não comum para um marujo, mas, que existia algo de secreto em sua vida, não poderia deixar de coligir a bela Catarina. Uma vez, disse-lhe abruptamente:

– Amaste alguém antes de mim, Pierre?

– Não me interrogues, Catarina – murmurou, com os olhos repletos de lágrimas –, sobre o passado doloroso! Gozemos nossa felicidade presente e deixa-me olvidar o que já está consumado, e cuja recordação pungente é um suplício para mim!

Desde essa vez não o arguiu mais...

Ele era em extremo afável. Escrevia-lhe com frequência longas missivas em que lhe relatava belas descrições marítimas, a impressão do que via, a saudade que sentia longe dos que amava, fazendo-a acompanhá-lo, com a alma e o pensamento, através dos mares desconhecidos, para, assim, melhor prendê-la ao seu coração nostálgico e afetuoso. Às vezes, concebia projetos de economia, para poder passar folgadamente alguns meses no Havre, ao lado da filha e da consorte. Foi, porém, ao retornar de uma das viagens às plagas americanas, que ele se mostrou incomunicável, silencioso, devorado por um desgosto incoercível, que a ela também causara amarguras...

Na véspera da última partida, pressentiu-o entrar no quarto onde Sônia já se achava adormecida.

Espreitou-o de longe, cautelosamente.

Viu que se ajoelhou ante o pequenino e alvo leito da filhinha, osculou-lhe os cabelos como temeroso de beijá-la nas faces para não a despertar; depois, juntou as mãos em súplica ardente, sacudido por contínuos soluços... Seria uma despedida, ou algum vaticínio mortificante que o agoniava?

Quis inteirar-se da verdade, mas faltou-lhe o ânimo preciso para o inquirir...

Pierre era impenetrável e ela não queria magoá-lo com perguntas desagradáveis. Quem saberia expressar, ao certo, o que se passava em seu íntimo?

Talvez temesse ela se apoderar da realidade, ficar de posse do segredo do esposo bem-amado; segredo que pressentia, adivinhava real, mas do qual receava compartilhar...

Afastou-se, lacrimosa e cauta, para outro compartimento, até que o marido foi à sua procura, já acalmado da crise que tivera.

Ambos estavam profundamente pálidos, e, tendo tido, pela última vez, ocasião de trocar ideias, de transfundir suas almas amigas em mútuas confidências, não aproveitaram o ensejo que, *in fine*, o destino lhes concedera naquela existência, recalcando assim, no íntimo, os sentimentos que estuavam, desejavam patentear, mas que jamais os lábios chegaram a traduzir...

II

Que acerbo pesar a mortificou ao vê-lo partir – para todo o sempre, na viagem da qual jamais regressaria – triste, cabisbaixo, com os cabelos prematuramente encanecidos! Nunca sentira por ele uma afeição tão forte e, pouco antes de lhe dar o último adeus, sugerira disporem de quanto possuíam, para que ela e Sônia o acompanhassem...

– Isso é um absurdo, minha querida! – disse-lhe em extremo emocionado.

"Não te lembras do futuro? Se tal fizéssemos, quando voltássemos estaríamos reduzidos à miséria! Implora a Deus por mim e tem fé na Providência, que hei de voltar, e resolvido a obter outra colocação, em terra..."

– Pois não disseste que não podes mais viver senão sulcando os mares?

– Já mudei de pensar. Por ti e pela adorada Sônia farei todos os sacrifícios, sem constrangimento...

Depois partiu, sem voltar o rosto, para não vê-la abraçada à filhinha, compreendendo que lhe faltara o ânimo para o fazer, dominado por invencível amargura. Ela abafava os soluços com um lenço úmido de lágrimas. Não lhe saía da mente a visão da véspera: o marido prosternado diante do leito de Sônia, osculando-lhe os cabelos esparsos na almofada, para não despertá-la... Quis dizer-lhe repetidas vezes:

– Parece uma despedida eterna, meu Pierre!

Os soluços, porém, impediram-na de pronunciar aquelas palavras e a sua inquietação tornou-se obsidente, desde que o *Devoir* zarpara do Havre, pressentindo que jamais o veria... Nem ao menos lhe restava o consolo da companhia dos devotados velhinhos que a criaram...

Nunca sentiu tanto a falta dos seus desvelos. Chorou longamente, foi prosternar-se diante de uma efígie da Imaculada Mãe do Nazareno, suplicando-lhe se apiedasse dela e dos entes que amava, fazendo com que Pierre regressasse ao lar.

Decorreram alguns dias. Ele lhe escreveu de Brest – onde demorara um dia, antes de aproar à Inglaterra, itinerário que seguia sempre, para zarpar depois para o Novo Mundo – animando-a a esperá-lo, dizendo achar-se melhor... o que, podemos asseverar agora, não era a expressão da verdade.

Ela ficou um tanto tranquila e confiante no futuro, mas, decorridos alguns dias, doloroso pressentimento começou novamente a afligi-la. A alma tem augúrios que não iludem nunca.

Uma noite, teve um sonho que a entristeceu e acabrunhou: pareceu-lhe, em momento de perfeita lucidez, ver Pierre caído ao mar, debatendo-se com as ondas, bracejando desesperadamente. Despertou soltando um grito de pavor, sem saber o que fora feito do náufrago...

Não recebeu mais notícias do esposo, que no entanto prometera escrever-lhe de Liverpool. Aguardava o carteiro com indizível ansiedade e, vendo escoar o tempo sem que lhe fosse entregue a esperada missiva, ficava em desalento, não podendo mais conter lágrimas de inquietação.

A pequenina Sônia interrogou-a, imensamente inquieta:
– Por que choras tanto, mãezinha?

Sem responder à cariciosa arguição, tomava-a ao colo e osculava-lhe a fronte angelical.

Ai! esse martírio ignoto, que se passa em diversas regiões do globo terráqueo, em lares onde o infortúnio se aloja, é, às vezes, mais emocionante que as grandes tragédias que têm abalado, no transcurso dos evos, as coletividades... Esperar alguém, em dias sucessivos, longos como séculos, por notícias de um ser idolatrado, aquém ou além-mar, sem as obter; noites de vigília e pranto que ninguém vê, e, ao dealbar, erguer-se do leito onde se não repousa, onde visões terríveis, recordações e pensamentos desanimadores assaltaram um cérebro ardente, e, depois de uma ablução que não desvanece o vestígio das lágrimas, começar os labores diurnos, ocultando a todos a tortura que lhe oprime o peito; os sobressaltos, os tristes presságios, o desalento, os receios que germinam em uma fronte marmórea, durante intérminas semanas de agonia moral: haverá, no mundo, mais pungente drama do que esse?

Era o que se passava na residência de Pierre, com sua sensível esposa. Parecia-lhe que os dias e as noites – das quais contava todas as horas – não tinham fim e que, jamais, teria notícias do ausente. Achava-se enferma, entristecida.

Um dia, ao amanhecer, quando mais intenso era o seu desassossego, bateram-lhe à porta. Vestiu-se à pressa e dirigiu-se à porta de saída. Abriu-a, trêmula e apreensiva. Achou-se na presença de um desconhecido, de cinquenta anos presumíveis, robusto, tez bronzeada.

– É com Mme. Catarina Doufour que tenho a honra de falar? – interrogou o visitante.

– Sim – afirmou a desolada senhora, fitando-o com impaciência.

Ele esteve silencioso por momentos; depois, com a voz alterada por súbita emoção, disse-lhe:

– Haveis de desculpar-me, senhora, a hora imprópria de vir a vossa casa e para desempenhar uma desagradável incumbência... Não credes, porém, na Providência divina? Ela que vos ampare e vos proteja agora, e sempre!

– Por piedade, dizei o que vindes fazer, pois morro de ansiedade e aflição!

– Faço parte da tripulação do *Devoir*. Sabeis que vosso marido, o marinheiro Pierre Doufour, estava seriamente enfermo?

– Sim, mas escreveu-me de Brest que já se achava melhor...

– Enganou-vos, minha senhora, pois estava cardíaco, e, num momento de verdadeiro desatino, sabendo que jamais recobraria a saúde, pôs termo à existência...

– Que dizeis? Suicidou-se o meu Pierre? – bradou Catarina, lívida, quase desfalecente.

– Sim, precipitou-se ao mar, na noite de 19 para 20 de setembro. O corpo não foi encontrado.

– Céus! Não se compadeceu de mim nem da filhinha, que parecia adorar!

Catarina caiu num modesto canapé, aos espasmos, sem derramar uma lágrima, porém, numa agonia indescritível.

Depois de alguns momentos de silêncio, o homem falou, mal contendo as lágrimas:

– Tenho, minha senhora, da parte do Sr. Comandante do *Devoir*, uma missão a cumprir junto de vós. Foi ele quem me enviou até aqui.

– Perdoai-me, senhor, por vos ter recebido sem demonstrações de reconhecimento, mas deveis compreender que, às vezes, a dor suprime as conveniências sociais. Podeis avaliar quanto sofro?

– Sim, bem sei o que se passa convosco: têm-me ferido, várias vezes, estes golpes morais que atingem fundo o coração... Se já tenho meio século de existência! Cuidemos, porém, do que me trouxe à vossa presença.

"Eis aqui uma carta do meu chefe, relatando o acontecido e fazendo-vos entrega desta caixa, contendo objetos e algumas economias do desditoso Pierre, às quais seus companheiros, que muito o prezavam, juntaram alguns pequenos donativos, que deveis aceitar sem escrúpulo, como prova de sincera afeição ao pobre morto... Ele também vos escreveu antes de tomar a resolução suprema...

"Seus derradeiros pensamentos foram, pois, consagrados aos entes que tanto amava..."

Catarina pediu ao marujo depositasse a caixa e as cartas sobre uma cadeira, sem ter ânimo de lhes tocar, talvez para se não convencer inteiramente da tremenda realidade, que, como gigantesco Himalaia, lhe premia o seio naqueles crudelíssimos instantes...

Eram as derradeiras lembranças de Pierre e de seus companheiros, penalizados com o funesto desfecho da vida de um companheiro de fainas marítimas...

Teve, apenas, fortaleza moral suficiente, a consternada viúva, para agradecer ao desconhecido o desempenho de sua missão, rogando-lhe transmitisse ao comandante e à marinhagem do *Devoir* a sua imorredoura gratidão.

O marujo retirou-se, fazendo-lhe cordiais oferecimentos. Ketty, ao vê-lo sair, sentindo-se indizivelmente desventurada, a sós com a sua imensa dor, entrou a soluçar desolada.

Não era só o pesar de saber que Pierre não mais existia na Terra, o que a torturava acerbamente, mas o compreender ter tido ele a coragem precisa para atentar contra a própria vida, que lhe devia consagrar até o extremo instante, sabendo que essa resolução a infelicitaria por todo o sempre!... Não fora amada como presumira, pois a verdadeira afeição consiste no evitar penas aos entes queridos. Aquele que assegura adorar alguém e lhe causa dissabores, não pode ser sincero, não possui o extremo sentimento que diviniza os corações desvelados e leais – o amor!

Nos paroxismos de atroz sofrimento, esteve estirada no canapé, alheada do mundo, de tudo que a cercava, com a alma divagando pelo oceano intérmino, em busca do local onde desaparecera, por todo o sempre, o corpo do marido.

Quando mais intenso era o seu pesar, foi enlaçada por dois minúsculos e cetinosos braços. Eram os da pequena e encantadora Sônia, que, despertando sem ter visto a genitora para lhe dar o costumado beijo, foi à sua procura.

Vestia ampla e alva roupagem, tinha os lindos cabelos em desalinho, multiplicados em leves caracóis que lhe aureolavam a fronte de nácar e lírio.

Ao ver a mãe querida naquela atitude, afagou-lhe a cabeça pendida, tentando erguê-la para lhe oscular as faces, interpelando-a:

– Que é que sentes, mãezinha? A tua Sôniazinha vai chorar muito!

A mágoa de Catarina fora tão profunda que, por momentos, olvidara a filha idolatrada. Ao vê-la, sua angústia exacerbou-se e, só então, verteu lágrimas em profusão. Apertou-a de encontro ao seio ofegante e, tendo necessidade de expandir o sofrimento, disse:

– Morreu teu paizinho, Sônia!

A criança fitou-a, sem ter bem compreendido as palavras maternas. Que é a *morte* para uma criança de cinco anos? Arcano inescrutável...

As crianças ouvem, com frequência, este vocábulo – morte – mas não lhe sabem dar significação, embora lhes dormite n'alma, vagamente, a percepção do que seja a transição de uma vida para outra. No dia em que o compreendem, o instinto de conservação sugere-lhes o temor da morte, pressentindo o enigma do desaparecimento de um ser material do proscênio social. É o receio que experimenta uma ave, pousada em galho vicejante, onde construiu tépido berço, avistando perto um abismo em que poderá ser precipitada, julgando-o insondável, e temendo sejam impotentes as asas para dele sair, porque a impressão do Infinito é que a apavora – este Infinito que nos toca, que existe acima das frontes e abaixo dos pés, do qual nossa alma é um fragmento infinitesimal e só nele se integra... Mais tarde, mudados os cenários, os Espíritos repelem a aversão por Átropos, bendizem-na como a libertadora que os desencarcera da geena da dor e os arroja aos páramos estrelados!

Catarina falou docemente à filha:

— Morreu como teus avozinhos, Sônia, que nunca mais voltaram, desde que foram para o cemitério, onde lhes levamos flores...

— Então, nunca mais voltará o papaizinho?

— Não, meu anjo...

— Não trará mais brinquedos nem doces para mim?

Silêncio da consternada viúva.

— Dize, mamãe, por que não gosta ele mais de mim?

— Não digas assim, Sônia, ele te amava muito, mas não pode mais voltar...

— Por quê?

— Atirou-se ao mar e afogou-se!

— Ninguém o tirou, mamãe?

— Ninguém... Era de noite. Todos estavam dormindo e não o viram cair...

Sônia saltou ao chão, bruscamente, e, tentando arrastar a mãe em direção à porta, segurou-a pela destra, olhou fixamente, falando com indignação e energia:

— Vamos tirá-lo, mãezinha?

— É muito longe o mar onde caiu, e já não vale a pena irmos buscá-lo, porque já morreu...

Sônia, então, abraçou-a soluçante e a desditosa Catarina teve remorsos de lhe haver dito a triste realidade, causando-lhe o primeiro dissabor... Tomou-a ao colo, inundou de lágrimas os seus cabelos maravilhosos, beijou-a sôfrega e repetidamente.

Passaram mais de meia hora assim, ternamente unidas. De repente a menina murmurou:

— Ainda me não deste o leite, mãezinha...

A desolada viúva se levantou, dizendo:
– Perdoa queridinha, vem tomá-lo.

Foi à sala de refeições, preparou uma taça de chá com leite e a deu à criança, mas não sorveu nenhum trago, retirando-se para o seu modesto quarto. Momentos após, estirada no leito, imersa em indizível sofrimento, ouviu uns passos cautelosos de alguém que se aproximava. Viu, então, a encantadora filhinha achegar-se ao leito, segurando com as mãozinhas trêmulas uma chávena, esforçando-se por não derramar o conteúdo e, quando conseguiu abeirar-se da genitora, falou carinhosa:

– Esqueceste de beber o chá, mãezinha! Bebe-o agora; fui eu que lhe pus o açúcar... Vê como está doce e quentinho!

Deus lhe havia tirado o arrimo do esposo adorado, mas deixou-lhe, para suavizar tamanha mágoa, um meigo anjinho tutelar!

III

Oh! aqueles primeiros dias de viuvez! Como foram lúgubres e dolorosos! Além da mágoa lacerante pela falta do estremecido companheiro, um pensamento a torturava de contínuo – não fora amada, tanto quanto o supusera, nos róseos tempos de felicidade conjugal!

Um verdadeiro amante não se suicida senão diante do corpo rígido de quem idolatra, qual o fez Romeu no túmulo de Julieta; não vibra tão profundo golpe num coração que só por ele vive, que só por ele palpita! O suicídio é o egoísmo do que deserta da batalha da vida procurando o repouso eterno; de quem não possui na Terra nenhum elo afetivo, porque, se o tiver, não quererá ferir o objeto do seu amor!

Por que lhe ocultara a verdade até o extremo instante da despedida? Por que lhe dera esperanças de voltar e jamais se separarem? Iludira-a, pois... O verdadeiro amor jamais perdoa a mentira, a perfídia...

Lembrou-se, inúmeras vezes, do modo por que se despedira de Sônia: fora bem um adeus extremo... Seu pressentimento não falhara... A recordação daquela cena emocionante lhe arrancava, sempre, lágrimas em profusão...

Por fim, quando ao espírito lhe volvera um pouco de tranquilidade, refletiu no móvel real do ato tresloucado de Pierre, e uma ideia vencedora lhe dominou a mente: havia um mistério tenebroso naquele suicídio! Pierre tinha qualquer segredo que nunca lhe revelara. Não podia compreender, na sua singeleza, como pudesse ocultar-lhe qualquer dissabor, por mais acerbo que fosse! Ainda que houvesse cometido gravíssima falta no passado, ela, por si, ter-lhe-ia dado afetuosos conselhos, suavizado o seu padecer, lenido a chaga que, assim, às ocultas, corroía-lhe a vida lentamente...

Que crime teria ele cometido? Oh! se pudesse saber a verdade integral! Se tivesse a faculdade de devassar o tempo transcorrido! Tormento indefinível o seu!

Pouco a pouco, porém, a resignação, a serenidade – apanágio dos seres nobres e honestos – foram-lhe atenuando o desgosto, e voltou-lhe ao íntimo algum alento.

Já não chorava constantemente; dispôs dos móveis prescindíveis; alugou os aposentos já descritos, a um bondoso polaco, neles se instalou com a filhinha e não cessava de trabalhar, confeccionando flores, chapéus, vestidos, etc.

☙

Passaram-se alguns meses.

Estamos na época em que vimos Ketty a meditar profundamente ao lado da formosa Sônia. Era um modelo de sobriedade e honradez. Possuía uma beleza atraente, traços de pureza helênica, mas aquela inalterável melancolia e absoluta honestidade inspiravam, a quantos a viam, veneração e acatamento.

Há nas pessoas virtuosas e castas um como halo radioso, de candidez, uma égide mágica que as protege através da vida, dos perigos, das tentações, como a possuía a inolvidável heroína Jeanne d'Arc; ao passo que as criaturas de vida delituosa, desregrada, por mais que pratiquem às ocultas atos condenáveis, tudo lhes revela a impureza – o andar, o sorriso, os olhos, e, por isso, basta fitá-las um instante para lhes devassar o âmago, destruindo-se num segundo a sua aparente virtude, e descobrir as úlceras da alma...

Muitas dessas infelizes são belas, mas possuem um aroma letal, como o do estramônio que produz flores alvas como a neve, mas cujo perfume tóxico produz náuseas, advertindo a natureza humana de que a planta em que desabrocham é nociva à saúde. Podem as decaídas, as filhas do vício trajar-se de rigoroso luto, não erguer o olhar aos transeuntes; mas, à sua passagem, há o que quer que seja que as denuncia, que as segue como um cortejo macabro e tilintante, fazendo-as alvo de sorrisos escarninhos, em vez de lágrimas compassivas...

É o inverso do que se passa com os possuidores de alma açucenal. Esses não têm, às vezes, a beleza plástica, mas há em seus rostos uma luminosidade de olhar que os diviniza, uma irradiação de luar que os segue, que os transfigura da multidão, uma esteira de luz os acompanha como aos astros, tornando-os invioláveis, ilhados para o mal das tentações humanas...

Assim, aquela formosa viúva, de 26 anos de idade, transitava em silêncio pelas ruas do Havre, como escoltada por uma coorte de alabardeiros celestes; entrava em diversos redutos da moda para adquirir artefatos com os quais confeccionava vestuários artísticos, e ninguém ousava dirigir-lhe um galanteio, uma palavra sequer de sincera ou audaz admiração.

Um dia, ao lado da galante filhinha, saíra para contratar novos trabalhos.

Mais de um transeunte se deteve para melhor poder vê-las, não sabendo qual a mais encantadora – se a madona, que andava sutilmente, mal roçando as calçadas, ou a criança, um querubim ao qual houvessem arrancado as asas para o deter na Terra algum tempo, parecendo ambas nimbadas de estelífera auréola, fitando-se mutuamente de instante a instante, como duas almas amantes que, tendo estado longo tempo apartadas em longínquas regiões, ao se encontrarem, alfim, temessem uma nova separação e, por isso, para se certificarem que estão ao pé uma da outra, contemplam-se, momento a momento, as mãos unidas, como que ligadas por algema imantada ou forjada de diamante.

Esta, a ventura paradisíaca neste orbe, mas plena de receios... Integral, só existe nos mundos dos evolvidos.

Iam em direção a um grande *atelier* de modas femininas. Começaram a descortinar o mar undoso e muito azul, que banha a formosa cidade francesa. Catarina Doufour deteve-se a ler um cartaz que noticiava a chegada do *Devoir*, justamente àquela hora.

Uma viva emoção fê-la levar a destra ao seio ofegante. Conhecia o *Devoir*... Muitas vezes, previamente avisada pelo seu esposo, fora esperar que o navio ancorasse, a fim de encurtar o tempo de o abraçar e matar saudades.

Viu o vapor no instante em que estava fundeando. Uma insopitável emoção a abalou fundamente e seus belos e serenos olhos de turquesa ficaram orvalhados de pranto; pareceu-lhe ter avistado um grande túmulo flutuante, o túmulo do seu adorado Pierre e um desejo indômito de ir até lá e cobri-lo de flores, ajoelhar-se nele para fazer uma prece pelo morto querido, depois de percorrê-lo todo, dirigir-lhe interrogações relativas ao drama silencioso que presenciara, foram as ideias surgidas ao deparar-se-lhe o navio onde, por muitos anos, viveram dois entes inesquecíveis – o marido e o tio Guilherme...

Deveria pô-la em prática? Repentinamente, lembrou-se de que é infinitamente triste e desolador possuir alguém as mais fagueiras recordações de um lugar, e, quando a ele novamente volve – falecidos ou separados os entes amados com que lá fora – encontrar somente estranhos, indiferentes às reminiscências ainda nítidas na retentiva, mas alheias à multidão que o cerca...

Como a receberiam a bordo? Quem lhe afirmaria não supusessem que ela procurava um novo auxílio dos companheiros de Pierre? Indecisa, agoniada, parou por momentos e, apontando o vapor que acabava de ancorar, disse à filhinha:

– Olha o navio em que viajava o teu paizinho!

– Vamos entrar nele, mãezinha?

O ingênuo convite deu-lhe ânimo para executar, sem mais vacilações, os seus desejos.

– Sim... Vamos depressa! – respondeu-lhe Ketty.

Aproximaram-se do local onde fundeara o *Devoir* e, por instantes, estabeleceu-se completa confusão: passageiros que desembarcavam pressurosos, amigos e curiosos que os aguardavam, carregadores de malas, *camelots*, carruagens que se aprestavam para receber os recém-chegados, enfim, uma onda compacta de homens, senhoras e crianças que se movimentavam em diversas direções.

Ketty aguardou que se normalizasse o trânsito e, vendo um marujo do *Devoir*, dirigiu-se a ele cortesmente, solicitando-lhe que a levasse à presença do comandante. O marujo fitou-a e à filhinha, com imenso pasmo e deslumbramento. Ambas estavam encantadoras. A emoção dera tons de vivo coral às faces de Ketty, cuja beleza era realçada pelo modesto mas elegante traje de luto. Assim como no jaspe negro é que se distingue o ouro do cobre, a cor preta é a pedra de toque com a qual se afere a formosura feminina; uma veste negra, mal delineada, amortalha, empalidece, afeia, avelhenta quem a traz; a genuína beleza é ressaltada pelos tons sombrios. A mulher enlutada, que se torna atraente, pode ufanar-se de ser bela, de ter um aspecto venusino. Ketty, casta e humilde, era um desses seres favorecidos prodigamente pela natureza: era uma estátua de alabastro vivo, cuja alvura se destacava do tecido negro que a envolvia artisticamente, e cujos magníficos cabelos de ouro eram realçados sob o singelo chapéu de crepe.

 O marinheiro, maravilhado por duas criaturas tão gentis, desfez-se em amabilidades. Levou-as à presença do seu chefe, que se preparava para sair.

 Ketty aproximou-se, dizendo com visível emoção:

 – Sr. Comandante, sou a viúva de Pierre Doufour e venho agradecer-vos o que por nós fizestes.

 – Grande prazer em vos conhecer. Nada tendes a agradecer-me. Pierre Doufour era um digno e honrado companheiro e mereceu, sempre, a estima de todos os que laboram no *Devoir*. Posso ainda vos ser útil em alguma coisa? Estou ao vosso dispor...

 – Obrigada! Desejo apenas percorrer o navio em que ele viveu por tantos anos, senhor.

 – Pois bem, necessito entrevistar o cônsul americano que, hoje, sei, está no Havre. Vou sair, mas antes vos apresentarei um magnífico *cicerone*, um amável cavalheiro que me substituirá com vantagem e poderá satisfazer vosso desejo.

 Desapareceu por momentos e voltou em companhia do imediato do navio, um esbelto rapaz de trinta anos presumíveis, alvo, louro, de uma distinção de maneiras que o tornavam insinuante ao primeiro golpe de vista.

Rápida foi a apresentação. O comandante osculou a linda fronte de Sônia e partiu apressadamente. Ketty ficou em companhia do imediato, Gastão Duruy, que, de uma cortesia a toda prova, começou a percorrer os compartimentos do *Devoir*, fornecendo-lhe indicações precisas de tudo o que pudesse interessá-la.

Conversou longamente sobre Pierre, sobre sua vida, sempre alheio às alegrias dos camaradas de bordo, dedicando as horas de folga ao estudo e à meditação.

– Era um filósofo que se fez marítimo, senhora! De onde era natural seu esposo?

– Parece-me que de Arras. Ele conversava pouco a respeito da sua infância, da qual tinha amargas recordações. Dizia ter ficado órfão em tenra idade e sofrido muito, em lar estranho. Não o interrogava para não entristecê-lo... Se não for demasiada importunação, Sr. Duruy, desejava me relatasse o que se passou a bordo, antes do ato tresloucado de Pierre...

Depois de refletir um instante, o amável Gastão Duruy pô-la ao corrente de quanto ocorreu, relativamente a Pierre – enfermidade incurável, o desaparecimento inexplicável, nas proximidades de J... , provavelmente.

Contou-lhe, depois, que um passageiro russo, do qual não recordava mais o nome, de regresso da França para Liverpool, tivera suspeitas de que o morto fosse um seu patrício, que lhe assassinara o único filho, tendo conseguido escapar à polícia; até que, julgando tê-lo encontrado, ia denunciá-lo às autoridades de Londres, onde contava bons amigos, quando se deu o seu fim desastroso.

Ketty empalideceu, tomada de indescritível tortura.

— Pierre era francês! — exclamou, com indignação.

— Foi o que todos afirmaram e ninguém deu crédito ao detestável russo, que vociferou furiosamente quando soube que Pierre morrera, frustrando-lhe a vingança.

— Por que suspeitou de Pierre?

— Simples semelhança física. Julgamos, porém, que o motivo da aversão que nutria contra o pobre Pierre se originou do seguinte: vosso esposo e o Dr. Dudevant, clínico deste navio, descobriram que o russo era algoz da própria filha, tuberculosa e louca, com a qual viajava para a América, desejando forçá-la, assim chegassem em Nova Iorque, a contrair casamento com um sobrinho dele, que os seguia, a fim de entrarem na posse de considerável fortuna que o padrinho da desventurada prometeu entregar-lhe somente depois de casada, ignorando, certamente, o estado em que se achava a afilhada.

Ketty não disse palavra, sentindo que, se o fizesse, prorromperia em soluços. Mal continha as lágrimas, que não lhe inundaram os olhos, mas lhe pareciam estar represadas no coração agitado.

Seria tudo uma calúnia forjada pelo abominável russo? Teria falado a verdade? Seria Pierre um homicida? Esse o sigilo que tão avaramente guardava, tornando-o desditoso a vida inteira? Teria posto, realmente, termo à existência para fugir à justiça?

Por que perpetrara um homicídio?

— Não! — pesou a pobre Ketty — o meu Pierre não era um criminoso, pois a sua vida foi um modelo constante de sobriedade, de bons atos, de labor, de honestidade, tendo recebido na infância uma educação moral severa, ministrada por um santo abade, como ele chamava ao mestre querido! Era uma aleivosia vil, contra ele urdida, o que dissera o odioso estrangeiro!

O imediato notou a angústia de Ketty e disse-lhe:

– Desculpai-me, se vos causei algum desgosto relatando, como solicitastes, tudo quanto ocorreu a bordo até o passamento do vosso caro companheiro. Não vos aflijais.

"É uma calúnia sem fundamento o que forjou o execrável russo, que não conseguiu tisnar a memória de Pierre.

"Tranquilizai-vos, pois, e convencei-vos de que, para todos nós, o falecido continua a ser um caráter ilibado!"

Ela agradeceu, sensibilizada, as generosas referências feitas ao finado e ia retirar-se quando Duruy lhe disse:

– Deixai-me o vosso endereço. Talvez os amigos de Pierre possam desvendar toda a verdade do lamentável acontecimento, e então recebereis informes positivos de tudo que for apurado...

IV

Dias e dias esteve Catarina impossibilitada de trabalhar, pois as novas colhidas a bordo do *Devoir* lhe abalaram a saúde.

Seu cérebro lucubrava nos mais antagônicos pensamentos: ora, cria na inocência absoluta de Pierre; ora, na sua culpabilidade... O pensamento – a mais bela potência anímica, revérbero íntimo, que, às vezes, se propaga a centenas de milhas distantes, centelha divina, que se pode tornar mais negra que uma dor, déspota arbitrário, nos momentos de perplexidade ou de angústia, que não se condói da mente em que fosforeia... Ai de quem se deixa subjugar por ele! A energia cessa por completo, o descoroçoamento avassala o organismo e a alma. É mister reagir. Como?

A criatura, nesses instantes de agonia, jaz completamente exausta, esmorecida, pois a impetuosidade das ideias deixa-a extenuada, inativa, como se elas se alimentassem de sangue e músculos, esgotando-os como sanguessugas famulentas...

No entanto, todos têm ao seu alcance o modo de dominá-las, por mais contumazes e desordenadas, vorazes e flagelantes que sejam, é alar o espírito ao eterno e lhe implorar calma, conforto, esperança, que, qual orvalho benéfico, descerão a flux sobre ele...

Ketty, porém, não soube suplicar esses talismãs celestiais – deixou-se ficar, quase inerte, e, um dia, estava tão descorada que o seu lindo rosto parecia esculturado em níveo Paros.

A pequenina Sônia, apesar da tenra idade, dotada de inteligência e compreensão maravilhosas, era quem a consolava nos momentos de crise e de lágrimas.

Tão visível era a consternação de Sônia, que, compadecida e sensibilizada, Ketty, num esforço quase sobre-humano, ergueu-se do leito, fez ligeira *toilette* e atirou-se ao trabalho doméstico.

A criança tranquilizou-se, foi buscar seus bonecos e disse à mãe:

– Sei porque você tem chorado tanto...
– Sabes? Como assim?
– Por causa do que te disse aquele moço do navio...
– Pois tu compreendeste o que me disse o imediato do *Devoir*, Sônia? – interrogou Ketty, alarmada.
– Sim... Ele falou que o paizinho se atirou ao mar sem ninguém ver, pois um homem mau queria prendê-lo...
– Deus meu! Como compreendeste semelhante coisa, Sônia? Era de outro marinheiro que ele falava. Não queiras entristecer tua mãezinha falando mais sobre este assunto... Vem beijar-me e esquece o que ouviste.

Aquela inesperada revelação da filhinha adorada chamou-a à realidade, dando-lhe ânimo para lutar contra os próprios sentimentos, e, desde então, porfiou em se não referir ao passado, a fim de que Sônia não percebesse que o pai era suspeitado de homicídio. Para evitar um desgosto àquele ente estremecido, sentiu-se com invencível coragem de ocultar, para sempre, no seu íntimo, o que lhe dissera Gastão Duruy e lhe causara um desgosto inominável. Havia muito, desconfiava houvesse um segredo tenebroso, de suma importância na vida de Pierre, mas nunca supusera fosse assim tão grave...

Queria esmagar, no mais excuso escaninho d'alma, essa odiosa suspeita; ela, porém, voltava-lhe à mente com frequência, como se tentassem mergulhar no oceano uma esfera oca, que, apenas coberta pelas ondas, emergisse à tona, estabelecendo-se insustentável luta entre ela e quem desejava afundá-la: quanto mais alto a atirasse ao pego, mais rapidamente volveria à superfície, flutuando, por fim, vencedoramente sobre as vagas...

Refletiu, porém, que, se Pierre fora levado ao desatino de cometer um crime, devia ter tido um motivo poderoso para assim proceder – isentava-o de todo o sentimento perverso e perdoava-lhe, mas, não podendo transmitir essa triste verdade à Sôniazinha, era mister ocultar-lha para não a contristar, para não lhe causar o mais tênue dissabor... Queria que a memória de Pierre pairasse imaculada e venerada na mente da filhinha.

Fez um esforço ingente para não mais chorar. Pensou detidamente no porvir, na sua precária situação. Era mister ser forte e resoluta. O menor desfalecimento ser-lhe-ia de consequências desoladoras. Calculou quanto despendia mensalmente; um dia que deixasse de labutar lhe traria dificuldades pecuniárias; uma semana de inatividade poderia implantar a miséria no lar...

Começou, então, a mourejar incessantemente e, em exíguos momentos de lazer, iniciou ensinos morais e literários à pequenina Sônia, que, desde as primeiras lições, revelou uma compreensão invulgar. Vivera, assim, durante alguns meses: trabalhando sem tréguas, rememorando passado, sofrendo em silêncio.

Uma tarde, estando a concluir um trabalho doméstico, recebeu a inesperada visita de Gastão Duruy.

Ketty emocionou-se.

Depois de cumprimentá-lo cortesmente, interrogou-o, surpresa e visivelmente inquieta:

– Que é que vos traz a esta humilde morada, senhor? Descobristes a verdade relativa ao suicídio de Pierre? É grande a minha ansiedade!

– Nada sucedeu de anormal, senhora. Não se perturbe... Eu me interesso infinitamente pela viúva e pela filhinha do meu amigo Pierre e, de retorno da América, vim vê-las e saber como passam de saúde. Fiz mal em tomar essa resolução, sem vosso prévio consentimento?

Após um momento de reflexão, Ketty respondeu:

– Não, senhor, só tenho motivo para vos agradecer a gentileza. Tende a bondade de sentar.

A pequenita, que se conservara a distância de Gastão Duruy, intimidada com a sua presença, aproximou-se de ambos.

Estava encantadora a unigênita do casal Doufour. Trazia um vestidinho modesto, mas gracioso, azul celeste, realçando-lhe o colorido das faces e o ouro da cabeleira encaracolada. O imediato beijou-a na fronte.

Palestraram, por momentos, sobre assuntos diversos; depois, subitamente, o visitante interpelou:

– Senhora, perdoai-me se me torno indiscreto, mas desejo saber se tendes parentes próximos, protetores naturais que possam socorrer-vos no caso de ficardes enferma, porque sei que viveis do vosso labor...

– Não tenho parentes próximos no Havre; os únicos que possuo, em grau afastado, residem na Inglaterra. Fui criada e educada por meus tios paternos, que, pouco antes de Pierre, faleceram. Não conheci meus progenitores. Conto apenas com o meu trabalho para manter a mim e à querida Sônia.

– Bem vejo que não podereis viver sem receios...

– Não descreio da proteção divina...

– Faz muito bem. Ela não nos abandona jamais, porém, concede-nos a faculdade de pensar no porvir, conceber projetos, a fim de, efetuando-os, podermos ficar ao abrigo das surpresas da sorte...

— Que é, pois, que me aconselhais a fazer?

— Vejo-vos abatida, presumo sejam penosas as vossas lides e grandes as amarguras que tendes curtido; venho, pois, entregar-vos um pequenino auxílio, enviado por um bondoso companheiro de Pierre, que deseja ficar incógnito. Aceitando-o, podereis repousar um pouco até recobrardes alento e forças para continuar a faina...

— Oh! senhor! — exclamou Ketty, comovida e ruborizando-se — esse oferecimento me sensibiliza imensamente, mas não devo aceitá-lo, porque, na minha situação de viúva, tornar-se-ia desairoso...

— Bem sei — disse-lhe Gastão — que o mundo é implacável em seus julgamentos para conosco: ninguém deseja concorrer para a nossa ventura, mas todos se prontificam a destruí-la, se a temos, arvorando-se gratuitamente em censores e algozes... Que importa, pois, o julgamento do mundo? Não tendes a consciência tranquila e ilibada?

— Sim, mas estou ainda em condições de trabalhar para o meu sustento e o de minha filha...

— Pois bem: consentis que um amigo invisível oferte esta pequenina dádiva à formosa Sônia?

Ketty concentrou-se alguns instantes, depois falou em tom grave e cheio de dignidade:

— Interrogai minha filhinha e a sua resposta será uma sentença a cumprir.

O imediato perguntou à criança:

— Minha bela menina, um amigo de teu paizinho te enviou algumas moedas para comprardes teus bonecos e alguns *bombons* — aceita-as?

Ela ergueu para a mãe o lindo olhar e disse:

— Eu já tenho um boneco que o papai me deu. Não quero outro. Aceito-as, porém, para tratar da minha mãezinha, quando ficar doente...

Emocionado, Gastão Duruy osculou-a nas faces e depôs-lhe na minúscula destra uma bolsinha repleta de *luíses*.

Sônia entreabriu-a, mas não ousava tocar nas reluzentes moedas, perplexa, duvidando da realidade.

Gastão levantou-se e, antes de se retirar, falou a Ketty:

— Peço permissão para repetir minha visita ao regressar da América. A viagem vai ser longa, pois o *Devoir* vai ao sul do Novo Continente e à Califórnia.

A viúva Doufour agradeceu-lhe o bondoso interesse. Tinha o rosto entristecido e os olhos lacrimosos. Assentiu ao pedido com um movimento de cabeça.

~

Decorreram alguns meses.

Ketty vivia calmamente em sua pequenina mas ditosa habitação, quando Sônia enfermou, de repente, com uma febre violenta que resistiu aos primeiros medicamentos de que fez uso.

Um desconforto inaudito a empolgou por completo: não quisera ainda utilizar-se da generosa dádiva de Duruy, por excesso de escrúpulo, só justificável nas consciências virginais, e via-se quase reduzida à penúria, porque a enfermidade de Sônia fizera-lhe interromper seus penosos misteres. Achou-se sem recursos pecuniários dentro de poucos dias. Como é dolorosa a situação de quem, vendo-se baldo de recursos, não sabe de que lançar mão para socorrer entes estremecidos! Quanto pensava no querido morto! Parecia, por vezes, esquecer-se de que ele já não pertencia ao mundo material e que, repentinamente, ia regressar da América para socorrer a adorada enferma.

Rogava-lhe, em pensamento, que não a abandonasse, pois enlouqueceria se se visse privada dos carinhos da filhinha... Não cessava de fazer preces fervorosas, às vezes em alta voz, obsecrando ao Altíssimo piedade para si, conforto para suas tribulações, narrando-lhe todos os seus sofrimentos, suplicando-lhe um conselho paternal e um concurso extraterreno. Então, nesses momentos, sentia-se como que imersa em sutilíssimo éter, as suas angústias eram atenuadas, julgava estar em paragem espiritualizante, cujos eflúvios benéficos lhe penetrassem na alma atormentada... Algumas vezes, Sônia despertava do letargo da febre e, recobrando por momentos as faculdades mentais, interrogava-a:

– Com quem estavas conversando, mãezinha?
– Com Deus, filhinha, para que te faça sarar depressa!
– Obrigada, mãezinha! Já voltou o meu papaizinho?
– Não te lembras de que ele não voltará mais?
– Não... Vi-o há pouco. Estava tão belo e quase luminoso... estendia-me os braços para que passasse uma estreita ponte sobre um rio enorme, como nunca vi outro igual, muito mais largo que o Sena, que a mãezinha me mostrou...

Tornava a cerrar as pálpebras, com o angélico rosto purpureado pela febre intensa, os formosos cabelos atados ao alto da cabeça por uma fita azul, aureolando-a de caracóis de ouro flexível. Ketty não despregava a vista daquele ser adorável, querendo perscrutar-lhe os órgãos para saber qual o que não funcionava com regularidade, ameaçando-lhe a vida preciosíssima.

O médico assistente não lhe dera esperança de salvar a doentinha.

Ketty, desde então, sem pronunciar uma palavra, postou-se à beira do leito durante o dia todo, como sentinela dedicada nas fronteiras da pátria querida, ameaçada pela invasão de uma horda adversa, resolvida, talvez, a pelejar com a própria morte, quando quisesse apoderar-se daquele entezinho adorado. Absorvida por tétricos preságios, como que atraída a alma por um magneto potente, que o era, para seu amor profundo, a pequenina flor humana a que dera o ser!

A noite começou a lançar no ambiente o seu turbante de crepe. Ai! o crepúsculo, o anoitecer para quem se acha em isolamento e com o coração varado de dor, parece que, ao mesmo tempo que enluta o mundo, entenebrece também a alma! Tem-se a impressão de que, com o derradeiro raio de sol, se esvai a derradeira esperança, no seio alanceado pelos venábulos do sofrimento; parece que o Espírito vai penetrar a sós em galeria infinda, repleta de brumas negras; que os olhos estão vendados por todo o sempre para o Sol, e que somente o coração se mantém vivo, palpitante, aberto a todos os padecimentos e amarguras!

Avassaladora tristeza se apoderou de Ketty ao dar uma colher de poção à enferma, vendo-a indiferente, insensível aos seus ósculos, notando que a sua cor se tornara marmórea...

Prosternou-se perto do alvo leito de Sônia e nunca seus lábios, ou antes, sua alma proferiu uma prece tão veemente, implorando ao divino Pai, com as mãos unidas e alçadas ao céu, que não lhe arrebatasse o querido anjo do seu lar, sua única alegria, seu encanto, derradeira esperança da sua atribulada existência...

A princípio, orava com voz ininteligível, mas foi elevando-a aos poucos, e, de súbito, pareceu-lhe que a alcova se encheu de sombras movediças, de seres intangíveis, que lhe estendiam as mãos de névoas, e, então, ela lhes rogou que transmitissem ao Onipotente os seus brados de dor, as suas súplicas ardentes!

Depois, silenciou soluçante, as lágrimas brotaram-lhe em caudal dos olhos, e, como estava com a cabeça pendida no rebordo do leito, julgou que alguém estivesse a seu lado, que duas leves mãos, como enluvadas em pelúcia, lhe pousassem na fronte e ouviu, no íntimo d'alma, este vocábulo ciciado dulcidamente:

"Espera!".

Por momentos ficou imersa em torpor invencível, que lhe tolheu todos os membros, e então, por mais de um quarto de hora, adormeceu profundamente. Viu-se, em sonhos, numa região longínqua, ao lado de Sônia, já adolescente, e de um menino louro, galgando uma penedia, cujo ápice parecia aninhar-se no domo sideral, envolto em nevoeiro argênteo...

Repentinamente, avistou Pierre, de alva túnica à romana, espécie de peplo, de linho nevado, próximo de um ser flamante, de dalmática de prata luminosa, extremamente belo, que a acolhiam – e aos que a seguiam, com os braços estendidos, como os de Jesus sobre as vagas de Genesaré, para salvar o amado discípulo vacilante na fé...

Foi despertada, violentamente, por uma pancada na porta de entrada, que, no silêncio em que se achava mergulhada toda a casa, lhe pareceu o rumor de uma falange de archeiros enfurecidos, que iam fazê-la em fragmentos com as alabardas, para penetrar no recinto e arrebatar-lhe a doentinha...

Levantou-se apavorada, acendeu uma lâmpada e foi verificar quem estava batendo. Teriam, de fato, batido, ou as vibrações misteriosas – ecoadas funebremente pela casa em quietude absoluta – eram o prenúncio de inevitável desventura?

Ofegante, ouviu segunda pancada à porta. Era Gastão Duruy, irrepreensivelmente trajado de preto. A chegada do amigo de Pierre causou-lhe indizível emoção. Ficou queda, com os olhos vendados por um lenço negro, parecendo que suas lágrimas, de tantas e tão amarguradas, já a haviam tornado daquela cor sombria...

– Que sucedeu, senhora? Onde está Sônia? – interrogou com ansiedade.

Ketty mal pôde responder-lhe:

– Está mal, Sr. Duruy, a minha querida filhinha! Parece-me que Pierre, por tanto adorá-la, veio buscar o nosso tesouro!

— Seria crueldade sua, senhora, e a verdade é que era tão bondoso! Mas... posso vê-la?

Ela hesitou por momentos.

Sua aflição, porém, era tão grande, que o temor de uma censura, por introduzir no recesso do lar o imediato do *Devoir*, foi vencido.

— Sim — disse resoluta. — Vinde vê-la.

Ele a seguiu sutilmente, e, ao avistar a pequenina, de uma formosura arcangélica, de jaspe, enterneceu-se até as lágrimas e, inclinando-se, osculou-lhe as mãos ardentes.

V

O imediato ficou calado por instantes e, depois, tomando repentina resolução, disse:

— Há mister de um médico assistente, dado o estado em que se acha vossa filhinha...

— Bem sei, mas não mo permitem minhas modestas posses.

— Pois bem, tenho estudos médicos, até o quarto ano. Quereis confiá-la aos meus cuidados?

— Sim. Obrigada.

Gastão retirou-se e, pouco depois, regressou, conduzindo frascos de reagentes febrífugos.

Durante horas, pôs em prática tudo quanto lhe parecia sugerido por seus conhecimentos científicos, mas, hoje — podemos asseverar, sem deprimir a arte de Esculápio — que, sem o saber, Duruy agia sob uma influência anímica ultraterrena, inspirado por benfeitores intangíveis, médicos siderais que o circundavam, atraídos pelas ardentes preces de Ketty.

Houve um momento, porém, em que a atribulada mãe supôs que a doentinha fôsse expirar, e, então, sua angústia não teve limites... Gastão compartilhou dos seus receios. Emudecidos, durante longas horas, somente trocavam palavras imprescindíveis, absorvidos por uma só ideia – salvar a menina.

Pela madrugada a febre começou a declinar.

A respiração deixou de ser estertorosa, para se tornar normal.

Agitou levemente as pálpebras, tentando desuni-las; não o conseguiu, porém, devido à prostração física em que se achava.

Ketty e Duruy entreolharam-se: um bruxuleio de esperança lhes animou as pálidas feições.

Ainda por momentos Gastão permaneceu ao lado da enferma, e depois disse a Ketty:

– Senhora, retiro-me agora. Vou tranquilo a respeito de Sônia, que está sensivelmente melhor.

"Podeis repousar um pouco. Deveis estar exausta. Permitis que, logo, venha prestar meus serviços à querida doentinha?"

Profundo reconhecimento estuou na alma de Ketty, que apenas pôde proferir estes vocábulos:

– Senhor, foi Deus quem vos enviou à minha triste morada. Considero-vos um cavalheiro nobre e digno de ser acolhido em todos os lares, fraternalmente. Obrigada!

O Onipotente vos recompense de quanto tendes feito por mim e por Sônia!

Acompanhou-o até a porta.

Fechou-a, espreitou carinhosamente a filhinha, que dormia sossegada, e, então, estirou-se no leito, vencida pela fadiga e por violentas comoções.

Adormeceu por algumas horas, reparadoramente. Despertou, alto dia, em sobressalto, temendo houvesse sucedido algo de anormal à menina. Aquietou-se, porém, vendo-a ainda adormecida, com um leve nacarado nas faces.

Fez a *toilette* e saiu às compras, tendo, pela primeira vez, despendido uma das moedas ofertadas por Gastão.

Venceu o escrúpulo que, até então, lhe persistira na ilibada consciência... Por quê? Compreendeu que ele era dotado de sentimentos puros e, pelo que fizera à dileta enferma, lhe inspirou imorredoura gratidão, tornou-se um ente familiar e venerado.

No decorrer do dia, já em bonança, aguardou com impaciência a volta de Duruy.

À tarde, viu-o chegar sobraçando uma esguia caixa envolta em papel rosa.

Solicitou permissão para ver a pequena e exultou com o seu estado lisonjeiro. Combatida a debilidade orgânica, a criança recobraria a saúde.

Ao beijá-la, vendo-a fitá-lo meigamente, inquiriu:

– Já te não lembras de mim, Sônia?

– Não és o amigo do meu paizinho?

– Sim. Estive ontem aqui e não me viste...

– Onde é que eu estava?

— Dormindo... Trouxe-te uma lembrança... Queres vê-la?

Abriu a caixinha e mostrou-lhe uma fascinante boneca, muito loura, de lábios purpurinos, entreabertos graciosamente, mostrando minúsculos dentes como aljofres, num lindo sorriso, trajada de cetim azul com rendas prateadas. Sônia ficou deslumbrada, sem ousar tocar-lhe nas formosas vestes, e perguntou:

— Posso aceitá-la, mãezinha?

A resposta foi afirmativa. Gastão observou Ketty: sorria, tendo lágrimas a brilhar nos olhos de safira, e ele nunca a achou tão bela... Aquele crepúsculo d'alma – misto de tristeza, doçura, felicidade – lhe deu um novo aspecto, transpareceu-lhe na fronte límpida como um halo de luz astral, irradiou um clarão de formosura imaterial, aureolando-a de rara e espiritualizante beleza – a dos mártires, santificados pela dor...

A roupagem negra realçava-lhe a alvura da epiderme, onde havia diluído um leve tom de flores de macieira, os cabelos tinham reflexos áureos, parecendo que iam transmudar-se em estames estelares...

Aquela criatura revelava tanta elevação de sentimentos, que seduzia castamente a todos que a viam. Até então, Duruy fora o companheiro e amigo de Pierre; tudo quanto fizera, por Ketty e sua filhinha, traduzia afeto paternal – daquele momento em diante, porém, sentiu-se enamorado da jovem viúva, atraído ao mesmo tempo pela beleza plástica e pela do espírito, que se lhe difundia no grato semblante, qual lâmpada acesa e velada numa redoma de cristal...

Naquela noite, conversaram longamente e ambos pareciam estar agrilhoados por uma trama sutil, de recíproca simpatia.

Ela teve enternecidas expressões de reconhecimento pelo que lhe havia feito em prol da filha; ele se mostrava venturoso por lhe ter restituído a tranquilidade espiritual.

Quando se dispôs a partir, Ketty entristeceu-se repentinamente.

Ele, que a observava intimamente, se regozijou.

Falou-lhe com polidez e emoção:

– Senhora, haveis de permitir que, quando regresse da América, reitere minha visita...

"Faço votos ao Criador pelo completo restabelecimento de Sônia. Um outro pedido vos dirijo, esperando que o atendais – não vos sacrifiqueis, trabalhando em demasia!"

– Obrigada, senhor! Uma verdadeira mãe, porém, não julga excessiva, jamais, o sacrifício por um ser adorado!

– Bem sei, senhora; se o labor é nobilitante para o homem, às mulheres santifica. Mas – permiti esta respeitosa observação: por que não vos quisestes utilizar do pequeno pecúlio ofertado à vossa filhinha?

– Já o fiz hoje, senhor – balbuciou enrubescendo.

– Podeis continuar a fazê-lo, sem desdouro para vossa consciência escrupulosa...

Ao apresentar-lhe as despedidas, solicitou que, ao menos uma vez, o cientificasse a respeito da doentinha.

Comovido, notando fulgor de lágrimas nos belos olhos de Ketty, foi com pesar que se ausentou do Havre, levando o segredo do seu amor pela devotada genitora de Sônia.

Escoaram-se alguns dias após a partida de Gastão; Sônia, já convalescente, folgava com a gentil boneca que lhe fora ofertada. Sua genitora ultimava um vestido róseo, que contrastava com o seu, e, por vezes, parecia absorvida em sonhos...

Seu pensamento divagava pelo Atlântico intérmino, como outrora, quando o *Devoir* o sulcava em demanda das plagas americanas. Repelia-o, mas ele lhe voltava à mente com insistência.

Sua atenção foi despertada pela chegada de uma carta, expedida de Londres.

Emocionou-se, verificando a assinatura de Duruy, a reclamar notícias dela e de Sônia.

Ao finalizar a leitura, sem poder reprimir os próprios sentimentos que lhe turbilhonavam n'alma, prorrompeu em soluços.

– Por que choras? – interrogou, aflita, a criança.

– Recordações que me magoam, filhinha.

– Do paizinho?

Não respondeu prontamente: havia quase remorso, ao pensar no morto querido, percebendo que, aos poucos, essa imagem ia sendo substituída pela de Duruy...

– Sim... – murmurou, finalmente.

– Quem te escreveu e te fez sofrer, mãezinha?

– Gastão Duruy, que te manda um beijo...

– E por isso choraste, mãezinha? Dá-me a carta: quero lê-la!

– Pois já sabes ler, filhinha?

Sônia esteve, por momentos, com a carta aberta na mão e, depois, fitando a mãe, arguiu-a com firmeza:

– Gostas muito de Gastão?

– Por que mo perguntas, Sônia?

– Porque eu gosto muito dele, e queria que vivesse conosco...

– Para te trazer confeitos e bonecos?

– Não, para não ficarmos sós e tristes...

Decorreram alguns meses. Ketty havia escrito uma singela missiva a Duruy, na qual falava apenas da filhinha. Não obtivera mais notícias do imediato do *Devoir*.

Uma tarde, sentiu-se com a saúde alterada. Foi compelida a recolher-se ao leito, acometida por um acesso violento de febre. Sônia, com sete anos incompletos, manifestou dedicação inexcedível e precoce compreensão da gravidade de sua situação, durante a enfermidade de sua mãe. Ouvindo-a delirar, sem lhe responder com acerto às perguntas que lhe fez, tomou súbita deliberação – chamar um médico para tratá-la. Sabia onde residia um bondoso e velho doutor, que, uma vez, já havia receitado para Ketty.

Era ao entardecer. Nevava.

Ela se embuçou em ampla mantilha negra, usada com frequência por sua mãe, ajeitou-a na formosa cabecinha, da qual se evadiam dourados caracóis, e foi em busca do que almejava. Ao verem-na passar, alguns transeuntes se detiveram para a contemplar, atraídos por seu encanto infantil.

Chegou à casa desejada e bateu resolutamente à porta. Fizeram-na entrar em modesto consultório e ela se achou na presença do Dr. Delvaux. Ele, que a conhecia, observou com admiração:

— Vieste só, minha menina?
— Sim — respondeu-lhe com os olhos nevoados de pranto.
— Que desejas? — inquiriu o médico com doçura.
— Vim buscar-vos para examinar minha mãezinha, que está muito mal...
— Foi ela quem te enviou ao meu gabinete?
— Não. Ela quase nem fala; e, quando o faz, não compreendo o que diz...
— Delira, certamente. Tens a quantia precisa para aviar a receita?
— Tenho-a, sim, e também para a consulta.
— Ai! filhinha, pelo que vejo, estás rica... Vamos. Irás comigo num *tílburi*.

Em poucos minutos se achavam junto à enferma, que não os percebeu entrar no quarto.

Depois de vê-la e auscultá-la, o médico emitiu opinião:
— É grave o estado da sua mãezinha. É mister que arranjes alguém para tratá-la...
— Não conheço ninguém que possa vir fazer-nos companhia. Dizei-me o que tenha a fazer. Farei o que me ordenardes...
— És inteligente e extremosa, mas serás vencida pelo sono e pela fadiga... Vou providenciar para que conduzam a doente a um hospital. Levar-te-ei comigo...

Sônia, desatinada, pôs-se a soluçar, implorando-lhe:
— Por Deus, não o façais, doutor! Deixai-a ficar aqui até amanhã... Se não amanhecer melhor, então fareis o que dissestes.

O Dr. Delvaux, sensibilizado, disse-lhe:

– Vou mandar manipular os remédios... Se não tens dez francos para comprá-los, eu tos darei...

– Tenho-os, sim. Vou buscá-los.

Ao retirar de uma gaveta do toucador a quantia solicitada pelo médico, notou restarem apenas cinco francos... Toda a fortuna de sua mãe!... Ficou inquieta e entristecida.

O médico, ao regressar da farmácia, entregou os remédios à criança, fazendo-lhe recomendações ao seu alcance, para ministrá-los à enferma. Ele próprio lhe aplicou a primeira dose, e, prometendo voltar pela manhã, dispôs-se a sair. Sônia acompanhou-o até a porta, sobraçando um invólucro retangular. Velava-lhe os lindos olhos o braço esquerdo. O doutor, penalizado, disse-lhe:

– Não chores mais, menina, talvez tua mãe melhore durante a noite...

Ela, sem fitá-lo, muda, estendeu-lhe o volume que sustinha; ele, surpreso, interpelou:

– Que é isto?

– Supus – respondeu-lhe, com voz trêmula – que a mãezinha tivesse ainda muitas moedas... mas, na gaveta, ficaram apenas seis. Prometi pagar-vos, doutor, e antes que ela acorde... levai *isto*, que eu ganhei e deve valer muito!

Ele, cheio de curiosidade, desfez o invólucro e ficou atônito, ao deparar-se-lhe uma sorridente e formosa boneca...

Sônia já não lacrimava – tal a intensidade do seu martírio moral, do sacrifício que estava fazendo. Agitava-lhe o débil corpinho um tremor indômito. O médico, que a observava, compreendeu-lhe o inaudito sofrimento, e, enternecido, falou, apontando a fronte argenteada:

— Já não brinco mais com bonecas. Veja a cor dos meus cabelos...

— Podeis vendê-la! — murmurou surdamente a criança, sem despregar a vista da Annette, talvez querendo gravar, por todo o sempre, na mente, a sua imagem fagueira.

O Dr. Delvaux depô-la docemente nos bracinhos frios da menina, dizendo, nobremente:

— Teria remorsos se roubasse o teu tesouro, pobre criança! Podes guardá-lo. Não te preocupes com o que me ficares devendo... Eu não me escravizo ao ouro, mas a Deus, que não desconhece nenhuma de nossas ações, nem o mais recôndito pensamento... Sou pai e sou avô, e, de hoje em diante, hei de te considerar uma netinha muito gentil e bondosa. Até amanhã. Dá-me um beijo. Estou pago.

Depois que o médico se ausentou, Sônia fechou a casa, abraçou e osculou a graciosa Annette, que, por momentos, julgou não mais lhe pertencesse, e foi, pé ante pé, para junto de sua mãe Catarina. Chamou-a. Não obteve resposta. Começou a ficar amedrontada. Sentiu-se isolada pela primeira vez em sua curta existência. Teve sede e, como necessitasse, para saciá-la, ir à sala contígua, não ousou transpor-lhe os umbrais. Olhou maquinalmente para seu alvo leito e viu nele, risonha e aureolada, de cabelos de sol, a sua linda Annette.

Tomou-a carinhosamente nos braços. Era a companheira que, naqueles instantes aflitivos, o Pai celestial lhe concedia. Como pudera imaginar privar-se daquela inestimável preciosidade, que, então, se lhe afigurava um ser vivo, uma graciosa companheirinha?

Quanto seria desditosa sem ela! Pareceu-lhe que era uma irmãzinha, descida das regiões etéreas, para lhe fazer companhia, mas – com pesar, refletiu judiciosamente – uma irmãzinha indiferente ao estado de sua adorada mãe, que sorria sempre, quando ela estava apavorada e tinha ímpetos de soluçar...

Apertou-a de encontro ao seio palpitante, beijou-a muito e disse-lhe, meio agitada:

– Tem juízo, Annette! Nossa mãezinha está doente. Não sorrias mais! Vamos buscar um copo d'água. Sim? Tenho a garganta abrasada...

Um gemido, exalado por Ketty, fê-la estremecer e recuar da porta, que ia transpor a passo hesitante.

– Quem sabe – pensou aterrorizada – vou ficar sem a mãezinha, só no mundo, apenas com Annette?

Confrontou a insensibilidade da sua *poupée* com os afagos maternais e um tremor lhe abalou todas as fibras do coração... Sem Annette seria infeliz; sem a mãe, sumamente desgraçada!

Subitamente, relanceando a vista pelas paredes do aposento, temendo deparar sombras de avantesmas nelas projetadas, fixou a vista numa tela primorosa – cópia da *Assunção*, de Murilo – diante da qual sua genitora orava prosternada, fazendo-a imitar e reiterar súplicas a Maria.

Fitou-a e nunca a vira tão bela.

Tinha uma ventura imaterial a irradiar-lhe do pulcro semblante, no qual havia também um vislumbre de melancolia, como se estivesse já saudosa do orbe negro que lhe fugia sob os pés, ou como se recordasse, ainda magoada, o drama pungentíssimo do Gólgota...

Circulavam-na nuvens diáfanas, levemente azuladas, de onde emergiam bustos e graciosos corpos desnudos de anjos, esvoaçantes, nédios e róseos, em diversas posições, como um cardume de falenas revoluteando ao redor da Virgem, ditosos e risonhos, porque estavam ascendendo ao paraíso, enquanto que ela parecia não os ver, engolfada em preces, com o pensamento fixo em Jesus ou no Criador, que, certo, iam recebê-la com sinfonias siderais...

Sônia, sem saber interpretar o sentir da Imaculada, via apenas os anjos e convenceu-se de que eram travessos infantes, foragidos dos colos maternos; bonecos do Céu que se podiam equilibrar nos ares sem tombar no espaço, e que ficariam jubilosos se levassem a sua Annette para os páramos constelados – onde talvez não houvesse alguma tão linda, quanto ela – para seus incessantes folgares...

Desde que Catarina adoecera ainda não havia orado. Ajoelhou-se, então, com a boneca erguida nos bracinhos trêmulos, e murmurou, fixando a efígie de Maria, com os olhos rútilos de lágrimas:

– Boa Nossa Senhora, dai saúde à minha mãezinha, que adoro tanto quanto a vós!

"Nada vos posso oferecer, senão a minha Annette, que muito amo e que o doutor não quis levar... É vossa. Aceitai-a para os anjos que vos acompanham brincarem no Céu... mas, deixai na Terra a minha mãezinha, que não sorri quando estou triste, só a chorar, como agora!"

VI

Precisamente no momento em que Sônia imprecava à Virgem, Ketty despertou do letargo em que jazia, como que abalada por mãos invisíveis, e, por alguns segundos, duvidou da realidade – não sabia, ao certo, se estava acordada ou sob a ação de um sonho, em que a filhinha genuflexa parecia uma visão extraterrena, tendo a envolver-lhe a loura cabecinha um resplendor astral...

"Vede" – julgou ela ouvir, docemente – "o mérito incomparável da prece, quando parte das almas cândidas."

Soergueu-se nas almofadas, sentindo-se reanimada por magnética energia; repentino conforto a dominou por completo, teve a impressão de que um éter suavíssimo lhe penetrava todo o organismo, balsamizando-lhe as dores, refrigerando-lhe a febre que a abrasava...

Quando Sônia concluiu a invocação e ia encaminhar-se à porta – abraçada à sua camaradinha, cujos cabelos estavam diamantizados pelas gotas de pranto que neles haviam caído, como as mais belas flores pelas pérolas de orvalho – Ketty exclamou:

– Vem dar-me um beijo, filhinha!

Ela retrocedeu e, rapidamente, atirando a boneca ao leito materno, alvoroçada, galgou-o de um salto, e, chorando e rindo a um só tempo, abraçou-se à enferma, como alguém que, meio submerso num oceano encolerizado, encontrasse um calvário de pedras ao qual quisesse enlaçar-se e, então, avistando ao longe o revérbero de um fanal, todas as esperanças lhe renascessem n'alma, como lírios numa várzea, no apogeu da primavera...

Catarina osculou-a, murmurando:

— Como estavas formosa, filhinha, orando a Nossa Senhora! Ela já atendeu às súplicas que lhe fizeste, pois me sinto melhor. Vem agora repousar a meu lado, queridinha! Vou também elevar meu pensamento ao Criador, agradecendo-lhe a graça obtida e o tesouro que me concedeu na Terra, para meu consolo e alegria!

Passados momentos, já com serenidade, a criança falou:

— Tive tanto medo, mãezinha, quando te chamei e não me respondeste! Estava com sede e não tive ânimo de ir à sala, pois julgava que, se o fizesse, lá encontraria fantasmas para me prenderem, e, assim, jamais lograsse voltar para junto de ti!

— Alegra-te, filhinha: a Virgem já te ouviu os rogos! Ainda tens sede?

— Sim. Vou buscar o moringue.

— Irei contigo...

— Não. Já tenho coragem. Irei só...

— E Annette?

Sônia meneou a gentil cabecinha, negativamente:

— Vou guardá-la, mãezinha: já não me pertence...

— Não, queridinha, ela será sempre tua, pois o que a Mãe de Jesus aceitou foi a prece que lhe dirigiste, foi a tua dedicação filial, foi o teu amor puríssimo. Guarda, sim, a tua Annette, para com ela brincares amanhã...

A pequena obedeceu. Foi destemidamente buscar o que desejava, ofereceu a Catarina uma taça de chá e, pouco depois, adormeceu tranquilamente, tendo nos lábios seráfico sorriso, incomparavelmente mais belo que o de Annette – produto de artífice, que, debalde, procurou imitar o que só a natureza, a divina criadora, pode engendrar com primor, porque o artífice não lhe pode infundir uma alma, e o sorriso infantil tem algo de celestial, de maravilhoso – misto de candura e bondade – que não provém dos lábios, unicamente, mas do espírito que se expande, revelando sentimentos impolutos, que os homens não podem impregnar na matéria inerte...

Pela manhã, sentindo-se reanimada, Ketty tentou erguer-se, mas não o conseguiu; e, com pavor, se lembrou de que, não podendo trabalhar durante alguns dias, a penúria alojar-se-ia definitivamente no lar...

Sônia, assim que despertou, abriu as janelas e, guiada pelos ensinamentos maternos, preparou ligeira refeição para ambas.

Cedo chegou o médico e ficou surpreso de encontrar Catarina em excelentes condições.

À noite voltou, e, ao transpor a soleira da modesta habitação, deparou-se-lhe Gastão Duruy que ele conhecia de menino, filho de um colega. Abraçaram-se. Delvaux interrogou-o:

– Quando chegaste?

– Hoje. Venho visitar Mme. Doufour, que muito considero.

– Já a viste?

– Acabo de chegar...

– Vais encontrá-la ainda enferma...

— Que diz? Muito mal? — interpelou com ansiedade.

O médico pô-lo ao corrente da situação penosíssima da enferma, e, ainda sensibilizado, relatou-lhe a abnegação de Sônia, o seu tocante sacrifício da véspera. Gastão, enternecido, beijou a criança e disse-lhe, carinhosamente:

— Queres que te ame como o teu paizinho?

— Sim, e que não vás viajar mais, para não cair ao mar...

Ele sorriu, e, em companhia do médico, penetrou na alcova de Ketty. Cumprimentou-a, comovido, achando-a definhada e compreendendo que, tanto quanto as privações e a faina incessante a que se entregava sem tréguas, tétricos dissabores acabrunhavam-na, fanando-lhe, aos poucos, a beleza helênica.

Fitou, penalizado, aquele rosto emagrecido, surgindo como alva açucena, ou escultura de alabastro, dentre a catadupa dourada de suas opulentas madeixas, e se deixou dominar por irreprimível piedade daquele ser humano, frágil na aparência, mas possuidor de um Espírito heroico, apto às imolações mais sublimadas, cultuando a Virtude e o Bem — vínculos de luz que agrilhoam as almas nobres ao Onipotente...

— Senhora — disse o Dr. Delvaux, contentíssimo — operou-se um milagre: ontem eu a considerava presa da morte; hoje, vejo-a liberta de suas garras... No sacerdócio da Medicina há desses mistérios inexplicáveis... Dou por finda a minha tarefa.

— Eis quem operou o milagre, por intercessão de minha Sônia, doutor! — disse Ketty, apontando a tela da Virgem e narrando o que presenciara na noite antecedente.

Ao retirar-se, a convalescente expressou-lhe efusivos agradecimentos pelo seu desinteresse e dedicação.

– A gratidão, para mim, vale mais que o ouro! – exclamou o Dr. Delvaux, ao sair.

– Deus vos recompensará! – tornou Ketty.

– Ele que me abençoe e ficarei satisfeito.

"Não tenho aspirações terrenas. Os filhos já dispensam o meu auxílio. Nem tarda transponha os pórticos da Eternidade: – quero, apenas, levar para as regiões etéreas este tesouro incomparável – a consciência sem máculas nem remorsos! Os homens, quase na sua totalidade, desprezam-no, mas Deus sabe dar-lhe o justo valor."

Retirou-se, então, acompanhado de Sônia, que lhe segurava a destra, ditosa e sorridente.

Depois de lhe haver beijado as faces, partiu a pé, não tendo nas algibeiras senão alguns soldos; mas no seu Espírito havia muita luz, que parecia difundir-se através dos seus cabelos brancos.

Quando Sônia voltou para junto de Duruy, este abraçou-a, dizendo a Catarina:

– Senhora, Deus certamente não aceitará como holocausto digno de galardão o vosso lento suicídio, que terá como consequência deplorável deixar ao desamparo esta criança, tal como esteve a pique de suceder ontem... Desejo amparárá-las ambas, sem que vos sintais vexada...

"Aceitais, doravante, minha proteção respeitosa, como noivo?"

Ketty, depois de alguns instantes de penosas cogitações, respondeu:

– Não, Sr. Duruy, pois viveis como o pobre Pierre, à mercê dos oceanos traiçoeiros, e eu, que muito vos prezo, não quero, como outrora, continuar sob o guante do mesmo suplício moral que me torturou por alguns anos, à espera de um ente querido, sempre temerosa de perigos e desastres irreparáveis... Meu coração está exausto de esperar, de sofrer...

Indecifrável a alma humana! Ketty estava emocionada! Lágrimas lhe defluíam dos olhos, parecendo-lhe derivadas do coração, que se confrangia, martirizava-se, recusando uma afeição nobre, que, durante meses, tinha sido o seu único lenitivo... Sentia-se, havia muito, abandonada no Saara intérmino da vida, apegando-se ao amor de Sônia, que, na sua idade, não lhe compreendia as lutas e o infortúnio. Começou, então, a afeiçoar-se a Duruy, reconhecendo nele um caráter sem jaça. Por que, então, não aceitava, reconhecida, a honrosa proposta de casamento?

No momento em que tateava uma provável felicidade, vislumbrando um rosicler no lúrido firmamento da sua existência, que, por vezes, julgava unicamente votada ao sofrimento e à penúria; descortinando, ao longe, como um náufrago, baldo já de alento, a asa branca de uma caravela, aproximando-se para a salvar... recusou, estoicamente, a taça de hidromel, para sorver a de fel... Por quê? Vacilava, prevendo novas dores. Não conhecia já um dos mais intensos padecimentos que experimenta um ente débil, a sós para mourejar contra os reveses do destino, sem ter ao lado um pai, um esposo, um irmão, alguém que a ajudasse a suportar esses reveses, que lhe dirigisse palavras de conforto? Sim...

Quantas vezes, em horas de isolamento e atrozes evocações, sentia atormentá-la, causando-lhe mágoas e esmorecimentos, supondo que a sua desdita já durasse séculos – a falta de um ente amigo que partilhasse consigo as vicissitudes terrenas!... Pensava que duas almas coesas, vinculadas por afeição impoluta, caminhariam impávidas pela *Via--crucis* do mundo, sem desfalecimentos, confortadas por mútuo afeto, vencedoras de todos os óbices, arrostando todas as tempestades morais, todas as desventuras, todos os empecilhos, serenamente, ao passo que, quando uma delas se desliga, fica a outra perplexa, hesitante, trôpega, sem equilíbrio, sem ilusões, e, então, começa a peregrinar pelos ínvios carreiros da existência, como Jesus pelas ruas de Jerusalém, levando aos ombros ulcerados o madeiro do suplício – que o aguardava, além, no Gólgota – conduzindo, acurvado ao peso descomunal de todos os tormentos morais, o instrumento de sua própria tortura, sabendo que somente encontraria repouso quando o Espírito radioso se alasse às amplidões celestes... Não há criatura antagônica ao Cristo, que não necessite de um bendito Cireneu para lhe amparar a cruz das provações terrenas – seja ele visível ou invisível – para conseguir repô-la no Calvário, isto é, atingir a perfeição psíquica, que é a sua redenção. A cruz é, pois, ao mesmo tempo, o símbolo do martírio e da remissão. A alma, quando a conduz pelas veredas da dor, tem momentos de revolta e desalento, muitas vezes a maldiz, sente os ombros chagados – porque se acha ainda enclausurada na carne – mas, quando conquista todas as virtudes, podendo, então, fruir todas as maravilhas do universo, isenta do sofrer, tornando-se águia divina, agente benfazejo do próprio Criador, sabe abençoá-la e adorá-la. Na Terra, parece-lhe de chumbo; no Céu, leve, diáfana com a luz. No cárcere planetário, arrasta-a a passos morosos e vacilantes; às vezes, tem quedas e descoroçoamentos; depois, quando redime todos os delitos – que a faziam pesada e insustentável – ela é que a toma nos braços amplíssimos, que terminam no Espaço, porque é fincada no solo, tem por pedestal um orbe fecundo de prantos, mas o cimo ultrapassa as nuvens, atinge o Infinito... Perguntai a essa alma isolada, aturdida, infeliz, impelida pela mão premente da adversidade, se renega um apoio, uma destra amiga – que se torna fúlgida como um dos anéis de Saturno – um afeto casto, e ela terá pavor de repelir essa ventura, aterrorizar-se-á lembrando-se do porvir, que é entrevisto como um eclipse perpétuo, porque existe no seu próprio íntimo – chama-se abandono, viuvez, saudade, desânimo...

No entanto, a criatura nunca sofreria esse tormento indefinível, nem se julgaria desamparada, se estivesse convicta de que, nas horas de ríspidas expiações, possui a amizade e o auxílio incomparáveis que provêm de entidades magnânimas, dos filantropos celestes, que lhe prestam valioso concurso e a norteiam para Deus... Padece, pois, por ignorar as Leis Supremas... Às vezes, não só as desconhece, como sentimentos opostos aos do próprio coração medram-lhe num cérebro torturado... Estava num desses momentos enigmáticos a mãe de Sônia Doufour...

Amava a Duruy e recusava a felicidade que ele lhe oferecera – um indissolúvel pacto de destinos... Por quê?

A ventura é incompreensível; foi criada para ser inatingida... Não existe integral no espírito dos justos, nem em toda a Criação. Alguém aspira a alcançá-la, acalenta-a por muito tempo, sonha realizá-la, mas, apenas a sente roçar-lhe a fronte suas níveas asas, borrifadas de diamantes, hesita em aprisioná-la e murmura flebilmente:

"É verdade que me pertences? Não me trarás amarguras e decepções? Não te acorrento, visão encantada e fagueira; volta ao Empíreo de onde vieste – não podes ter guarida na Terra, o calabouço humano! Só tens amplo asilo além, onde gravitam os sóis, onde há claridades inextinguíveis, e não aqui, onde sorvemos trevas, onde há caudais de lágrimas..."

Compreendeu esse flagelante embate travado no íntimo de Ketty, aquele que anelava torná-la ditosa, e disse-lhe:

– Se essa é a objeção que apresentais contra a minha pretensão, eu vo-la desvaneço por completo; já não sou mais o imediato do *Devoir*, pois aceitei a gerência de próspera empresa comercial, fundada em Bruxelas, e da qual faz parte um meu parente. Partirei breve para a capital belga. Podeis, pois, aceder à minha solicitação... Quereis, Catarina Doufour, fazer a minha ventura?

– Que ventura, senhor – replicou ela, com melancolia –, podeis encontrar num lar onde, de há muito, só há luto, penúria e pranto?

– Esquecei-vos de que há nele também tesouros dignos do paraíso – virtude, beleza moral e física, puras afeições – méritos inestimáveis, e, antes que pertençam ao eterno, de que são dignos – poderão fazer-me feliz neste mundo... À senhora, não temo confiar meu futuro e meu destino...

Tanta nobreza manifestada por Gastão cativou, por todo o sempre, o coração de Ketty, que não relutou em firmar com ele um contrato nupcial.

Um mês após esse diálogo, realizou-se com extrema singeleza o consórcio de Gastão Duruy com Catarina Dufour, tendo por um dos paraninfos o generoso Dr. Delvaux.

FIM DO LIVRO IV

Livro V

"Resurrectio!"

I

Doze anos decorreram após a descrita aliança conjugal.
Temos agora por cenário a capital da Bélgica.
O casal Duruy habitava aprazível vivenda.
Gastão via, cotidianamente, florescer a empresa a que se associara.
Adorava a esposa e a enteada que, então, contava mais de três lustros, era meiga, formosa e primorosamente educada. Um lar de todo invejável, se não fora um sucesso inesperado. Os mais fúlgidos diamantes também têm, por lhes diminuir o brilho, o câncer da jaça. A mais bela e odorosa flor é a que atrai o verme mais asqueroso e roaz. É que a ventura, tal como a sonha a humanidade, jamais existirá na Terra, planeta inferior, masmorra de delinquentes, onde há incessantes pugnas morais, para que o Espírito se burile ao escopro da dor.
Qual, porém, a penumbra que inopinadamente eclipsara quase a felicidade reinante naquele lar que, carinhosamente constituído, era um Éden terreal? O nascimento de

um menino, o unigênito do casal Duruy. Consorciados e felizes, aspiravam à dita de lhes conceder Deus um entezinho ao qual amassem tanto quanto à Sônia.

Esperavam-no ansiosamente, sôfregos por beijá-lo e fazê-lo venturoso, quanto o eram eles próprios. Seu advento, porém, que ia ser saudado com estos de júbilo e preces de agradecimento ao Criador, que os fizera tão ditosos, foi-lhes amarga decepção...

Nascera-lhes, simplesmente, um pequenino monstro.

Desmoronara-se toda a alegria arquitetada em torno de um alvo berço engrinaldado de flores, um contraste irrisório, ou doloroso do ser que nele se abrigara. A criança inspirava pavor a quem a visse.

Não que lhe faltassem membros, ou que os afeassem aleijões propriamente teratológicos, retorcendo-os ou tomando formas aberrantes; era bem proporcionado, mas a fisionomia assemelhava-se a horripilante máscara de sangue; olhos garços, estrábicos, cabelos cor de fogo, boca desmesuradamente larga, que lhe dava a aparência de réptil *sui generis*, de mandíbulas sem dentes. Era, ao mesmo tempo, satânico e repulsivo. Os próprios genitores não tiveram coragem de beijá-lo.

Ketty, desde que o vira, após convulsivo soluço, ficara com a saúde para sempre alterada. Por momentos, desejara que a morte ceifasse o pequenino ser a que dera à luz, mas, compassiva e magnânima, por índole, repeliu tal pensamento e sentiu infinita piedade pelo filhinho, que fora levado à pia batismal com o nome de Richard. A criança foi assim crescendo num ambiente de melancolia e carinhos reservados. Nunca tivera as expansões da infância, que, em geral, é nédia e despreocupada.

Ele era descarnado, esguio, não lhe faltando esbeltez plástica; o rosto, porém, era horripilante – causava a impressão de que afivelara à face uma diabólica máscara rubra.

Os pais o afagavam, às vezes, com os olhos marejados de pranto, mas não o osculavam nunca.

Richard tinha um gênio violentíssimo. Nos primeiros anos de sua puerícia, manifestou caráter indomável e perverso, desejando torturar os animais domésticos, regozijando-se com os seus gritos de dor. Ketty compreendeu a necessidade de lhe combater os maus impulsos. Não o tendo beijado nunca, também não queria magoar-lhe a carne; mas improvisava-lhe sempre novas e úteis punições morais. Richard admirava e amava a irmã, que era sempre afetuosa e compassiva para com ele. Quando praticava alguma falta grave, Ketty dizia-lhe:

– Hoje não poderás conversar nem brincar com Sônia...

– Por Deus, mamãe, perdoai-me! Eu prometo ficar muito quietinho e bom.

– Pois bem; se cumprires o prometido, poderás, logo à tarde, passear com ela.

Era o castigo que mais o atormentava – não poder aproximar-se da irmã querida!

De longe a fitava, no prisma das lágrimas e achava-a, então, mais bela, como que envolta em diamantes líquidos, focalizados em rósea alvorada; desejava atirar-se-lhe aos braços, e a tortura por que passava, impedido de o fazer, mortificava-o grandemente.

Ketty sofria ao vê-lo arrependido e isolado, mas era inflexível. Muitas vezes disse ao marido:

— Fisicamente, nosso filho é monstruoso; quero embelezar-lhe a alma, norteá-lo para o Bem e para o Criador!

Aos poucos, o caráter do pequeno se foi modificando: sua irascibilidade atenuava-se; as arestas das imperfeições eram desbastadas; tornou-se humilde e compadecido do sofrimento alheio. Quando enraivecido — o que sucedia raras vezes — Sônia dizia-lhe repreensiva:

— Richard, como ficas feio quando choras ou estás encolerizado!...

Ouvindo-a, ele estrangulava um soluço que lhe irrompia do peito, e, tal a violência do esforço para se dominar instantaneamente, que, só então, empalidecia — tornava-se um cadáver de gesso... Era tormento incessante de sua alma o saber-se horrível. Compreendera a dolorosa verdade, desde os primeiros anos de existência. Não ousava convidar os meninos da sua idade para brincarem consigo, porque os via olharem-no com pavor e percebia-lhes o sorriso de escárnio.

Maior a sua tortura, porque, vendo-se horripilante, extasiava-se ante o belo, os primores da natureza — as flores, as aves, as estrelas... Uma tarde — tinha ele precisamente dez anos — achava-se no jardim em companhia de Sônia, então encantadora adolescente, quando a interrogou:

— É verdade, Sônia, que Deus é realmente muito bom?

— Sim. Por que mo perguntas?

— Porque Deus não gosta de mim...

— Que dizes, Richard? Que é o que te faz pensar assim?

– É porque fez tantas coisas belas e, a mim, tão feio como aquele crocodilo que me mostraste hoje no teu livro novo! Por que não teve Deus pena de mim?

– Porque Deus não quer o corpo mais belo do que a alma. É destino do corpo baixar à sepultura, transformar--se em podridão e pó, ao passo que o da alma é viver eternamente, servir e amar o Pai celestial.

"Somos seus filhos bem-amados, herdeiros de todas as maravilhas que elaborou e tanto aprecias!

"Ele criou, para todos os seres, os mais encantadores e os mais hediondos, o mesmo céu opalino, os mesmos frutos saborosos, as mesmas flores sedutoras! Quer, apenas, que sejamos bons. Se tu o fores, bem como piedoso e obediente, quando subires aos páramos azuis onde se acham os sóis, Ele te fará muito formoso, dar-te-á longas asas, brancas como as do cisne e possantes como as da águia, e, então, poderás voar de estrela em estrela, como os colibris de rosa em rosa!"

– E há de me beijar?

– Sim, e abençoar-te também – respondeu-lhe a irmã em extremo sensibilizada, pois compreendera o alcance das palavras do irmãozinho, magoado porque nunca o beijavam... Sentiu os olhos inundados de pranto, e, tomando--lhe a destra delicada e alva, osculou-a longamente.

– Olha, Sônia – continuou, atirando-se aos braços da irmã –, se Ele me transformasse em pássaro, dando-me asas, eu gostaria de cantar e não me importaria de ser medonho... porque voaria para muito longe, onde ninguém risse de mim!

— E quererias deixar-me?
— Não... Eu te viria ver... quando estivesses sozinha...
— E não terias saudades de nossos pais?
— Teria... mas não os queria ver chorar como acontece às vezes, quando me avistam... porque me acham horrível, como toda a gente!
— Mas eles te amam muito.
— Sei, mas a ti muito mais, porque és bela e muito boazinha... Também eu te idolatro e acho-te formosa como um anjo da guarda.

Sônia, dotada de inteligência, consolava-o, acariciava-o sempre, incitando-o a ser bondoso, a não massacrar os animalejos e as plantas, a amar os pais.

Uma tarde, já em trajes de passeio, aguardando apenas que os genitores terminassem as suas *toilettes*, Richard, aproximando-se de uma roseira em plena florescência, engrinaldada de rosas rubras, como que talhadas em púrpura, notou que, num dos hastis, rastejava uma larva repugnante. Num brusco movimento, atirou-a ao solo com a farpa de um galho partido e esmagou-a de uma só vez.

— Que fizeste? — bradou a irmã.
— Não viste? Matei uma nojenta lagarta que iria corroer aquelas rosas que tanto aprecio, se lá a deixasse ficar! Fiz mal? Se Deus fez tão feia e má, a lagarta, é para que a matemos!
— Como te iludes, Richard! Não são os mais belos seres os que produzem as obras-primas, ou úteis à humanidade. Os grandes gênios têm sido destituídos de beleza física; os beija-flores, formosas joias aladas, são improdutivos,

inúteis, ao passo que a madrépora, gelatinosa e repulsiva, produz a pérola, que parece uma gota de luar, cristalizado.

"Nós, imperfeitos, é que amamos somente o que nos parece lindo; e Deus, que é a perfeição quintessenciada, não seleciona os seres senão pelos nobres predicados que possuem. Quem sabe se, para Ele, uma larva não vale mais que uma rosa? Deu-lhe vida, movimento, instinto de conservação, faculdade de segregar o fio de seda com que são urdidos os mais formosos tecidos, como o cetim, o veludo, o crepe da China, que seduzem pelo tato e pela vista e, fazendo-a extremamente repugnante e feia, deu-lhe apurado gosto, pois ama as flores e, mais tarde, depois que produz o casulo mimoso, torna-se tão bela como a própria rosa, metamorfoseia-se em borboleta!

– É verdade o que dizes, Sônia? Aquela horrível lagarta poderia ainda se transformar em falena azul?

– Sim!

– Ah! então, sou muito perverso!... Perdoa-me. Tu não me bates porque sou feio e Deus me conserva a vida, podendo esmagar-me qual o fiz à lagarta! Como sou mau!

Depois, fitando a irmã, radiante de formosura, alva, trajada de cetim-rosa, disse-lhe:

– Mas por que Deus me fez lagarta... e a ti borboleta?

– Ainda serás borboleta! É mister, porém, produzas o fio luminoso com que tecerás a própria felicidade – todo o bem que puderes praticar na Terra... Deus não vende nem dá a ventura – permuta-a pelas boas ações dos que desejam conquistá-la, e pelo sofrimento suportado com resignação...

– Quem to disse, Sônia?

— Alguém, um ser invisível, talvez o meu anjo tutelar, que me segreda o que te digo, às vezes; e porque também já li, num livro deixado por meu pobre paizinho, assinalado de lágrimas em diversas páginas, "que é a dor a conquistadora da felicidade que nos aguarda além, nos páramos divinos!". Sofre, pois, Richard, com resignação, e serás por Deus galardoado.

II

A situação pecuniária de Duruy continuava a prosperar, permitindo-lhe proporcionar à família o máximo conforto. Residiam em casa aprazível, onde havia luz, pomar, caramanchéis floridos, aos cuidados de Sônia e do irmão, que os ornamentavam de raros espécimes vegetais; Richard estudava com eméritos professores que, quase diariamente, iam a domicílio lecionar-lhe diversas matérias. Fora, ao completar dez anos, internado em afamado colégio de Bruges; mas, a tortura que em poucos dias lhe infligiram os condiscípulos, fez que o pai fôsse buscá-lo prestamente.

A sua efêmera permanência no internato assinalou-se por inolvidáveis dissabores: os alunos dirigiam-lhe palavras mordazes, galhofeiras, escarninhas, alcunhavam-no de apelidos deprimentes, não se aproximavam dele voluntariamente senão para atormentá-lo, fazendo-lhe caretas horripilantes, que, no entanto, representavam, quase com precisão, a sua fisionomia... Dir-se-ia que a presença de Richard transformara todos os alunos em desenhistas humorísticos, ou autores de sátiras. Os professores, exasperados, puniam os mais rebeldes, mas toda a repressão era improfícua, pois os meninos sentiam recrudescer a animosidade contra Richard, que se humilhava, tinha o coração confrangido, mas não chorava, para que se não tornasse mais horrível, para que não escarnecessem de suas lágrimas...

Escrevera ao pai, em momentos de dor acerba, relatando-lhe os lamentáveis sucessos do internato. Duruy foi buscá-lo imediatamente, logo que recebeu a carta, e resolveu fazê-lo estudar em casa. Sônia exultou ao ver o irmão regressar, pois muito o amava e não se conformara com a separação. O ensino individual foi-lhe vantajoso.

Ele era inteligente, analista ponderado, propenso às induções científicas, espírito pesquisador e refletido. Seu caráter, que nos primeiros anos se manifestava violento e irascível, devido à educação moral que recebia incessantemente, abrandara-se, adoçara-se; tornou-se compassivo e meigo, não só para com os irracionais como também para com os infortunados. Sofria estoicamente, sem um lamento, as espezinhações que lhe infligiam os que o achavam horripilante. Não tinha um brado de revolta contra o destino, mas vivia sob o guante de um dissabor indizível e inconsolável, oriundo do seu físico, que lhe dava a aparência de um carnavalesco de carantonha trágica.

Amava o convívio social e padecia intimamente por ser compelido a viver como um recluso, para não ser alvejado pelos olhares curiosos e cruéis dos que nele se fixavam só com o fim de fazerem zombarias.

Sônia completara 18 anos. Era esbelta, pálida como Pierre, tez primorosa de camélias brancas expostas ao luar, com tonalidades de nácar nas faces; cabelos castanhos semidourados, em ondas flexíveis, olhos merencórios, cílios longos, como para atenuarem o brilho das pupilas de topázios fúlgidos.

Richard atingira os onze anos. Era descarnado, porém airoso como seu genitor. Seu corpo de níveo jaspe e de contornos aristocráticos contrastava frisantemente com o rosto, sempre rubro, com máculas cor de avelã; nariz que se tornava cada vez mais desproporcionado, olhos estrábicos, glaucos, boca desmesuradamente grande, como que desarticulada quando falava, dentes desalinhados, cabelos que lembravam chamas, apenas aparados como os dos meninos ingleses.

Uma tarde, estavam ambos com vestuários de passeio. Sônia, radiosamente bela, trajava de róseo; Richard trazia uma roupa de veludo safira. Aguardavam os pais, que ultimavam suas *toilettes*.

Richard mirava-se ao espelho, o que, aliás, raramente fazia. Por momentos, analisou atentamente a própria fisionomia; depois, com um ríctus doloroso, esforçando-se para que o pranto não lhe borbulhasse nos olhos sem brilho, como que apagados, nevoados como os dos seres inanimados pela morte, disse à irmã querida:

— Sônia, parece-me que meu organismo é a junção de dois corpos diversos: do pescoço aos pés sou um fidalgo, um príncipe talvez, alvo e donairoso; do mento para cima sou um ser horrível; minha cabeça é a de um outro ser, de alguém que já tivesse sido sepultado em começo de decomposição; ou antes, tenho a cabeça de um guilhotinado, que houvesse rolado no próprio sangue, sobre a terra denegrida – conservando ainda vestígios de ambos, terra e sangue – e que, depois, apanhada por um Cagliostro prodigioso, fosse colada a um pescoço de gentil-homem... Causa-me horror o meu aspecto! Sabes o que imaginei, agora? Costumas dizer que há uma crença – conhecida desde os tempos imemoráveis pelos povos mais antigos do Egito, da Índia e da Grécia – a qual afirma termos mais de uma existência, ou antes, que a nossa alma progride, transmigrando em diversos corpos...

"Quem sabe se há, realmente, mais de uma encarnação? Em tudo quanto vemos há tanta harmonia – no céu e na Terra, nas aves e nas flores! Por que, pois, sou um ser à parte, uma seleção da natureza, um corpo que oferece contraste nos próprios membros, que parecem fragmentos de diferentes criaturas?

"Acabo de imaginar que outrora fui um carrasco, muito cruel, que se comprazia em esquartejar, mutilar entes humanos, e hoje, para expiação de seus crimes, minh'alma liga dois fragmentos de pessoas diferentes – das muitas vítimas que decapitei impiedosamente – unindo assim o corpo de um aristocrata à cabeça degolada de um bandido!"

– Por Deus, Richard, não digas semelhante coisa, que me amedrontas! – exclamou Sônia apavorada, realmente, pois naquele instante tivera o mesmo pensamento que o irmão, calando-se, contudo, para não magoá-lo.

Fitou-o, com indizível amargura, vendo-o lacrimoso, de face contraída, e com tal expressão de dor que a fez pensar:

— Quanto vai padecer o pobre Richard no decurso da vida! Parece, incontestavelmente, que o próprio Deus lhe afivelou ao rosto hedionda máscara, para representar na Terra uma tragédia shakespeariana...

Depois, acercando-se do irmão, enlaçou-o afetuosamente e disse:

— Sê sempre bom e todos te acharão belo como Jesus!

— Dize-me, Sônia, não te vexas de sair à rua comigo — tu, que és linda, comigo, que sou um monstro?

— Não, meu querido exagerado, porque te quero muito... Às vezes, acho-te formoso... Sabes quando? Quando progrides nos estudos, quando manifestas nobres sentimentos, quando praticas ações louváveis!

— Obrigado. Não és somente bela — mas piedosa e boa também. És anjo na alma e no corpo.

O diálogo foi interrompido com a chegada dos esposos Duruy — ainda moços, gentis e enamorados sempre.

— Querem saber o que acabo de resolver? — disse Gastão dirigindo-se a Sônia e ao filho.

— Diga, papai.

— Pretendo ir breve à Inglaterra, desembarcando antes na ilha de J..., para visitar um irmão e paraninfar o consórcio de minha primeira sobrinha. E resolvi que iremos todos.

— Muito nos alegra a boa-nova — murmurou Sônia, radiante. — Folgamos em saber que vamos viajar por mar. Não iremos à França também?

— Sim, na volta.

Palestrando amistosamente, saíram, como sempre, de carruagem, para não fazerem reparo em Richard.

"Resurrectio!" 349

Poucos dias após essa afetuosa confabulação, Duruy e a família embarcaram em Antuérpia num navio com destino à Grã-Bretanha, com escalas pelo Havre, Brest, ilha de J..., e finalmente Liverpool, onde Gastão pretendia demorar-se algum tempo.

Richard e Sônia estavam maravilhados com a viagem marítima. Ficaram longo tempo no tombadilho a contemplar o pego azulado, permutando ideias que traduziam íntimas impressões. Observaram que alguns passageiros faziam comentários a respeito de Richard. Sônia, pesarosa, convidou o irmão a retirar-se e foram ambos encerrar-se no camarote. Sentiu-se a jovem subitamente entristecida, apreensiva, dominada por vago temor, misterioso e indomável. Depois da segunda refeição, ao lado de Richard, foi novamente mirar as vagas imersas nos derradeiros clarões crepusculares. Lembrou-se do genitor com enternecimento e saudade, fitando a vastidão oceânica, o seu túmulo – túmulo de marinheiro, quase infindo, no qual jamais poderia espargir flores, mas onde as estrelas se retratavam enamoradas do próprio fulgor, como Narcisos de luz...

Entardecia.

O mar, muito sereno, não tinha gemidos como um coração ditoso, refletindo, qual espelho, a luminosidade do céu que o coloria de tons purpurinos, parecendo que um artista sideral, repentinamente enlouquecido, depois de haver pincelado o horizonte de tinta nacarada, vazasse o sobejo nas ondas, cujas cristas espumosas se cobriam de coral fúlgido e se tornavam diáfanas, luminosas, engrinaldadas de rosas sutis, que desabrochavam e se desfaziam com rapidez feérica... Quando as primeiras estrelas abrolharam no Firmamento, como se este fosse um imenso zimbório de catedral gótica verrumado a esmo, jorrando ouro e luz em cada orifício, incendendo suavemente o sendal noturno, os filhos de Ketty encaminharam-se à grande sala reservada às refeições. Não distante, no salão de reuniões e palestra, harpejavam num melodioso Pléyel, dolente *rêverie*.

Sônia e Richard, evitando prováveis comentários, instalaram-se à extremidade de pequena mesa, entretendo-se com um jogo infantil, combinando cubos diversamente coloridos para completar as imagens neles fragmentadas.

Bruscamente, seus olhos foram atraídos para uma estranha personagem, que irrompeu na sala e eles ainda não tinham visto, infundindo-lhe pavor: fitava-os, com insistência, a poucos passos do local em que se achavam, um septuagenário que devia ter sido descomunalmente alto, mas que, então, estava com o dorso vergado como o de um dromedário; rosto puníceo, ravinado de sulcos profundos em diversas direções, como feitos a escopro por escultor excêntrico e macabro, nariz adunco, formando quase um ângulo reto; olhos encovados, salientando-se as órbitas como que vazias, mas possuindo um brilho fosforescente, mesmerizante; boca semiaberta, onde havia plantados raros dentes negros, parecendo carbonizados; tendo, enfim, a aparência de um Mefistófeles decrépito, em ruína, banido, por um instante, ou eternamente, do averno, talvez expulso pelos que mais o temessem...

Richard deixou de jogar, achegou-se à irmã, trêmulo, e murmurou quase imperceptivelmente:

– Sônia, que homem medonho! Tenho receio de ficar assim, quando envelhecer! Será mesmo um velho? Quem sabe se não é Satanás a bordo deste navio para o arrebatar ao inferno, fazendo-o soçobrar?

"Vamos para junto de nossos pais... Tenho medo... Reza baixinho, Sôniazinha, que ele já está perto de nós..."

Ergueram-se os dois, mãos entrelaçadas, com o intuito de fugirem do recinto onde estavam, mas o horripilante velho já se achava próximo deles, andando sempre em sua direção, rumorosamente, como o faria um gigante de chumbo, trôpego, mal firmado nos pés esmagadores, titânicos...

Abeirou-se de Richard, no qual fitava os olhos torvos. Depois, colocando-lhe a destra engelhada, em forma de garras de falcão – à criança pareceu pesada manopla de bronze que fosse achatá-la –, sobre os seus cabelos fulvos, alisou-os com carinho e falou com indizível emoção:

– Como te chamas, meu menino?

Antes que Richard lhe respondesse, vergou mais o corpo ciclópico, fixou-lhe a vista, que desprendia estranho brilho – como se de suas órbitas de dragão fantástico se filtrasse uma chama sutil, de fogo fátuo, originada em sua alma que ardesse, qual *ponche*, dentro do crânio volumoso, para o enfeitiçar – e falou em francês alterado por dição exótica, com a voz trêmula, parecendo saída de uma caverna ou báratro profundo:

– Como és belo, meu menino! Belo!

Richard cerrou as pálpebras, subitamente descorado e como tomado de vertigem: um relâmpago de intensa ventura deslumbrou-lhe a alma, fascinando-a, inebriando-a de luz! Julgava estar delirando: aquele ente hediondo – e se não o fora, também tal não lho diria! – achara-o *belo*... Era a primeira vez e, certamente, a última, que lho diriam... Seria gracejo? Ele, Richard, não podia ter ilusões a respeito do seu físico: desde que em sua mente dardejara o uso da razão, compreendeu que todos, inclusive seus genitores, achavam-no monstruoso; e era essa a opressora realidade que o espezinhava, que o esmagava, que o isolava dos outros meninos que o temiam – o mesmo temor instintivo que se lhe apoderara da alma, ao ver aquele velho repulsivo... Um brusco enternecimento lhe germinou no coração, fazendo que lágrimas ardentes umedecessem seus olhos de zanaga... Teve ímpetos de segurar a mão engelhada que se acurvava sobre sua fronte e cobri-la de beijos – beijos de gratidão, de eterno reconhecimento! A um monstro, era lícito acariciar outro... Jamais – pensou a criança, antevendo o futuro – em todo o curso da sua existência, alguém lhe diria aquelas palavras mágicas, fascinadoras...

Estavam todos estarrecidos, como sob o influxo de misterioso efialta. Foi Sônia quem interrompeu o silêncio, dizendo ao desconhecido:

– Por que falais assim, senhor? Meu irmão não é bonito, tal.

– Não é? Ora essa! Pois acho-o adorável, um anjo! Sabes por quê? Ah! não compreendes – tu, feliz – o que se passa neste velho coração ajoujado, intumescido de rancor e de desgostos, tantos, tantos, que me fazem andar arqueado como um cutelo... É bastante dizer que tinha um filho idolatrado, o qual, quando criança, era o retrato do teu irmãozinho. Depois, em plena juventude, na flor da vida, mataram-no barbaramente, menina! Ai! já lá se vai mais de um quarto de século que não o vejo, e tenho sempre viva, perfeita, a sua imagem gravada na mente; não posso dele me esquecer um só instante! É a primeira vez que encontro alguém semelhante ao meu André! E quanto isso me comove! Agora, reparo que também possuis alguma semelhança com minha filha... uma infeliz que morreu louca! Por que me persegue hoje o acaso com estas evocações pungentes, agora que me julgo à beira do túmulo? Que perversa entidade preside ao meu destino, para se comprazer em me revolver n'alma a adaga dessas lembranças cruéis? Para que recrudesça o meu rancor? Maldito seja ele – Deus ou Satanás! Quando me acerquei de vós, julguei estar alucinado, sob a pressão de um pesadelo, vendo reproduzidos os espectros de duas criaturas que, há muito, jazem em longínquos sepulcros...

Retirou a mão da cabeça de Richard, dominado por sentimentos impetuosos.

Sônia, apesar da intuitiva aversão que sentia por aquele homem, disse-lhe com doçura, desejando acalmá-lo:

– Não recordeis o passado! Não tendes mais família?

– Não. Roubaram-me os filhos e a mulher e deixaram-me infortúnios e dissabores. Ganhou, pela certa, quem permutou comigo. Dizem que Deus é misericordioso e justiceiro; mas eu só vejo iniquidades... Por que consente Ele que Satanás se compraza em nos atormentar desde vivos, e, depois, ainda lhe outorga o direito de nos arrastar ao inferno? Estais apavoradas, crianças? Já estive iludido outrora, como vós. Hoje me acho em plena realidade. Desconfio que tudo – Deus e Lúsbel – não passam de absurda, monstruosa ficção... Mas, mudemos de assunto. Como se chama teu irmãozinho, minha menina?

– Richard Duruy.

– Um lindo nome. E o teu?

– Sônia Doufour.

– *Sônia Doufour...* Não estou louco? Ouvi mal? – disse soturnamente, gesticulando desordenado, e, iracundo, abeirando-se da jovem, que empalideceu e recuou um passo, interrogou abruptamente:

– Sônia Doufour, órfã de pai?

– Sim, senhor.

– Quem era ele?

Antes de lhe responder, Sônia circunvagou o olhar pela sala. Estava amedrontada. Tinha a vaga intuição de um perigo iminente. Recobrou ânimo, avistando Gastão e Ketty, que andavam à sua procura. Duruy ouviu a arrogante arguição do horripilante ancião, e estremeceu recordando-se, repentinamente, de já tê-lo visto a bordo do *Devoir*.

Sônia respondeu-lhe com voz meiga:

– Era o primeiro piloto do *Devoir*, um navio francês.

– Maldição! Maldição! – rugiu, apoplético, tornando-se mais medonho e rubro. Cerrando os punhos, brandiu-os ameaçadoramente e desfechou forte pancada sobre a própria fronte intumescida e congesta, como que encapelada, sulcada de vincos tão profundos que patenteavam a violência vulcânica dos seus pensamentos, medrados na cratera do cérebro, de que era a crosta purpúrea, parecendo fendida em momento de terremoto...

– Que tendes? – interveio Gastão, encarando-o de frente. Reconheceu, nitidamente, naquele indivíduo, o execrável passageiro do *Devoir*, perseguidor implacável de Pierre, que, talvez para dele se libertar, tivesse posto termo à vida... Peterhoff não o ouviu, tal a exaltação em que se achava. Dirigiu-se a Sônia, com verdadeira cólera leonina:

– Sabes quem era teu pai?

– Um honesto francês.

– Ele mentiu a todos. Era um foragido da Rússia – o assassino do meu André! – tornou Peterhoff com um brado selvagem, atirando ao chão o barrete negro de astracã, que trazia à cabeça pendida, quase perpendicular ao tórax, surgindo, então, aos lados do crânio volumoso, desnudado da testa ao occiput, raros cabelos brancos e ruivos – mescla de fios de prata pincelados a sangue – dando impressão, a quem os via, de haverem colado a uma esfera purpurina algumas mechas de algodão, servindo de penso a uma chaga cancerosa...

Quem o fitasse naqueles instantes, compreenderia a exacerbação do seu Espírito, a veemência dos seus sentimentos. Dir-se-ia que as ideias lhe rumorejavam no cérebro, projetavam fagulhas ou lavas candentes, detonadas surdamente, qual explosão subterrânea de grisu.

O cérebro – onde se impregna a mente, o cerne d'alma – é a jazida inesgotável dos pensamentos. Se estes são castos, generosos, calmos, não deixam vestígios na fronte, que apresenta sempre a serenidade de um horizonte azul, como o dos países meridionais; se, ao inverso, são ardentes, impuros, rancorosos, esculpem nela estrias profundas, indeléveis, como feitas no mármore pelo buril de um escultor delirante.

A fronte é, pois, o reflexo do que se passa na mente, o firmamento da alma, onde se patenteiam, de modo indiscutível, as suas borrascas ou as suas luminosidades de estrela Vésper, que a engrinaldam de clarões suaves.

Duruy compreendeu o que esfervilhava naquele Vesúvio humano, a efervescência dos sentimentos prestes a explodir em imprecações, e disse-lhe com energia:

– Provai o que dizeis!

– Quereis provas? – rugiu estentoricamente Peterhoff. – Tive-as agora insofismáveis, irrefragáveis! Ides sabê-lo dentro em poucos momentos.

"É mister, primeiro, saibais quem sou: natural da Rússia, o *barine* de uma aldeia de Novgorod, onde, outrora, vivia feliz, com minha esposa, que mais tarde morreu de desgostos, e um casal de filhos adorados e formosos. Fui atuado por Belzebu para acolher no meu lar venturoso um pária, um cão chamado *Pedro Ivanovitch* – ouvi bem este nome execrando, que me escalda os lábios ao pronunciá-lo! o qual foi criado com carinho, ao lado dos meus... Sabeis como retribuiu ele a minha afeição paternal?

"Enamorou-se de minha filha, de nobre estirpe, não cogitando da distância que os separava; e, como André descobrisse a sua audácia inqualificável, foi por *ele* barbaramente apunhalado! Procurei-o, desde então, baldamente por muitos anos.

"Quando consegui, por vagas informações e suspeitas, saber que ele se acoitava a bordo do navio francês *Devoir*, com o falso nome de *Pierre Doufour* – que roubou a um marselhês falecido na Rússia, repentinamente – e ia entregá-lo à justiça, o miserável, adivinhando o meu intuito, atirou-se ao mar... Entregá-lo à justiça, disse eu? Menti! Não, mil vezes não! Queria apenas ter a inconcussa certeza de que era *ele*, para, em pleno tribunal, embeber-lhe no coração o mesmo punhal com que feriu André!

"Trago-o comigo, sempre, espreitando a hora bendita da vingança... Pesa-me, como avalanche polar, sobre o coração, pejando-o de ódio, que nunca saciei... Foi para atirá-lo – como um desafio e uma afronta – ao local onde se arrojou o bandido, que empreendi esta viagem, longa e penosa para mim, enfermo e prestes a baixar ao túmulo, a fim de, aliviado do peso desta arma mil vezes maldita, poder cerrar por todo o sempre os olhos, tendo talvez de morrer abandonado entre estranhos!

"Se ainda pairasse um átomo de dúvida em meu espírito, quanto à identidade do facínora, o acaso providencial encarregou-se de me fornecer a prova concludente – o nome desta menina, que é o mesmo da minha filha, que morreu louca por ter assistido ao homicídio do irmão querido! Duplamente criminoso o maldito – dar à filha o nome de uma de suas vítimas! Celerado! Compreendo, agora, o que vim fazer a este navio: chamou-me a voz do sangue de André, soou o momento delicioso da *revanche*... Do inferno, onde se acha o vilão que infelicitou o meu lar, há de ele sofrer como eu tenho sofrido... Anos seculares de angústia, ides ter uma compensação! Não pude cevar, até hoje, a minha justa cólera, o meu ódio santo; não pude justiçar o carrasco de meu filho adorado; percebo, porém, agora, o que o destino me ordena e me arrasta a realizar – arrancar a vida à filha do infame que, qual terrível furacão passou pelo meu lar, desgraçou os que me eram amados, tornou-me um Belibeth desventurado, um judeu errante sem pátria e sem família, com o mesmo punhal que trespassou o coração generoso de André! É formidável, é justa, é nobre, é santa a minha desforra!

Enfurecido, pletórico, Peterhoff levou a destra – oscilante de sanha, como um pêndulo – à algibeira do casaco, do lado esquerdo. Tinha o hórrido aspecto de temível e cruel verdugo...

Richard, soltando um grito estrídulo, abraçou-se à irmã idolatrada. Duruy, como que eletrizado, sacou rapidamente da cinta um revólver em defesa de Sônia, contra o perverso agressor, mas este não chegou a desembainhar a arma homicida – caiu qual bloco de pedra no soalho, acometido de apoplexia cerebral.

Gastão foi comunicar o ocorrido ao comandante do navio, e, ao regressar à sala onde estava a família, encontrou Richard desmaiado nos braços de Ketty. Tomou o filho, e, acompanhado de Sônia e da esposa consternadas, encerrou-se no camarote.

III

Quando Richard recobrou os sentidos, Gastão, vendo a enteada soluçante, disse-lhe:

– Sônia, aquele desgraçado russo deve ter caluniado teu pai, que era um perfeito cavalheiro. Penso que ele está equivocado quanto à identidade de Pierre.

– Mas, como saber a verdade, paizinho?

– Deus o sabe, Sônia! A verdade é lâmpada divina de chama inextinguível: não há, na Terra, quem a possa apagar ou lhe ocultar as irradiações, que se difundem nas trevas mais compactas.

Ketty, lacrimosa, estava, contudo, mais resignada que a filha. Padecera muito outrora, quando soubera do acidente a bordo do *Devoir*, que teve por epílogo o suicídio do marido. Com o fluir do tempo, lenira-se-lhe o pesar. O passado estava morto. Ditosa agora, tendo o afeto fervoroso do consorte a confortar-lhe a alma, aquele inesperado sucesso não a teria mortificado muito, se não fora o desgosto da filha dileta, ilesa de um covarde homicídio, como por milagre celestial. Quem sofria rudemente era a meiga Sônia. Vivera sempre na ignorância dos antecedentes do genitor. Fora, pois, arrojada de chofre do Éden venturoso em que vivia, desde o enlace de sua mãe, a um caos hiante, temeroso – o sofrimento moral!

Era a primeira amargura, a primeira decepção brutal que lhe toldava a existência até então suave e alegre, como sob os auspícios de todas as fadas benfazejas...

Recebida a bênção materna, retirou-se para o camarote, contíguo ao da família.

Ali, isolada, sua angústia recrudesceu. Foi a sua primeira noite de agonia. Padecia, atrozmente, o seu coração virgem, puro, agitado por emoções fortes, como se fosse o de um rouxinol que, em delírio, visse o ninho tecido com indescritível desvelo, arrancado à haste florida onde vocalizava cavatinas de rapsodo mágico, para ser lançado a um orco infindo, cuja profundidade o apavorasse, sem esperança de jamais erguê-lo ao Sol e à perfumosa fronde em que o tramara.

Soluçou, ajoelhada por algum tempo. Teve a impressão de que algo se lhe rompera nos arcanos d'alma, que fremiu dolorosamente, transida de mágoa, de ânsia, deixando-lhe um vácuo impreenchível, imensurável, dentro do próprio ser... Aquele pai adorado, por quem orava com tanto fervor, cuja memória venerava como a de Jesus e a quem sua genitora fazia carinhosas referências, não era mais um ídolo sagrado; esfacelara-se subitamente em fragores de bronze estilhaçado... Seria ele, realmente, o celerado descrito pelo diabólico Peterhoff? Ela, Sônia Doufour, era, então, filha de um miserável homicida? Que homem probo, conhecendo aquele desdouro de sua origem, se atreveria a unir ao dela o seu destino?

Assinava um sobrenome usurpado, não era uma Doufour – cujo apelido, já agora, usaria com escrúpulo, pois não ignorava quem fora o seu verdadeiro possuidor... Seria tudo uma odiosa calúnia forjada pelo adversário do pai? Onde sondar a verdade? Julgou enlouquecer de dor, de desespero, na tormentosa emergência em que se via. Seria mais de meia-noite quando, ouvindo apenas o sussurro das vagas, em eterno lamento ou perpétua revolta, lembrou-se repentinamente que ainda não havia orado. Esquecera-se do Criador do universo, ao embate da primeira procela da sua existência...

Um enternecimento inaudito a dominou por completo: alçou o pensamento ao Infinito, em demanda do Ser supremo, e, por momentos, alma pura, confiou-lhe suas mágoas e apreensões, suplicando-lhe conforto e a obtenção de toda a verdade, um raio de luz que dissipasse o mistério do passado de seu pobre pai, que a sua consciência defendia das ignominiosas acusações a ele irrogadas, continuando a amá-lo, sentindo por suas desditas uma comiseração indizível...

Mais tranquila, após aquele monólogo espiritual, acolheu-se ao leito, mas só adormeceu ao alvorecer, sentindo-se, então, combalida como se estivesse prestes a aniquilar-se para sempre...

Viu-se, em sonho confuso, numa planície infinda – estepes brancas de neve, qual sudário de gelo polar, onde não havia um inseto, uma árvore, um pássaro, a menor manifestação de vida – correndo celeremente, como que desvairada...

Seria a Rússia, aquela região desolada?

Talvez... Era lá que poderia desvendar o arcano do passado de quem lhe dera o ser...

Despertou em sobressalto, ouvindo Richard chamá-la meigamente para que abrisse a porta, ávido por vê-la depois dos sucessos dramáticos da véspera... Vestiu-se à pressa e deu entrada ao irmãozinho, que a abraçou com efusão, dizendo-lhe:

– Se morresses, Sônia, também eu morreria de pesar! Que homem mau aquele que te quis assassinar! Por que não gostou de ti? És tão boa, tão linda!

– Era um louco. Não pensemos mais no episódio de ontem... Serás capaz de perdoar-lhe?

– Sim... se o quiseres! Ele vai morrer e Deus há de castigá-lo, não é? Ainda não recobrou os sentidos, até agora.

Vim chamar-te para irmos ao convés, ver o mar que, às vezes, eu temo, pois me parece vivo; mas hoje está azul e sereno... qual céu invertido, onde estivesse singrando este navio... Quase se não percebe ondulação... Meu pai disse que estamos nas proximidades de Brest.

— Hoje não pretendo passear, meu Richard, porque me sinto enferma e desejo evitar as prováveis indiscrições dos passageiros curiosos... Vamos apenas ficar com os nossos pais.

Saíram em busca do casal Duruy, ainda recolhido ao camarote.

O dia correu sem incidentes.

À noite, circulou a nova de que o eslavo Nicolau Peterhoff agonizava, sem ter tido sequer um lampejo de inteligência, desde que tombara empolgado pelo insulto apoplético.

Às dez horas falecia, quase em abandono. Seu aspecto era inominável, apavorante! Aquele septuagenário gigantesco, de fisionomia congesta e mefistofélica, estava violáceo, a boca hiante como a fauce de uma hiena famulenta, e, em poucas horas, começou a exalar emanações pútridas. O comandante, a conselho do médico de bordo, resolveu atirá-lo à Mancha. Ninguém o conhecia senão superficialmente.

O comandante arrecadou a bagagem para fazer entrega ao governo moscovita, e apressou a retirada do cadáver do beliche em que se achava. Alguns passageiros, inclusive Duruy — que haviam feito algumas declarações a respeito do morto — estavam presentes. Alvorecia. Aos primeiros rubores de um formoso dilúculo de estio, fizeram-se os aprestos fúnebres. Ninguém se compadeceu do desventurado. Nenhum lábio se moveu em prece. Parecia dominar em todos o anelo de vê-lo sepulto nas ondas, por todo o sempre... Houve até quem gracejasse:

— Lamento a sorte dos peixes, que, certo, vão morrer intoxicados com o acepipe...

— Talvez ouçamos o protesto dos sobreviventes, quando por aqui passarmos na volta de Liverpool...

— Realmente, o *banquete*, desta vez, vai ser fatal a muito luculo marinho...

Ataram-lhe pesos à cabeça e aos pés; alguns marinheiros balouçaram-no por momentos e atiraram-no às ondas movediças, que, repentinamente, abriram-se e tragaram-no para sempre...

Teve o mesmo túmulo de Pierre... Deus é justo e ninguém pode iludi-lo...

A viagem terminou sem outro incidente digno de menção.

Duruy e sua família desembarcaram na ilha de J..., e foram acolhidos afavelmente pelos parentes.

Sônia mantinha-se sempre tristonha e apreensiva. Empalidecera, tornara-se quase insociável, por mais que a mãe e o padrasto tentassem dissuadi-la de reflexões.

Uma tarde, projetavam excursionar a leste da ilha, a umas duas milhas de distância do local em que se achavam hospedados.

Começaram a divisar nitidamente os rochedos descritos no início desta narrativa, quando notaram, no firmamento, o acúmulo de sombrios *nímbus*, quais ondas de crepe tangidas de outros horizontes por vendavais violentos.

Já as primeiras gotas de chuva, volumosas e pesadas como seixos, crivavam o solo de pequenas cavidades, quando um sobrinho de Gastão – o jovem Gontron – disse inquieto:

– Vamos abrigar-nos na residência do amável Mr. Duplat!

Dirigiram-se aceleradamente para a sólida moradia do mencionado cavalheiro, que os recebeu com solicitude e bondade, atributos característicos das almas votadas ao Bem.

A seu lado estava um insinuante rapaz, Henrique Duplat, recentemente graduado em Engenharia Civil. Era de estatura acima da mediana, como a do seu genitor, com o qual se parecia notavelmente. Vendo-os juntos, ninguém poderia duvidar de que fossem pai e filho. Em ambos, a mesma expressão leal e sincera de nobreza, nos olhos, revelando almas contemplativas, sempre preocupadas com ideias generosas e com equações transcendentes. Eram magros, alvos, esbeltos: um deles, porém, já tinha vincos no rosto e neve na fronte. Dir-se-ia duas estátuas modeladas pelo mesmo Fídias, copiadas de um só original, ficando uma exposta às intempéries e a outra velada em *atelier*, onde houvesse apenas a luz suavíssima de uma lâmpada e não os revérberos causticantes de um sol senegalesco. Uma ostentava as formas primitivas em toda a sua implacável pureza; noutra, a plástica fora alterada pelas borrascas e pela canícula dos trópicos.

Há dessas semelhanças flagrantes nas criaturas humanas, quando os espíritos são afins; culminaram no mesmo grau de elevação moral e intelectual, atingiram a mesma cultura, os mesmos sentimentos dignificadores: são, enfim, almas amigas, que se anexaram sob o mesmo teto para, coesas, efetuarem missões terrenas, tendo cada qual o afeto e o conforto da outra.

Foram feitas as apresentações dos recém-chegados pelo sobrinho de Duruy.

A procela recrudesceu de intensidade. Soturno rumor de tufões desencadeados com violência sobre a Terra, como despenhados do próprio Infinito, de bátegas colossais de chuva, dos vagalhões encolerizados e bramidores, parecia uma sinfonia vagneriana executada por loucos, no momento em que o mundo terráqueo fosse ameaçado de catástrofe inevitável, um cataclismo alucinante...

Mr. Duplat notou a melancolia de Sônia, que ouvia a amistosa palestra dos circunstantes, calada, sem um sorriso, tendo a aparência desses seres angélicos, ideais, que os artistas entreveem em sonhos ou êxtases, mas não podem burilar com perfeição, porque não existem modelos na Terra, sim no Céu, isto é, nos mundos mais próximos de Deus e da perfeição espiritual, inatingida aqui, onde ela é iniciada, para só se consumar além, à plena luz.

– Está enferma esta formosa menina? – perguntou Duplat a Duruy.

– Sim, devido a um grande abalo moral recebido na viagem de Bruxelas para cá.

– Alguma cena emocionante?

– Ia sendo vítima de um homicídio...

– Oh! pobre criança! Como se chama? É vossa filha?

– Não. Enteada. Chama-se Sônia Doufour.

– Sônia Doufour em nossa casa? – glosou Duplat erguendo-se e encaminhando-se para o local em que se achava a donzela, que, ao lhe ouvir a exclamação, ficou lívida, cadavérica.

– Conhecia-a? – disse Gastão, surpreso.

– Não a conhecia pessoalmente, até este momento; mas posso afirmar-vos que tenho a cumprir uma dívida de honra para com o pai desta menina, que, se me não iludo, chamava-se Pierre Doufour...

A um sinal afirmativo de Ketty, prosseguiu:

– Sois a viúva de Pierre?

– Sim.

– Há quanto tempo deixastes de residir no Havre?

– Há treze anos, desde que me casei com Gastão Duruy.

– Pois fui ao Havre procurar-vos e à vossa filha, e não vos encontrei...

– Como sabíeis que residíamos na França?

– Senhora, fui o confidente do desventurado Pierre, antes de partir para o Além...

Mme. Duruy murmurou com profunda emoção:

– Foi, então, Deus que nos guiou à vossa casa, senhor... Vede o sofrimento de Sônia, que, há poucos dias, ia sendo imolada ao ódio de um inimigo de Pierre, que eu julgo ter sido um homem probo e de elevados sentimentos. No entanto, foram-lhe assacadas as mais vis calúnias...

– Quem é esse inimigo? Nicolau Peterhoff? Bandido! Podeis dizer-me sem reservas tudo quanto ocorreu, pois estou a par de todo o passado de Pierre, até o seu extremo alento, exalado pouco além de nossa casa...

– Então ele não pereceu no mar?

– Não. Atirou-se às vagas para se libertar da perseguição do inimigo implacável, mas não com o intuito de se suicidar. Conseguiu alcançar esta ilha, onde finalizou a odisseia da sua acidentada existência, digna de um poema homérico... Amanhã podereis orar à beira do seu túmulo humilde, quanto ele o foi, construído de pedra tosca, apenas com esta inscrição – *Pierre* – e a data do passamento...

– Grande é a nossa ansiedade, por saber quanto se relacione com a vida do meu primeiro marido. Nós vos imploramos o relato de todos os episódios, se isso não vos importuna...

– Tudo direi, com prazer e lealdade. Foi a Providência divina que vos trouxe a este lar...

"Ficareis todos nesta casa, que é vossa, esta noite ou sempre, se isso vos aprouver, até que eu conclua o que vos interessa saber. Soou o momento da reabilitação de quem tanto sofreu a crueldade humana e o justo rigor do Céu, que, por certo, o remiu do único delito cometido na vida em que o conhecemos, fazendo-o ressarcir as culpas de remotos avatares."

Mr. Duplat começou a explanar as dolorosas aventuras do malogrado marujo, que o leitor não desconhece, o que me desobriga de reproduzi-las.

Fora, ululavam os vendavais como tigres alados, rondando as moradas humanas, exasperados de não poderem demolir-lhes as paredes e os tetos – onde se albergavam entes de coração atemorizado e inquieto com a impetuosidade da borrasca – para os arrebatarem ao Espaço, em suas garras intangíveis e formidáveis...

No aposento em que estavam os hóspedes do Mr. Duplat, ninguém permutava ideias; ouviam emudecidos a exposição do venerando cavalheiro. A curiosidade e a emoção fremiram as almas desde os primeiros episódios da vida do infortunado marujo. Quando terminou, havia lágrimas em todos os olhos. Subitamente o ancião desapareceu, julgando todos fosse ele ocultar a comoção que lhe tornava a voz tremente, mas voltou, logo depois, sustentando nas mãos a primorosa urna marinha na qual encontrara algumas das meditações de Pierre.

Com voz pausada e macia, leu os pensamentos que traduziram as derradeiras impressões terrenas do Espírito acendrado e generoso de Pierre; em seguida, aproximando-se de Sônia e depondo a formosa concha nevi-rósea em sua destra, disse:

— Isto te pertence. É uma relíquia que deves conservar carinhosamente.

Sônia levantou-se e, abraçando o magnânimo ancião, soluçante, esteve sem poder pronunciar sequer um vocábulo; depois, quando a emoção abrandou, falou com firmeza:

— Em que mãos mais dignas do que as vossas poderia ficar esta preciosidade? Teria remorso se a levasse comigo... Pertence-vos. Eu e minha mãe, com a alma perpetuamente reconhecida, vo-la ofertamos. A mim, basta o lenitivo que me proporcionastes ao coração, ferido por uma dor indizível!

Mr. Duplat osculou-lhe a bela fronte e murmurou:

— Criança, se tua alma é formosa como o teu físico, és, por certo, um dos anjos do Senhor exilados na Terra! Deves ter asas sob as tuas vestes alvas...

Gastão e Ketty abraçaram-no e contaram-lhe o ocorrido na viagem: a aparição de Peterhoff, seus perversos intentos, sua morte, seu fim. Mr. Duplat, após alguns momentos de reflexão, disse:

– O drama sensacional da vida de Pedro Ivanovitch teve, agora, o seu epílogo... se é que há epílogo para a novela da existência humana, que, para mim, é constituída por uma série infinita de capítulos, ora narrando lances patéticos, ora trágicos, álacres, passionais, sem lograr jamais, na Terra ou no Espaço, o seu remate, porque a alma é um romance eterno, cujo autor é Deus, e, para evoluir, interrompe e reenceta as cenas do mundo real muitas vezes, até que, sutilizada, quintessenciada, vai desempenhar papéis dignificadores nos mundos desconhecidos, que fulguram acima de nossas cabeças.

Recolheram-se todos, aquela noite, aos aposentos que lhe foram destinados e, pela manhã, após ligeira refeição, Mr. Duplat convidou os hóspedes a fazer uma excursão ao *Rochedo das Lágrimas*, no que foi atendido.

Nas regiões insulares há o escoamento rápido das águas pluviais. O solo, da ilha de J..., no extremo oriental, excessivamente saibroso, dava fácil acesso aos excursionistas.

No ápice dos rochedos alcantilados havia bruma a coroá-los, parecendo turbantes egípcios, de gaze argenteada, sobre crânios colossais de enegrecidas esfinges...

Uma intensa emoção, quase mística, pairava no espírito dos excursionistas. Todos caminhavam mudos, guiados por Mr. Duplat. Bruscamente, fez-se ouvir a voz lamentosa e trêmula de Richard, que, segurando uma das mãos paternas, murmurou:

— Não queria vir *aqui*, paizinho! Não sei porque, tenho *medo*...

Estava pálido, o que raramente sucedia; seu rosto exprimia grande angústia. Duruy amparou-o, sustendo-lhe, quase, o busto com um dos braços vigorosos e falou-lhe:

— Voltaremos logo, Richard... Nada temas a meu lado.

Atribuíram todos o temor manifestado pelo menino à narrativa feita na véspera, por Mr. Duplat, mas este, fitando-o penalizado, focalizou a atenção naquele rosto hediondo e angustiado e, uma ideia, qual lúcido relâmpago, serpeou ao firmamento de sua mente de filósofo, iluminada pelos clarões das verdades transcendentes:

— Deus meu! Dir-se-ia que a alma cruel de André, que tanto atormentou o pobre Pierre, transmigrou para este organismo frágil de Richard e receia voltar ao local onde torturou inquisitorialmente a sua vítima...

Para não magoar os pais do menino, não manifestou esse pensamento a pessoa alguma.

Chegaram enfim à caverna onde Pierre, após tremenda expiação, entregara o Espírito remido ao sumo Juiz.

— Façamos uma prece! — murmurou Duplat.

Silenciosos, olhos úmidos de lágrimas, todos escalaram, almas uníssonas, aos páramos divinos, em sincera e fervorosa imprecação dirigida ao eterno Forjador de astros e portentos, pelo Espírito Ivanovitch.

A neblina que engrinaldava os rochedos, tomava formas graciosas, de açucenas etéreas ou de longas e vaporosas asas abertas, ascendendo lentamente ao Espaço, como para transportar ao Criador dos Cosmos as preces daqueles seres humanos, contritos, fraternizados no mesmo generoso pensamento...

Richard, sempre sustido pelo braço paterno, fora o único que se ajoelhara numa laje – a mesma em que Pierre muitas vezes se sentara para meditar e evocar o passado – e, quando acabou de orar, mais com o Espírito do que com os lábios, desfaleceu.

– Pobre filho! Em poucos dias é a segunda vez que cai em delíquio... É de uma sensibilidade apurada, de uma emotividade sensitiva... Talvez a saúde lhe esteja para sempre alterada. Vai-lhe faltando o único tesouro físico que possuía – a saúde...

Estavam precisamente próximos à *Fonte das Lágrimas*. Do mesmo escasso manancial em que Pierre, algumas vezes, mitigara a sede abrasadora, borrifaram a fronte esmaecida de Richard, mas ele se conservou inerte, qual efígie de jaspe. Dir-se-ia que a alma havia abandonado, pela eternidade, aquele débil corpo, se não fora conservar ainda uma fraca pulsação, percebida apenas sobre o tórax.

Pairava opressora melancolia em todos os corações. Aquelas criaturas tristes, num cenário agreste, tinham algo de indefinível, de épico, ou de misterioso, que tocava o Espírito, forçando-o a evolar-se ao domo celeste, em busca de solução aos mais belos e inextricáveis enigmas relativos à existência humana...

Parecia também o desfile de um cortejo fúnebre, transpondo alcantis, seguindo Duruy com o filho desmaiado nos braços, os cabelos flavos caídos, agitados pelas auras marinhas – contrastando com a palidez marmórea do rosto, como se fora possível aliar neve a labaredas, que se tornassem incombustíveis – umedecidas pelas névoas que envolviam os contornos das rochas.

Vendo-os a todos, caminhando imersos na cerração, dir-se-ia que uma nebulosa diáfana descera suavemente do céu, atraída pelas vibrações harmoniosas das preces realizadas em plena natureza, como as dos primitivos crentes, para as levar integrais, átomo por átomo, ao eterno, metamorfoseadas em poeira de pérolas – talvez trituradas em mó de diamante que, à noite, Deus faz mover-se ao impulso dos zéfiros, produzindo essa lactescente neblina que, às vezes, envolve quase um hemisfério e que, ao ser observada, não se sabe ao certo se é o orbe terráqueo que perdeu a força de atração e aproximou-se das nuvens, como um aeróstato, ou se é o firmamento que se desfez em pó argenteado e inundou todas as suas serranias e planícies...

Sônia achava-se penalizada com o estado de Richard; quanto ao genitor, porém, estava conformado com o destino; tinha a alma serena como a própria natureza matinal que a circundava, parecendo-lhe que assistira ao descer do pano após o derradeiro lance de um drama doloroso, num cenário bucólico, tendo por orquestra o ritmo plangente das vagas...

IV

Façamos sinalefa em alguns anos.

Richard cursa uma Academia médica na Bélgica. Sônia, sempre formosa e meiga, desde que empreendera aquela acidentada viagem à ilha de J..., afeiçoou-se imenso ao filho de Mr. Duplat. Este e Henrique, pouco tempo depois de se terem relacionado com o casal Duruy, foram a Bruxelas retribuir a visita.

As almas afins são qual barra imantada e limalha de aço – atraem-se, confundem os sentimentos, permutam as ideias, integram-se mutuamente como se fossem complementos umas das outras, frações que se reunissem formando uma unidade luminosa – amor ou amizade!

Algum tempo decorrido, desde as amistosas relações das duas famílias, Mr. Duplat disse a Gastão:

– Meu amigo, há um furto legal permitido por Deus, pelas diversas religiões do globo e por todos os Códigos dos países cultos ou bárbaros: – consiste em ir alguém a um lar venturoso, cobiçar um dos seus mais belos ornamentos e usurpá-lo, com o assentimento dos lídimos possuidores, contentes ou constrangidos... Chama-se consórcio. É como se alguém entrasse num jardim florido e colhesse o mais precioso espécime, o que mais o deslumbrara, à vista do seu cultivador que, às vezes, não contém as lágrimas...

"Acho-me na situação desse egoísta, apreciador dos tesouros alheios, amigo... Observo a dita mais perfeita no vosso lar abençoado e venho roubar-vo-la em parte, ou antes, desejo transplantar para o meu, deserto e entristecido, por falta de um arcanjo doméstico, uma centelha de alegria, de felicidade, de luz espiritualizante, que as há em abundância no vosso: quero, enfim, meu amigo, permitais a aliança nupcial de Sônia com o meu Henrique..."

Pouco tempo depois dessa gentil solicitação, acolhida benevolamente pelo casal Duruy, foi lavrado o contrato matrimonial dos dois jovens, que se adoravam. Realizaram-se os esponsais e o gracioso par passou a residir na ilha de J...

Mr. Duplat teve os seus últimos invernos amenizados pelos desvelos incessantes que lhe prodigalizava a bondosa filha de Pierre, que foi quem lhe cerrou as pálpebras, quando o seu Espírito fúlgido cindiu o Espaço azul.

Poucos dias antes do seu desprendimento dos já tênues atilhos materiais, disse-lhe ele, num afetuoso colóquio:

– Filha querida, substituíste a outra que me aguarda no Céu. Como nos indeniza o Onipotente qualquer benefício feito ao nosso próximo! Quando julgaria que, consolando em suas tribulações o teu genitor, tivesse sua própria filha a proporcionar-me tantos afagos que, neste momento, penso, terei saudades deste pedaço de mundo, quando em breve partir por todo o sempre, para o Além... Tens sido o meu arrimo na senectude e o meu constante lenitivo. E tu, filha dileta, consideras-te ditosa em nossa companhia?

– Muito, prezado pai! Quem diria que, na mesma região onde meu pobre genitor foi supliciado, como num averno dantesco, acharia eu um paraíso de venturas terrenas?

"Há desses contrastes na vida dos que mais se amam... Tenho sido, aqui, tão afortunada quanto foi ele infeliz... Podeis acreditar na sinceridade de minhas palavras!".

Duas formosas crianças – Annette e Pierre, de 7 e 5 gárrulas primaveras – enchiam de risos e júbilos aquela mansão insular, sobre a qual parecia convergirem todas as bênçãos divinas.

Uma tarde, alçando o pensamento ao Criador do universo, tornejado pelos que mais idolatrava na Terra e por Entes invisíveis aos ergástulos da carne, e cuja elevação psíquica era patente nas irradiações astrais que desprendiam das frontes pulquérrimas, apolíneas, Mr. Jorge Duplat deixou se alasse ao empíreo a alma refulgente, de quem cumpriu austeramente todos os deveres humanos e praticou o Bem como apóstolo do Nazareno.

Finou-se tendo estampado na alabastrina e serena face de justo um sorriso de felicidade, fruindo assim, antecipadamente, a que o aguardava no Além. Houve momentos nos quais, durante a noite em que lhe velavam os despojos marcescíveis, ouviram diversos entes amigos, rumores sutilíssimos como ruflos de asas e observaram bruscos fulgores iluminando, como plenilúnio momentâneo, a câmara fúnebre, eclipsando a luz dos círios que os circundavam. Disseram, os que muito o veneravam, que lhe atalaiaram o corpo, rígido e pálido, fúlgidas sentinelas baixadas das paragens siderais, nas quais ele crera sempre com sincera convicção, homenageando assim aquele que levara em seu Espírito imáculo a certeza absoluta e consoladora de que continuaria a viver *post mortem*, e a adorar os que o destino lhe algemara à existência de abnegação.

Seu sepulcro foi construído paralelamente ao de Pierre.

Richard, desde os esponsais e afastamento de Sônia, vivia oprimido de saudades, tendo no íntimo um incessante esfacelamento. Não murmurou, porém, um queixume.

Entregou-se com dedicação aos estudos, para absorver os pensamentos. Quando se graduou na arte de Asclepíades, contando ir passar alguns dias venturosos ao lado da irmã, feriu-lhe o coração um rude e inesperado golpe – Catarina sucumbira de rebelde pleurisia.

Seu pesar fora inaudito; maior, porém, o do pobre Gastão.

Este, aturdido com a perda irreparável, deixou-se dominar por amargura tão intensa, que lhe afetou letalmente o coração sensibilíssimo. Encarou, porém, com calma a situação. Escreveu a Sônia pedindo-lhe fosse abraçá-lo pela derradeira vez. Dispôs da fortuna honestamente adquirida, repartindo-a igualmente entre Richard e a enteada. Antes que a filha de Ketty chegasse, compreendeu que o mal o levaria ao túmulo rapidamente, e disse a Richard:

– Dá-lhe por mim o abraço da despedida. Vais ficar quase só, mas já concluíste o curso com brilhantismo, e peço-te que exerças a tua árdua profissão com verdadeiro altruísmo.

"Nunca o faças por interesse pecuniário. Sê dedicado à humanidade, aliviando-lhe quanto possas os sofrimentos."

– Que vale a Medicina, amado pai, se não posso salvar das garras da Parca os que mais prezo na Terra? Começo a exercer a profissão com um tremendo desencanto – impotente para conservar a vida dos que ma deram...

– A ceifa de dois pés de trigo não extingue a seara...

"Que importa, meu Richard, o trespasse de teus pais, se ainda restam no mundo tantos sofredores? Não esmoreças. Tens com que viver sem apreensões financeiras. Se queres venerar a memória de teus genitores, faze da Medicina um apostolado. Por uma só dor que mitigares, terás na fronte, aureolando-a de inextinguível fulgor, uma bênção divina e outra dos que te deram o ser... Não lamentes demasiado a minha ida... Parto em demanda da idolatrada Ketty, que me levou metade d'alma, que só se integrará junto à sua."

Richard, perspicaz e inteligente, interpretou deste modo as exortações paternas:

– És horrível e muito vais padecer no curso da vida. Se não conseguires ser ditoso, sê ao menos bom e compassivo. Oculta a própria dor, dulcificando a dor alheia...

Ajoelhado junto ao leito em que agonizava o pai, Richard prometeu-lhe cumprir o derradeiro e nobre desejo. Esteve assim prosternado, soluçante, e, por vezes, osculando as mãos paternas, até que as viu enregeladas, inertes por todo o sempre. Sentiu-se, então, consternado, aniquilado...

Sônia chegou no instante em que os funerais de Duruy iam em direção à necrópole.

Os dois irmãos, tomados de angústia indizível, abraçaram-se e permutaram penosas impressões.

A chegada de Sônia foi, para o espírito do jovem esculápio, mergulhado em caligem, um venábulo de luz.

Fitando a irmã estremecida, pensou:

– Eis, para mim, o mundo, a vida, a felicidade, cristalizados numa só criatura... E, se a perdesse, como a nossos pais, Deus meu?

Ao fim de alguns dias, o sofrimento de ambos foi atenuado. Sônia disse, então, a Richard:

– Estás excessivamente combalido, meu irmão. Urge repouses e espaireças o espírito, o que será difícil conseguires aqui, onde jazem muito vivas as recordações dos mortos queridos. Vais partir comigo para nossa ilha e lá permanecerás até que te sintas mais confortado.

Henrique Duplat não havia acompanhado a Bruxelas a esposa, pois estava em Nova Iorque quando ela empreendeu a viagem a chamado de Duruy, seguida de uma aia e dos dois filhinhos, encantadoras crianças de áureos cabelos e olhos de safira translúcida. Richard, grato ao convite da irmã, confiou a casa aos cuidados de um fiel servidor, e partiu...

Os dias que, desde a sua chegada àquela região insular, deslizaram, foram para ele inolvidáveis, os únicos de efêmera felicidade que fruiu na Terra. Às tardes e às manhãs, reunidos todos os membros da família no alpendre, do qual se descortinava o mar, como tela movediça idealmente desenhada por um Rubens imaginoso e requintado, passava-as em amistosas palestras com a irmã e os galantes sobrinhos. Às vezes, combinavam previamente passeios matinais.

Richard nunca, porém, quis aproximar-se do *Rochedo das Lágrimas*.

Sônia interpelou-o:

– Será possível que ainda se não tenha desvanecido a penosa impressão da infância?

– É inexplicável o que sinto: há o quer que seja a atemorizar-me naquele local...

Parece-me que se lá voltasse desfaleceria, como quando lá estivemos aquela vez.

Ela não insistiu mais.

Quando saíam, ao lado um do outro, as crianças iam à frente, traquinando, parecendo aladas ou róseas falenas, refugiando-se às vezes sob os dósseis dos arbustos, para serem procuradas e beijadas.

Uma vez, abruptamente, o gracioso Pierrot – como lhe chamavam familiarmente – disse, fitando o tio, e sorrindo com candura e malícia infantis:

– Por que é, mãezinha, que titio é tão feio? O paizinho, sim, é que é bonito!

Richard, ouvindo-o, entristeceu-se. Umedeceram-se-lhe os olhos. Sônia obrigou o filhinho a pedir perdão do que dissera. Richard protestou com veemência:

– Não! Não! Ele foi espontâneo e justo na sua apreciação, Sônia! Deixemos ao menos que a infância seja sincera e verdadeira. O que tenho observado e me confrange o coração, é que os teus filhinhos, sendo tão dóceis e amáveis, têm repulsão por meu físico. *Sinto* que eles fazem esforços violentos por me não repelirem e por me beijarem sem asco... Não quero, pois, forçá-los a tão grande sacrifício: amo-os muito, mas o sacrificado deve ser eu, e não eles... Estão dispensados de me oscularem...

Sônia não assentiu que os filhinhos obedecessem, fazendo-os abraçar o tio e oscular-lhe as mãos pela manhã e à noite; mas ele, mal sustendo as lágrimas, não lhes retribuía as carícias forçadas...

Uma tarde, o jovem médico, caminhando ao lado da formosa Sônia, ouvindo-a referir-se com saudades e ternura ao marido ausente, tendo a pouca distância os sobrinhos borboleteando, nacarados e lindos, como querubins que, por momentos, baixassem da amplidão cerúlea, ocultando as níveas asas em nevadas roupagens de linho, falou:

— Por que Deus, sempre justo e magnânimo, te fez tão venturosa quanto a mim desgraçado? Noto, desde a infância, um verdadeiro contraste em nossa sorte, fazendo-nos nascer sob o mesmo teto: tens tudo quanto me falta, Sônia!

— Mas, por que te consideras desgraçado, Richard? Acaso os dissabores que te angustiaram recentemente não me feriram igualmente o coração? Não vestimos crepe pelos mesmos entes amados?

— És sensível e extremosa, bem o sei. Sofreste com o passamento de nossos genitores — que os não houve melhores no mundo — mas, quão diverso do meu é o teu padecimento... És adorada triplamente num lar ditoso como um Éden; amas e és correspondida com efusão; tua ventura é tão grande que, isolada do resto da humanidade, como vives, a nada mais aspiras, nada mais anelas senão o prolongamento dessa felicidade, que, — permita o eterno! — seja dia a dia ampliada, intensificada, pois bem o mereces. Parece que um jorro de luz celeste flui e incide constantemente sobre o teu lar, inundando-o de dulçores e júbilos... ao passo que eu me vejo quase só, qual precito, sem esperança de constituir família, sabendo que, na Terra, sou apenas amado por piedade, de uma só alma, onde já florescem três grandes afeições...

— Não penses assim, Richard! Minha amizade por ti é insubstituível e nenhuma outra poderá arrefecê-la. Há, no meu coração, bastante amplitude para encerrar quatro grandes amores, diversos uns dos outros, mas todos profundos e sinceros! És muito cético. Às vezes, até um ser desprezível, de sentimentos ignóbeis, é amado com efusão;

por que tu, que és culto, de grande nobreza d'alma, em condições de manter um lar confortável não te hás de casar?

– Porque não farei a loucura de agrilhoar ao meu o destino de outrem, que me não tenha afeto; porque, amando sem ter a convicção de ser partilhado o meu sentir, viverei em constante tortura, aguardando sempre uma perfídia... Meu físico não poderá inspirar senão comiseração ou repulsa...

– Exageras as tuas circunstâncias... O amor opera prodígios. Poderás ainda ser adorado, tanto quanto o dizes que o sou... Confia na Magnanimidade suprema!

Ele se calou, sem estar convicto do que lhe dissera a irmã para lhe lenir as mágoas, como o fazia na meninice. Secretamente, porém, desejaria que as suas palavras fossem as de uma *buena-dicha*.

Poucos dias após esse diálogo, previamente avisada a família, Henrique Duplat regressou da América do Norte. Foi recebido com verdadeiro delírio pelos filhinhos e pela saudosa consorte. Richard observava aquela íntima felicidade, com recôndita amargura. Nunca se sentira tão desditoso.

Há uma partícula de egoísmo em toda alma, por mais nobre que seja. Ninguém suporta, com um sorriso nos lábios, a ventura alheia, se a não tem para si mesmo. Quando vemos alguém mais infortunado do que nós, estabelecemos um confronto entre as nossas e as suas desditas, e sentimo-nos consolados; quando, ao inverso, somos infelizes e podemos tocar a felicidade dos que nos cercam, tornamo-nos desgraçados... Era esse o estado d'alma, penosíssimo, de Richard.

À noite, depois de ligeira palestra com a irmã e o cunhado, retirou-se para o quarto que ocupava à frente do prédio, com amplas janelas abertas para o jardim, esplendidamente florido, em plena eclosão primaveril.

Os sobrinhos foram beijá-lo, antes de recolher, ainda ruidosamente álacres com o regresso paterno, sobraçando brinquedos ofertados por Henrique. Richard retirou-se para uma das janelas, sentindo-se infinitamente entristecido.

Havia um suave crescente a dulcificar a natureza, como a luz argêntea de uma lâmpada de sacrário, iluminando brandamente um recinto só consagrado a preces.

Richard, sem conseguir coordenar ideias nem proceder à leitura árida de tratados científicos, como era de seu hábito antes de adormecer, quedou-se ao peitoril, a contemplar a paisagem magnífica e merencória que a vista abrangia. Tudo era belo e tranquilo ao redor de si. Aqueles contornos de serranias, visto ao longe, como os de uma tela, docemente esbatidos no horizonte azul; aquelas flores que engrinaldavam os vegetais levemente agitados pelos euros marítimos, parecendo ensaiar estranhos *minuetes* para os esponsais efêmeros de algumas rosas ou para melhor poderem segredar, mutuamente, os seus sentimentos de enamoradas; aquele fulgor que se irradiava do firmamento onde singrava a meia-lua, parecendo uma gôndola de diamante, deixando vazar do âmago jorros de preciosa luminosidade: tudo era belo e consolador, como um bálsamo de luz, cheio de magia. No entanto, a mesma dor que tanto lhe pungira o coração na meninice, voltara a atormentá-lo! Era hediondo!

"O Criador" – pensou – "espalhou prodigamente borbotões de belezas e harmonias pelo Cosmos todo, e a mim me fez despido de qualquer atrativo, deu-me um aspecto patibular, que só pode inspirar aversão ou piedade... Sou um monstro humano. Sou horrível como um crótalo..."

Um rumor de passos fê-lo concentrar a atenção. Viu, então, descendo lentamente a escada anterior ao prédio, enlaçados e felizes, Henrique e Sônia, trajando roupas claras, de interior, formando um só vulto airoso, como um grupo marmóreo representando os célebres noivos de Verona, nimbados de luar. Por momentos, esteve a espreitá-los – com o olhar fixo qual o de um ofídio – em digressão pelo jardim, curvando-se, às vezes, para melhor contemplar as flores, talvez desejosos de lhes surpreenderem os castos segredos e idílios, como os seus.

Instante houve em que Henrique, separando-se da encantadora companheira, foi colher pétalas e espargiu-as na sua nívea e bela fronte; depois, beijando-a, continuou a percorrer as aleias, em íntimo colóquio.

Richard cerrou uma das janelas e deixou-se cair no leito, sentindo n'alma o vibrar de uma desventura irreprimível, enquanto lágrimas lhe inundavam os olhos garços...

– Por que tanta injustiça do destino? – pensou ele, novamente, engolfado em solilóquio absorvente. – Por que estou em antagonismo físico com toda a minha família, constituída somente de tipos perfeitos? Que crime cometi para merecer tão rude punição? Haverá veracidade na crença da multiplicidade de existências terrenas, como pensam os hindus e os espiritistas, para resgate de flagícios perpetrados em transcorridas encarnações? Por que tenho eu a íntima convicção de ser um réprobo, sem o menor jus à felicidade terrena? Que e quem sou eu, Senhor?

Ergueu-se do leito para, à claridade argentina do crescente, que inundava o aposento, mirar-se ao espelho, autoanalisando friamente a sua fisionomia, e conjecturou:

– Como sou hediondo! Arlequim macabro, faria real sucesso num palco, sem máscara ou maquiagem, a interpretar o magno papel de Herodes, um tetrarca da antiga Galileia, um régio bandido qualquer! Este corpo ficaria bem, coberto por roçagante manto de veludo negro, para realçar a horripilância da face...

"Pareço um histrião taciturno, em esgar incessante, não provocando hilaridade mas comiseração dos espectadores... Como sobressai esta cabeça lívida – encimada de cabelos rubros, como incendiada na fronte, com o nariz judaico, aquilino e largo qual lâmina de adaga – sobre o corpo enlutado do qual se destaca, como se fora a de um guilhotinado, suspensa ao teto por cordéis imperceptíveis! Parece que tenho permanentemente ajustada à face uma lúgubre máscara, representando um centurião romano, um execrável asseclia dos déspotas da Antiguidade, e só me resta a esperança de que m'a arranquem no túmulo...

"Ó Shakespeare, se me visses terias concebido personagens ainda mais trágicas que o Hamlet ou o Rei Lear!

Ó Goethe, em mim terias mais estranha criação que a do tenebroso Fausto, torturado pela visão da beleza e da felicidade inatingidas!

Ó Wagner, compreendo as tuas misteriosas sinfonias – pois, que são elas senão tempestades de sons ou de lágrimas, iguais às que rugem na alma dos angustiados como eu? Julgo que vou odiar tudo quanto é belo e harmonioso no mundo...

Vou tornar-me um misantropo, detestar a humanidade cruel... Nunca serei amado e tenho ciúmes dos que o são!

"Covarde! Invejar a felicidade do único ente que me estima sinceramente neste mundo!

Invejar Sônia, a adorada Sônia! Tenho tido, por vezes, vendo-a trajada de crepe – como eu, por nossos pais – a ideia malsã de que esse luto se transformasse no da viuvez, para que somente ela não seja feliz e nunca mais nos apartemos, vivendo, desde então, eu, o mísero abandonado, para lhe educar os filhinhos e ser dela *mais* amado. – Celerado! É assim que sigo as pegadas de nossos dignos genitores?"

Um sorriso sarcástico e macabro lhe crispou os lábios delgados, que mal cobriam os dentes alvos, grandes e desalinhados, como construções abaladas por tremores sísmicos, violentos... Bruscamente, sentiu a vista eclipsada; após breve aturdimento, pareceu-lhe estar mesmerizado; deixou de enxergar o próprio corpo e teve a sensação de que o Espírito se contraíra nos escaninhos do cérebro – onde turbilhonavam pensamentos suplicantes – sugado por um vampiro fantástico, invisível, por um sorvedouro aterrador, absorvente: aquele vulto sombrio, aprumado em frente ao espelho, deixou por momentos de viver fisicamente, desapareceu do mundo objetivo, tornou-se estátua rígida e negra, enquanto a alma, exteriorizada do casulo carnal, estabelecia com uma outra um diálogo impressionante, confabulando com um ser imaterial, cuja voz era grave e profunda, como se saísse do abismo de cisterna incomensurável:

– Richard, *prometeste* ser bom e justo, para ressarcir delitos abomináveis, e começas a infringir esse pacto

sagrado, contraído em nome do Onipotente!... Vais, pois, ser julgado no tribunal de tua própria consciência, que é onde se focaliza a partícula divina da alma, de onde se irradiam os mais sublimes pensamentos, com feixes de luz no núcleo solar... Sabes que crime moral cometeste?
— Sim — respondeu ele com inaudita amargura. — Invejo a situação afortunada daquela que sempre me dedicou santa afeição, suavizou-me as decepções e angústias da vida, desde a infância...
— Vais, então, lavrar a tua própria sentença. Qual a pena que te deve ser imposta?
— A máxima — a nossa separação por toda esta existência! Vou deixar amanhã este lar venturoso, para não o macular com os meus pensamentos intoxicantes. Não devo permanecer num paraíso, tendo no coração uma geena de dores, para não atrair influências nefastas, algum infortúnio aos seus belos e ditosos habitantes. Minha resolução é irrevogável, é inexorável. Partir para sempre! Condeno-me, pois, à proscrição voluntária da única região que considero minha pátria — esta em que mora aquela que adoro e desejo egoisticamente viva só para mim — onde ficará sepulto meu coração esfacelado! Exilar-me-ei para uma plaga longínqua, a fim de não ser tentado a regressar aqui. Hei de viver isolado e detestado com Aasvero. Vou resgatar com prantos, com o martírio da saudade, o meu delito. Estais de acordo com o arresto que, austero juiz, lavrei contra mim mesmo?
— Tu o disseste... Resta saber se tens a precisa coragem de cumprir o prometido!...
— Juro-o!

— Pois bem; serás auxiliado para vencer a expiação, que, talvez, possa ser comutada. Sê valoroso, justo e bom. Deus te proteja, Richard!

Bruscamente despertou, fremindo, como despertado de longa hipnose. Sentiu ligeira vertigem toldar-lhe a mente, mas conservou, nítidas na memória, todas as palavras do insólito diálogo. Afastou-se, cerrando os olhos para não ver mais a imagem refletida no cristalino espelho. Deitou-se, mas não pôde conciliar o sono. Pareceu-lhe, por vezes, pressentir rumor de passos, muito sutis, junto à cama. Na mente esfervilhavam pensamentos, sem que os pudesse domar.

Houve um momento em que, tendo quase adormecido, despertou convulsionado por magnético tremor e chegou-lhe aos ouvidos o rumorejo do oceano, como um lamento de gigante:

— É o mar que chora! — disse, à meia voz, quebrando o silêncio noturno. — Julguei que fosse o meu coração...

Em hora matinal Pierrot e Annette foram chamá-lo para um passeio à praia.

Recusou acompanhá-los, pretextando estar indisposto. Quando Sônia regressou, estava ele no alpendre, onde era de hábito reunir-se a família, antes das refeições. Aparentando uma calma que não possuía, falou:

— Sônia, fiz-te companhia até que chegasse teu esposo. Agora me torno, pois, dispensável. Parto amanhã para Bruxelas, ou para onde me levar o destino...

— Que dizes? — retrucou ela com os olhos emperlados de pranto.

– É uma resolução que tomei esta noite...

– Por quê? Que é que te aborrece aqui, meu irmão?

– A tua felicidade! – esteve quase a murmurar, mas soube conter-se e ponderou:

– Quero exercer minha profissão, tal qual me aconselhou nosso amado pai, *in extremis*. Não desejo possuir um título científico apenas como ornamento do meu nome...

– Bem o sei. És inteligente, médico hábil e não deves privar a humanidade de teus serviços profissionais; mas ainda é cedo para voltares à Bélgica... Nem te lembraste, ao tomar tão grande deliberação, que meu aniversário é daqui a dez dias... Não haverá recepção nem festa, devido ao nosso luto recente, mas tua ausência, nesse dia, será para mim motivo de lágrimas...

Richard esboçou desculpas e prometeu aguardar a data natalícia da irmã, em sua companhia... para saudá-la, pessoalmente, pela derradeira vez. Esteve sempre merencório e preocupado, até o dia aprazado.

Pouco depois, partiu definitivamente para a Bélgica, levando consigo o doloroso segredo, que o fizera tomar a supliciante resolução de se exilar, voluntariamente, do único lar em que o amavam, sentindo-se inominavelmente desventurado. Quando abraçou a irmã querida, era tão patente o seu pesar profundo, que, compreendendo-o, Sônia, apreensiva, exclamou:

– Dir-se-ia que tencionas *nunca mais* retornar aqui, Richard!

– Quem poderá perscrutar o futuro, Sônia? É sempre penosa a hora da separação, a vida é incerta... Somos uns míseros condenados à morte e é com esta soberana mundial que vou lutar, tendo a certeza absoluta de que serei o vencido...

V

Sem nenhum incidente digno de registro, realizou-se a viagem até Bruxelas.

Ao transpor os umbrais da sua vivenda, onde tantas reminiscências falavam dos mortos queridos, invencível crise de lágrimas o assaltou fortemente.

Esteve algumas horas encerrado no quarto, em semiobscuridade, numa verdadeira abulia, em completa depressão física e moral.

– Eis-me só, na Terra! – murmurou, angustiado.

À noite, depois de ligeira refeição que o criado lhe levara ao aposento, Richard foi enclausurar-se no gabinete de estudo, parecendo-lhe que, como outrora, seu genitor iria sentar-se a seu lado, a fim de o estimular a vencer qualquer óbice que surgisse nos áridos estudos médicos.

Jornais e revistas estavam acumulados nas estantes, desde que partira para a ilha de... Selecionou uns e outras, relanceando, às vezes, a vista por suas páginas, mas parecia estar com o pensamento anquilosado, paralisado no cérebro, sem poder fixar atenção em qualquer assunto literário ou científico. Lançou um olhar às últimas notícias exaradas num diário belga e, quase maquinalmente, lê: "Acaba de falecer uma das sumidades médicas da Bélgica, que há muito exercia, como um sacerdócio, a arte de Asclepíades, em R..., um dos cantões da Flandres Ocidental, o Dr. S... Sua falta, naquela região, é quase que impreenchível".

A princípio não teve bem nítida na mente a notícia que lera; depois, ao cabo de alguns momentos, sua atenção foi despertada subitamente. Pensou, então:

– E se fosse eu substituir o Dr. S... , tornando-me, quanto ele, o médico dos desgraçados? Desse modo, assim procedendo, minha existência terá um nobre objetivo e poderei cumprir os desejos de meu pobre pai...

Suspirou. Esteve por instantes meditando e, depois, com a claridade e a precisão de um raio luminoso que tivesse a força de uma projeção elétrica, uma ideia lhe avultou no cérebro, desalojando os tétricos pensamentos que, de muitos dias, estavam nele emboscados, como sicários importunos na anfractuosidade de uma serra, aguardando o indefeso caminheiro para o assaltar impiedosamente. Uma ideia fixa, qual bloco de granito obstruindo o acesso a uma gruta encantada, que, uma vez aluída por outras, deixa livre ingresso aos pensamentos mais copiosos, que pareciam estar até então adarvados, e que, depois, como enxame de falenas, procuram abrigo em suas volutas, em seus escaninhos, constituindo no conjunto o que se chama – sonhos dos despertos, devaneios das almas de apurada emotividade. Novas energias deram alento ao combalido Richard. A noite, passou-a fazendo projetos sobre o futuro. No dia imediato realizou uma viagem ao aludido cantão, onde falecera o Dr. S...; alugou aí uma confortável casa, a mesma em que vivera o seu antecessor, e, dentro de poucas semanas, se estabeleceu em R..., na só companhia do desvelado servidor de seus pais.

Dirigiu, então, a Sônia longa e quérula missiva, narrando-lhe a resolução de se ausentar de Bruxelas e realizar os desejos do saudoso genitor.

Logo que se instalara em sua nova residência, os aldeãos olhavam-no com desconfiança e escárnio, julgando-o apenas por seu físico pouco insinuante; em breve, porém, sua reputação de médico abalizado e filantrópico foi reconhecida e todos começaram a venerá-lo.

Desde que chegara à povoação de R..., situada nas fronteiras da França e onde a penúria era notável, nas ásperas estações de inverno, ouvia referências a um benemérito fidalgo, invisível e misterioso milionário, que distribuía copiosos socorros pecuniários aos camponeses e a quantos dele necessitavam. Ainda não o vira, mas seu nome – Yvan d'Aprémont – era pronunciado constantemente em sua presença.

Richard não frequentava a sociedade mundana.

Não ia ao templo local. À noite, só ou acompanhado de um criado, dirigia-se aonde soubesse estar alguém enfermo, algum desventurado, para lhe dirigir palavras de conforto ou lhe ofertar o que carecesse para o tratamento.

Yvan d'Aprémont, como que pertencesse a alguma sociedade secreta, deixava, às vezes, à janela ou à porta dos humildes tugúrios, *envelopes* com valiosas dádivas. Quando o rumor de seus passos – já conhecido e esperado pelos infortunados – era pressentido, descerrava-se um postigo e, no silêncio noturno, vibrava um vocábulo trêmulo de emoção:

– Obrigado!

O vulto, sempre de preto, assim surpreendido, descobria com humildade a fronte e apontava o céu, às vezes estrelado, outras, amortalhado em névoas:

– É a Ele e não a mim que deveis agradecer! – parecia estar dizendo.

Residia no solar d'Aprémont, a pouca distância da aldeia, construção dos tempos medievais, verdadeira fortaleza com ameias, vigias e seteiras, construída na cúspide de uma serra alcantilada, onde, então, se reuniam, às vezes, turbas de caminheiros, de desventurados, que, sempre, lá encontravam agasalho e pão.

Uma noite, o Dr. Richard fora chamado, com urgência, para examinar uma desventurada costureira acometida de incessantes hemoptises, exausta de mourejar para se manter e à sua unigênita, Arlette, de rara e surpreendente beleza, apenas com dezoito anos de idade, que a auxiliava nos misteres domésticos.

O estado da enferma era desolador. Richard auscultou-a meticulosamente e, quando terminou o exame e escreveu a receita, reparou na jovem que o fitava com inquietação indizível. Trajava modesto mas elegante fato de inverno, azul ferrete. Seu rosto esculturalvpálido de emoção, realçava-se nas vestes sombrias, qual açucena numa eça de veludo negro. Os cabelos, fartos e encaracolados, eram castanhos com laivos d'ouro; olhos de âmbar lúcido, grandes e meigos.

Richard contemplava-a inebriado, como se jamais se lhe houvesse deparado um ser tão belo e sedutor, só comparável à adorada Sônia. Foi com pesar, sabendo que ia atormentá-la, que lhe disse:

— É melindroso o estado de vossa mãe...

Depois, mudando de tom, com doçura e emoção, tornou, referindo-se à enferma:

— Podeis dispensar-lhe o tratamento de que necessita?

Ela baixou as pálpebras e disse com amargura:

— Ficaremos reduzidas à miséria sem o trabalho de minha pobre mãezinha... Contamos, porém, com um auxílio infalível...

— De quem? Da Providência divina? — atalhou Richard com vivacidade.

— Do Sr. Yvan d'Aprémont...

— Sempre o mesmo nome da invisível e afamada personagem desta localidade! É estranho e curioso... É cenobita ou nababo esse Sr. d'Aprémont?

— Quem saberá dizê-lo, doutor? Pode bem ser uma e outra coisa...

— Há quanto tempo aqui reside ele?

— Nasceu no castelo d'Aprémont. Seus pais eram soberbos, intratáveis, egoístas...

Faleceram há pouco mais de três anos e o filho, dotado de coração magnânimo, desde então reparte com os desvalidos a sua considerável herança como que empenhado em dá-la toda aos que padecem...

— Desinteressadamente?

— Até o presente não se lhe descobriu outro empenho, senão o de ser generoso e beneficiar os desgraçados.

— Deve existir algum interesse, ainda que oculto. Vou solicitar-vos um obséquio...

— Qual, doutor? — interpelou Arlete com espanto, encarando-o.

— Não rogardes nenhum obséquio a esse excêntrico Sr. d'Aprémont. Prometeis?

— Oh! doutor, é porque ainda não o conheceis, que assim falais! Ele, como Jesus, outrora, na Palestina, está sempre onde esponta a dor. Assim que souber que minha infortunada mãe se acha em estado grave, virá vê-la e socorrê-la...

— Agradecereis a visita, mas dispensareis o óbolo...

— Doutor, zombais acaso da nossa desventura? Não compreendeis em que situação precária nos achamos?

— Longe de mim tal pensamento, *Mademoiselle* Arlette! Tranquilizai-vos — vossa querida genitora será carinhosamente tratada e coisa alguma lhe faltará. Em tudo quanto for mister, eu vos auxiliarei.

— Com que intuito? — inquiriu a jovem, tornando-se lívida.

— O de ser útil aos que padecem... — murmurou Richard, enrubescendo.

Alteando a voz, para que a enferma a ouvisse, Arlette falou com calma e nobreza.

— Ides, então, ser um êmulo do Sr. d'Aprémont... Doutor, agradeço o altruísmo que manifestais por *nós*, mas, na conjuntura penosa em que nos vemos, eu e minha mãe devemos aceitar e não recusar a coadjuvação dos que são generosos, sem querer humilhar-nos, ou com intenções secretas... Ao Sr. Yvan ou a vós, seremos gratas pelo que por nós fizerdes até que um irmão de meu pai, residente na França, venha buscar-nos.

Richard não insistiu e retirou-se, levando nas páginas d'alma, gravada como iluminura preciosa, a imagem da graciosa Arlete.

Não pôde conciliar o sono, o pensamento lhe divagava, incessantemente, pela mísera habitação da modista e da filha encantadora. Pela primeira vez compreendera que o coração fora tocado pelo ímã divino – o amor – e iria prendê-lo em suas filigranas de ouro ou de lágrimas. Seria a ventura que se aproximava, enfim? Seria a decepção, o infortúnio?

Fantasiava uma existência serena e venturosa, um lar como o de Sônia, concretizando todas as felicidades terrenas na conquista da afeição daquela angélica e linda criatura.

Seu desejo era patentear-lhe os seus sentimentos, arrancá-la àquele lúgubre tugúrio, torná-la ditosa num lar confortável qual o seu.

Ergueu-se cedo e foi visitar os clientes. Mme. Bouchard passara a noite agitada, devorada por febre intensa. Ele foi infatigável, durante muitos dias, lutando tenazmente contra a enfermidade cruel, que ameaçava de morte a mãe de Arlette.

Uma noite, mal chegara à sua desguarnecida habitação, de três acanhados compartimentos apenas, ouviu uma voz desconhecida, de timbre grave e harmonioso.

Aproximou-se do catre e, à luz insuficiente de uma lâmpada colocada em tosca mesa, divisou o vulto de um homem trajando com singeleza, mas de apurada elegância. Seu porte era mediano, rosto oval, escanhoado, de acentuada palidez de alabastro; cabelos ondeados, escuros, deixavam a descoberto a fronte ampla; olhos grandes, expressivos e cismadores. A enferma ao vê-lo chegar, falou com voz débil e esforço visível:

— Dr. Richard, já conheceis o Sr. Yvan d'Aprémont?

Ele o fitou e sentiu uma crispação involuntária no rosto, vendo-o ao lado de Arlette, que nele fixava o seu belo e cândido olhar. Como eram formosos, ambos! Vistos na semiobscuridade da alcova, tinham um palor de camélia, uma suavidade luminosa nos olhos.

Foi com mal dissimulado desagrado que respondeu à interpelação de Mme. Bouchard:

— Não, minha senhora, mas observo que seu nome tem sido pronunciado centenas de vezes na minha presença, desde que passei a residir em R...

Yvan estendeu-lhe a mão, dizendo com afabilidade e tristeza:

— Doutor, já devera ter ido a vossa casa, cumprir um dever social, mas, por que não vos mostrar desde logo o meu modo de pensar e agir? Apenas procuro os lugares onde existe a dor, moral ou física...

— Na *vossa idade*, senhor — retrucou o médico, sublinhando as palavras com amarga ironia — é indecifrável essa vossa atitude... Eu vos julgava um sexagenário, desiludido dos gozos mundanos, reparando, por meio da benemerência, um passado de dissolução e delitos morais, tentando, à beira do túmulo, subornar a Justiça divina; mas, vejo-vos agora jovem, belo, e não sei como qualificar o vosso ascetismo e singular filantropia...

– Que importa a idade *atual*, doutor? Tenho, agora, apenas um quarto de século, mas penso como se já o tivesse integral... Nunca sabemos a idade do Espírito, que tem por passado e por futuro a eternidade...
– Não tendes nenhuma aspiração terrena?
– Não, doutor.
– Cedo quereis conquistar o Céu e a bem-aventurança...
– Nunca é cedo para uma alma voltar para o seu Criador!
– Sois muito espiritualista. Acredito-o para não vos ofender – tornou Richard com sutil ironia.
– Ainda me conhecereis melhor, com as minhas ideias e anelos, doutor. Deus se encarregará de nos aproximar...

No dia seguinte, ao chegar ao tugúrio da doente, encontrou-a pior, com dispneia e dores lancinantes no tórax, lacrimosa, tendo ajoelhada ao pé do leito de Procusto a filha adorada.

– Por que chorais, senhora? Vossa emoção é prejudicial! – disse Richard, tentando mostrar-se severo, e mal dissimulando o enternecimento que o empolgara diante daquele quadro pungente.

– Hei de sorrir, doutor – respondeu-lhe a enferma, com dificuldade, fixando nele o febril e magoado olhar –, lembrando-me de que, em breve, vai a minha Arlette ficar exposta aos embates da adversidade, ao desamparo?

Ele refletiu por momentos, e, subitamente, tomando séria resolução, disse:

– Senhora, se consentirdes, esposarei *Mademoiselle* Arlette e fá-la-ei tão ditosa quanto o merece!

A doente soergueu-se na cama, e, pegando-lhe na destra com a sua abrasada, disse, radiante:

— Obrigada, doutor! É demasiada honra para nós, pobres criaturas, o pedido que nos fazeis e que não devo deixar de atender...

"Sua aceitação depende, contudo e principalmente, daquela a cuja mão aspirais."

Afagando, depois, a cabeça da jovem, murmurou:

— Ouviste bem, minha Arlette? Responde ao generoso Dr. Richard, filha querida!

Arlette, sem erguer a linda fronte, soluçava.

— Responde, filha adorada! – insistiu a enferma. – Faze-me feliz, tornando-te noiva do Dr. Richard... Só assim poderei morrer tranquila!

— Oh! minha mãe! – pôde enfim falar a donzela, pondo-se de pé, bruscamente – como quereis tome uma tão grave deliberação em poucos segundos? Vejo-os sofrendo, e só esse pensamento me absorve, porque minha dor não tem limites! Não posso, não devo preocupar-me, *agora*, com outra coisa diversa desta penosa verdade – *minha idolatrada mãezinha padece*!

— Agradecida pelos teus desvelos, Arlette; sempre foste uma filha exemplar, mas, vamos cogitar do futuro: a morte pode surpreender-me logo... amanhã... e minha agonia vai ser tremenda, deixando-te só, desprotegida...

Arlette voltou para Richard o rosto lacrimoso, no qual pairava indescritível tortura, e proferiu estas palavras:

— Doutor, devíeis ter feito uma escolha de acordo com a vossa elevada posição social!

— O coração é que elege o objeto amado – redarguiu ele, com voz trêmula – e o meu não poderia ter escolhido melhor do que o fez; ninguém, neste planeta, a meu ver, possui mais peregrinas qualidades físicas e morais do que vós, de quem depende toda a minha felicidade, unindo ao meu o vosso destino...

– Obrigada, doutor. Estou ainda perplexa. Dai-me apenas três dias para refletir e responder-vos...

No dia imediato a essa entrevista, o estado de Aline Bouchard agravou-se consideravelmente, e, antes do alvorecer, faleceu.

Richard, que não a abandonara um só instante, observava, desolado, a angústia da órfã. Receava pela sua saúde e estava ansioso por vê-la fora daquele ambiente, para lhe proporcionar carinho e conforto. Ela, porém, não se mostrava comunicativa, antes se isolava, retraía-se, e, dominada por inenarrável sofrimento, parecia esquivar-se-lhe.

Decorridos dois dias após a inumação da mãe de Arlette, foi à sua mísera vivenda colher notícias para verificar se deveria ou não considerá-la noiva.

Quando se aproximou do local desejado, notou que a casa estava fechada.

Estremeceu. Nenhum rumor de passos no interior.

Assomou à janela da casa mais próxima à de Arlette uma senhora, já encanecida, e disse-lhe, com ares de mistério:

– Doutor, a menina saiu, ontem, à noite, acompanhada por um meu netinho, que regressou sem ela.

– E onde ficou *ela*, então, senhora? – interrogou o médico, surpreso e aflito.

– No castelo d'Aprémont...

– Maldição! – exclamou Richard, cambaleante de furor e indignação. Precipitadamente, sem haver agradecido os informes que obtivera da velha aldeã, dirigiu-se para casa, sentindo no peito ruírem, por todo o sempre, os mais deslumbrantes anelos do porvir...

VI

Richard, opresso por grande angústia, dirigiu-se ao quarto e, tomado por invencível desalento, caiu genuflexo, o busto pendente para o leito. Não chorava. As lágrimas que, em catadupa, sentia avolumarem-se-lhe no íntimo, não eram extravasadas pelos canais ópticos, dir-se-ia terem ficado represadas no coração, intumescendo-o, tornando-o fabulosamente grande, agigantando-o, a fim de que se igualasse, em dimensões, ao padecimento que o flagelava... Devorava-lhe o organismo uma sutil flama, como se todas as vísceras se houvessem metamorfoseado em lavas candentes de um Etna em plena erupção. Seus pensamentos estavam fragmentados no cérebro, diluídos pelo sofrimento superlativo que o mortificava.

– Maldição! – repetiu desvairado, como se fora este o único vocábulo intacto que lhe houvesse restado no escombro de todas as ideias, fixado nos lábios, estratificado na mente, após o recôndito terremoto que lhe estilhaçara todos os pensamentos. Aos poucos, porém, foi serenando. A memória começou a desclipsar-se, a concatenar ideias.

Pôde, então, raciocinar sobre a sua deplorável situação: tanto desvelo dispensara a Aline Bouchard, todos os socorros que, magnanimamente, lhe levara, em momentos de penúria, todas as demonstrações de respeito e veneração que lhe tributara até o extremo alento, tudo fora covardemente aviltado por Arlette, que lhe fugira ao amor, à própria ventura, como um delinquente à justiça implacável...

Por quê? Ai! o porquê da sua desdita ele o sabia cabalmente: aquele físico horripilante lhe inspirara repulsa, ou, talvez, já não tivesse ela liberto o coração...

Recordou-se, então, do modo por que fitara Yvan d'Aprémont na noite em que o fidalgo lhe fora apresentado pela enferma, as elogiosas referências que lhe fizera, a atitude tímida em sua presença, o inebriamento com que nele fixava o olhar ardente de paixão recôndita... Seria ele indiferente ao sentimento de Arlette? Não, certamente, pois que a órfã era um primor humano, possuía uma beleza arrebatadora e a sua fuga para o solar d'Aprémont provava que eles se correspondiam e se amavam discretamente.

– Oh! – exclamou, comprimindo no tórax o coração anarquizado, parecendo-lhe que ele se tornara alado e estava prestes a desprender-se do seu casulo de ossos ou a estuar de dor – tudo compreendo agora, nitidamente: Yvan é um hipócrita, que, por fementido altruísmo, convicto do seu aspecto de Adônis, do prestígio do seu nome, de sua alta hierarquia social, e de uma aparente filantropia, fascina as jovens aldeãs, conquistando-lhes a afeição, atraindo-as pelo reconhecimento ao castelo d'Aprémont, para fins inconfessáveis...

Sofrimento profundo, incoercível, dilacerante, extravasou-lhe do coração atribulado.

– Bandido! Eu, só eu, jamais dei crédito à tua pérfida benemerência!

Julgou-se cavilosamente embaído pelo fidalgo, que, certamente, não ignorava suas pretensões à filha da recém-falecida.

Oh! a dor inominável do traído! Adorar, consagrar um afeto puro e imenso a um ente julgado nobre, o mais belo, o melhor, o mais perfeito do universo, e, quando mais enlevado na realização dos projetos de uma ventura intérmina, em auri-róseo porvir, saber que esse ídolo é falaz, escarnece de sua afeição, crava-lhe no peito o intoxicado estilete da falsidade... Ser ludibriado é sentir um pesar que mutila a alma; é sepultar, no próprio ádito, mortos, todos os álacres sonhos da felicidade; é ouvir, pusilânime, o fragor da derrocada de todas as aspirações da vida, dentro do próprio íntimo; é sentir o Espírito bruscamente obscurecido, como se nele se houvesse apagado um foco estelar; é observar, com pavor, o futuro que se antolhava nacarado como arrebol, transformar-se em lúrido nevoeiro; é ser arrojado, dos páramos astrais ao abismo de Calipso; é sentir as asas que o alcandoravam, no Espaço, subitamente carbonizadas, transformadas em cinza, deixando-o, de borco, despenhar-se do céu num vácuo sem limites, sem fundo, eterno, imensurável... O homicida rasga com um punhal a um coração; o traidor apunhala a alma.

O assassinado deixa de padecer fisicamente em poucos minutos, quando se esvai a derradeira gota de sangue; o traído morre lentamente, às vezes numa agonia que dura meio século. Um, tira a vida orgânica; o outro, mata a ventura e a esperança, que são a vida dos acorrentados à Terra. Um, pertence à justiça humana; o outro, à divina. Um, deixa a prova patente do crime – o cadáver; o outro, assassina a alma e deixa-a invisível, ergastulada ao corpo palpitante, para sofrer a todos os segundos uma tortura inaudita. O homicida faz, às vezes, estancar a angústia que trazia um coração ulcerado de penas; o traidor abre, no Espírito, um sorvedouro de mágoas e tormentos, que parece aumentar a cada momento, até se tornar infindo e apavorante...

Um, finaliza uma luta – a vida material; outro, faz travar no âmago do Espírito uma batalha incessante – a conflagração constante das recordações, da saudade, das desesperanças, das desilusões. Um, faz consumar o passado, enquanto o Espírito jaz no letargo que sobrevém ao seu desligamento da matéria; outro, torna-o em presente eterno.

É, pois, mais cruel e covarde o que trucida a ventura, do que aquele que estrangula ou apunhala um ente humano.

Arlette traíra a sua confiança, mentira-lhe capciosamente quando lhe dissera que ia refletir para lhe responder à honrosa solicitação, iludindo à própria mãe no leito de agonia; o responsável, porém, por sua desdita, era Yvan, que, certamente, a seduzira com promessas mendazes. Yvan fora o usurpador e o carrasco da sua arquitetada felicidade; ele, Richard Duruy, seria o seu verdugo. Um crime equivalia a outro. A vingança fere sempre a um delinquente; a traição, a um inocente. Seria mais perdoável o seu, que o crime de Yvan, que era o de Iscariote. Ergueu-se, cambaleante como um ébrio, parecendo-lhe que os próprios pensamentos choravam dentro do cérebro com um clangor selvagem, ou que ouvia um secreto e surdo ruído de lanças partidas em justa sanguinolenta...

Com uma de suas trêmulas mãos abriu uma gaveta da secretária que pertencera a seu pai, tateou um dos escaninhos, procurando o que quer que fosse, lá oculto, havia muito. Encontrou o que procurava – um pequeno invólucro esguio, pontiagudo.

Esfacelou o papel envolvente e a seus olhos chamejantes da febre do desespero, apareceu um punhal já oxidado – o mesmo com que Pierre tirara a vida a André e Peterhoff tentara assassinar a formosa Sônia, cuja lembrança, naquele instante, foi-lhe terrível tortura.

Passou-se, então, com Richard, um estranho fenômeno psíquico: pareceu-lhe que alguém, ao longe, proferiu um brado de bárbara alegria e, logo após, foi secundado por um outro de dor, um gemido prolongado, que ele reconheceu ser o do seu venerando pai, nos momentos que antecederam o seu passamento...

Convulsionado por intenso abalo nervoso, caiu quase desmaiado numa poltrona, deixou a arma tombar-lhe da mão e balbuciou em surdina, com profunda amargura:

– Pai adorado, perdoai ao vosso desditoso Richard, que vos prometeu, no leito mortuário, trilhar a áspera senda do dever e da virtude e que, hoje, devorado por inconsolável dissabor, invadido por tremendo desengano, vai manchar as mãos em duplo delito!... Mataram-me impiedosamente, pai querido, pois destruíram o meu porvir, meus sonhos de ventura terrena, meus sentimentos generosos, tudo quanto em mim existia de nobre, puro, louvável!

"Eis-me infortunado e só para a formidável batalha da vida, sem aspirações, sem anelos, alma estrangulada de angústia e recordações pungentes! Continuar a viver assim é votar-me a suplício inominável. Nasci para ser desventurado.

"Compreendi essa desoladora realidade desde os primeiros anos. Tentei ser feliz e bom. Fui vencido pela crueldade humana ou pela fatalidade. Perdoai-me. Vou consumar este martírio que poderá, talvez, prolongar-se por mais de meio século. Quero beneficiar a humanidade, arrancando a vida ao hipócrita que, mascarado por uma falsa benemerência, atrai e seduz as mais cândidas e belas vítimas, oculto no seu antro dourado... O mesmo punhal que o ferir há de fender meu coração flagelado.

"Perdoai, bondoso paizinho, ao vosso desgraçado Richard!"

– Vai! – ouviu distintamente o médico como se um terceiro ser imperceptível lhe segredasse n'alma esse vocábulo, com voz melíflua, dulcíssima.

Não hesitou mais. O punhal fatídico desapareceu numa das algibeiras.

Foi ao dormitório, embuçou-se em ampla capa negra, à moda de Sevilha, e fechou os olhos ao passar, de relance, à frente de um espelho, do qual fugiu pressuroso, pensando:

– Devo estar hediondo, um Otelo horrífico! Oh! céus, eis confirmado o meu aspecto patibular! É a fatalidade que me impele ao crime... É o meu físico horripilante que se coaduna com os lances trágicos...

Não posso fugir ao despotismo da natureza, que me criou com feições de bandido, de gestas da atualidade. Se eu continuasse a ser generoso e nobre, estaria em contraste com o meu aspecto de sicário. Vamos, pois, desgraçado Richard, cumprir a tua sina!

Estás no palco da vida para representar a cena final do drama passional e doloroso de tua existência. Não tarda a descer o velário sobre dois cadáveres... Quiseste ser como Jesus, fizeram-te Barrabás. Não recues mais. É justo que te vingues dos que, num momento, derrocaram-te a felicidade, a esperança, o futuro, todos os teus desejos, visto que as leis humanas não punem os verdugos morais...

A passo precipitado, retirou-se de sua residência, sem fazer qualquer recomendação ao criado.

Noite. Nenhum astro se via no Firmamento velado pela gaze do inverno: nevava. Rajadas de vendavais sibilavam sinistramente nas árvores esqueléticas. A escuridão era completa. Richard avançava como louco, quase a esmo, pela estrada que ia ter ao solar d'Aprémont.

Mal conhecia os caminhos e vacilava, às vezes, sem saber onde se achava e qual a direção que deveria tomar. Por instantes, surgia-lhe à mente a efígie angustiosa do Nazareno, vergado, subindo o Gólgota penosamente... Julgava sentir o peso do madeiro nos ombros débeis e inclinava o busto para a frente. A Jesus, Espírito de escol, Enviado divino, fora concedido um auxiliar, o Cireneu; e a ele Deus o deixava só, abandonado, exposto às borrascas do mundo de misérias em que vivia... Por que tanta injustiça lhe esmagava a alma, desde a infância, arrastando-o ao crime, ele que desejava ser bom e justo? Era tarde para reflexões.

Começou a subir uma vertente escarpada, não longe do castelo, iluminado apenas em duas janelas de um dos minaretes, destacando-se das sombras que enlutavam a natureza, como um crânio dissecado em que houvesse no interior uma lâmpada acesa, cuja luz jorrasse pelas órbitas amplas...

A vereda era estreita, como que abandonada pelos peregrinos, alcantilada, de difícil acesso na escuridão em que se via imerso.

Meio desmentado, começou a tatear os raros vegetais que encontrava, arbustos despidos de folhas, como espectros ajoelhados ao longo do caminho que serpeava numa colina, onde fora edificado o solar.

Súbito, falsearam-lhe os pés no solo e ele, desprendendo um grito estridente, foi rolando vertiginosamente por um fosso, que lhe pareceu aberto no âmago da Terra, qual geena apavorante, para o tragar...

Assim tombou numa vertigem, que pôs termo ao sofrimento e ao desespero em que se achava...

FIM DO LIVRO V

Livro VI

No castelo d'Aprémont

I

Quando, após algum tempo de que não soube precisar a extensão, Richard descerrou as pálpebras, sentindo contundido, magoado todo o corpo, observou que se encontrava em arejado aposento, docemente iluminado por uma lâmpada azul. Levou penosamente a mão à cabeça, onde se concentrava uma dor lancinante e verificou que se achava envolta em compressas.

Alguém, à sua cabeceira, velava por ele. Percebeu-o mais com a alma do que com os órgãos visuais.

– Onde estou? – disse em tom quase imperceptível.

– Num lar amigo – respondeu-lhe quem se achava perto do leito.

Duruy fremiu, reconhecendo a voz de Yvan.

– Por que me trouxeste para aqui? Preferia morrer abandonado, ser devorado pelos cães, a ser abrigado nesta casa... que detesto! – tornou o médico, encolerizado.

Yvan aproximou-se mais e inclinando para ele o belo e pálido rosto, parecendo desprender clarões suaves dos meigos e belos olhos, disse-lhe:

— Viestes voluntariamente ao humilde solar d'Aprémont, doutor! Sede bem-vindo, agora e sempre!

— Vim em busca da morte... e não da vida!

— Quem pode fugir à *vida*, doutor? Podemos dilacerar o corpo material, mas a alma é imortal, continua íntegra, mais viva que nunca para lutar, sofrer, e o dissabor que nos levar ao túmulo será tanto mais acerbo quanto maior o desejo que tivemos de nos libertar dele por meio do suicídio!

— Que é que prova a sobrevivência da alma?

— A dor moral.

— Já a sentistes, por acaso?

— Sim, e por isso sei compenetrar-me da dor alheia.

Richard calou-se, chorando.

Ameigando a voz, Yvan murmurou:

— Não vos tortureis mais, doutor!

— Impossível! Ninguém pode tolher as bridas ao pensamento! Enquanto estou inerte, ele galopa vertiginosamente. Às vezes, é mais impiedoso que um Torquemada emboscado em nosso íntimo: flagela-nos com os mais temíveis suplícios e não nos arranca a vida!

— É o pensamento uma das provas mais belas de nossa imortalidade, doutor. É o imponderável, o invisível, o imaterial que se aloja em nosso cérebro, onde não deixa vestígios, e, no entanto, reconhecemos que a ação dele, o seu vibrar, a sua atividade e a sua energia são mais potentes que os de um motor sólido, de bronze. Às vezes nos esmaga, outras nos eleva aos páramos celestes. Tem elos e asas. É diáfano e pode triturar. Não tem combustível e pode calcinar, num momento, sonhos, esperanças, venturas... De origem divina, muita vez parece satânico. É a maior potência da criatura humana! Alvião titânico que há de demolir todas as Bastilhas do erro e da iniquidade. Viaduto que Deus nos concede para nos transportarmos a todos os astros, ao Espaço, até Ele. É diabólico quando concebe um crime, angélico quando vibra numa prece.

Subitamente, num verdadeiro *stacato*, falou:

— Perdoai-me: esqueci de que estais muito debilitado e não podeis fazer esforço de memória. Resvalastes no abismo de Aprémont, que desconheceis. Ficastes muito machucado. Valeram-me os conhecimentos médicos que fiz na Universidade de Berlim.

Richard, de olhos cerrados, murmurou:

— Não vos devo agradecer, pois que me fizestes um mal e não um benefício. Decretei minha morte, de qualquer modo. Salvastes-me de um precipício externo, mas não podereis libertar-me do interior, que é mais pavoroso do que aquele. A existência para mim é um martírio inigualável. Ninguém tem o direito de estorvar a realização do meu intento.

Yvan, ainda curvado para ele, disse-lhe, quase em segredo:

— Não saireis daqui sem levar na alma o bálsamo da consolação. Acalmai-vos, porém. Durante três dias estivestes inanimado ou inconsciente. Depois conversaremos longamente. Vou render graças ao Onipotente por vos ter conservado a vida, preciosa para vós e para os que ainda podeis beneficiar.

Richard compreendeu que aquelas palavras eram sinceras. E enquanto ele orava, pensou:

– Se soubesse com que intuito vim ao solar d'Aprémont, não me trataria assim... Deus! se não sois um mito apenas, esclarecei-me! Quem sabe se este homem é, realmente, o que todos julgam?

No dia seguinte, pela manhã, Richard achava-se só, depois de algumas horas de sono tranquilo e reconfortante. Despertou ouvindo vozes que lhe fizeram o Espírito trepidar dentro do corpo dorido. Com dificuldade soergueu-se no leito, ao qual parecia estar chumbado, – pois só se pressente o peso do organismo quando as forças decrescem e começa ele a pender para o túmulo – e ficou atento.

As vozes partiam do aposento contíguo, com o qual se comunicava por uma porta velada por um reposteiro de damasco cor de cereja. Concentrando toda a atenção, escutou distintamente o timbre melodioso de Arlette e de Yvan. Reteve a respiração para não perder nenhum vocábulo.

– *Mademoiselle* Arlette – disse o fidalgo – solicitei viésseis à minha presença porque tenho assuntos graves a tratar, os quais se relacionam com a vossa presença, e, bem assim, com o vosso futuro.

– De bom grado aqui estou ao vosso dispor.

– Aqui estais há seis dias. Bem sabeis que o solar d'Aprémont não é meu – mas dos que dele carecem. Sois, porém, demasiado jovem e formosa. Não tendes, para salvaguardar a vossa reputação de donzela e órfã, a assistência de um parente venerável. Pensei, pois, em interrogar-vos. Pretendeis permanecer aqui ou tendes ascendentes que vos possam amparar?

– Tenho um tio paterno, residente no Havre.
– Já lhe escrevestes, inteirando-o da vossa situação?
– Sim, mas não tive resposta.
– Quereis que vos faça conduzir ao Havre?
– Expulsais-me? – exclamou Arlette com amargura infinita e a voz trêmula.
– Criança! Não conheceis as minhas ideias? Não vos deixarei sair desprevenida de recursos pecuniários. Haveis de casar-vos, senhorita Arlette, e eu tenho o prazer de vos ofertar, agora, um pequeno dote nupcial...
– Nunca me casarei, senhor.
– Isto dizeis neste momento. Mudareis de resolução.
– É uma ideia inabalável.
– Julgais que o é.
– Morrerei de pesar e de saudades... quando me ausentar d'Aprémont...
– Por que, *Mademoiselle* Arlette?
– Porque... para mim... será um suplício... não mais vos poder ver!
– Amais-me, então?
– Há muito. É um sentimento superior à minha vontade – domina-me cegamente, enlouquece-me!
– Céus! – disse Yvan comovido – agradeço-vos o sentimento que vos inspirei, mas rogo-vos o desvaneçais para sempre! Amai-me fraternalmente e eu vos corresponderei. Jamais unirei ao de outrem o meu destino... pelos laços matrimoniais!
– Sois, então, invulnerável ao amor?
– Amo a humanidade e não a determinado ser...

– Mas é loucura.

– Concordo: a loucura de Jesus.

Menina – disse-lhe Yvan docemente – ainda não conheceis a vida e seus escolhos, porque apenas começais a trilhar o áspero carreiro. Chamastes-me louco e eu vos digo: – como classificarei vosso procedimento recusando, repelindo uma ventura que podia ser vossa?

– De que ventura falais, senhor?

– Da vossa aliança com o Dr. Richard Duruy.

– Oh! senhor, devo-lhe muito, mas a sua fisionomia inspira-me pavor!... Poderia ser sua escrava, nunca, porém, sua esposa.

– É porque vedes o corpo e desconheceis a alma; se aquele é horrível, esta é nobre e generosa. Richard é um abnegado sacerdote da Ciência Médica.

– Bem o sei, mas não o amo. Sacrificar-me-ia por ele se o coração estivesse liberto, e não eternamente cativo...

– Ouvi-me, criança: urge partais hoje mesmo! Levai no coração leal o lenitivo de que *jamais* me casarei. Longe, talvez se dissipe o sentimento que me consagrais e me tornaria ditoso, se eu não houvesse dedicado esta existência aos que sofrem, e não *fosse a nossa felicidade* ferir, barbaramente, aquele que retirei de um báratro e desejo livrar de outro mais temeroso ainda – o suicídio. A realização de uma ventura arquitetada sobre um sepulcro não pode ser abençoada do céu – não é ventura, chama-se remorso... Perdoai-me. Amo-vos como se fosseis uma irmã dedicada. Vou suprir-vos do necessário à vossa viagem e aos vossos esponsais, que, mais tarde, serão celebrados... Aceitai-o sem vexame, como dádiva de um amigo ou irmão querido, animado das mais puras intenções. Longe, orai por mim, para que eu cumpra, sem desalentos, a arriscada missão terrena à qual desejo dar cabal desempenho. Parti, porém, para que haja tranquilidade em três almas atribuladas... Deus vos proteja e inspire! Meu fiel mordomo Jacques irá convosco até o Havre. Pernoitareis na aldeia e amanhã seguireis para a França...

Um grito estrídulo partiu do quarto vizinho.

Yvan, erguendo o reposteiro, precipitou-se para o ferido.

Richard havia desoprimido violentamente a fronte, retirando os pensos que a constringiam. O sangue jorrava novamente dum grave ferimento no frontal, inundando-lhe o rosto e dando-lhe o aspecto de pavorosa máscara rubra.

Yvan, auxiliado por Arlette, ligou a incisão produzida pelas arestas das pedras que semientulhavam o profundo fosso que outrora servira de divisa e defesa ao alcáçar d'Aprémont e, depois, ravinado, escalvado pelas torrentes pluviais, tornara-se em medonho precipício, um averno incomensurável. Richard fora salvo porque apenas atingira o ponto menos profundo e, quando caíra, estava perto do local um camponês que imediatamente deu parte do ocorrido ao castelão, sempre vigilante e preparado para socorrer quantos se aproximassem do solar e fossem vítimas de algum acidente.

Reanimou o enfermo, qual o fazia novamente, com fricções gerais e absorção de excitantes.

Quando Richard começou a recobrar os sentidos, o fidalgo dispensou o auxílio de Arlette e disse-lhe, estendendo-lhe a alva mão:

— É mister que não o abandoneis doravante, um momento sequer. Parece-me que Deus me confiou uma vida preciosa para que a defenda, tornando-me responsável por seu aniquilamento, se tal suceder.

— Uma palavra apenas... — advertiu a moça sem ousar fitá-lo, já com lágrimas nos olhos.

— Dizei, Arlette: prometo ser sincero na resposta.

— Nunca vos casareis?

— Nunca!

— Obrigada! Irei morrer longe, confortada com essa promessa, que me dará ânimo de partir para sempre!

— Haveis de esquecer-me, Arlette...

— Nunca! O Sr. Yvan d'Aprémont é insubstituível... Sois, para mim, a personificação da beleza física e moral. Sois inolvidável, Deus não fez, neste mundo, em duplicata, um Yvan d'Aprémont...

— Exagerais o meu valor! Escutai; vou também fazer-vos um pedido.

— Ordenai-me, senhor. Sou vossa serva.

Ele apontou Richard, ainda desmaiado, murmurando:

— Antes de sairdes — levando por todo o sempre, ligado ao vosso, o meu coração torturado e saudoso — osculai a mão generosa e bela deste que, talvez, baixe ao túmulo por vossa causa... íeis partir sem querer fitá-lo, Arlette!

Ela, sensibilizada, reconhecendo a justeza da censura, ajoelhou-se junto do enfermo ainda inanimado e lhe beijou a mão exangue, que pendia do leito, imóvel como a de um cadáver.

Ao contato daqueles lábios cálidos, Richard estremeceu e entreabriu as pálpebras.

A jovem ergueu-se bruscamente e, apertando a destra a Yvan, soluçante, exclamou:

– Adeus! Adeus, para sempre...

Ele, enternecido até às lágrimas, osculou-lhe as mãos frias, sem poder articular palavra.

Arlette, então, meio alucinada, fugiu para um aposento afastado, a fim de dar expansão à sua imensa dor.

Nesse mesmo dia, ao entardecer, seguida do mordomo do castelo, Jacques Morel, partiu ela com destino à França.

Num dos torreões do alcáçar, furtivamente, Yvan contemplara o seu esbelto vulto negro, a cavalo, afastando-se rapidamente, até que, oculta por uma ondulação da colina, desapareceu à sua vista...

Volveu então os olhos, róridos de pranto, ao firmamento velado nos arminhos hibernais que amorteciam o fulgor dos primeiros astros e nele flutuavam como pérolas de fogo emergindo num oceano de espumas, e surdinou como se monologasse com o Sempiterno:

– Protegei-a, Senhor! Dai-lhe, e a mim, coragem para cumprirmos sem desfalecimentos, com verdadeiro denodo moral, os vossos sábios e indiscutíveis desígnios!

II

Richard manteve-se por alguns dias quase inerte e insensível. Perdendo a noção da realidade, não recusava os alimentos que lhe ministravam, quase todos constituídos por líquidos nutritivos. Ao fim de uma semana, perdeu o aspecto cadavérico e os olhos descerraram-se, fitando o infatigável benfeitor que velava por ele carinhosamente, e pela primeira vez o achou formoso.

– Senti-vos melhor, doutor? – indagou d'Aprémont.

– Sim – respondeu debilmente.

Depois, com indizível melancolia:

– Por que, *se sois bom*, não me deixais morrer? Meu martírio moral recomeçou hoje, com o volver da consciência... Não sofri, durante alguns dias, enquanto inconsciente. A morte deve ser o repouso absoluto e integral, mais completo do que o que me empolgara, desde aqueles momentos inolvidáveis...

– Não vos atormenteis com acerbas recordações! Quero que vivais longamente, para, coligados em nome do Criador, efetuarmos árdua e meritória cruzada – terçando as armas fúlgidas do sacrifício e do amor ao próximo – a qual, neste instante, se trava em quase todo o universo: a que tem por escopo a regeneração humana, a conquista do aprimoramento psíquico, a fim de que, alhures, nessas pátrias refulgentes, que, à noite, abrolham nos páramos siderais, sobre as nossas frontes abatidas – qual seara fantástica em que desabrocham espigas de diamantes em combustão, possamos alcançar a verdadeira ventura, inacessível aqui, essa ventura a que nossa alma de precito aspira sempre, mas que, apenas a vislumbramos, foge à nossa frente, como o próprio horizonte!

– Sois um idealista qual já fui; hoje, sou um misantropo... Que fazer para conseguir o que imaginais?

– Sofrer...

— Sedutora perspectiva, para quem não possui uma esperança na vida, está exausto de padecer, tem n'alma – tal a Roma do inclemente Nero – todos os sonhos da juventude, depois de barbaramente incendiados, reduzidos a cinza...

— Sofrer – reiterou e prosseguiu Yvan –, indiferente às borrascas da vida, por só suavizar as dos nossos companheiros de jornada...

— Quereis, pois, seja o meu suplício dantesco perpetuado indefinidamente?

— Ele cessará e encontrareis repouso e lenitivo para o vosso Espírito atribulado, desde o instante em que vos lembreis de que não sois o único a padecer neste ergástulo, chamado Terra – onde cumprimos penas redentoras; que aqui não viestes para desfrutar júbilos mundanos, mas ressarcir crimes perpetrados em outras eras; que estais apto para mitigar as dores humanas, vós que exerceis a nobilíssima profissão de médico, conhecedor de todas as misérias da carne que, desejando fruir gozos infindos, às vezes se transformam em vibriões! Sereis feliz, quando olvidardes a vossa personalidade incontentável, insaciada de prazeres; quando aprenderdes a enxugar lágrimas amargas, a mitigar a fome e a sede dos desgraçados!

Richard tinha os olhos mareados de pranto.

Sua alma fora tocada pelo condão mágico da contrição. Subitamente, fez esforços para se erguer no leito, mas, debilitado como se achava, recaiu nas almofadas. Rosto lívido, pela primeira vez, como talhado em gesso por macabro escultor, cingido por atilhos de alvo linho com laivos de sangue, qual albornoz, trágico, ressumbrava um padecer tão vivo, que se tornara indescritível. Se um Coquelin conseguisse, em cena, expressá-lo fielmente, seria aclamado com delírio; se um estatuário ou pintor o plasmasse no mármore ou na tela, seria sublimado por seus coevos e pósteros; mas, nunca um artista o faz com precisão, porque só existem esses intérpretes do sofrimento intenso e formidável, quase divinos, não nos palcos ou nos ateliês, mas na vida real e palpitante...

O artista que o representa, burila ou pincela, não se chama Coquelin, Fídias nem Giotto: é invisível; não deixa, às vezes, senão momentâneo vestígio na face dos desventurados, como um corisco no domo celeste; não afeiçoa as suas obras-primas senão no interior das plásticas humanas – chama-se Dor, a incomparável modeladora de almas, a perfeita intérprete de Sófocles, o Praxiteles, o Rembrandt divino e sem rival – deixando-as transparecer, por vezes, na própria estátua carnal, com laivos de luz – como a do Cristo no píncaro do Tabor – mas logo as oculta num velário impenetrável...

Yvan susteve-lhe o busto cuidadosamente, interrogando com solicitude:

– Que desejais?

– Dizei-me – *ela*... já partiu?

– Sim, para sempre...

Richard fixou-o; depois, tombando no leito, disse:

– Quero patentear-vos todos os meus dissabores, para que me julgueis imparcialmente, e, depois, consintais ponha termo ao meu martírio...

– Oh! doutor, compreendo-os, ausculto-os, adivinho-os... Não mos exponhais, por enquanto, para não os avivar, pois as emoções fortes poderão ser-vos fatais...

— Antes o fossem... Enganai-vos, porém. Talvez assim possa conseguir o meu intento: quando souberdes o que se passa em meu ser, não tentareis mais acorrentar-me à vida, ao íncubo que me flagela desde a infância...
— Ouvir-vos-ei, mas, acalmai-vos primeiramente.

Yvan, muito pálido, trajando pesadas vestes de inverno, sentado próximo ao enfermo, meditativo, com os longos e níveos dedos entrelaçados sobre os joelhos, olhos semicerrados, como que absorto em transporte psíquico, preparou-se para ouvi-lo.

Por momentos Richard mirou-o, analisando-lhe todos os traços fisionômicos, e, após meticuloso exame, como frenologista, esteta e anatomista, convenceu-se de que jamais presenciara um conjunto tão harmonioso de órgãos e membros esculturais, revelando a nobreza austera e excepcional de uma alma lúcida, que, quase visivelmente, se enclausurava num corpo de Apolo. Havia no seu todo mais donaire, espiritualismo e idealismo, do que no de Lord Byron e Platão, modelos dos mais afamados de formosura física e moral que o mundo tem conhecido.

Humilhado, extasiado, sentiu abrolhar na mente atroz vacilação, e interrogou-o brandamente, como nunca o fizera:

— Permiti que vos interpele?
— Por que não? Fazei-o, como se o fizésseis a um irmão!
— Por que deixais persistir em meu cérebro esta perplexidade atroz: jovem, gentil-homem, opulento, belo... renegais voluntariamente todas as regalias e prerrogativas sociais, para conviver com os infortunados?

Yvan, ouvindo-o, ergueu-se inopinadamente, os olhos iluminados por insólito esplendor, e disse-lhe:

— Doutor, tendes duvidado, bem sei, inúmeras vezes, da minha sinceridade; justo é, pois, me reabilite perante vós, antes que me relateis a causa de vossas mortificações; quero que conheçais, *in totum*, meu imo e meus ideais, para vos inspirar plena confiança. Só me compreendereis, porém, se responderdes afirmativamente à arguição que ora vos faço: sois, ou não, adverso à crença da multiplicidade de nossas existências?

— Não. Confesso lealmente que algumas vezes me ocorrem reminiscências de transcorridas existências e fenômenos psíquicos inexplicáveis me hão sucedido. Tenho-os ocultado, porém, receoso de me não darem crédito ou escarnecerem de mim... Infelizmente, tenho a importuna e incessante ideia de que não vivo pela primeira vez; que a esta precederam outras encarnações, maculadas de crimes hediondos e, por isso, para remi-las, tenho sofrido ininterruptas desditas... Sei que fui um tirano cruel; flagelei a humanidade; criei uma atmosfera de ódios e vinganças que, desencadeadas sobre mim, se transformaram em tempestades de remorsos e suplícios espirituais! Fui, em prístinas eras, um monstro moral; hoje, o sou no físico. É a execração de muitas vítimas que me persegue, através dos séculos, tornando-me desgraçado; fui déspota, egoísta, insensível à dor alheia, aos clamores dos que infelicitava; agora, compadeço-me dos torturados, procurando mitigar-lhes o sofrimento, amo o convívio social, sou humilde, emotivo, admiro o belo e as crianças, e vejo-me isolado como se fora um morfético, sem lar amigo, temido pelas almas em flor das crianças e das donzelas, que sentem repulsa por meu organismo híbrido – de sicário e príncipe. Ninguém se compadece de meus infortúnios, causo aversão a todos com esta máscara afivelada ao rosto sinistro, como se manipulada por um Satanás vingativo, que me fez sua presa! Sinto-me demais na Terra e não sei onde refugiar-me para repousar... Julgo ouvir, constantemente, estas palavras de Jesus, qual sentença inexorável: *"Surge et ambula!"*. Sou um espectro vivo... Inspiro pavor e ridículo a quantos me veem.

– Deus meu! – exclamou Yvan, juntando as mãos em súplica, como se tentasse suster-lhe a catadupa dos pensamentos dolorosos – como é que, com essas intuições de pregressos delitos, quisestes agravar a angustiosa situação cometendo outro delito, talvez o mais abominável de todos – o suicídio? Se tendes ideias tão positivas da consequência funesta das iniquidades humanas, da Justiça celestial; se credes na realidade inconcussa dos avatares, para efeito de reparação espiritual, como dissestes ainda há pouco que a morte é o repouso absoluto e desejado?

– A dor moral, quando superlativa, quebranta todas as energias físicas e mentais, atrofia-nos a faculdade de raciocinar até sobre as coisas tangíveis, quanto mais sobre os fenômenos metafísicos! Quem poderá demonstrar, cabalmente, que haja a imortalidade da alma e uma Justiça suprema; que não somos o produto arbitrário de cego destino, da natureza ou da fatalidade?

– Que prova tudo isso? Justamente o que acabais de aduzir – *a dor moral* – para a qual não há lenitivo na terapêutica; que se não aloja em nenhum órgão; que não deixa vestígio no coração nem no cérebro, e, no entanto, *existe*; vós, eu, todos nós sentimo-la, bem como o amor, o ódio, a ternura, o reconhecimento, a saudade, o zelo; tudo que palpita, trepida e vive intensamente em nosso âmago – desaparece um dia – qual raio de sol num cárcere, sem deixar pegadas no organismo, e a Ciência é impotente para explicar todos esses fenômenos anímicos, sem base no mundo material... Há, pois, em nosso ser, algo que subsiste *à morte*, algo que é a sede dos pensamentos e de todos os sentimentos; que se desagrega do corpo carnal e se localiza noutro corpo intangível, indestrutível, eterno. E quando aquele se torna inerte, empedernido... Que é que o movimenta? O coração? Mas, por que pára o coração?

"É porque ele e todos os órgãos são impulsados, vivificados pelo motor divino, que se chama – *Alma* – que o abandona um dia para se alçar ao Espaço, haurir ensinamentos, receber benéficos conselhos, retemperar energias exauridas nas lutas cotidianas. Esvaeceu-se ela? Por que, então, os indivíduos são todos dessemelhantes física, moral e intelectualmente? De onde lhes provém a diversidade de instintos, de discernimentos, de caráter?

"Se todos os Espíritos, no instante do nascimento, começassem uma *única* existência, por que todos os seres humanos não são idênticos? E onde se originam as variedades de aptidões mentais, de gênio, de sentimentos, de bons e maus instintos?

"Como surgem, em nosso íntimo, reminiscências de outras eras? Como irrompem, na mente dos artistas geniais, ideias e conhecimentos superiores aos adquiridos nas academias? Onde Da Vinci, Sânzio, Fídias, Murilo, aprenderam as artes que os imortalizaram? Não ultrapassaram seus humildes e anônimos mestres? Que é a vocação imperiosa para determinada ciência ou arte, manifestada desde a infância, senão a inconsciente ressurreição dos ensinamentos acumulados n'alma em pretéritas existências?

"As recordações súbitas, quais relâmpagos fugazes, de findas encarnações e de aprendizagem ultraterrenas, provam as vidas sucessivas, os surtos pelo Infinito, e, portanto, a imortalidade do nosso *Ego*, com todos os tesouros intelectuais intactos e aumentados progressivamente; os sofrimentos que parecem injustos, quando somos probos e abominamos o mal, evidenciam nossa qualidade de galés, cumprindo as penas exaradas pelo Magistrado supremo do universo, das quais nos havíamos esquecido.

"Não somos, pois, o produto arbitrário do destino, mas vassalos insubmissos de um monarca justiceiro, que não nos condena eternamente aos suplícios infernais, não nos excrucia com padecimentos improfícuos, mas imprescindíveis ao acrisolamento do nosso Espírito. Depende do nosso esforço próprio, do desvelo com que cumprimos todos os nossos deveres, a nossa liberdade perpétua.

"Temos, diante de nós, um futuro vastíssimo, e o triunfo que obtivermos coincidirá com a isenção de todas as dores, a conquista da felicidade em vão sonhada na masmorra terrestre por nossas almas de calcetas revéis, felicidade que só existe nas mansões de luz e de portentos aqui desconhecidos...

"É utopia o que imagino? É a matéria putrescível, irracional, que concebe esses planos grandiosos sobre o nosso porvir, para serem derrocados no sepulcro? Não! É a *psique* encantada que nele se encasula. Esse aspirar é a voz do Criador, oculto em nosso ádito, segredando-nos o que de nós pretende, o que nos outorgara e o que nos aguarda no Além, se o ouvirmos e lhe seguirmos fielmente os ditames.

"Quando se passa convosco um desses fenômenos, a que chamastes metafísicos, sem base no mundo real, vós que conheceis minuciosamente o organismo humano – e mormente o vosso – que o tendes escalpelado, dissecado, necropsiado, como o explicais cientificamente?"

– Impossível! Não os posso classificar nem compreender; *sinto-os*, mas não há para eles meios positivos de análise nem identificação, e, por isso, estabelece-se a dúvida em meu cérebro. Como são muito complexos e penosos para mim, prefiro não os sondar, nem perquirir a verdade...

– Eis a conduta de quase todos os cientistas; refratários ao estudo das verdades transcendentes, que combatem sem investigar, preferindo persistir no erro a dar solução aos chamados enigmas do Além... É cômodo esse modo de agir, mas é também desleal e deplorável...

"Fazem como as estriges que, ofuscadas pela luz, preferem abrir os olhos na treva, e, por isso, devem negar a existência do Sol!

"Ainda prosseguiremos nossa palestra amistosa, doutor; urge, porém, para não vos fatigar, inteirar-vos a respeito do que há muito almejais conhecer: as causas que me compeliram a abandonar os deleites mundanos, na flor da idade, para viver como um asceta, incompreendido de muita gente e até acoimado de demente ou hipócrita.

~

Dias depois, vendo Richard em condições favoráveis de ouvi-lo sem fadiga, disse-lhe Yvan:

– Escutai-me, pois. Como sabeis, sou descendente de fidalgos franceses e belgas. Nasci neste solar, rodeado de fausto régio, etiquetas e jactâncias. Desde, porém, que em mim começou o desabrochar da razão, compreendi que estava diametralmente divorciado, pelos sentimentos, dos que comigo privavam.

"Meus pais – Deus que me julgue e puna neste momento, se sou injusto ou falaz! – eram, como já disse, de estirpe nobre, titulares, ainda ciosos de supremacias de casta; amavam, com aferro, a aristocracia, a ostentação; desejavam ardentemente ver-me imbuído das mesmas ideias e fosse um legítimo sucessor e herdeiro de suas prosápias, como da imensa fortuna que possuíam – acumulada secularmente por nossos avós – e do nome que evoca passadas glórias guerreiras, de seus ideais políticos e cavalheirescos.

"Eu me sentia sem ambições, humilde, incapaz de seguir-lhes o exemplo ou satisfazer-lhes os desejos. Uma vez, ao completar 12 anos, em raro momento de folga que me deram os preceptores, transpus o gradil do parque e detive-me nos arredores a recrear-me com um pequeno e lindo camponês, Jacques Morel, da minha idade. Sentia-me feliz em liberdade.

"O ambiente do castelo era, para mim, irrespirável. Não me acarinhavam nunca. Pareciam todos combinados para me incutir ideias errôneas de orgulho, de preconceitos de raça. Educaram-me como se houvesse de ser um príncipe, ou um déspota.

"Naquele dia, ditoso pela primeira vez, corri e foliei com o pequeno campônio, e quando despreocupado voltava ao lar paterno, enlaçando amistosamente o rapazinho, encontrei meu pai extremamente pálido, de cenho contraído, colérico, fitando-me severamente. Estremeci. Jacques fugiu aterrorizado."

– Meu filho – falou-me áspero –, abraças um labrego, como se fosse da tua linhagem?

– Meu pai – respondi baixando o olhar sem afetação, como que ouvindo uma voz secreta, talvez a da consciência, que me tem orientado e inspirado as resoluções supremas, em todos os momentos graves da existência –, quem separou as criancinhas pelas raças, foi Deus, ou foi o homem?

– E quem te ensinou a fazer-me objeções, Yvan? Deus ou o homem, que me adianta sabê-lo? Não vês que as águias não são iguais às serpentes? Estas nasceram para se rojar no pó, ao passo que aquelas podem cindir os ares! Eis a diversidade entre fidalgos e vilões...

– Mas as águias têm asas e os répteis, não... A natureza fê-los bem diversos, ao passo que meu corpo é perfeitamente semelhante ao do Jacques; apenas a roupa é que nos distingue... Vesti-o de pelúcia e a mim de farrapos, vereis que ele é mais bonito do que eu...

– Que blasfêmia, Yvan! Tu, descendente dos barões de Aprémont, opulento, nobre, ombreares-te ao filho anônimo de um sórdido rústico...

– Por que, então, meu pai, me ensinam os livros santos que Jesus, filho do Criador do universo, anunciado por uma estrela brilhante, podendo ter nascido num palácio, preferiu fazê-lo num tosco estábulo? Por que amava Ele os pequeninos e obscuros? Como é que abençoava e beijava criancinhas de vestes rotas? Eram, acaso, todas elas filhas do povo ou dos potentados?

– Yvan! faltas-me ao devido respeito! Usas de uma linguagem imprópria ao filho dos *Barões d'Aprémont*, desconhecida em nossa família e só apropriada aos plebeus que, não tendo ouro, recorrem a essas ignóbeis ficções para ter culminância entre os ricos e nobres – a quem invejam e odeiam! – forjam fabulosas lendas das quais descreio, porque as considero absurdas, hipócritas, abomináveis!

"Quereis imitá-los? Não respondes? Pois bem, vais ser punido por tua rebeldia: vou internar-te, por tempo indeterminado, num colégio só frequentado pelo escol da *nossa* sociedade, pela progênie de ilustres fidalgos, a fim de te habituares aos de *nossa* alta hierarquia, e para que mais tarde não sirvas de vexame aos *nossos* gloriosos avoengos! Dão-te ensinamentos contrários à *nossa* elevada estirpe, os teus mestres..."

– Perdoai-me, se vos ofendi. Não era essa a minha intenção... Eu vos obedecerei em tudo o que vos aprouver e me determinardes fazer. Quero, porém, ser leal aos que me educam: todos são submissos às vossas ordens, inspiradas pelos Evangelhos, que encontrei em vosso gabinete de estudo...

Meu pai não replicou e foi relatar o sucedido à minha mãe, que ficou alarmada com as minhas tendências para a democracia. Fui sequestrado, num colégio provinciano, durante seis anos consecutivos, com ordem expressa de só me relacionar com os filhos de aristocratas. Apoderou-se de mim invencível melancolia. Invejava as crianças, afagadas por seus pais, e as aves, por terem liberdade. Dedicava-me com ardor aos estudos, e, à noite, passava longo tempo em vigília, orando e meditando.

Sentia-me, então, confortado, e, muitas vezes, parecia-me ouvir, dentro da própria alma sensível, uma entidade imaterial me segredar brandamente:

"Sê forte, Yvan! Aguarda o porvir. Eleva o teu Espírito ao Criador e hás de triunfar!".

Minha docilidade e amor ao estudo granjearam a benevolência e estima dos professores, quase todos clérigos. Afeiçoara-me particularmente a um deles, Frei Amâncio.

Um domingo, os docentes resolveram fazer uma excursão campestre com os alunos, após a celebração da missa matinal.

Encontramos à margem da estrada, não distante da mísera choupana, um menino assombrosamente deformado. Tinha os lábios fendidos, como que rasgados a punhal, ou carcomidos por uma úlcera, os dentes precipitados nas gengivas violáceas, e andava coleando no solo, como um ofídio.

Era um medonho réptil humano. Quis ocultar-se à nossa passagem, mas não conseguiu fazê-lo a tempo.

– Mestre – disse eu, abeirando-me do venerável e bondoso Frei Amâncio – acreditais na Justiça divina?

– Como não? Por que mo perguntas?
– Vedes aquele infeliz? Por que seria assim tão mal aquinhoado pela Providência?
"*Se é um inocente*, porque o feriu tão iníqua pena – exarada por Deus, que considero magnânimo e reto? A natureza tem desvios, também erra..."
– Yvan! Não incrimines a Providência divina, quando desconheceres seus sábios desígnios!
– Ó Frei Amâncio! então enlouqueço; não compreendo o que me inspira a razão...
"Se a natureza, que é uma potência do Altíssimo, a executora de suas Leis portentosas e imutáveis, erra, a humanidade deve estar isenta de todas as culpas...
"Acusemo-la de todas as nossas imperfeições físicas e morais – porque não somos produtos de nós mesmos, mas dela e do Criador!"
– Não blasfemes, Yvan! Desconheço essa linguagem em teus lábios, pois sempre te mostraste bom e submisso às coisas sacras... Sabes o que penso?
"Os culpados são os genitores... Talvez sejam escarninhos e orgulhosos, e o Onipotente, para os humilhar, fê-los conceber um monstro..."
– Mestre, perdoai-me se discordo novamente. Dizei-me: qual o magistrado incorrupto que manda encarcerar e justiçar o filhinho de um bandido, responsabilizando-o pelos desatinos paternos? Nenhum. A sentença só atinge o réu. Pois haverá mais equidade e retidão na Terra do que no Céu? Que culpa me cabe pelas ideias e sentimentos dos que me conceberam? Quero ser humilde, justo – desejam tornar-me vaidoso,

inclemente; e será razoável que Deus me condene pelo mal que não desejo praticar, ou pelo que meus antepassados já praticaram? Pois será baseada no Código celeste a pena que fere um inocente para punir o verdadeiro criminoso?

"Brada-me a consciência que *não, e não*! Se Deus é infalível, a suma Justiça também o será: se aquele desventurado foi assim punido é porque é um réprobo perante o Juiz universal... Quando e onde praticou ele faltas graves? Nesta existência curta e misérrima? Não! Nasceu desgraçado, só encontrou no mundo penúrias e dores. Noutra, então? Talvez...

"Mistério insondável! Supondes que são seus pais os delinquentes...

"Será crível, que, neste *palácio* – e apontei o lôbrego pardieiro do aleijado – possam viver soberbos escarninhos, mestre? Frei Amâncio, se os filhos fossem condenados pelo orgulho dos pais, eu, e não ele, seria o monstro que ali vedes..."

– Silêncio, Yvan! necessitas ser ouvido em confissão. És muito jovem para te preocupares com esses problemas teológicos... *Mais tarde* compreenderás o que agora te parece absurdo...

Notei, porém, que, assim dizendo, ele empalidecera e entristecera. Solicitei-lhe permissão para levar um óbolo ao pequeno deformado, alvo dos olhares e motejos de quase todos os colegiais. Concedeu-ma. Quando me aproximei do desventurado e dei-lhe alguns francos, ele os deixou cair no chão, fitou-me insistentemente com os olhos volumosos, desmesuradamente dilatados, com estrias de sangue, talvez comparando o seu corpo e o seu traje sórdidos com os meus, e não articulou um só vocábulo de agradecimento. Que olhar inqualificável e inesquecível o seu! Não sei ainda hoje, escoados tantos anos, se era de ódio, humilhação ou reconhecimento.

À tarde, indo à capela do internato, lá encontrei Frei Amâncio genuflexo, em absorvente meditação, com as pálpebras cerradas, como para impedir fluíssem as lágrimas que já lhe umedeciam as faces descoradas. Por momentos não deu acordo da minha presença. Pelos vitrais coloridos entravam os fulgores do crepúsculo, pondo manchas policrômicas nas toalhas liriais, nas flores das esguias jarras de porcelana-pérola, na fronte argenteada do sacerdote, nas vestes alvíssimas da Senhora do Carmo, que sorria docemente no cimo do altar-mor, parecendo que, naquele recinto silencioso e místico, havia o reflexo de todas as gemas preciosas, ou suave pulverização de astros de diversas cores.

Pressentindo-me a seu lado, ele me fitou e colocou sutilmente a destra em minha cabeça, murmurando com lenidade:

– Fizeste-me sofrer e refletir muito no que disseste hoje... Lançaste a perturbação em meu Espírito, há muito desligado da Terra e só voltado para as coisas celestiais... Bem sei, Yvan, que tua alma é nobre e tem clarões siderais... Impreco à Majestade suprema, a fim de que, antes de exalar o último alento, saiba quem está de acordo com a sua Justiça – eu, um ancião prestes a tombar no sepulcro, ou tu, uma criança, mal saída do berço!... Onde a verdade, Senhor? Mas, choras tu, Yvan? Tens acaso algum pungente segredo a revelar-me? Abre-me teu coração, filho!

Era a primeira vez que alguém me falava com ternura e bondade paternal. Minh'alma, ávida e despida de carícias, vibrou singularmente. Confidenciei-lhe a origem dos meus pesares. Ele me aconselhou a ser dócil para com meus pais e, ainda prosternado, disse-me, alçando as mãos ao céu:

— Senhor, é um Espírito que aspira a voltar-se para vós e querem desviá-lo nas paixões e preconceitos humanos... Protegei-o, Pai celestial, para que cumpra os vossos desígnios.

Desde aquele dia, meu coração ficou estranhamente confortado. Meu venerando amigo era incansável em me ministrar salutares conselhos, mas, por vezes, assaltavam-me as objeções que lhe fazia, a respeito dos dogmas da Igreja Romana. Ele me esclarecia segundo a Teologia, mas eu tinha argumentos que, muitas vezes, o confundiam.

Emudecia, então, não desejando desgostá-lo.

Quando completei 18 anos, meu pai tirou-me do colégio onde estive seis anos, e doloroso foi, para mim, o me apartar dos caros mestres — que considerava minha família espiritual — com os quais convivi em estreita efusão d'alma por mais de um lustro, afeiçoando-me particularmente a Frei Amâncio, com quem me correspondo até hoje.

Talvez para excitar minha vaidade e incutir-me amor à ostentação, fui recebido com alarde e principesco festim, ao solar paterno. Achavam-me os convivas — de situação social invejável — belo e donairoso, e falavam para me lisonjear:

— Sois um legítimo Aprémont! Não desmente o vosso porte airoso a vossa elevada genealogia!

Ouvia-os com indiferença e enfado, sem agradecer os encômios, o que lhes desagradou sumamente.

Poucos dias após minha chegada ao castelo, solicitei de meu pai uma curta audiência. Atendeu-me no seu confortável escritório.

– Meu pai – disse-lhe, respeitosamente –, tenciono prosseguir meus estudos. Desejo partir para Berlim, fazer o curso médico na sua Universidade. Se me derdes consentimento para realizar esse ardente desejo, prometo-vos, ao regressar, cumprir todas as vossas determinações.

Ele fitou-me surpreso, dominando a custo um ímpeto de cólera, e falou-me com ironia mordaz:

– Queres, decididamente, ser plebeu, *Yvan d'Aprémont*?

– A Ciência não desdoura os brasões, meu pai, antes, dá-lhes fulgor inextinguível!

Ordenou que me retirasse. Queria refletir alguns dias; relutou em dar o assentimento, mas, talvez para não ter espicaçado o seu orgulho, vendo-me observado pelos aristocratas que faziam referência à minha indiferença pelos festivais deslumbrantes, aos quais comparecia constrangido e merencório, deu-mo, por escrito, para evitar dissensões.

Parti, então, para Berlim, nutrindo n'alma a acariciadora esperança de realizar o meu intento.

III

Estava cursando o terceiro ano da arte de Hipócrates, que sempre amei, quando, inesperadamente, fui chamado com urgência a Aprémont, pois, numa excursão projetada a um solar vizinho, empreendida em carruagem, meus infortunados genitores foram vítimas de lamentável acidente: os corcéis assustaram-se inopinadamente à passagem de um estreito carreiro, o veículo resvalou e tombou no solo em declive, foi arrastado pelos animais amedrontados, e eles ficaram em estado gravíssimo, com membros fraturados, quase esmagados.

Quando aqui cheguei, dois facultativos lhes prestavam socorros contínuos e inestimáveis, envidando esforços por lhes minorar os padecimentos, mas estes recrudesciam de hora em hora, e foi declarada a septicemia. Velei por eles com carinho filial e tive ensejo de lhes prestar também meus serviços profissionais, e, parece-me que, pela vez primeira, aprovaram minha resolução de estar cursando uma faculdade médica.

Meu pai, sentindo agravar-se o seu estado, chamou-me junto do leito e falou-me gravemente, mal contendo as dores:

– Parece que uma fatalidade pesa sobre a nossa família: quase todos os nossos parentes e antepassados têm sucumbido em consequência de funestos desastres...

"Sinto já os efeitos terríveis da gangrena.

"Sabemos, eu e a Baronesa, que estamos perdidos – vamos baixar ao túmulo! Antes que se me extinga a razão ou a voz, quero fazer-te várias recomendações, que, espero, sejam cumpridas.

Tens a herdar uma avultada fortuna, meu filho, em cheques sobre diversos bancos, em baixelas, joias valiosas, propriedades. Podes desfrutar uma existência régia. Faze uma aliança nupcial vantajosa com uma descendente de nobres, de nossa casta. Abandona os estudos para que possas zelar pelos interesses d'Aprémont, que são muitos. Os camponeses são exigentes em demasia. Não os favoreças com generosidades descabidas, pois são ingratos, incontentáveis, pouco laboriosos... Todos os documentos de que vais carecer, acham-se na caixa-forte, cuja chave aqui tens."

Estendeu-me a mão trêmula – a única que lhe restava, pois a sinistra fora amputada – mal segurando uma pequena chave, que guardei no bolso, apressando-me a oscular-lhe a mão, entre lágrimas.

– Pai querido – disse-lhe, com emoção e carinho –, já me falastes das coisas da Terra, quero lembrar-vos, agora, as que pertencem ao Céu!

Por algum tempo, ele e minha pobre genitora me ouviram em silêncio, calando seus gemidos para não perderem um só dos vocábulos que eu proferisse. Desde que, pelo acerbo sofrimento que os torturava, mostravam-se mais acessíveis, com as forças quebrantadas, eu tinha inspirações súbitas, que me faziam levar-lhes a alma excruciada às paragens extraterrenas. Falara-lhes de uma vida futura, que substituiria a material; da necessidade de se voltarem para o eterno, que os iria julgar como juiz austero e íntegro; aconselhava-os a não se preocuparem mais com as misérias e ostentações mundanas, no momento em que estavam prestes a comparecer diante do tribunal divino.

Eles me ouviram comovidos, e, por vezes, surpreendi lágrimas nos olhos dos altivos Barões d'Aprémont, o que nunca havia observado. Retinham-me à beira do leito de martírios, exclamando:

– Filho dileto, quanto lamentamos ter vivido apartados de ti, perdendo o manancial de verdades celestes e de lenitivos que fluem de teus lábios!

Confessaram-se a um venerável pároco e exalaram o derradeiro alento, confortados por nossas palavras, talvez grandemente libertos de seus nocivos preconceitos sociais, com o Espírito iluminado pelas estelares cintilações que antecedem a morte, vislumbradas nos páramos siderais.

Estive alguns dias imerso em profundo pesar. Empolgava-me sensação desconhecida, como se a existência houvesse culminado grandes e inolvidáveis acontecimentos, e eu lhes percebesse a sua aproximação...

Uma semana após os funerais, realizados com a pompa que eles tanto amavam e que eu desejei patentear a todas as pessoas de nossas relações, como última homenagem aos finados, encerrei-me neste solar silencioso, como se o fizesse num claustro. O insulamento foi-me propício à reflexão e às preces. Achava-me em situação anormal, parecendo-me aguardar um sucesso notável na minha existência, que me apresentava sem alvo para convergir meus pensamentos, sem um ideal definido. A imensa fortuna herdada não me escravizara a alma; não me envaidecia, não me tornara ditoso, antes me causava inquietação... – De que modo a empregaria utilmente? – interrogava-me a todos os instantes.

Deveria, ou não, concluir os estudos?

Empreenderia, ou não, longas excursões através dos mares e continentes, para colher impressões e instruir-me? Seria conveniente vender meus domínios?

Uma vez, quase ao entardecer, asfixiado em aflitiva perplexidade, fui chamado por um criado, para atender a diversos campônios que mourejam as terras d'Aprémont, os quais, congregados, solicitavam uma audiência.

Recebi-os, solicitamente, no meu gabinete de leitura, convidando-os a sentar-se, o que lhes causou pasmo, porque estavam habituados a falar aos senhores do castelo, de pé, fronte baixa, em atitude de escravos.

Queixaram-se amarga e respeitosamente do quanto lutavam, de sol a sol, para cultivar os terrenos sáfaros que lhes foram confiados, mas que, devido às inclemências e rigores do inverno, como nos anos anteriores, se viam baldos de recursos para me pagar os onerosos tributos de arrendamento, que deveriam entregar-me dentro em pouco tempo – tinham por perspectiva as famílias reduzidas à miséria... Seus rostos estavam torvos de fadigas e dissabores; usavam vestes quase andrajosas; agitavam, às vezes, no ar, as mãos crispadas, enegrecidas e calosas pelas intempéries e labores agrícolas.

Um deles, já encanecido, disse-me subitamente:

– O Sr. d'Aprémont, nós vos vimos crescer, bom e tão diverso dos que têm habitado este solar, como a única esperança dos nossos infortúnios! Hoje, confiantes em vossos generosos sentimentos, vimos depor em vosso belo coração os lamentos dos nossos – represados em nossos rudes peitos há muitos séculos, pois vos transmitimos também os dos nossos pobres pais e avós, que aqui tiveram a mesma vida angustiada, tragando em silêncio as suas amarguras, regando com lágrimas o solo, quase sempre ingrato para os desventurados lavradores – cônscios de que nos fareis justiça!

Sensibilizado, estendi-lhe a mão, que ele não ousou apertar, e respondi:

— Prometo atender-vos em tudo quanto for justo e razoável. Quero, porém, sejais servidores leais. Encontrar-me-eis sempre pronto a favorecer-vos nas reclamações legítimas. Não vos aflijais pelo que me tendes de pagar. Convoco uma reunião de todos os que laboram nas terras d'Aprémont para o próximo domingo, ao meio-dia. Ide em paz, amigos!

Olhos marejados de pranto, os rústicos se ergueram, desejando oscular-me a destra, o que não consenti. Retiraram-se contentes, murmurando agradecimentos. Fiquei novamente só, vagamente apreensivo, o cérebro repleto de cogitações insolúveis e comecei a percorrer todos os compartimentos desta casa, para ter em que derivar as ideias; detive-me, por fim, no salão onde se achavam colecionados todos os retratos dos ancestrais e todas as consideradas relíquias bélicas que lhes pertenceram.

Inspecionei meticulosamente as armas existentes desde as eras das Cruzadas, em suas panóplias de bronze dourado ou ensarilhadas em estantes de ébano; observei, como se visse um arsenal das épocas remotas, tridentes mouriscos, virotes de besta, punhais, estiletes, escopetas, bombardas, clavinotes, trabucos, martelos, machado, espadas albanesas, lanças, zagaias, sabres, gládios de diversos formatos, carabinas, estilhaços de armaduras, arneses, broquéis, brasões heráldicos, viseiras, manoplas, bandeiras esfaceladas, cotas de cavaleiros medievais, ainda com mácula de sangue oxidado; e imaginei quantas dores, quantas agonias, quantas lágrimas ocultavam aquelas fúnebres conquistas dos meus avoengos...

Depois, comecei a observar cada um dos retratos – alguns de tamanho natural, finamente coloridos – como se nunca o houvesse feito, descobrindo, nas fisionomias que representam, a dureza de coração, o olhar cobiçoso dos falcões extravasando orgulho, crueldade, arrogância, concentrados em séculos talvez de poderio e tirania...

Por que, somente então, as via com esse apavorante aspecto?

Por que me não sentia engrandecido ao contemplar todas aquelas preciosidades que lembravam os passados feitos dos meus maiores?

Quando terminei o exame de tudo o que me cercava, deixei-me cair num canapé de veludo e brocado fulvos, e, temendo enlouquecer, tal a impetuosidade dos pensamentos compressos no cérebro, com a fronte cingida entre as mãos glaciais, marmorizadas, tentando esmagá-los para que me não torturassem, implorei às potências celestiais:

– Inspirai-me! Tenho pavor de residir sozinho neste imenso alcáçar, onde conjeturo tenham ocorrido dramas sangrentos, contendo ainda os despojos das batalhas medievais, instrumentos de morte, de suplícios e destruição! Que devo fazer? Desfazer-me deles por todo o sempre? Terminar os estudos encetados? Ó Deus clemente, ouvi-me, orientai--me, compadecei-vos de mim!

O apelo foi prestamente atendido.

Passou-se então, comigo, um fenômeno inesperado: fui inopinadamente avassalado por um aturdimento, como se fora presa de uma vertigem. Reclinei-me no canapé, sobre ampla almofada, abandonado por todas as forças físicas. Pareceu-me ter adormecido pesadamente, mas *ouvia*, assombrado, o ruído metálico e estridente de todas as armas, como se houvessem caído das panóplias e de suas prisões murais e se chocassem no assoalho...

Bruscamente, julguei ter despertado e aberto desmesuradamente os olhos: *vi*, dos grandes retângulos dourados, que formam a moldura das telas, todas aquelas personagens de antanho saírem corporalizadas, descendo sutilmente para o solo, com as suas roupagens antiquadas de paladinos, empunhando rapidamente as armas favoritas, como se se aprestassem para uma batalha iminente; e daí provinha o áspero estrépito de ferro abalroado, que eu escutara...

O salão estava imerso em meia penumbra, deixando, entretanto, distinguir multidão compacta de seres intangíveis, como que moldados em bruma; seus rostos, porém, tinham todos uma expressão inolvidável, revelando alguns perversidade, fereza, soberba; outros, amarguras, dores veementes. Alguns tinham a fronte e as mãos ensanguentadas; damas de vestes tufadas ou de longas caudas ostentavam adereços e arrebiques de fogo, como para lhes iluminar as faces horripilantes, tendo o tórax, do lado esquerdo, onde se enjaularam os corações desumanos, e jactanciosos, completamente enegrecido, talvez para mostrar quais haviam sido os seus sentimentos, em vidas estéreis e só consagradas aos faustos e à impiedade: entes humilhados estorciam-se, em espasmos de sofrimento; soluçavam outros, perseguindo com impropérios e brados de vingança os cavalheiros maravilhosamente trajados, mostrando-lhes suas vestes em farrapos; e eles, acovardados, refugiavam-se nos ângulos do salão, tentando enristar armas, que ficavam chamejantes e tombavam com fragor no assoalho, onde desapareciam como serpentes coruscantes; havia ali, em promiscuidade, seres encolerizados, aterrorizados, intimidados; rostos patibulares, tumefatos, esquálidos, insinuantes – revelando astúcia, rapinagem, instintos impuros, remorsos esmagadores, padecimentos inomináveis de algozes e supliciados...

Eu os fixava, dominado por um terror inconcebível, desejoso de fugir àquele tétrico recinto; mas *sabia* que estava chumbado às tábuas da grande sala em que me achava... Ergui a vista a uma das amplas janelas ogivais nela existente, querendo daí me precipitar, mas, o que se passava no interior do castelo – que se tornara transparente como cristal – era análogo ao que ocorria em seus arredores: uma coorte incalculável de fantasmas circulava-o, invadia o parque, o pomar, todas as suas dependências... Quis recuar, apavorado, mas não consegui fazer um gesto sequer, como se estivesse anquilosado durante um milênio; naquela aflitiva emergência, proferi o nome sacrossanto do Criador; logo se destacou, então, dentre a lúgubre multidão de duendes – que, por vezes, parecia prestes a arrojar-se sobre mim, ameaçadora – uma entidade de beleza austera, com deslumbrante dalmática de imáculo arminho prateado, fronte resplandecente, cujas irradiações iluminavam suavemente o salão, qual lâmpada de diamante repleta de luar, e, fazendo imperioso meneio com o braço direito alvinitente, para que todos se detivessem, com modulações graves e melodiosas na voz, disse-me:

"– Yvan d'Aprémont, eis-te possuidor de tesouros incalculáveis em ouro, em pedras preciosas – como se fosses um Monte Cristo – e em domínios extensos que – ai! para os teus cruéis antepassados, e para ti mesmo! – foram senhoreados ilicitamente, extorquidos à plebe que desprezáveis, ampliados pelo crime, pela pilhagem, pelo embuste, cobertos muitas vezes de cadáveres – holocausto do despotismo e das iniquidades de outras eras! Não recaem exclusivamente esses delitos sobre aqueles que te precederam, mas sobre os teus contemporâneos de outrora e sobre ti mesmo, porque, como já compreendes por lúcidas intuições, a alma não tem uma, porém, múltiplas existências e torna-se responsável pelo que pratica em todas elas, até que se reabilite, por meio de rudes provas morais e físicas, com a prática do bem e da virtude, dos males que já causou aos semelhantes.

"Já foste, pois, em épocas remotas, um dos tiranos d'Aprémont, um dos fundadores deste solar, vindo d'além do Mar Vermelho com cabedais usurpados a povos oprimidos; já decretaste muitas penas últimas, injustas, para cevar vinganças e paixões inconfessáveis; já deixaste sucumbir de fome, sede e inanição, os que se revoltavam contra o teu absolutismo e arbitrariedades, aliado a *dois cruéis verdugos*, pai e filho por muito tempo, os quais te incitavam a requintes de torturas inquisitoriais e te arrastavam à perpetração de atrocidades execráveis... Depois, um deles se tornou teu rival – tu e ele vos enamorastes de uma encantadora jovem, frívola, abastada, vaidosa, que exacerbava, constantemente, o ciúme de ambos, sem ter amor a nenhum – e os dois rivais que zombavam das afeições puras, que desonravam lares honestos seduzindo esposas e inexperientes pucelas pertencentes às classes humildes, dominados por incoercível e forte sentimento, desde então se tornaram implacáveis adversários, sedentos de vingança, tentaram tirar a vida um ao outro em odiosas emboscadas; finalmente, foi ele vencedor, arremessando-te ao chamado *abismo d'Aprémont*, onde mandavas atirar tuas vítimas; onde, outrora, arvoraram-se, por tua ordem, patíbulos e pelourinhos, que, por desígnios do Alto, foram sepultados nos escombros, na incomensurável cova que se abriu na terra, exausta de suportar tantas barbaridades praticadas sobre ela, revoltada por tantos crimes impunes!

"Por muito tempo estiveste atormentado por enlouquecedores martírios morais – acorrentado a estas paragens, enfrentando aqueles que espoliaste, afrontaste, supliciaste; ouvias pragas, maldições, ultraje, sem poderes reagir, espezinhado em tua honra, em teu orgulho, em tua nobreza, porque eram teus antigos fâmulos e vassalos que te insultavam e estavas entregues à sanha de sua vindita...

"Um dia, quando penetrou a contrição em tua alma, eu, teu guia espiritual através de milênios, sempre pugnando para que deixasses a abominação e fosses bom e reto – graças às preces que dirigi ao Senhor, consegui quisesses reparar os teus flagícios.

"Tiveste, então, encarnações obscuras, de enfermidades, penúrias, deformações orgânicas, loucura, cretinismo, e várias vezes te aliaste àqueles que foram teus cúmplices.

Tiveste algumas quedas; compreendendo, por fim, a magnitude da vida humana, começaste a ser devotado ao dever e ao bem, humilde, amante da instrução, compassivo com os desvalidos.

"Possuindo já excelsos sentimentos, não soubeste, contudo, vencer uma árdua expiação em que foi posta à prova a tua coragem moral, e fracassaste aniquilando a vida ao teu antigo êmulo, transformado em contendor rancoroso... Fugiste à justiça humana e te entregaste à divina; foste, então, atribulado até o fim da vida, sempre amedrontado, rastejante, mas justo e bom.

"Sofreste o tormento da fome e da sede; perdoaste os adversários; depuraste o Espírito, esclarecido pelas verdades emanadas do Além, e solicitaste ao Pai celestial uma arriscada missão, a fim de, saindo dela triunfante, conquistares a tua completa reabilitação espiritual.

"Foi atendida a tua imprecação. Eis-te senhor dos mesmos cabedais de outrora, e vais passar por tremendas provas... Foste, novamente, da condição de pária, de anônimo, elevado à aristocracia, à opulência, onde a vanglória e a soberba imperam; és belo, inteligente, sensível; vais inspirar paixões ardentes e não te unirás, pelo matrimônio, a nenhum ser, sacrificando assim os teus próprios sentimentos, a fim de poderes, sem empecilhos, agir com inteira liberdade e te dedicares, como verdadeiro apóstolo do Bem, à propagação das tuas ideias e à execução da tua tarefa espiritual.

"Não fruirás o amor conjugal, mas o fraternal e divino. Se fores, pois, humilde na grandeza, justo e compassivo com os pequenos e com os que te infligirem dissabores, adquirirás méritos excepcionais.

"Muitos desses campônios que aqui vivem são os mesmos a quem usurpaste e fraudaste no passado; leva ventura e conforto às suas mansardas; balsamiza-lhes as desditas; aconselha-os à prática do louvável e meritório aos olhos do Criador; sacia a fome e a sede dos peregrinos e infortunados; transforma Aprémont, antigamente masmorra de gemidos e dores, em guarida de esperanças, de luzes espirituais, de amparo aos sofredores; sê a providência e o arrimo dos desgraçados, das ovelhas desgarradas do aprisco de Jesus; sê o *médico d'alma* dos que padecem e não abandones, um momento sequer, esta região, onde te prendem deveres sagrados, a cumprir heroicamente, e onde cometeste ignomínias, injustiças, desumanidades, que tens de ressarcir... Serás inspirado para as mutações que houveres de fazer neste solar-teatro, muitas vezes secular, onde se consumaram tragédias assombrosas, e das quais foste sempre um dos principais comparsas... Agora, segue-me, Yvan.

"Vem comigo. Vou levar-te aos lugares em que delinquiste também, e onde já sofreste acerbos reveses..."

À sua volição potente, fui desprendido do solo, levitei sutilmente, arrebatado da sala e, por momentos, tal era a sensação de estar realmente cindindo os ares, que tive receio de perder o equilíbrio e cair, esfacelado, nalgum precipício... Divagamos pelos arredores do alcáçar, onde se movimentava silenciosamente uma falange incalculável de fantasmas lívidos. O atual abismo em que resvalaste, doutor, havia desaparecido; o solo estava nivelado e sobre ele erguidos um cadafalso e um pelourinho: perto estertoravam entes humanos com as faces convulsas de dor; outros me mostravam as mãos rubras tentando, debalde, limpá-las nas vestes negras, que se desfaziam em farrapos; outros caminhavam curvos, arrastando um baraço pendente do pescoço denegrido...

— Eis onde tripudiaste das leis humanas e divinas — murmurou, com amargura, o bondoso guia. — Vês, agora, cenas retrospectivas...

Apavorado, eu gemia e bradava:

— Piedade! Tirai-me deste averno dantesco, antes que enlouqueça! Misericórdia, Deus meu!

A meu lado, desde que contemplei aquele lugar maldito com seus instrumentos de tortura, achava-se um espectro, que, por algum tempo, me seguiu com insistência: tinha a cabeça e a destra encerradas num elmo e numa brônzea manopla ensanguentados, destacando-se-lhe do corpo muito alvo, qual estátua de neve, cujas extremidades fossem purpurinas; o desditoso esforçava-se desesperadamente pelos arrancar de si com a única mão livre, qual garra de tigre ainda molhada com o sangue de alguma vítima imbele...

Sua presença era-me insuportável. Ouvi-o, às vezes, gargalhar, talvez da sua ou da minha angústia, e apontava-me a um hediondo fantasma que também nos seguia, como um abutre em perseguição da presa, e queria, em certos momentos, arrojar-se a mim, sem conseguir fazê-lo, porque meu Protetor, o luminoso clérigo, o repelia com um gesto apenas, e, alçando uma das mãos ao céu constelado, murmurou:

– Vai-te! *Ele* está entregue à justiça do eterno!
– Por que me odeiam tanto? – interroguei-o a custo.
– Ambos, coligados por muitos delitos e mútua afeição, eram teus capciosos inspiradores e executores de tua despótica vontade; depois, tendo tu rivalizado com o filho, por causa da formosa... (não me recordo do nome enunciado) e sabendo que ambos se tornaram teus inexoráveis adversários, desejosos de te tirarem a vida, temendo-os, conseguiste prender, executar e esquartejar o pai; então, o outro, por vindita e ciúme, tendo conhecimento que... ia ser tua esposa, lançou-te, traiçoeiramente, no precipício d'Aprémont...
– Basta! É horrível! Recordo-me de *tudo*...

Bruscamente *vi* o local onde se achavam eretos o pelourinho e a forca – ainda com uma vítima balouçante no baraço, com a língua denegrida estirada, tendo a encimar o aparelho de suplícios uma inscrição de proporções anormais, da qual pude apenas ler este vocábulo – *Traidor* –, mas logo estremeceu, convulsionado por uma coréia que me pareceu universal; vagalhões de sangue fluíram das fendas colossais, abertas como crateras, desde as entranhas até a crosta terrestre; depois, tudo desmoronou envolto em negro bulcão, ruiu com fragor, como que absorvido, sugado por um dragão gigantesco, e, então, tal qual se acha na atualidade o denominado despenhadeiro *d'Aprémont*, parecendo um imensurável cancro corroendo o seio da Terra – revoltada, sobre ele...

– Queres saber como ocorreu o acidente que levou ao túmulo os últimos barões d'Aprémont?

Não lhe respondi. Tinha a energia embotada.

Achei-me pouco distante do castelo, numa estreita vereda, tornejando um vale alcantilado, beirando um despenhadeiro considerável. Observei, com precisão, uma de *nossas* carruagens, com o brasão de minha família gravado na parte posterior; reconheci meus genitores reclinados nas almofadas; no instante em que passava o ponto mais exíguo do carreiro, apareceu, subitamente, uma alcateia de duendes medonhos, iracundos – certamente muitos dos que eu vira circulando o solar – postando-se à vanguarda dos corcéis, com os braços escarnados erguidos ao céu, clamando vingança; os cavalos, vendo-os, começaram a corcovear, a saltar enfurecidos e apavorados, atirando o veículo ao solo, arrastando-o assim tombado sobre calhaus, com os meus pobres pais já ensanguentados e desfalecidos dentro dele...

– Perdão! – supliquei com veemência. – Tirai-me daqui, por piedade, destes lugares malditos, que me causam torturas!

Minha súplica foi ouvida. Meu voo tornou-se vertiginoso. Fui arrebatado daquelas regiões sinistras para outras bem diversas. Lembro-me de haver chegado a planícies desoladas, amortalhadas em neve, onde imperavam a miséria e as asperezas hibernais; *vi-me* andrajoso, faminto, mendigando; senti-me azorragado por dilacerante *knout*; tornei-me um ser disforme, espezinhado, ultrajado, desditoso; por fim, vítima de um naufrágio, vendo o navio em que viajava fendido por um *iceberg*, debati-me com vagalhões rugidores e morri asfixiado, estrangulado, estertorando; recuperei a vida e *vi-me* abandonado, só, no alto de um penedo, querendo atirar-me às ondas, pois eu tinha fome e sede e desejava, delirante, para aplacá-las, romper as artérias com os dentes para sugar o próprio sangue...

Julguei ter desmaiado... Volvi a Aprémont, mas o castelo estava envolto em esmeraldina luminosidade, como se fora um luar visto através de turmalinas verdes; nem um duende mais nele vislumbrei; tudo era silencioso e belo qual sonho feérico; vagas de dulcíssima e aveludada luz jorravam de todas as janelas; havia potentes faróis incrustados em todos os minaretes, confundindo as suas irradiações de esmeralda com o ouro dos astros que fulgiam no zimbório sideral...

Fui brandamente deposto, como por braços tutelares, no canapé em que adormecera ou fora empolgado por inolvidável efialta, ouvindo ainda estas palavras, no mesmo timbre conhecido, veladas de tristeza e bondade:

– Tudo o que acabas de presenciar, com acuidade e precisão, não existe senão em teu próprio âmago: todas as ações, todos os pensamentos adquiridos, acham-se arquivados, pirogravados nos refolhos d'alma, indelével e perpetuamente – basta uma autoinspeção, ao influxo pujante da vontade, quando ela se acha exteriorizada da matéria, fazendo vibrar os átomos imponderáveis que constituem o corpo astral – para se manifestarem à visão psíquica todos os sucessos retrospectivos, de passadas existências.

"Cada ser humano é um incomensurável, um inexaurível oceano, um acervo de impressões eternas, o denunciante de si mesmo aos olhos argutos do Juiz supremo, que deste modo julga, com retidão admirável, todos os seus filhos... Os delitos tingem de rubro ou negro os átomos do perispírito; os atos nobres, os de benemerência e sacrifício, clarificam-nos, tornam-nos radioso; ficam, assim, fotografadas neles, como se fossem microscópicas miniaturas luminosas em placas de alabastro diáfano, eterizado. Viste, pois, com exatidão, o que já foste. Muito podes fazer por tua completa regeneração. Coragem, Yvan! Tua missão vai ser longa, penosa, arriscada, sublime, e só estará consumada quando, nos ares, plainarem *águias de ferro* que, sobre este alcáçar, deixarão cair *penas* mortíferas e destruidoras... Então Aprémont será apenas ruína, após ter sido Bastilha execrada e delubro resplandecente..."

IV

Despertei. Sentia-me fatigado, aturdido. Achava-me ainda estirado no *fauteuil*, o meu improvisado leito.

Os róseos clarões aurorais entravam suavemente pelos vitrais. Alguns servos, aguardando o meu despertar, não se haviam deitado até aquele instante.

Um deles, que me conhece desde menino, abeirou-se e falou respeitoso:

– Senhor, nós vos encontramos aqui adormecido, profundamente. Esperando acordásseis de um momento para outro, passamos a noite velando por vós, que certamente tivestes sonhos aflitivos, pois vos ouvimos chorar, gritar, gemer... Vede: as lâmpadas ainda estão acesas! Estais doente?

– Não, Luís – respondi-lhe, erguendo-me –, acho-me de perfeita saúde. Tive, realmente, sonhos desagradáveis.

Agradeço a todos o cuidado que tiveram. Podem ir repousar. Ficam dispensados dos seus labores por um dia.

"Fui para o quarto e só então conciliei um sono reparador e calmo. Ao despertar, conservei nítida, indelével, a recordação dos fenômenos psíquicos daquela noite inesquecível. Compreendi que não tive um sonho vulgar, mas recebera alvitres de inestimável valor. Desejo, pois, até a morte, seguir as orientações preciosas que, por ilapso, recebi do Alto, transmitidas por uma radiosa entidade. Acreditais, agora, na sinceridade de minhas intenções?"

– Sim – respondeu Richard, convicto – é estupenda de precisão e lógica a revelação extraterrena que tivestes!... Comigo também, por duas vezes, ocorreram fenômenos análogos aos que narrastes, mas não lhes dei o mesmo crédito que vós...

"Credes, pois, insofismavelmente, que representem eles inconcussa realidade e patenteiem os sucessos de existências consecutivas?"

– Positivamente. Até então, nunca havia feito estudos psíquicos; agora, já os efetuei e estou capacitado da veracidade e identidade dos fenômenos anímicos. Lereis os livros da nascente filosofia espírita e ficareis plenamente convencido da realidade que a ciência oficial ainda refuta. Eu, porém, mesmo que os não conhecesse, não duvidaria da continuidade das existências planetárias – interceptadas pela *morte* – para indenização de passados delitos. É a única explicação plausível para as desigualdades do destino de cada indivíduo, das deformações inatas, dos sofrimentos daqueles que são beneméritos, que só praticam o bem e se veem perseguidos, caluniados, de acordo com a justiça do sumo Juiz, que não exara sentenças iníquas...

– Como a mim sucede, Sr. Yvan d'Aprémont... Nasci com aparência patibular; tenho-me esforçado no cumprimento austero de todos os meus deveres, mas só encontro aversão, escárnio, ingratidões... Houve um tópico de vossa narrativa que me abalou até as mais secretas fibras do coração: *a aparição de um espectro vingador,* cuja cabeça estava cingida por um elmo ensanguentado... Oh! a intuição terrível, que sempre me assalta, de que fui um verdugo, um temível sicário!... A repulsa que senti por vós, sem causa justificada, a primeira vez que vos vi... Minha queda no *abismo* d'Aprémont, talvez por uma punição divina, no mesmo local onde fostes arremessado outrora, onde estertoraram as *nossas vítimas...* Mas, tudo isso é horrível! Dizei-me: qual a impressão que tivestes ao ver-me?

– Penosa... – confessou lealmente Yvan. – No entanto, logo envidei esforços para vencer a animadversão, e, desde o instante em que vos salvei do precipício, compadeci-me de vós, compreendi luminosamente que vossa vida se tornou sagrada e piedosa para mim...

– Porque tendes, realmente, uma alma fidalga e de excepcional magnanimidade... Eu não vim a estes sítios animado de louváveis intuitos... É bom que o saibais, Sr. d'Aprémont! Confesso-vos sinceramente, para que melhor me conheçais. Seria preferível me houvésseis deixado sucumbir... talvez no antigo túmulo de *nossas* crueldades, de onde as avantesmas clamam vingança... Vou também expor-vos toda a minha existência e agonias morais, para que o vosso Espírito generoso me julgue com equidade.

Richard descreveu-lhe todos os seus tormentos desde a infância, as humilhações por que passara no internato em que estivera poucos dias, todos os seus reveses, perdas de entes amados, a separação voluntária de Sônia, só omitindo a paixão por Arlette, convicto de que Yvan não a ignorava, e concluiu dolorosamente a sua confidência:

– Eis-me, hoje, sem família, isolado, vivendo de cruciantes recordações, sem um alvo, um apoio na Terra ao qual me apegue; sem aspirações, sem uma esperança sequer, parecendo-me avistar o futuro qual nevoeiro intérmino de regiões polares... Sou qual marujo atirado a um oceano de sombras, longe da pátria, sem lobrigar um farol, sem ilusões, sem nau, sem bússola, sem um pensamento fagueiro, sempre na expectativa de novas lutas, de indizíveis dissabores!... Como hei de tolerar, assim, a existência, Sr. d'Aprémont? Não será pouco piedoso desejar alguém que se prolongue, indefinidamente, o meu suplício? Sinto que sou execrado por todos, que pesa sobre mim uma sentença tremenda, irrevogável, sem apelação!

– Pois bem, doutor – disse-lhe Yvan, com as faces subitamente coradas, transfigurado com um olhar que parecia ter fulgurações astrais –, compreendo a exatidão e intensidade das vossas amarguras, mas – permiti que vo-la diga! – estais desiludido, desolado, combalido, torturado, porque tendes concentrado todos os vossos anelos nas coisas terrestres, olvidando as espirituais e celestes: *nunca* elevastes, nos momentos de ríspidas provações, vossa alma às regiões etéreas; nunca a norteastes para Deus, que nos fita da amplidão sidérea como um Argos, com seus milhões de olhos fúlgidos! E é assim que procede, em geral, quase toda a humanidade, mormente na quadra juvenil, isto é, no início de uma existência, que deve ser consagrada ao Criador... Todos pensam exclusivamente em si, almejam gozos, olvidando a Deus quase totalmente. Na juventude insana e irrefletida, quase todos são sonhadores insaciáveis, com a alma florida de enganadoras esperanças, arquitetam a ambicionada ventura sobre alicerces fragílimos de vidro, argamassados de ilusões falazes e fantasias irrealizáveis; e, julgando-a sólida, imaginam um porvir de delícias inexauríveis, contando fruí-las perenemente; mas um dia o *harmatã* do destino – originado no Saara vastíssimo das paixões mundanas, nos delitos de transviadas existências – abala-a bruscamente, reduzindo-a a escombros, tornando-a em torvelinhos de pó e cinza, que revoluteiam nos ares e desaparecem no Espaço... Desditosos, em vez de erguerem a fronte e fitar as estrelas onde se enclausura o Sumo Ideal, o Bem imperecível, continuam curvados para o solo, fixando as ruínas amadas, apegados às migalhas de sonho que ainda restam da Jerusalém de suas almas, até que tropeçam no túmulo, semimortos que eram, antes de mergulhar o corpo exausto em seu seio frio e tenebroso... Todos estão iludidos com o seu destino de calcetas da dor e do Onipotente; como aspirar a júbilos na masmorra do sofrimento? Como, se os órfãos, as lacrimosas mães e viúvas buscassem sorrisos no Campo Santo onde repousam entes adorados? Para que, pois, tentar a posse de um tesouro que não é da Terra – a felicidade? Há possibilidade de se engastar no lodo um fragmento de sol? Já se encontrou na vasa uma jazida de diamantes? Como, então, almejar nas trevas o que só existe na luz? Concentremos nossas esperanças no que é do Céu, inextinguível, eterno, e não ficaremos à mercê das decepções...

"Temos um alvo a atingir – a redenção psíquica – e, a todos os momentos, esforçando-nos por alcançá-la, abençoando as nossas vicissitudes saneadoras, libando a taça das expiações acrisolantes com resignação, estamos trabalhando por nosso futuro, melhorando as nossas condições de galés e peregrinos, conquistando o alvará de liberdade perene, fazendo jus à sonhada ventura que, com tanto afã, nossos corações aqui desejam em vão... Sigamos o modelo que o próprio Sempiterno nos concedeu há muitos séculos e que, no entanto, não enxergamos, e queremos ser o seu inverso: Jesus de Nazaré, a mais luminosa Entidade que baixou à Terra, e Embaixador celeste que entregou à humanidade as credenciais divinas – os "Evangelhos"... Estudemo-los, imitemo-lo. Veio Ele desfrutar os gozos planetários? Não. Renegou-os a todos, só cuidando do Espírito, semeando o Bem, balsamizando chagas físicas e morais. Ele deixou, no cimo do Gólgota, o emblema da magnanimidade deífica – os seus braços abertos – parecendo querer enlaçar todos os párias, todos os desgraçados, fundindo num só amplexo a Terra e o Infinito! Quem já buscou aqueles braços e os encontrou cerrados? Quem se voltou para Ele e não encontrou palavras de perdão, carinho e esperança? O Rabi da Galileia dissera: *"meu, reino não é deste mundo"* e, sendo justo e bom, vilipendiaram-no, crucificaram-no... Pois bem: se o seu reino não é deste orbe de ingratidões e reveses, nem o nosso; a ventura que nossa alma sonha só existe além, depois de cumpridas todas as provas de que necessitamos para resgate de nossas iniquidades, depois de concluído o nosso tirocínio na "Academia de Lágrimas", que é este planeta. Esqueçamos nossa personalidade egoísta e incontentável, nossos dissabores; lembremo-nos do Enviado sideral, até alcançarmos a Canaã com que sonha a nossa alma de réprobos! Ele é o modelo celeste e queremos ser o seu contraste – Jesus teve a fronte pungida de acúleos e desejamos a nossa engrinaldada das rosas efêmeras das felicidades terrenas; almejamos, como um nauta, com a galera desarvorada – o nosso Espírito, delinquente, despido de virtudes – singrar para a pátria distante, onde vivem os heróis espirituais!

"Loucura, irrisão! Temos de aureolar a fronte com os espinhos de todas as torturas morais, lacerar as mãos com os cravos das vicissitudes, das dores físicas, trespassar o coração com a alabarda de todas as decepções, de todos os desenganos, de todos os tormentos íntimos e inconsoláveis, curvarmo-nos ao peso da cruz das traições e injustiças mundanas, e só assim ficaremos libertos dos liames terrenos, aptos para ascender aos páramos luminosos!

"Doutor, ouvi-me: somos Espíritos que se reencontram no maremoto das paixões humanas, no oceano infindo e revolto do destino; fomos, em eras remotas, certamente, aliados para a perpetração de crimes hediondos; tenho disso plena e clara intuição. Fomos, antigamente, algozes nestas regiões, nas quais a sina ou Deus nos reuniu de novo, para remirmos nossos passados gravames, praticando o Bem em comum, arrebanhando ovelhas para o aprisco do Nazareno.

"É assim que o Altíssimo, – o árbitro de nossas ignomínias – sempre benemérito, nos faculta os meios da própria emancipação. Não sejamos indiferentes e surdos aos clamores e celestiais apelos, às concessões do Alto: congracemo-nos para a prática da caridade – serei o médico das almas e vós, o dos corpos chagados!

"Aliemo-nos para um empreendimento sublime, socorrendo, amerciando, amparando nossas vítimas de outrora, laborando, assim, para que o eterno nos conceda seu indulto ou a nossa alforria espiritual!"

Yvan inclinou-se para o doente, que nunca o vira tão belo e idealizado, e interrogou-o:

– Tendes ânimo suficiente para digladiar serenamente contra as injustiças, as ingratidões, os motejos que nos hão de confundir o coração, esquecidos de nossas próprias angústias, tendo apenas por escopo lenir os sofrimentos que flagelam nossos irmãos, nossos companheiros de cativeiro?

Richard, vibrando de emoção, silenciou por momentos, como para tomar uma resolução suprema. Depois, com os olhos cintilantes de pranto, falou com firmeza:

– Compreendo, agora: sois o que todos afirmam serdes; só eu – por lamentável equívoco! – estava iludido com as vossas puras e nobres intenções! Sois, realmente, o ser mais nobre que conheço... *Convosco,* terei a coragem e o estoicismo precisos para empreender o que me propusestes – olvidar acerbas *recordações* e mágoas, calar minhas agonias, suportar sem um queixume as minhas úlceras morais, porfiando por cicatrizar as alheias; viverei para os que padecem, sepultando no báratro d'alma os lamentos, os ruídos da revolta contra o destino justo e remissor!

"Ensinar-me-eis – como na infância o fazia a idolatrada Sônia – a amar o Eviterno e a Jesus, quanto os adorais vós, tornando-me submisso aos decretos do Céu! Subamos o Calvário da existência... de mãos dadas, curvados ao madeiro da mesma dor, mas tendo por mira os páramos azuis, espargindo o bem a mancheias – a semente divina que, deitada às almas, se transforma em pomos de flores de luz, como soem existir nos Hortas do Cultor das estrelas!"

Ouvindo-o, Yvan, ereto e majestoso, alou o Espírito radioso às paragens siderais, em prece ardente de reconhecimento ao Onipotente, por causa da conversão de um cético e, depois, estendeu a destra ao médico. Ambos, olhos turvos de pranto, estiveram por instantes estreitamente unidos, reconciliados por mútuo perdão, como, outrora, por delitos nefandos...

Deus, naquele momento de triunfo espiritual, se fosse, qual ente humano, suscetível de emoções com indícios de regozijo, teria sorrido do Infinito, tendo lágrimas – que se metamorfoseariam em astros – a lucificar-lhe os olhos de Argos do macrocosmo!

V

Richard, exangue como se achava, teve prolongada convalescença.

Tinha a impressão de que, conjuntamente, nele se operavam duas curas: uma orgânica, outra moral. Durante o tempo em que esteve no leito, e quando, amparado por Yvan, pôde percorrer o castelo interiormente, observou quanto o seu anfitrião fora infatigável em proporcionar-lhe conforto material e espiritual. Levara-o ao salão onde estiveram as armas e os retratos dos seus ancestrais, já completamente transmudado. Era situado no primeiro andar, do lado ocidental do prédio.

Suas paredes estavam pintadas de azul celeste, esbatido, suavíssimo, como o firmamento da Palestina, e uma, apenas, era realçada por imensa tela de notável beleza artística, representando Jesus circulado por crianças e lilases, inspirada nas palavras do Rabi: "Deixai vir a mim os pequeninos!". Yvan adquiriu-a, recordando-se do que dissera ao pai, quando este o encontrara a folgar com Jacques Morel.

– Todos os petrechos bélicos – explicou-lhe o Sr. d'Aprémont – foram enviados a Bruxelas, cedidos a colecionadores de armas, e o produto da venda doado a diversas casas pias. Os retratos de meus antepassados acham-se encerrados em compartimento raramente aberto. Só conservo os de meus pais na sala de recepções. Não quero mais expor os outros a olhares curiosos, pois me parece que todos hão de vê-los como os vi naquela noite inolvidável...

Este salão, doutor, é consagrado à instrução dos filhos dos campônios e aldeões. Às vezes, faço preleções às criancinhas, com os olhos no inconfundível Nazareno...

Havia uma sala destinada às audições musicais. Vários instrumentos eram nela exibidos. Yvan para lá se dirigia quase todas as noites, ao lado de Richard. Executava, com maestria, piano e harmônio. Durante os anos de reclusão no internato de..., dedicou-se, com ardor, à arte de Rossini e compusera melodias e fantasias de indizível maviosidade. Quando Richard o via sentado a um dos instrumentos favoritos, observava que ele se transfigurava: seus dedos alvos, longos e ágeis, revoavam sobre o teclado, como asas níveas desprendendo harmonias incomparáveis; o rosto tornava-se-lhe de alabastro radioso, e, por vezes, supunha estar próximo de uma entidade extraterrena. Uma vez Duruy, extasiado, inquiriu:

— Qual o seu compositor predileto, Sr. d'Aprémont?

— Oh! doutor, aprecio igualmente a todos os cultores de harmonia... Por que mo perguntais?

— Porque desejava adquirir essas admiráveis sonatas para as enviar a Sônia...

— Impossível, doutor, satisfazer-vos o desejo; componho-as de improviso e, quase sempre, esqueço-as depois.

— Que dizeis? Deus meu! Essas encantadoras composições são, pois, vossas?

— Sim...

— Como se chama a que executastes há pouco? Melancólica, vibrante, até parecia um lamento, um soluço d'alma, em hora crepuscular de intensas e dolorosas reminiscências! Não tem nome?

— Chamou-se *Nostalgia do exilado do Céu*.
— Como deveis senti-la! E a que lhe antecedeu? Era mais merencória ainda...
— *O Adeus!*
— Basta! Vossas músicas são poemas de sons, sinfonias de dor...

Quando Richard recobrou a saúde, Yvan levou-o a passear pelos arredores do castelo e, uma tarde, detendo-o perto do despenhadeiro onde o encontrara semimorto, mostrou-lho, alongando o braço. Duruy, por alguns momentos, fixou-o, tal se achava – hiante, como cratera de extinto vulcão, já meio invadido de trevas, parecendo um Cáspio esgotado, mas cheio de lúrido nevoeiro... Richard, angustiado, recuou, exclamando:

— É-me intolerável este local, Sr. d'Aprémont!
— Como já o foi para mim, doutor! Trouxe-vos, porém, aqui, propositadamente... Sabeis qual o pensamento que me ocorreu ontem, neste lugar? Mandar obstruir este boqueirão, ameaçador como a fauce de um crocodilo... Fostes a última vítima. Já contratei um engenheiro e diversos operários para a execução do meu intento. Serão construídas, ali, muralhas profundas, tornejando a cavidade, que, então, ficará entupida de pedras e argamassa até formar um plano resistente... e neste levantarei um *Sanatório* para todos os enfermos pobres, que serão aí acolhidos humanitariamente... Achais aceitável a ideia?

— Magnífica e benemérita, digna de quem a concebeu! Ides, assim, transformar o antigo antro de suplícios em mansão de lenitivos... Deus há de amerciar-se de vós.

"Já verificastes se ali foram realmente praticados os crimes que em nítidas visões presenciastes?"

– Sim. Interroguei diversos camponeses dos mais antigos nas terras d'Aprémont, e todos confirmaram, baseados em remotas tradições, o que vos relatei e até então ignorava.

Mudando de entonação, o fidalgo disse:

– Escolhi-vos, doutor, para dirigir o *Sanatório*. Aceitais o convite?

– E a minha clínica na aldeia, quem o faria?

– Já fostes substituído. Contratei dois ex-colegas meus, sendo um para clinicar na aldeia de... e o outro para vos auxiliar aqui. O hospital, modelar no gênero, terá uma seção destinada exclusivamente às crianças. Não saireis mais d'Aprémont. Sereis vantajosamente remunerado.

– Sois um perfeito cavalheiro, mas declaro poder associar-me à vossa obra de benemerência sem nenhum interesse pecuniário, sem nenhuma indenização, pois tenho fortuna pessoal.

– Muito vos agradeço a generosidade. Desejo, porém, gratificar-vos pelos serviços profissionais que ides prestar no *Sanatório*, e a vossa excusa em receberdes bem adquiridos honorários – a que dareis o destino que vos convier – será interpretada como recusa à minha proposta.

– Pois bem, acho-me ao vosso inteiro dispor. O essencial é atingir o nobilíssimo objetivo.

Pouco tempo depois, Richard, que há muito não se correspondia com a irmã, foi surpreendido com a sua chegada em companhia do esposo e filhos, que tiveram dificuldade em reconhecê-lo, tão alquebrado e envelhecido o acharam.

A emoção que dele se apoderou foi extraordinária. O pranto embargou-lhe a voz, por momentos. Depois, quando adquiriu calma, pô-los ao corrente do acontecido e de todos os seus projetos, aliado ao digno Yvan d'Aprémont, que os recebeu jubilosamente, instando com o Dr. Duplat para que, com a sua família, ali se instalasse, pelo tempo que quisesse, no que foi atendido.

Já o *Sanatório* havia sido construído, com sobriedade e solidez. Todo o castelo fora reparado, destituído de aparatos, sendo apenas conservados os móveis e objetos artísticos. Havia nele conforto, mas não o fausto de outrora. As crianças que frequentavam as aulas diurnas enchiam de risos e gorjeios o formoso parque, antigamente deserto e silencioso. Para os adultos, havia aulas noturnas. Faróis gigantescos, postos em alguns minaretes do alcáçar, projetavam na sombra rutilações de esmeralda, pois neles havia refletores de cristal verde.

A chegada da família de Richard foi motivo de regozijo para todos. Os filhos do casal Duplat eram gentilíssimos. Yvan sentiu-se estranhamente comovido ao vê-los, beijou-os com ternura, e, antes de se retirarem, presenteou-os com joias de subido valor.

Sônia e o esposo estavam maravilhados com a lhaneza e inteligência do castelão.

Estando o médico a sós com a irmã, disse-lhe confidencialmente:

– Sônia, Yvan d'Aprémont é um ente de excelsas qualidades morais, como se fora um super-homem...

Ocultou-lhe todos os seus reveses, apenas relatando a queda no extinto precipício d'Aprémont, e a sua longa enfermidade.

Ela o censurou brandamente por não a ter chamado para tratá-lo.

À noite, Yvan e seus hóspedes, reunidos no salão de música – onde eram realizadas encantadoras sessões culturais, algumas vezes por exímios artistas e franqueadas a todos que a elas desejassem assistir – palestravam amistosamente. Quedavam-se os visitantes, atônitos, ouvindo as belas e originais dissertações filosóficas e transcendentes, ou as arrebatadoras composições sinfônicas do genial fidalgo.

Um dia, Sônia confessou, quase em surdina, ao irmão:

– Richard, não sei expressar a emoção que de mim se apodera quando vejo o teu nobre amigo...

– Ó minha irmã! tu, que tens sido tão venturosa, deves partir, então, antes que seja levemente abalada a tua felicidade conjugal, pois, perdendo-a, jamais a encontrarás alhures... Yvan d'Aprémont possui um encanto irresistível, prodigioso – fascina os que dele se aproximam...

– Que loucura, Richard! Bem sabes quanto prezo e amo a meu marido – que não reputo inferior ao Sr. d'Aprémont – a minha emoção é espiritual; experimento, ao vê-lo, a sensação intraduzível de que já conheci este fidalgo, de que já me foi um ente caro... noutra existência!

– Quem sabe, Sônia, se não estás com a verdade, assim pensando? Assim como o Onipotente consagra os *adversários* num mesmo local, para reparação de crimes praticados em comum, pode aliar os que se amaram noutras eras, e daí provirem as afeições profundas, imorredouras, os amores inolvidáveis... As almas amigas, minha irmã, pressentem-se quando se encontram: compreendem-se por uma suave e mútua irradiação, que as unifica, tornando-as afins e coesas por toda a consumação dos tempos...

Antes de se ausentar, Sônia interpelou-o:

— Quando irás à ilha de..., Richard?

— Não me esperes lá senão raras vezes, pois aqui me prendem deveres sacrossantos... Quero cumpri-los espartanamente.

Mme. Duplat não insistiu no assunto, mas compreendeu que, na relutância do irmão, havia um mistério inescrutável... Na véspera da partida da família Duplat, Yvan estava merencório. Executou ao piano sonatas magistrais e enlevadoras; depois, como estivesse amena a temperatura, propôs aos hóspedes um passeio ao parque. Sentados sob o dossel de bizarro caramanchel de clematites em flor, todos o escutavam embevecidos, a discorrer sobre temas metafísicos. Subitamente, já erguido para se recolher ao castelo, apontando o ilimitado Saara azul com seus oásis cintilantes, falou com entusiasmo:

— Não calculam a atração que exerce em meu ser o zimbório divino... Às vezes, em noites límpidas e consteladas, passo horas a fio a contemplá-lo... Jorram-me de lá ideias grandiosas e lenitivos incomparáveis, como se minh'alma recebesse catadupas de eflúvios balsâmicos e de espumas luminosas... Fito os corpos siderais e comparo-os uns com os outros, considerando-os sob um aspecto que – bem o sei – não é real, mas de acordo com a visão terrena, causando-me impressões indeléveis; os planetas são, para mim, cadáveres celestes – falta-lhes a luz, que é a alma inexaurível das estrelas! Os cometas – que já tive ensejo de observar por duas vezes – ao inverso, com a sua juba eriçada, – leões radiosos, insaciados – numa floresta de sóis! – parecem-me astros vivos, que enlouqueceram bruscamente, punidos por indômita curiosidade, porque, em sua vertiginosa trajetória pelo Infinito, contemplaram de *visu* todos os portentos do universo... ou o próprio Onipotente! As estrelas são moedas de luz que o Nababo celeste, quando as acumulava nos seus inesgotáveis mealheiros, achando-as em demasia para encerrá-las em seus mágicos erários – de onde medram, ininterruptamente, maravilhas – num gesto de munificência, arremessou-as a mancheias, a esmo, pelo Espaço, que ficou repleto de óbolos rutilantes, as quais, da Terra, deslumbram os olhos dos mendigos idealistas, que debalde as imploram; imantam nossa alma de usurários ávidos de luz, que cobiçam vê-las de perto para possuir todos os tesouros esparsos pela amplidão...

No dia imediato, o Dr. Duplat saiu do solar d'Aprémont com destino à Ilha de... Sônia reiterou o convite ao irmão para ir vê-la, ao menos uma vez anualmente. No momento da partida, estreitando-a nos braços, murmurou ele:

– Prometo ir, minha irmã; agora que a minha existência tem um alvo, não receio mais as ciladas e as insânias das aspirações terrenas, dos irrealizáveis sonhos de felicidade... que jazem, todos, incinerados em minh'alma... votada ao dever e ao sacrifício!

A permanência daquelas criaturas amáveis e formosas no castelo, levara-lhe um hausto de animação e alegria. Sua ausência entenebreceu os corações vibráteis de Yvan e do médico.

– Ó Sr. d'Aprémont! – queixou-se com amargura o médico – não será porventura a maior expiação de nossa existência o renegarmos as incomparáveis afeições que só a família pode conceder-nos?

– Sim, meu amigo, reconheço deliciosos e compensadores os afetos que nos consagram santamente aqueles que Deus ligou ao nosso destino, como satélites que gravitarão ao redor de nossa alma, nesta e em porvindouras encarnações; mas vós vos iludis – aqui também nos rodeiam entes que, talvez em pregressas etapas, tiveram direitos ao nosso carinho e foram por nós duramente tratados... Amemo-los agora, e cada lágrima de reconhecimento que seus olhos verterem será uma gota de bálsamo instilada em nosso coração, muitas vezes constringido de dor... A nossa família aumenta dia a dia: não têm número fixo os desventurados!

Certa feita, tendo ambos se desvelado no tratamento de muitos míseros afetados de febre tifóide, souberam que se haviam retirado do *Sanatório* sem uma palavra de agradecimento e ainda os caluniaram torpemente. Richard ficou infinitamente contristado. Yvan foi ter com ele e falou-lhe, com os olhos turvos de pranto:

– Doutor, muitos desistem de cultivar o cardo santo da caridade, porque seus frutos são, para os necessitados, as flores para o Onipotente, e só os espinhos para os que dele cuidam, borrifando-o, às vezes, com lágrimas, espinhos esses que lhes laceram as frontes... Tal sucedeu a Jesus e a outros grandes benfeitores da humanidade! Devemos renunciar ao seu cultivo? Não. Sejamos fortes e abnegados. Continuemos a amanhar o precioso cardo nos corações sangrantes pelas injustiças e falta de reconhecimento dos que favorecemos com as mais puras intenções: as flores da mais formosa planta terrena ascendem ao Céu, o próprio Criador as aspira, não fenecem nunca e hão de, mais tarde, metamorfoseadas em açucenas de luz, engrinaldar-nos e cicatrizar os ferimentos de nossas frontes, ora pungidas pelos acúleos da ingratidão...

VI

Por mais de cinco lustros Richard e Yvan estiveram confraternizados na prática de inolvidáveis atos de abnegação, sacrifícios, desvelos, verdadeiramente sensibilizadores.

Eram infatigáveis no cumprimento austero dos sacrossantos deveres impostos pela própria consciência reta de ambos. Aqueles dois entes – tão diversamente favorecidos pela natureza, um belo, apolíneo; outro horrivelmente trágico – contrastando no físico, mas irmanados pelo espírito, esquecidos da própria individualidade para só se lembrarem da consecução da obra gigantesca que, sem esmorecimentos, desejavam consumar com o derradeiro sopro vital, tornaram-se inseparáveis.

Viam-nos onde estivesse a dor – física ou moral. Um, levava lenitivo às almas turvas ou desventuradas; outro, os recursos da cirurgia ou da ciência médica aos corpos enfermos. Não havia lar humilde, lôbrega mansarda em que entrassem, onde não ficasse um óbolo, um alívio: transformavam o pranto do sofrimento em pérolas de consolo e gratidão. Erguiam-se do leito à hora em que os chamasse um desditoso, ou um aflito.

As ríspidas noites de inverno não eram empecilhos para socorrerem os infortunados e prodigalizarem cuidados aos enfermos. Já as suas frontes começavam a alvejar, quando, uma noite, Yvan revelou a Richard, sorrindo, com uma resignação de Purna que lhe santificava o semblante:

– Meu amigo, se o Criador me conservar a existência por mais alguns anos, toda a imensa fortuna acumulada pelos Aprémont estará esgotada... Quem sabe se não terminarei meus dias compelido a estender a mão à caridade dos peregrinos que por aqui passarem, ou em longínquas terras?

– Não reitereis semelhantes palavras, Sr. d'Aprémont! Esquecei-vos de que possuo alguns milhares de libras nos bancos, muitos deles ganhos em vossas pródigas mãos? Não poderei resignar-me com o me separar de vós um só dia: viveremos em modesto lar, ao abrigo de qualquer necessidade, até que Deus dê por finda a nossa missão terrena... É meu ardente desejo que fecheis os meus olhos...

– Obrigado, meu amigo! Também nutro igual desejo a vosso respeito – murmurou Yvan comovido.

Estavam ambos tristes, meditativos, propensos às confidências. Nevava... Os vendavais sibilavam soturnamente, como alcateias de cervais famintos, fazendo trepidar as vidraças e as portas, parecendo que esquadrões invisíveis tentavam escalar o castelo, forçando as suas entradas mais acessíveis.

Inopinadamente, disse Richard com grave entonação, desvendando um pensamento que o molestava:

— Perfeita tem sido a nossa união, Sr. d'Aprémont, há um quarto de século... Parece que nossas almas estão eternamente confraternizadas. O destino harmonizou-as e irmanou-as. Nenhuma reserva deve haver entre nós... Permiti, pois, que vos interrogue?

— Por que não, meu amigo? – respondeu Yvan, surpreso.

— Porque me ocultastes um grande pesar – haverá seguramente 23 anos – quando, recebendo uma carta, à noite, inclusa em vossa correspondência diária, chorastes e a reduzistes a cinzas?

— Para vos poupar um dissabor, meu amigo... Não suspeitastes de quem era?

— Positivamente, não...

— Era de Arlette...

— De Arlette? Por Deus! dizei-me: que desejava ela?

— Escreveu-me no leito da agonia, vítima da mesma enfermidade que lhe ceifou a genitora. Despedia-se de mim e pedia-vos perdão das torturas que vos causou... Foi-me enviada sua primeira e derradeira missiva por um parente, após o seu falecimento.

Richard apertou convulsivamente a cabeça entre as mãos, como que tentando esfacelar no cérebro recordações pungentes, e retorquiu:

— Como hei de perdoá-la, sem ressentimentos? É alçada superior às minhas forças morais... Ela foi cruel para comigo.

Ouvi tudo o que vos confessou, depois de me ter traído impiedosamente... Foi ela quem arrefeceu em minh'alma a flama da esperança, calcinou-me todos os sonhos de ventura, tratou-me com asco e ingratidão...

– Era uma criança, apenas impelida pelo coração enamorado que enlouquece e foi pungido pelas mesmas urzes que feriram o vosso, pois não pôde realizar as suas aspirações... Não vos comove o seu prematuro passamento, após dois anos de angústias no exílio?

– Apiedou-se ela de mim? Não me odiava?

– Não vos odiava doutor, apenas o amava como a um benfeitor. Vi-a oscular-vos as mãos antes de partir para sempre...

– Que dizeis? Endoideço, agora, que já me abeiro da tumba? Conheço a magnanimidade de vossa alma: assim falais para que lhe perdoe...

– Juro-vos que vos disse a verdade!

Richard fitou o fidalgo e tanta era a sinceridade existente nos seus olhos límpidos que, sem replicar, deixou-se cair numa cadeira, ocultando o rosto com as mãos e tentando ocultar as lágrimas que por ele deslizavam.

Yvan esperava aquela explosão de sentimentos, desejava-a de há muito para alcançar – por meio de verdades que só ele conhecia – a sua reconciliação com a morta querida. Richard, por minutos, rememorou o passado, lembrou-se minuciosamente da cena que evocara, do instante em que vira o Sr. d'Aprémont ler a carta que, então, sabia ser da pérfida que tanto amara, e, logo após, chorando, atirá-la às chamas da lareira. Depois, observou-o, com surpresa, merencório e belo, dirigir-se ao Pléyel, do qual fez desprender-se uma *revêrie* excepcional, que arrancaria lágrimas a todos que a ouvissem: eram as sonoridades, cascatas de lágrimas cromáticas e harpejos que faziam a alma vibrar no seu ergástulo de carne... Nunca pudera olvidar aquela sensacional, plangente e dolorosa composição. Pouco depois do que presenciara, notou que Yvan, antes de se retirar para o seu quarto, escrevia celeremente e, uma vez, lhe dissera:

– Doutor, começo a receber mensagens de Além-túmulo...

– De que modo...

– Por meio da psicografia.

– Com quem vos correspondeis?

– Com um dos meus protetores espirituais e com um *ente amigo e familiar*... Ambos me orientam, esclarecem e confortam o coração...

– Quanto sois mais afortunado do que eu!

– Deus não privilegia a quem quer que seja. Por que não experimentais também, meu amigo?

"Não tendes, no mundo espiritual, seres que adorais – os vossos progenitores?"

– Sim. Que ventura a minha se deles recebesse mensagens consoladoras!

Por algumas noites Richard fez tentativas, sempre infrutíferas, para se corresponder com os Invisíveis. Só conseguiu, uma vez, traçar com caracteres incertos, sob um influxo estranho, estas palavras:

"Sus! Não esmoreças. Nós te notearemos por meio de perceptíveis intuições. Coragem e esperança!"

Terminando todas essas reminiscências, Richard ergueu-se subitamente. Aproximou-se de Yvan, muito pálido, contemplativo, e tocou-lhe sutilmente num dos ombros, como para despertá-lo dos seus cismares:

– Senhor – disse ele, com voz trêmula –, julgo que a afeição profunda que nos liga jamais será abalada; bem sei quanto vos devo: vós me salvastes de dois abismos – o de Aprémont e do suicídio... Sejamos, pois, leais um para o outro... Dizei-me, pois: qual o sentimento que consagráveis àquela a quem nos referimos?

– Amor...

– Amor? Que dizeis? E foi por minha causa que o sacrificastes, renunciando a uma felicidade ao vosso alcance?

– Que é a felicidade, meu amigo, senão a consciência sem jaça? Como poderia ser ditoso cavando um túmulo – o vosso – para fruir uma egoística ventura? Não me arrependo de haver cumprido um dever, livrando-vos de futuros e tremendos sofrimentos, pacificando vosso coração torturado, abdicando, convosco, os gozos mundanos. Minha aliança convosco foi mais profícua do que se a realizasse com Arlette; o meu amor, imáculo e quase fraterno, nunca teria por consequência o consórcio. A ventura faz, quase sempre, o egoísta. Se eu prendesse ao meu o destino de outrem, por meio do matrimônio, não poderia agir com plena liberdade para dispor da herança legada por meus maiores. Se possuísse descendentes seria um dever salvaguardar-lhes, pecuniariamente, o futuro; e toda a minha projetada obra de altruísmo, nesta existência, teria fracassado. Não foi, pois, exclusivamente por vossa causa, mas, no meu interesse espiritual, e em prol dos infortunados, que reneguei todas as prováveis ditas terrenas...

"Arlette – confesso-vos realmente – foi o meu único amor, sincero e profundo. Sofri imensamente por não lhe poder patentear o meu afeto, igual ao seu, veemente e ilimitado, no dia em que ela mo revelou...

"Ai! doutor, se a vísseis, como eu, na hora da partida (que eu observei transido de dor, oculto num dos torreões do solar, trajada de luto recente, soluçante, tão débil e amargurada, quase expulsa desta habitação que tem sido o refúgio dos desditosos, sempre aberta aos que sofrem e somente cerrada para ela; apenas acompanhada por Jacques Morel, desprotegida, para, longe destes sítios amados, ir definhar de saudade e desgosto), vós já a teríeis perdoado, há muito!

"Deu-me forças, para ser inflexível, o vosso melindroso estado. Entre o amor e o dever, optei pelo último, certamente inspirado pelos luminares divinos. Bastava-me estender a mão para alcançar a ventura, mas, logo após, teria de tropeçar numa tumba – a vossa...

"Preferi salvar uma vida a fruir uma vã e criminosa felicidade terrena. A consciência asfixiou o coração. Tive ímpetos de ir ao encalço de Arlette e dizer-lhe: "Volta, pobre ser órfão e desamparado, acolhe-te, para sempre, sob um teto amigo e tutelar. Sê, doravante, uma irmã querida, um consolo, uma auxiliar – em nossa futura Cruzada do Bem – de nós ambos – eu e o Dr. Richard!". Mas vós me odiáveis... Por quê? Injusto e cego é o ciúme! Vós me execráveis... porque em nosso espírito vibrava, acorde, o mesmo pensamento: achávamos formosa e digna do nosso amor a mesma criatura!

Não acederíeis, nunca, ao meu desejo, e, se tal o fizésseis, a sociedade corrupta em que vivemos, que intoxica todos os nossos mais impolutos anelos, cavilosa e caluniadora, não acreditaria, jamais, na pureza de nossas intenções, em nosso pacto fraterno, e atirar-nos-ia sua nauseante peçonha... Era mister dar-vos, e a toda gente, uma prova da minha lealdade. Eu vo-la dei, condenando ao exílio aquela que, pouco depois de sua partida, sucumbiu talvez de mágoas cruciantes... Três vítimas se fizeram, devido à imperfeição das leis sociais que nos regem, e às nossas rudes percepções terrenas, quando podíamos ser felizes, vivendo irmãmente debaixo do mesmo teto, agrilhoados por uma afeição imorredoura... Ai de mim!: como pude idear a ventura neste antro de gemidos – a Terra? Sucedeu o a que tínhamos jus. Cumpriu, cada qual, seu doloroso destino. A felicidade, irrealizável outrora, será uma realidade no futuro, quando nossos corpos deixarem no sepulcro a mortalha de carne e podridão...

"Quando voltei a beirar o leito em que sofríeis duplamente, tive a coragem precisa para consumar meu sacrifício... Desvelei-me por vós, como sabeis, desejando vos fosse restituída a saúde e a calma, e o Altíssimo ouviu meus rogos. Quantas vezes, em horas de acerbas recordações e pesares, ao entardecer, tenho voltado ao local de onde vi Arlette pela derradeira vez, reproduzindo-se então, para meu suplício, a cena que presenciei, no instante da separação, mas não me arrependo de haver cumprido o que me parece um dever sacrossanto.

Apenas prantos me afloram aos olhos, dúlcidos lenitivos refrigeram-me o coração. Abençôo, pois, todas as mágoas que hei curtido, com a imolação de um sentimento extremo, pois elas, e não os gozos que poderia desfrutar neste mundo, são as únicas flores olorosas que posso ofertar ao Criador. Fixou-se-me uma ideia na mente, desde que Arlette se foi – adquirir vossa amizade, ligar-vos à minha missão espiritual – e, pouco a pouco, minha afeição por Arlette se transformou noutro sentir – fraternidade ou amor psíquico. Desde que soube do seu desprendimento do mundo material, lembro-me dela como de uma entidade angélica, e, muitas vezes, tenho-a visto mais linda do que antes, sorrindo e apontando-me o Firmamento... Ela se corresponde comigo, diariamente, e, podeis crê-lo, nunca este vocábulo – *amor* – foi ditado por ela, nas revelações do nosso passado tenebroso: muitas vezes, nossas existências estiveram algemadas, mas logo a separação nos apurava a alma. Por quê? Para reabilitação de faltas deploráveis cometidas outrora, quando nos prendiam paixões impuras, geradoras de torpezas. Sua vida, neste último avatar tão breve, teve apenas um alvo – vincular à minha a vossa existência. A sua curta, profícua e sublime missão terrena foi esta – servir de hífen entre o meu e o vosso Espírito, porque entre o meu e o dela já havia indestrutível afinidade e coesão, ao passo que no meu e no vosso coração havia o divórcio, a repulsa originada pelo ódio...

"Se eu a desposasse, certo o Criador não desaprovaria a nossa união; mas imolando o meu afeto para me reconciliar com um secular adversário – como pressinto que o éreis – aos olhos do supremo Árbitro das consciências o meu ato foi mais meritório. Não era mister o conúbio, para que a minha alma se unisse à sua; era mister uma missão de sacrifício e devotamento, para que o meu e o vosso coração palpitassem em uníssono. Esqueçamos, agora, o passado; pensemos no porvir. Não tarda que a senectude, o inverno do organismo, branqueie nossas frontes, a penderem para o sepulcro. Olvidemos a Terra; lembremo-nos do Céu. Não estamos mais na era florida das ilusões fagueiras; urge encaremos com ânimo forte a realidade. Quereis, ainda, alimentar rancor contra quem vos cerca de cuidados fraternos, quem se refere a vós com carinho e bondade, quem vos solicita perdão com frequência, quem foi o corisco que alumbrou o firmamento de nossas existências e tornou-se o elo radioso de nossas almas? Amigo, nossas cabeças começam a branquear: concentremos atenção no que nos aguarda *post mortem*; não mais considereis Arlette a noiva traidora, mas uma irmã desditosa que cometeu uma falta grave para cumprir um desígnio divino – consumar, extinguir o ódio que nutríeis contra mim; dirimir a aversão latente em nosso íntimo, derivada da ignorância e mútuos delitos praticados em transitórias existências, e vereis que a sua falta, se falta houve, será atenuada, perdoada, santificada até... Deus, a Suma Justiça, há de galardoar-vos pelo que tendes feito à humanidade, não olvidando a vossa benemerência, a vossa dedicação aos que sofrem, especialmente às criancinhas, e a vossa renúncia aos gozos mundanos. Nossa vida, quase de ascetas, não tem um deslize.

"Pensemos, agora, exclusivamente, no porvir do Espírito desprendido de todos os grilhões terrenos. Como haveis de ingressar na Eternidade conservando ressentimentos d'alma contra uma criança desventurada, cuja vida foi fértil em flagelos morais, cuja idade lhe atenuou a falta, que, se a considerastes grave, não ignorais, agora, ela a expiou com remorsos, sofreu inominavelmente os tormentos da separação e da saudade, padeceu, como vós, o mesmo suplício – o de se ver repudiada por quem amava com intensidade?

"Ah! doutor, vossa existência que tem sido tão valorosa e fecunda, em atos benéficos, precisa ser encerrada com um fecho de ouro – o esquecimento dos agravos de um ente que, na hora extrema em que as ações se apresentam nuas à plena luz da realidade, vos suplicou perdão, e, há muito, se corresponde espiritualmente comigo, insistindo no mesmo pedido, referindo-se a vós com ternura e admiração. Meio século de vida, de rudes provas, pesa sobre nós, doutor: é mister, agora, olvidar o passado e cogitar do que nos aguarda no Além, do nosso inevitável encontro com Arlette, que, por mim, nunca foi pretendida para amante ou esposa, mas adorada como irmã ou noiva ideal...

"Amai-a também assim, meu amigo: ela vos aguarda nas fronteiras da Eternidade, com uma afeição impoluta e imaterial, ávida de se reconciliar convosco. Olvidemos o longo e sombrio passado de iniquidades, que nos aliciaram outrora, e cujas reminiscências ainda nos conturbam nesta encarnação. Voltemo-nos para Deus. Arlette, certamente, tem sido o pomo de nossa discórdia, o nosso ideal inatingível, o magnete a prender, a atrair nossos Espíritos, ora para o abismo, ora para o céu... Lembremo-nos, agora, de encontrá-la mais radiante de beleza do que a conhecemos, aureolada da luz que se localiza nas frontes aformoseadas pelo escopo da dor, quintessenciadas pelos prantos vertidos – torrentes do Jordão redentor; consideremo-la, doravante, irmã bem-amada, filha do Pai celestial, sem que jamais o meu ou o vosso afeto possa causar ciúmes injustos, antes que sentimentos puros e fraternos..."

Richard, olhos velados por um lenço, ouvira-o com admiração e recolhimento, compreendendo a grandiosidade do sacrifício que ele fizera por sua causa, e disse-lhe:

– Vossa nobreza espiritual é inconfundível, ultrapassa a de todas as criaturas humanas. Sois uma criatura superior, proscrita na Terra para nortear os réprobos à pátria divina... Refletirei esta noite no que me dissestes, Sr. d'Aprémont, e Deus me inspire na resolução que deva tomar!

Yvan, afeito às sutilezas d'alma, não insistiu mais. Levantou-se, dirigiu-se ao piano e abriu-o. Enquanto fora os aquilões convulsionavam a natureza, no ambiente de uma sala, Yvan fazia o Pléyel desprender torrentes de melodias. Nunca se sentira tão influenciado pelos artistas siderais. Percorreu o teclado com um harpejo dulcíssimo; depois trilou, nos agudos, um admirável gorjeio, como o despertar de um rouxinol prestes a enlouquecer, pungido de saudade da morta companheira de ninho, que ele vira baleada numa selva florida, banhada de luar; depois, foi elevando--o, num crescendo progressivo, entremeando-o de notas graves como gemidos, até que as sonoridades se generalizaram em quase todas as cordas; suas alvas mãos se tornaram quase invisíveis, arrancando ao instrumento Niágaras de maviosidades, quérulas, expressivas, suplicantes, que penetravam os corações como estiletes de luz... Era a mais bela de suas inspirações. Quando terminou, Richard já se havia recolhido ao quarto. No dia seguinte, apareceu-lhe calmo, pensativo, e confessou ao fidalgo:

– Como me torturou o espírito a vossa estupenda sonata de ontem, Sr. d'Aprémont! Pareceu-me ouvi-la, ininterruptamente, durante toda a noite, que foi de vigília... Adivinho-lhe o título...

– Então, diga-mo...

– Sim... *Súplicas de Além-túmulo*.

– Maravilhoso! Foi precisamente o que ouvi quando tocava. E a vossa resposta, meu amigo, a essas súplicas de um ser que, talvez para ser ditoso, aguarda apenas o vosso perdão?

Richard tinha os olhos turvos de pranto, mas conservou-se calado. Yvan abraçou-o, murmurando satisfeito:

– Que felicidade a minha, meu amigo! Compreendo que lhe perdoastes... Penso que minha existência atingiu a meta...

VII

Uma semana mais tarde, por uma noite frígida, de ríspidos vendavais, foram chamar o Dr. Richard para auxiliar o seu colega da aldeia, que pretendia realizar uma intervenção cirúrgica, de parto. Ele se dispôs a partir imediatamente. Yvan segui-lo-ia, como o fazia sempre que o médico saía à noite. Quando o criado ia cerrando a porta, à passagem de ambos, o médico notou que o castelão estava desprovido de qualquer agasalho.

– Como?! – interrogou com espanto e inquietação – ides cometer a temeridade de sair com este tempo agressivo, sem estar convenientemente agasalhado?

Yvan respondeu-lhe, tiritando:

– Quero experimentar a sensação dos que não têm um manto; dos que se cobrem de farrapos, para melhor aquilatar a penúria e o sofrimento alheios...

– Deus não exige essa experiência de quem tem sido a Providência dos desgraçados, como sois havido pelo povo, com inteira justiça!

"Voltai, senhor d'Aprémont, ide resguardar-vos da intempérie: eu vo-lo peço como médico e amigo... De outro modo, não sairei... deixando uma vida em perigo por um extravagante desejo vosso..."

Aquela resolução de Richard foi decisiva. Yvan atendeu-lhe o conselho: chamou um servo, que lhe trouxe espesso manto de astracã no qual se envolveu, mas a lufada de ar glacial, que recebera à porta, foi-lhe perniciosa. Regressou ao solar, alta noite, sentindo-se febril, e, no dia seguinte, Richard, com angústia inaudita, verificou tratar-se de violenta pneumonia dupla. Duruy, coadjuvado por dois facultativos, não cessou de prestar-lhe todos os cuidados profissionais. Seu estado, porém, agravava-se de hora em hora e a notícia correu pelos arredores de Aprémont como se fora um cataclismo mundial. Ao entardecer do sétimo dia, o enfermo achava-se prostrado, delirando, e um dos médicos assistentes julgou-o irremediavelmente perdido, em estado desesperador. A amargura de Richard não tinha limites. Só, então, compreendeu a afeição ilimitada que consagrava ao fidalgo; a ideia de que ele ia desaparecer para sempre, fazia-lhe gelar o sangue nas artérias, constringir-lhe o coração; olhava o doente com fixidez, como querendo gravar aquelas nobres feições, indelevelmente, na própria alma; conservava-se mudo, porque lhe parecia que, se proferisse um só vocábulo, a dor lhe explodiria em soluços. Tinha desejos de oscular-lhe as desmaiadas mãos, implorar-lhe perdão pelo injusto conceito que dele fizera outrora, confessar-lhe lealmente que, na noite em que caíra no despenhadeiro, fora a Aprémont com o intuito de assassiná-lo... O remorso e o sofrimento moral pungiam-no, então, imensamente. Houve um instante em que o enfermo, recobrando perfeita lucidez, lhe fez sinal para se aproximar do leito, e, penosamente, assim falou:

– Meu amigo, parece-me que vou *partir* para sempre... Se tal se der, não interrompais, por enquanto, a nossa obra, que dura já um quartel de século... Ainda há recursos para a prosseguirdes por mais alguns anos. Substituí-me. Não esmoreçais nunca, até o derradeiro alento. Não lamenteis minha transição para uma vida que não desconheço, e na qual, deixando aqui corações dedicados, vou encontrar outros seres queridos, que me aguardam radiantes... Já fiz, há poucos meses, as declarações que desejava: o pouco que me resta vos ficará pertencendo e a Jacques Morel. Meu testamento acha-se em poder do notário de...

– Não faleis assim, Sr. d'Aprémont – pôde dizer Richard, agoniado – quero que sejais vós quem me cerre os olhos.

– Deus sabe, meu amigo, porque me chama primeiro... Também nutro igual desejo... Mas Deus já decidiu: estou pronto para a *partida*!

Richard retirou-se para uma sala contígua, que era a das audições musicais. Ao passar pelo Pléyel fechado e mudo, teve a impressão de que executavam, em surdina – *Súplicas de Além-túmulo.* – Era demasiado tormento para sua alma ciliciada. Recuou até uma das janelas frontais, querendo concentrar todas as suas potências psíquicas para debelar o desalento que o avassalava, mas sentia-se jungido àquele local, magnetizado, prestes a cair em plena inconsciência. Quando percebeu que havia cessado a misteriosa sonata, com os olhos fúlgidos de lágrimas, julgando-se alucinado, olhou para o exterior do castelo e sua atenção foi atraída para uma multidão de pessoas que o circulavam, como se fora a reprodução do sonho retrospectivo que, havia muito, empolgara o fidalgo, quase moribundo, então. Era constituída pelos camponeses, aldeões, jovens, mulheres apertando ao colo os lindos filhinhos, todos os habitantes, enfim, das cercanias do castelo, que, inquietos em seus lares, acorreram pressurosos ao abrigo dos desventurados, ansiosos por notícias do Sr. d'Aprémont.

Ninguém proferia palavra, a não ser em surdina, temendo molestar o caro enfermo; mas todos, com frequência, levavam o lenço aos olhos orvalhados de pranto. As crianças, quebrando o silêncio que imperava àquela hora de um merencório pôr de sol, não tendo permissão para ver o castelão, carpiam tristemente.

Duruy fitou a turba por momentos e foi logo, como que impelido, até onde se achava Yvan, ao qual relatou o que vira. Ele, compreendendo o que se passava, sorriu docemente, e, deixando algumas pérolas de emoção deslizarem-lhe pelo rosto marmóreo, disse:

– Quem sabe, amigo, se todas essas criaturas, pacíficas e dedicadas, que cercam o solar, não são as mesmas que, outrora, me execravam e amaldiçoavam, e, hoje, inspiradas por Deus, vêm-me trazer o seu perdão? Que maior júbilo poderia fruir minh'alma antes de cindir o Espaço? Ide lá, doutor, e agradecei aos nossos amigos a sua presença... Se o Criador me chamar logo, orem por mim... Partirei saudoso de todos... e não os esquecerei, jamais!

Richard obedeceu. Retirou-se e, animado por uma força extraterrena, assomou a uma das sacadas do edifício. Houve um cicio confuso de vozes e soluços mesclados, partidos da multidão ensofregada. Todos os olhares se concentraram no médico, cujas feições estavam alteradas pela angústia que lhe abalava o espírito. Um campônio alteou a voz, interrogou-o comovido, mal contendo soluços:

– Como passa o mui nobre Sr. d'Aprémont, doutor?

Duruy, com um esforço heroico, pôde repetir-lhe as palavras do amado enfermo, e, depois, disse a custo, tal a emoção que o dominava:

– É gravíssimo o estado do nosso ilustre e generoso benfeitor. Os recursos médicos estão esgotados. Concentremos nossa esperança na Misericórdia divina. Vamos, pois, amigos, alçar os nossos pensamentos ao Altíssimo, suplicando-lhe, com fervor – se for de sua vontade – a permanência, entre nós, por mais algum tempo, da mais digna criatura que conhecemos...

Um como sussurro se elevou dos lábios daquela multidão, aprovando a ideia do Dr. Richard. Em uníssono, todas aquelas almas aflitas e entristecidas vibraram, obsecrando ao eterno a conservação da vida do seu incomparável protetor.

Duruy acompanhou, em seu imo, as férvidas súplicas,

mas, súbito, sentindo-se impotente para reagir à eclosão de dor que lhe estuava no coração, retirou-se para um aposento contíguo à sala de onde se dirigira ao povo, tentando acalmar-se, para reaparecer ao doente e não mais o abandonar.

Bateram-lhe precipitadamente à porta. Aberta esta, achou-se em frente de Jacques Morel, que, quanto ele, velava dia e noite por Yvan d'Aprémont. Iria noticiar-lhe o passamento do fidalgo, após a emoção recebida com a presença de todos os beneficiados? Fitou-o, aterrado, e recuou involuntariamente.

Era o mordomo d'Aprémont, alto, vigoroso, alvo, de cabelos negros, extremamente insinuante. Naquele momento estava pálido, com as mãos crispadas pela hiperestesia dos nervos sensoriais.

– Doutor – disse –, é verdade que nenhuma esperança resta para salvar o nosso benfeitor?

Richard respondeu-lhe, lívido e sensibilizado:

– És testemunha de quanto eu e meus colegas nos temos esforçado para que ele recobre a inestimável saúde, mas, desventuradamente, julgo o seu mal irremediável...

Com voz trêmula, Jacques confessou:

– Ah! doutor, bem sabeis, tenho esposa e filhos, que idolatro, mas, sobre todos neste mundo, prezo e amo o Sr. d'Aprémont... Penso que enlouquecerei se o vir morrer!

– Avalio o teu sofrer... igual ao meu! Não, mais atroz é o meu, Morel, pois tens esposa e filhos adorados... e eu, sem ele, ficarei só, com o meu pesar acerbo e inconsolável!

– Tendes razão, doutor, compreendo a vossa amargura. Não temos, porém, tempo a perder. Aqui estou para vos dizer: a Ciência exauriu os seus recursos, mas, infinita é a clemência divina... Aos rogos feitos há pouco, em prol do caroável doente, juntaremos os nossos... Vinde, doutor.

Richard seguiu-o maquinalmente. Jacques introduziu-o no aposento em que Yvan costumava orar. Era amplo e azul, com janelas ogivais para o Ocidente, apenas ornamentado com um painel primoroso, representando o Rabi súplice, genuflexo, agoniado, pálpebras cerradas, rosto macilento, fronte pendida, antes de libar a taça dos próximos martírios, ainda sustida por uma entidade arcangélica de beleza surpreendente, iluminada por um revérbero áureo que fendia o Espaço, ligando-o ao Horto entenebrecido – o símbolo daquele em que a humanidade toda tem de sorver o cálice das expiações amargas... Era, certamente, contemplando-o, comparando a grandiosidade dos padecimentos, dos suplícios que aguardavam o Pastor celestial, com os seus, que Yvan encontrava o segredo da força indômita que o impelia à prática de todos os deveres cristãos, a imitá-lo, a suportar resignadamente todas as agruras terrenas...

Uma das janelas – tão distantes se achavam do solo – estava aberta como para a amplidão sidérea, que, naquela noite, tremeluzia de astros, parecia ornada de lâmpadas multicores para receber o Espírito radioso de Yvan. Uma poltrona de veludo carmesim, postada à sua frente, revelava que era ali que, depois de longas e ardentes preces, ia ele meditar, mergulhar a vista perscrutadora na imensidade azul, para receber orientações preciosas do Alto, eflúvios balsâmicos, inspirações nobilíssimas, que o nortearam na existência de benemérito da humanidade.

— Parece-me — murmurou, consternado, Jacques Morel — que, aqui, há fragmentos de sua alma luminosa, que este recinto é sagrado e propício à oração, é um pedaço de céu, e, por isso, penso que Deus nos ouvirá melhor deste local, do que num templo... Uma vez, à noite, necessitando falar-lhe, vim sutilmente até aqui, e, – juro-vos, Sr. doutor! – não tive ânimo de chamá-lo: vi-o ajoelhado, como este Cristo, e a luminosidade que envolve o arcanjo semelha-se à que observei nimbando-lhe a fronte, de onde, por certo, irradiavam pensamentos puros e magnânimos...

Richard, ouvindo o angustiado mordomo, sentiu as lágrimas, que pareciam intumescer-lhe o coração, premidas pela dor, deslizarem livremente pelas faces, e, mudo, genuflexo em frente ao agoniado Jesus, cuja amargura comparou à sua, começou a orar como nunca o fizera em sua vida.

Alheou-se, por completo, do mundo objetivo.

Sentiu a alma dissociada da carne, livre, sutilizada, cindir as alturas, suplicando ao eterno que, se permitido fora, conservasse a vida inestimável de Yvan, para fechar seus olhos nos extremos instantes – olhos de desventurado, que tantas lágrimas já haviam vertido! – e oferecia-lhe, em holocausto, sua própria vida, que permutaria de bom grado pela do agonizante...

Foi, bem o compreendeu ele, a sua primeira prece vibrante e fervorosa. Jamais orou assim. Teve a impressão de que, por muitos séculos, estivera distanciado do Onipotente, com o Espírito tisnado, perpetrando delitos nefandos, e, só então – como pássaro baleado em pleno ar – acossado pela dor, caíra-lhe aos pés, humilde e contrito.

O ceticismo, que por vezes o avassalara, fundiu-se naqueles instantes de pesar profundo, diluiu-se como um *iceberg* que resvalasse ao Equador, sob intensa canícula; sentiu-se eterizado, liberto de um peso descomunal. Reconciliara-se com o eterno. Sentira-se outro ser diverso do que fora até então; julgara-se, sempre, um réprobo, um maldito e, enquanto orava, teve a impressão de que uma bênção radiosa se lhe difundira n'alma, que uma fulgurante mão lhe roçara a fronte abatida... Esteve assim imóvel, exteriorizado do mundo real por algum tempo, e, quando se erguera, desperto do transporte absorvente, estava sereno, sem lágrimas, com um conforto estranho e inefável no seu íntimo.

Ajoelhara-se agrilhoado à dor, premido à terra; levantara-se alado, atraído para o Infinito. Dir-se-ia que, desde aquela hora, seu Espírito se emancipara do arnês de bronze das iniquidades, dos assomos de rebelião, aos quais era propenso, e entrara em plena comunhão com o Soberano do Cosmos e com entidades astrais. Por segundos teve a percepção de que tateara o mundo dos invisíveis, que lhes ouvira as vozes consoladoras; que, desde então, não se consideraria mais isolado; voltara-se inteiramente para o Altíssimo, que começara a amar sem ressentimentos, com ternura infinita, admiração intraduzível, como o fazia o querido enfermo, percebendo que, pela vez primeira, houve a efusão da Fé e da Esperança em seu âmago... Que é que operara semelhante prodígio? O sofrimento e o amor – os alviões que pulverizam odiosidades, aveludam as asperezas d'alma, dissipam as rebeldias contra o destino, diluem o gelo do ceticismo.

Prosternara-se infortunado, alçara-se um outro ente, que acharia ventura até no próprio martírio.

Compreendeu como podiam sorrir, fitando o azul, os primeiros cristãos, tendo os corpos lacerados pelos açoites, triturados pelas feras, consumidos lentamente pelas chamas...

Foi despertado pela voz de Jacques – pois sentia-se aturdido, como se estivesse ainda sob os últimos influxos do enérgico anestésico – a dizer-lhe:

– Senhor doutor, tenho o coração inundado de alentadora esperança: nossas súplicas vão ser atendidas pelo Criador, segredou-mo íntima voz; no entanto, penso ser egoísmo nosso, senhor, o querermos aprisionar na Terra o que só é digno do Céu – o Espírito do amado Sr. d'Aprémont!

Retiraram-se para junto de Yvan, que não deu acordo da chegada de ambos. Parecia estar já em estado de coma. Uma placidez e alvura de neve idealizavam-lhe o semblante. Dir-se-ia a efígie de uma entidade extraplanetária, roubada a um santuário e colocada num leito.

Ao amanhecer, sorriu; depois, reanimando-se, fitou Richard, que, em mutismo cerrado, não cessava de fixar-lhe a vista, e balbuciou debilmente:

– Estranhos fenômenos psíquicos passaram-se comigo nestas últimas horas: pareceu-me que duas correntes magnéticas poderosas disputavam ao mesmo tempo o meu Espírito: uma atraindo-me a este orbe, outra, elevando-o ao Espaço... Muito rogaram, dedicados amigos, ao Pai divino, para a minha permanência no vale de lágrimas!... Pois já não era ocasião de partir?

Duruy, prosternado junto ao enfermo, sem proferir, sequer, um monossílabo, osculou-lhe a fronte quase álgida.

Durante o dia as melhoras do fidalgo acentuaram-se. Richard, Jacques e todos os habitantes d'Aprémont exultaram. Após algumas semanas de penosa e lenta convalescença, pôde ele abandonar a cama.

Sensível mudança operara-se no seu físico: macilento, descarnado, alquebrado, cabelos quase níveos, não era mais o mesmo gentil-homem varonil e airoso que fascinava os corações femininos; mas um suave velhinho, cujo aspecto infundia veneração e piedade a quem o visse. Duruy, também encanecido pelo excesso de tormentos morais que o mortificaram durante a enfermidade de Yvan, só então compreendeu que o amava sem ressentimentos, intensamente: a formosura plástica que, até então, todos admiravam no castelão, causara-lhe sempre um misto de secreta inveja e amargo desgosto, que o supliciava... Desde sua chegada ao solar, ficara como que mesmerizado, entusiasmado por sua inteligência e nobreza de caráter, mas, só depois que soubera da imolação do seu amor, e por sua causa, e que o vira prestes a baixar ao túmulo; depois, decaído do sólio de sua beleza inexcedível, surpreendente, maravilhosa, achara-o mais humano, e, só então, começou a amá-lo sem mágoas, sem queixume, sem reservas, percebendo que, doravante, à afeição que lhe consagrasse seria eterna, esposar-se-iam por todo o sempre os seus Espíritos, libertos do negrume do ódio e das represálias!

Houve, no Espírito de Duruy, uma visível transformação, que o transfigurava, que lhe transparecia no semblante, dando-lhe serenidade, distendendo-lhe os músculos faciais e os supercílios, até então sempre contraídos, atenuando-lhe o aspecto sinistro que o tornava hediondo.

Yvan observou a metamorfose operada em Richard, que, até ali, só lhe chamara senhor, e não amigo qual o fazia agora, e abençoou todos os padecimentos por que passara.

– É a dor o lapidário da alma – pensou radiante – e unicamente o seu cinzel destrói-lhe os vincos, tira-lhe as escabrosidades, adelgaça-a, dá-lhe polimento e facetas que a tornam – diamante divino e vivo que o é – luminosa e resplendente.

Confidenciou ao médico:

– Meu amigo, muito próximo estive da sepultura. Devo, agora, agradecer ao Ente supremo o meu sofrer, porque, enquanto estive tombado no leito, inesquecíveis provas de afeto e gratidão me foram patenteadas pelos amigos deste e do mundo espiritual...

"Pressinto, porém, que minha vida material está em declínio, começa a descambar o sol da existência terrena, aproxima-se o crepúsculo, que se tornará em alvorada, quando meu débil corpo, em decadência, for encerrado no sepulcro.... É tempo de cuidar das minhas derradeiras resoluções... Temos o cemitério, pouco distante do castelo, em que foram inumados os meus ancestrais, por especial e antiga concessão do governo de nossa pátria.

Tenciono mandar construir ali o meu último abrigo – uma cova singela e anônima, apenas encimada por uma cruz – o símbolo da que trazemos aos ombros, que se curvam ao seu peso, mal o homem atinge meio século – com esta única inscrição:

A nobreza do sangue é pó; a da alma, luz!

❧

"Há de, bem o prevejo, ter uma lápida olorosa – formada de flores orvalhadas de prantos, que, sobre ela, os amigos espargirão – mas, como não desejo nenhum aparato, nenhum vestígio de vaidade no derradeiro albergue de quem, animado pelo Espírito, recusou todas as pompas mundanas, quero, enfim, verificar, com os próprios órgãos visuais, a sua humildade..."

– Haveis de consentir – redarguiu Richard – que a minha campa seja aberta ao lado da vossa, e, em tudo, igual àquela em que tencionais ser inumado...

– Sim, meu amigo, por que não consentiria em aceder a esse fraternal desejo?

Unidos pela mesma Cruzada do Bem, unidos no mesmo trato de terra, unidos no Além...

Não é isso que o Onipotente deseja aos dois revéis e rancorosos rivais? O último Aprémont – rompendo com as tradições e com o orgulho dos seus antepassados – consente que os seus afeiçoados, e não exclusivamente os da sua estirpe, repousem no mesmo retângulo de pó...

Yvan, apoiado ao braço de Duruy, pôde ir ao Parque pela primeira vez, depois da prolongada enfermidade, por amena manhã de sol. As crianças que frequentavam as aulas matinais, jubilosas com o restabelecimento da saúde do idolatrado benfeitor, como se estivessem previamente avisadas por misterioso radiograma, esperavam-no quais risonhos silfos ocultos nas frondes em flor e atrás dos caules vetustos das árvores centenárias, trajando roupas leves e claras, levando ao regaço pétalas multicores, que se espargiam à sua passagem e sobre sua fronte argenteada...

– Quanto sois feliz, meu amigo – exclamou tristemente Richard –, tendes o afeto sincero e espontâneo das crianças... que se esquivam de mim!

Yvan, com os olhos nevoados de pranto, alteou a voz, simulando não ter ouvido o que lhe dissera o médico, e falou aos graciosos meninos:

– Obrigado, filhinhos! Obrigado! Deus vos abençoe e proteja! Como, porém, vos esquecestes do bom doutor que, com os seus desvelos, me roubou ao túmulo?

"Vinde, queridinhos, quero oscular-vos as lindas cabecinhas, mas, depois, osculai também estas mãos generosas que ainda me amparam: destes-me flores, dai-lhe beijos, muitos beijos!"

Um bando álacre de querubins humanos obedeceram-lhe ao carinhoso apelo e Richard, surpreso, quase desfalecendo de emoção, recebeu, naquela existência, a primeira e última carícia infantil, que lhe abalou até as mais recônditas fêveras do coração sedento e sempre baldo de ternuras...

FIM DO LIVRO VI

Livro VII

Eterna aliança

I

Richard e Yvan, abnegados e congraçados pela mais lídima e fraterna afeição, prosseguiram no seu apostolado. A saúde do fidalgo artista não ficara, porém, plenamente restabelecida. Ele já não executava ao piano, como outrora, as admiráveis sonatas que enlevavam a Duruy.

— Dir-se-ia — falou uma noite o castelão — que *Súplicas de Além-túmulo* estava destinada a ser o meu canto de cisne...

Uma vez, porém, ao anoitecer, sentiu-se subitamente influenciado pelas potências siderais. Dirigiu-se ao piano e dedilhou tão surpreendente marcha, que, ao terminá-la, o médico o abraçou com os olhos fúlgidos de lágrimas, e disse-lhe:

— É digna de ser executada nos recitais divinos a música que acabais de compor! Que expressão, que harmonia, que rumoroso regozijo ressumbra dela! Vossas inigualáveis composições são todas merencórias, exceto esta... Tive a impressão de haver ouvido uma canção entoada por centenas de guerreiros que, tendo estado prisioneiros muitos anos, tratados com dureza por um vencedor crudelíssimo, conseguissem demolir a Bastilha em que morriam lentamente, e, então, libertos, vitoriosos, entusiásticos, no momento de transporem as fronteiras da pátria bem-amada – onde os aguardavam corações ansiosos – deixassem seus lábios, ou suas almas, traduzir-lhes o júbilo intenso, por meio de uma *Marselhesa* sublime e incomparável... Cuidei ouvir, vocalizada por querubins o

Allons, enfants de la patrie,
Le jour de gloire est arrivé!

"Penso ter visto, ao longe, flâmulas douradas tremulando em festões de rosas orvalhadas... Estou ávido por lhe saber o nome... Dizei-o, amigo!"

– *O quebrar dos grilhões...*

– É simbólico o título... Para qual de nós dois será esse prenúncio de liberdade?

– Talvez para ambos – murmurou profeticamente o Sr. d'Aprémont.

Sem haver uma causa justificada, estavam entristecidos. É que a alma, antes dos grandes cataclismos morais, tem a antevisão do qual vai padecer, e, por uma faculdade mais divina que humana, pressente a sua aproximação, qual marujo adestrado nas lides oceânicas, que, sondando o horizonte, prevê com segurança as mais temerosas borrascas...

Era quase o final de 19... Por essa época, uma notícia alarmante, formidável como um trovão universal – logo após os sanguinolentos sucessos de Sarajevo, em que foram imolados, aos ódios populares, descendentes reais dos

Habsburgos, do Império dual Austro-Húngaro, – ribombou pelo Velho e Novo Continente: às hostilidades da chamada Entente, constituída pelos Impérios Centrais, seguiu-se a invasão da Bélgica pelos teutos, com o fim de esmagar a França, a execrada adversária de muitos séculos, que chorava em surdina, havia muito, a perda de dois pedaços do seu coração duplamente apunhalado – a Alsácia e a Lorena.
– Em pouco tempo os acontecimentos se precipitaram. Algumas regiões belgas, como as de Liège, Mons, depois as flamengas, foram taladas.

Houve um êxodo para os territórios ainda não conflagrados, das famílias belgas que, sem olhar para trás, como Loth e suas filhas fugindo de Gomorra incendiada, aterrorizadas, abandonaram os lares até então fartos e ditosos, que jamais veriam, para se lançarem à sorte adversa, pelas estradas e aldeias abandonadas, sem recursos pecuniários, sem conforto, pés sangrantes, alma em luto, levando na retina os sítios amados onde nasceram, calcados pelas legiões aguerridas, impiedosas, como que possuídas de ódio tigrino pela humanidade inteira, sem atender as lágrimas de mães, lamentos de crianças famintas, às vezes massacradas, desespero de jovens conspurcadas em sua dignidade de virgens... Nos ares planavam dirigíveis rumorosos, como abutres de aço, desovando no Espaço obuses formidáveis, que, caindo nos campos e nos pacíficos núcleos de gentes laboriosas, deixavam-nos ravinados, escavados, solapados, em ruínas, em escombros fumegantes, como se a face da Terra houvesse sido varrida por um ciclone infernal...

Esse estado angustiado da Bélgica e da França, resistindo ao choque dos beligerantes como os antigos Lacedemônios, não era alheio a Yvan e Richard. Repercutiu-lhes fundamente n'alma sensível de esforçados paladinos do Bem. Uma tarde, foram avisados da aproximação dos prussianos.

Os aldeões e camponeses válidos apresentaram-se às autoridades militares em defesa da pátria, e suas famílias precipitaram-se, em algazarra desordenada, para os lugares não flagelados.

Pelas estradas arrastam-se velhos trôpegos, curvados para o solo, ao peso eril do coração que, qual bússola misteriosa, lhes aponta o sepulcro, de que desejam fugir, arrimados aos braços uns dos outros, nessa aliança suprema dos aflitos e desventurados; mulheres espavoridas, tendo os olhos nevoados de pranto, em que há um adeus derradeiro aos lares que abandonaram, para não mais rever, apertam ao colo arfante tenros filhinhos, que choram de temor, de fome e de frio; jovens de ambos os sexos sobraçam trouxas que, então, constituem para eles o único tesouro do universo, porque, em breve, tudo quanto lhes pertencia será transformado em pirâmides de destroços...

No Hospital de Aprémont, aparelhado com todos os requisitos da moderna cirurgia, posto à disposição do Governo para os feridos e já entregue à Cruz Vermelha, apenas alguns enfermos se encontravam. Deixaram de funcionar as escolas do solar. Era a véspera do Natal do Emissário divino. À noite, que se apresentava frígida e trevosa, algumas granadas explodiam nos minaretes do castelo, tentando os prussianos, certamente, destruir-lhes os faróis.

— É uma temeridade conservá-los acesos — objetou Richard, apreensivo.

Apenas alguns velhos fâmulos, sentindo-se sem forças para as viagens extenuantes, ficaram no alcáçar. Yvan ordenou-lhes, com os olhos cintilantes de lágrimas, apagassem os faróis. Suas ordens foram cumpridas. O solar desapareceu embuçado na caligem noturna, que era intensa.

— Eis Aprémont como outrora, murado de trevas! — exclamou ele, dolorosamente, chegando a uma das janelas. Infelizmente existem os inimigos da luz, como há os do Criador dos sóis...

Não se recolheram ao leito, em angustiosa expectativa de prováveis e iminentes reveses.

Jacques Morel, desde a véspera, tinha ido levar a família para longe, prometendo regressar, assim que lhe fosse possível, para junto do fidalgo que o aguardava a todo instante, com ansiedade mesmo.

Chegou o dedicado mordomo, pela calada da noite, pálido e desolado. Ao vê-lo, tomado de momentâneo júbilo, Yvan disse-lhe emocionado:

— Não devias ter vindo, Jacques... no entanto, como te esperava com sofreguidão! Obrigado pelo prazer que me causas nestes instantes inolvidáveis! Servidor fiel... não, amigo extremoso, quero encarregar-te de uma derradeira incumbência; depois, ficarás dispensado do cargo que, há um quarto de século, exerces com zelo inexcedível... Deves retornar para junto dos teus, certamente aflitos com a tua permanência em Aprémont. Vês estas duas malas? Contêm os últimos cabedais dos Aprémont; joias antigas, objetos de arte, cheques, etc., que levarás para um lugar seguro, e, se não mais me vires, saberás o destino que lhe tens a dar... O notário de... acha-se de posse do meu testamento...

— Senhor — retorquiu dignamente Morel —, se pensais em morrer, que vim fazer a estes sítios, senão morrer ao vosso lado?

— Agradecido, Jacques, meu companheiro de infância; bem sei quanto és generoso e bom, conheço bem o nobre coração que possuis, mas, tens família e seria um crime sacrificares tua vida, a não ser pela família unicamente... Guarda, pois, no vestíbulo o que te entrego, como se o fizera a um irmão querido, e, assim que repousares um pouco, parte sem mais detença...

— Senhor, cumprirei as vossas determinações como servo e amigo, indo levar, logo que amanheça, estas malas às autoridades de..., mas, esta noite, não vos abandonarei... Pressagia-me o coração sucessos gravíssimos... Se quiserdes, porém, que eu parta tranquilo, não permaneçais mais neste castelo alvejado pelos aviões prussianos, certamente com o intuito de destruí-lo! Vinde com o Dr. Richard para uma zona menos perigosa. Espera-vos um automóvel aprestado de antemão. Podemos atravessar a fronteira belga antes do amanhecer.

Yvan, depois de ouvi-lo atentamente, voltou-se para Duruy e disse com amargura:

— Ouvistes, amigo, o que disse o bondoso Jacques? Sois livre. Estais dispensado, por enquanto, dos vossos encargos no Hospital d'Aprémont. Eu vos agradeço, sumamente, tudo quanto por mim fizestes, com desvelo inexcedível.

Deus vos galardoará! Podeis seguir o nosso abnegado Morel; eu ficarei, para que se cumpram os desígnios do Alto... pois não ignoro que está quase finda a minha missão terrena – *Cindem os ares as águias de aço!* É o ímã do dever que me prende a esta região... Quero cumpri-lo até o último alento!

Richard replicou, com energia e nobreza:

– Que amigo supondes seja eu? Que vos abandone à hora da adversidade? Vós me tirastes, outrora, dum abismo; quereis que vos deixe no momento em que corre grave risco a vossa vida? Meu destino está ligado ao vosso. Ficarei para prestar os meus serviços aos feridos... É inoportuna a minha retirada do lugar ao qual me cingem deveres imperiosos.

Era o conclave do sacrifício e do devotamento, o daqueles três angustiados seres humanos, nivelados pela mesma dor, capazes do mesmo heroico e austero cumprimento de misteres sacrossantos. Não se entreolharam. Tinham as frontes cabisbaixas, os olhos nublados de pranto.

Subitamente, ergueu-se Yvan, abraçou-os de uma só vez e disse-lhes, com enternecimento:

– Amigos, já que nos dispomos a render a alma ao Criador, esqueçamo-nos das tribulações terrenas que, talvez para nós, estejam a termo: lembremo-nos, unicamente, do Consolador dos aflitos!

Dirigiu-se, com os dois dedicados companheiros, ao lugar onde costumava meditar e orar. Uma artística lâmpada de cristal verde oscilava, pendente do teto em dourada corrente, parecendo um vivo coração de esmeralda tremente, luminoso, que palpitava junto ao deles, iluminando-os, incutindo-lhes lenitivo e esperança.

Fitaram a primorosa tela representando o Cristo prosternado no Jardim das Oliveiras, e o fidalgo murmurou:

– Eis-nos, juntamente com a Bélgica – como Jesus, no Horto de agonias: parece-me até divisar arcanjos aéreos, sustendo taças resplandecentes, repletas de fel, para no-las entregarem... Sorvamos, irmãos, das derradeiras gotas, as amarguras que elas contêm... pois talvez sejam as últimas, e o compassivo Nazareno nos aguarde além, com os braços estendidos para os humildes cultores da Seara celeste...

Prosternaram-se. Estavam absortos em prece ardente, como soem fazer as almas pias nos instantes dolorosos, quando um fragor formidável atroou os ares, ao mesmo tempo que o castelo trepidou até a raiz dos alicerces.

Dir-se-ia que um terremoto universal abalara as entranhas do planeta e que, no lugar onde fora edificado o solar, ia irromper um Strômboli incomensurável e abater toda a crosta terrestre.

– Deus! – exclamou Jacques, assomando a uma das ogivas, num espasmo de terror pelo espetáculo que observara – o castelo está desmoronando e começou a arder... Fujamos!

Um clarão sanguíneo, de cratera ignívoma, iluminou fortemente a caligem que enfeixava o edifício. Os três amigos, tateando a penumbra existente no interior – pois as poucas lâmpadas elétricas conservadas acesas extinguiam-se bruscamente – procuraram uma porta exterior, que atingiram com dificuldade indescritível. Bradaram pelos servos que ainda não haviam abandonado o alcáçar, mas nenhum lhes respondeu, certamente soterrados no entulho da ala direita, completamente destruída. Conduzindo as malas que continham as derradeiras preciosidades dos Aprémont, disse Morel:

– Vou aprestar o automóvel. Deixei-o acolá, supondo pudéssemos passar aqui, incólumes, esta noite... Esperai-me alguns instantes.

– Seja feita a vontade do Onipotente! – disse Yvan. – Partamos, se for permitido por Ele. Vai, Jacques, cuidar do que desejas. Nós te esperamos no Hospital. Obedeço à voz da tua dedicação sem par, a fim de não imolar, por minha causa, duas vidas preciosas – a tua, imprescindível à tua família, e a do Dr. Richard...

Enquanto Morel ia em busca do veículo, Yvan e Richard, de mãos enlaçadas, dirigiam-se ao ponto convencionado.

– Abriguemo-nos lá – disse o castelão ao médico. Os enfermos hão de estar alarmados. Vamos confortá-los com a nossa presença.

Imobilizaram-se ambos, por momentos, a contemplar a secular habitação invadida por torrentes de labaredas sanhudas, como serpentes irritadas, sentindo estuar-lhes no peito os corações magoados, tendo os olhos enxutos, como por efeito de uma flama interior que lhes secasse o pranto.

Depois, unidos, trôpegos, com as vestes enegrecidas, iluminados pelos rubros revérberos do incêndio, pareciam dois espectros dolorosos, evadindo-se de um dos ciclos infernais fantasiados do Dante.

– Este solar, muito amado – murmurou Yvan –, era, talvez, o símbolo de nossas iniquidades praticadas em prístinas eras, meu amigo... Ei-lo, agora, como o nosso pretérito, prestes a ser derrocado, calcinado, e, assim, como os nossos delitos, demolidos pelas labaredas redentoras do sofrimento, da contrição, dos mais austeros deveres cumpridos, não tardará a desaparecer na voragem vertiginosa do tempo...

Richard, comprimindo-lhe mais a destra gelada, atuando-o pela primeira vez, disse gravemente:

– Yvan, meu amigo, segreda-me o coração que a nossa existência terrena atinge o momento supremo; por isso, já que lembraste o passado sombrio, eu te confesso o que há muito devia ter revelado, mas me faltou o ânimo preciso para o fazer: a primeira vez que vim a Aprémont, foi com o fito de te tirar a vida... e tu salvaste a minha! Há muito me fere a alma este atroz remorso; chegou o instante bendito de rogar o teu perdão, para poder morrer tranquilo...

– Cala-te, meu irmão, não te mortifiques mais pelo que já foi consumado e dignamente remido, em anos de devotamento! Suspeitei o que acabas de confessar; mas, nunca te odiei por esse assomo de loucura; abençoei, antes, a ideia que tiveste, pois julgo foi o próprio eterno quem te inspirou vires aqui, para nos reconciliarmos, transformando-se, desde então, a nossa mútua animosidade em perpétuo e indissolúvel amor fraterno...

Há muito, Richard, estás perdoado...

Nesse instante um obus, atirado como que do Espaço ou de um abismo negro emborcado no solo, explodiu junto aos dois amigos, alcançados mortalmente por diversos estilhaços.

Dois gritos lancinantes repercutiram nas muralhas exteriores do castelo, fazendo vibrar fortemente os ares,

proferidos pelos fugitivos que, ainda de mãos ligadas, caíram pesadamente de bruços, como que osculando a terra antes de serem, por todo o sempre, confundidos no seu seio. Mais parecendo um lamento angustioso, um gemido de agonizante do que voz articulada, os moribundos ainda dialogaram debilmente, pela derradeira vez, naquela profícua e dolorosa existência:
– Yvan...
– Richard... foste ferido?
– Sim...
– Também eu... Vou morrer... meu irmão...
– Pensemos... em De...

Calaram-se, estertorando, mutilados, confundidos os sangues, como dois arroios que, depois de percorrerem extensos álveos, unissem suas águas por todo o sempre.

Quando, uma hora após, Jacques surgiu guiando um automóvel e bateu à porta do Hospital, ninguém lhe dera notícias do fidalgo e do médico.

Morel, com mais oito asilados no estabelecimento pio, foi à procura de ambos. Meio alucinado, começou a fazer pesquisas para encontrar os desaparecidos. Não longe do solar, numa pequena depressão do solo, ao fulgor do incêndio que o devorava, fazendo desprender-se dos escombros um bulcão rubro, que parecia ameaçar o próprio Firmamento enlutado, viu estendidos ao lado um do outro, já inteiriçados, os cadáveres de Yvan e Richard. Grande desespero apoderou-se de Morel quebrantando-lhe todas as energias. Caiu genuflexo, estorcendo-se em convulsões de dor moral, como se fora pungido por áspides de fogo; depois, soluçante, braços erguidos ao céu, que se diria incendiado como o alcáçar, clamou justiça ao supremo Juiz universal.

Eflúvios magnéticos, suavíssimos, desprendidos pelas mais impolutas entidades que, invisíveis, esvoaçavam naquelas cercanias, saturando-lhe a alma desolada, penetraram-lhe no coração, ouvindo não longe o cerrado tiroteio dos atacantes e defensores da aldeia de..., disse, consternado:

— Não os deixemos insepultos até amanhã, camaradas: a morte anda a nossa espreita... Quem sabe se ao amanhecer não nos será mais permitido levá-los ao sepulcro? Estão irremediavelmente mortos e mutilados, os nossos queridos benfeitores! Vamos prestar-lhes nossa humilde e derradeira homenagem, levando-os, nós mesmos, às suas campas no cemitério d'Aprémont. Irei, depois, entregar às autoridades de... as malas em meu poder e relatar-lhes o ocorrido. Apressemo-nos, camaradas e amigos!

Foram buscar duas padiolas, nelas depuseram os cadáveres cobertos por alvos sudários, e afastaram-se do tétrico lugar em que os encontraram, deixando o castelo — que se lhes afigurava um carcinoma de chamas ulcerando as trevas — em direção à necrópole dos Aprémont. Seguiam pela estrada — deserta e caliginosa para os galés da carne — conduzindo os venerados despojos de Yvan e Richard, calados e lacrimosos como Lacoonte petrificada em sua dor imensa, mal distintos os vultos sombrios no crepe da noite; mas, quem os seguisse com a vista espiritual, veria acompanhá-los numeroso e seleto cortejo de entidades extraterrenas, belas e fluídicas, com roupagens de escumilha prateada, imersas em névoa luminosa que transformara em Via-Láctea o caminho em que deslizavam docemente, tendo a encimar-lhes as frontes pulcras ondulações radiosas que ascendiam ao Firmamento, em busca do Inefável.

Empunhavam e tangiam instrumentos musicais desconhecidos neste orbe, a cujas sonoridades incomparáveis juntavam, em uníssono, preces pelos recém-desencarnados, e essas imprecações eram cintilantes como estames de estrelas, suave e harmoniosa como soem ser os sons dessas harpas celestes, dedilhadas nos recitais divinos – por almas evoluídas e cinzeladas pela dor – e que, qual nevoeiro lúcido, demandavam o Espaço. Alguns daqueles seres helênicos, de clâmides flutuantes, níveas como brumas alpinas, os que mais amaram os dois campeões do Bem, acima das lúgubres padiolas formavam graciosa guirlanda, com as mãos agrilhoadas, umas nas outras, por grinaldas refulgentes de ciclâmens dourados e argênteos, dos quais pendia, horizontalmente, longa faixa azul, como que cortada do próprio céu em tarde venusina de primavera, com esta legenda em caracteres diamantinos: *Hosana aos redimidos! – Glória aos heróis espirituais!* – e, incessantemente, sobre os dois corpos hirtos, tombavam e se desfaziam, logo, pétalas de luz.

Deixemo-los, em direção ao Campo Santo de Aprémont e voltemos ao momento em que os dois amigos foram mutilados por estilhaços de balas mortíferas. Quando seus corpos foram atirados ao chão – colando os lábios àquela terra em que, havia séculos, praticaram iniquidades nefárias e depois tornaram afortunada – através de suas roupagens negras, duas formas alvinitentes, duas efígies de névoas, com laivos radiosos, a princípio indistintas, dilatadas, diluídas; depois coesas e primorosas, exteriorizaram-se da matéria; ficaram, por segundos, imóveis, levitando, a pouca distância do solo, ligadas aos despojos perecíveis por liames fluídicos; logo após, amparadas por braços tutelares, começaram a sulcar docemente os ares.

Antes de serem arrebatadas àquelas paragens, ao redor dos invólucros carnais com membros quase decepados, havia uma legião de formosas entidades, cujas irradiações de diversos cambiantes – mesclavam-se formando imenso e policrômico arco-íris móvel, que se estendia pela estrada em fora. Ali se achavam os Espíritos radiantes de muitos afeiçoados – parentes, protetores e beneficiados – que haviam confortado os recém-desmaterializados em horas de tormentos morais, norteando-os para a Perfeição, para o Altíssimo, e, enquanto alguns singravam a amplidão cerúlea, conduzindo duas estátuas alvinitentes, os outros desfilavam como alabardeiros reais ao longo do caminho em que levavam as funéreas macas, prestando, assim, aos luminares d'Aprémont, sinceras, comovedoras e afetuosas homenagens.

Um torpor invencível amorteceu todas as potências psíquicas de Yvan e Richard, a fim de que repousassem profundamente, após as refregas terrenas por que passaram. Sob eles, assim em letargia anímica, sulcando o Espaço com duas galeras de neblina lúcida, já haviam desaparecido a Bélgica, a França, a Mancha; e os seus condutores, bruscamente, detiveram-se à altura da Ilha de... E, como se lhes tivesse faltado o equilíbrio, baixaram sutilmente sobre ela, formando a sua trajetória uma perfeita vertical.

Aquelas inertes e níveas estátuas – plasmadas pelo sumo Escultor – foram então depositadas ao lado uma da outra, num pequeno plano existente no topo de gigantesca serrania – como primeiro patamar dos que ascendem ao Infinito – banhada pelo Atlântico, e assim permaneceram longas horas, parecendo eternamente desmaiados. Velavam-nos siderais de excelsa formosura: os mentores dos que haviam regressado ao mundo, os genitores de Richard, Arlette, Jorge Duplat, que por ambos faziam férvidas orações. Alguns dias já haviam decorrido, depois que ali se achavam, como alvinitentes águias reais alcandoradas em degrau de pétrea escada nevoenta – que parecia mergulhar no próprio Firmamento esfacelado, deixando cair fragmentos à Terra inundada de farrapos sutilíssimos, da gaze divina – ensaiando o surto para a amplidão celeste. Subitamente, como se só então seus puros e melodiosos pensamentos houvessem atingido as esferas superiores, e de lá volvessem metamorfoseados em dulcíssima cavatina executada, veladamente, em cítaras, harpas e violinos mágicos, por *virtuosi* astrais, fizeram com que os dois alvos e inanimados corpos se movessem, agitassem as primorosas mãos, as frontes radiosas de estelar fulguração.

Todas aquelas impolutas entidades, exceto uma, desferiram voos às amplitudes cerúleas, em revoada de rolas mansas, deixando-os libertos da amnésia em que providencialmente haviam sido mergulhados, ficando entregues aos desvelos de um emissário do Criador.

II

Richard e Yvan aprumaram-se naquele titânico dorso de mamute pétreo, inebriados com as maviosidades que, em cataratas luminosas, cintavam o Firmamento – pérola infinita, translúcida e suave, em cuja concavidade parecia ter o Criador engastado a Terra e todos os astros – já pincelado de nácar por um Apeles celeste, que esboçava na tela do Levante o rosicler de incomparável alvorada, para expô-la no *Salon* divino...

Uma frescura de lilases orvalhados pairava no ambiente semivelado de brumas.

– Onde estou? – disseram simultaneamente.

Fitaram-se, atônitos, custando reconhecerem-se, pois apresentavam um donaire e formosura surpreendentes.

Eram dois entes fluídicos, de contextura de gaze tenuíssima e diáfana, aos quais não faltava um colorido de sangue eterizado, o contraste de uma coma escura com reflexos áureos, aveludada e sutil, o fulgor dos olhos límpidos e diamantinos, tendo os corpos esculturais achegados a uma clâmide vaporosa, de escumilha com tonalidades róseas.

– És tu, Richard, irmão querido? – inquiriu Yvan extasiado pelo aspecto de Duruy. Como estás belo!

– Belo, eu, Yvan? – retorquiu o outro, passando a mão pelo rosto, desejoso de verificar o que lhe dissera o amigo. Será concebível tão grande ventura?

"Não estás iludido, Yvan? Eu, que sempre admirei e invejei a tua beleza peregrina, rival de Apolo, relutei em reconhecer-te, pois nunca te vi tão formoso quanto agora... Estás quintessenciado, deslumbrante..."

– ...qual também te vejo! – atalhou Yvan.

Essa metamorfose que ora notamos em nosso aspecto, Richard, denota que já transpusemos as lindes da Eternidade... Vamos, pois, elevar o pensamento ao Onipotente, que, talvez dentro em pouco, nos vá julgar, como Magistrado clemente e justo...

– Espera, amigo, um segundo apenas... Dize-me: onde nos achamos? Que lugar é este? Parece-me que o reconheço...

– Também penso que já o *vi*, mas devemos estar iludidos: julgo que não estamos distantes do céu...

Esta sinfonia aérea, vibrada no éter, que nos enleva, semelhante à derradeira que me inspiraram – O *quebrar dos grilhões* – não é mais da Terra, Richard...

Dois braços radiosos enlaçaram-nos num só amplexo, e uma voz grave e melodiosa lhes disse:

– Despertastes, amados filhos, de uma das mais fecundas e abençoadas de vossas encarnações planetárias. Regozijemo-nos santamente. Antes de vos dar os esclarecimentos que almejais, unamos a estas sonatas siderais, a estas maviosas vibrações, as do nosso pensamento reconhecido à magnanimidade do Pai celestial.

Sejam esses primeiros acordes de vossas almas, que acabam de romper os grilhões terrenos, dirigidos exclusivamente ao Criador do universo, tributando-lhe eterno preito de gratidão, comprometendo-vos a continuar a amá-lo e servi-lo como súditos dedicados, que já o sois há muito.

Os rouxinóis, quando despertam nas florestas róridas, gorjeiam hinos que os homens, não afeitos à espiritualidade, ainda não compreenderam: são preces consagradas à suprema Harmonia... Imitemo-los, pois, agora que penetrastes novamente na selva espiritual, despertados do efialta da vida orgânica!

– Quero, também, agradecer ao Altíssimo – disse Yvan – a ventura de me ter conservado unido a Richard, meu consócio de lutas e alegrias por mais de um quartel de século, ao transpor as fronteiras do Além...

Enternecido, Richard tocou a destra de Yvan, depois de a ter osculado. Voltaram-se os três para o Oriente, onde havia uma ideal floração de crisântemos de ouro e nácar, com os braços alçados e, por instantes, seus espíritos fremiram, deixando deles evolar-se uma prece veemente, que se tornara em melodia dulcíssima, ascendendo às alturas luminosas, confundindo-se nas maviosas sonoridades que de lá rolavam constantemente.

Ao terminarem, sentindo-se ungidos de inefável prazer psíquico, também cessara a música sideral. A entidade que abraçara os dois libertos da matéria, postou-se à frente de ambos e interrogou-os:

– Não me reconheceis, filhos bem-amados?

Fitava-os carinhosamente, assim falando, braços cruzados ao peito fulgurante, onde parecia pulsar um vivo coração de luz. Era de uma beleza e majestade excepcionais, mas, inopinadamente, ao poder da volição prodigiosa – que é um dos atributos dos seres superiores – houve uma brusca transição da luz para a penumbra, uma verdadeira mutação em todo aquele ente fúlgido, extinguira-se toda a radiosidade interior que lhe irradiava a fronte ampla; as vestes níveas tornaram-se negras e longas, surgindo, da primitiva, uma figura apagada, macilenta e esquálida, que nenhuma semelhança tinha com a eclipsada.

– Deus! – exclamaram os dois, caindo genuflexos. Deixai-nos oscular vossas mãos veneradas... Não sois vós... o abade Francisco?

– Sim, vosso mestre e protetor, de muitos séculos; aquele que, na obscura existência que recordais, desejava guiar-vos para o Bem, mas que, infelizmente, não conseguiu, senão em parte, realizar o almejado *desideratum*; no entanto, não foram baldados os meus esforços, abençoados pelo Sempiterno: vossos Espíritos, qual solo fértil arroteado pela charrua das provações e semeado de proveitosos conselhos, abrolharam em farta seara de virtudes e atos beneméritos. Exulto, agora, porque vos vejo redimidos, perpetuamente coligados, em marcha vitoriosa para a suma Perfeição – Deus! – que, doravante, ligará no elo diamantino do seu amor e da sua bênção as vossas almas e os vossos destinos, por todo o sempre! Diletos filhos, que esplêndido triunfo obtivestes! Como estou jubiloso, como bendigo todo o meu labor de milênios, em prol do vosso aprimoramento psíquico! Ouvi-me, queridos discípulos...

Tornou-se novamente luminoso, e, apontando o local em que permaneciam, prosseguiu:

– Não vos lembrais desta rocha, inolvidável para ambos? Não? É porque ainda se acha velada pelo sendal das névoas matinais... Estamos na Ilha de... cujas penosas reminiscências fizeram, uma vez, Richard desfalecer nos braços do seu último genitor, o probo Gastão Duruy... Mais acerbas, porém, são as de Yvan... Estremeceis? Ouvi-me. Rememoremos os tempos idos. Podeis fazê-lo quando vos aprouver, vibrando os átomos imponderáveis de que se compõem os vossos corpos astrais, por meio do dínamo incomparável da volição, nos quais se acham fotografados, indelevelmente, todos os sucessos, registradas todas as ações, boas e nocivas, encerrados todos os pensamentos de vossos inúmeros avatares. Eu vos auxiliarei nessa romaria retrospectiva, para vos facilitar a ressurreição de remotas existências, a fim de que melhor compreensão tenhais da integridade da Têmis divina...

Voltando-se para Yvan:

— Filho querido, discípulo atento, que, na última encarnação ouviste todos os alvitres e os puseste em cabal execução, tão nítida, em tua mente, é a percepção do teu longo passado – de crimes assombrosos e de abnegações santificantes – desvendado por mim e por teus guias psíquicos, naquele sonho-revelação de que te recordas ainda claramente, bem como Richard, a quem o narraste, que eu me eximo de to reproduzir neste momento. Vais revê-lo, contudo, em breve, juntamente com o teu estremecido companheiro, pois o pretérito de ambos se acha quase todo em comum, conjugado indissoluvelmente, forma um só filme emocionante em que sois, sempre, os protagonistas constantes; agora, apenas esclareço as conclusões positivas que não pudeste tirar – a afeição intensa que dedicaste a algumas criaturas, mormente a uma que, neste instante, inconsolável, chora sentidamente o teu passamento, vertendo lágrimas de saudade incoercível... Faze um esforço... Assim. Concentra as potências anímicas, profundamente. Lembras-te da Rússia, de quando eras Pedro Ivanovitch, infortunado e delinquente, e quando, numa das quadras mais angustiosas da tua vida, te acolheste à choupana de teu irmão Frederico?

– Ai! sim... vejo-me fugitivo sobre as estepes glaciais... – murmurou penosamente Yvan, como se estivesse rememorando um íncubo torturante. Havia cometido um homicídio... Resvalara num abismo... Achava-me só, desgraçado, quando me estendeu a mão protetora esse amigo a que vos referistes!

– Sim, havias assassinado André Peterhoff, adversário crudelíssimo que, na revelação que tiveste certa noite em Aprémont, viste com um elmo sangrento, seguido de outro Espírito vingador, o de seu pai, que, rebelde e implacável, ainda te detesta. Queres saber quem foi André, em ulterior encarnação? Richard Duruy, a quem, agora, amas eternamente! Compreendeis, pois, a origem da aversão que um nutria pelo outro, quando vos encontrastes em casa de Arlete – outrora o pomo de discórdia, mais tarde o elo estelar que vinculou, indestrutivelmente, os vossos destinos? Tínheis, tu e ele, no recôndito d'alma, lembranças latentes das atrocidades reciprocamente permutadas. Cúmplices de crimes abomináveis, rivais poderosos e ímpios, cevastes, por tempo longuíssimo, em vosso âmago, as víboras do ódio e da vingança, que, felizmente, estão calcinadas na pira do dever, da virtude e do sacrifício... Desvendo hoje todos esses arcanos do vosso tétrico passado, porque não receio mais ressurgidas essas animosidades, porque já reparastes as ignomínias que entenebreciam vossos Espíritos, há muito acrisolados pelo labor, pelo perdão, pelo sofrer...

Houve uma pausa. Depois de curto silêncio, a divagar o olhar pela vastidão do oceano, a majestosa entidade fixou o rosto pulcro de Yvan e prosseguiu:

— Eras, na época a que me refiro, infortunado mujique, temeroso das bárbaras leis moscovitas, quando Frederico, compadecido dos teus infortúnios, te abriu os braços generosos, abrigando-te em sua humilde, mas tranquila cabana, até que pudesses partir para a França, onde te casaste com Catarina Smith, a extremosa genitora de Sônia e Richard...

— Como recompensá-lo, mestre amado? Dizei-me o seu nome!

— Já o fizeste, filho; esse irmão querido que te amparou em momentos aflitivos, é o dedicado amigo que se chama Jacques Morel...

— Jacques Morel? Não me surpreende o que dizeis, mestre amado, pois sempre o considerei irmão estremecido! Quero, agora, dar-lhe lenitivo à saudade, reafirmar-lhe a minha grande afeição, a minha imortalidade, para que em sua alma surja a esperança de nos encontrarmos futuramente!

— Fa-lo-ás, quando daqui partirmos. Ouve-me primeiramente, dileto filho! Indenizaste-lhe, generosamente, o teu débito de gratidão.

"Continuarás a amá-lo e a inspirar-lhe elevados ideais...

"Como expiaste aquele assassínio e todas as iniquidades praticadas quando eras senhor feudal, dizem-no estes penhascos e outros lugares terrenos. Aqui, esta região insular – coração de granito, que resiste aos arremessos das vagas rumorosas como o ser humano, enrijado pela fé, resiste aos embates das paixões degradantes, em que sofreste acerbamente, remindo culpas monstruosas – é um dos teus Gólgotas redentores, onde, em horas de padecer tremendo, perdoaste adversários espirituais que te perseguiam inexoravelmente, em bárbara vindita; aqui adquiriste méritos valiosos, hauriste forças para o desempenho da missão excelsa, que consumaste há pouco, e na qual triunfaste de todas as provas aspérrimas que te foram impostas sabiamente pelo Código celeste, para serem aquilatadas tuas energias e coragem morais... Foi aqui que teu Espírito resgatou crimes execrandos. Ressarciste muitos flagícios; passaste pelo tormento da fome que infligiste, em remotas eras, a centenas de criaturas humanas, imoladas ao teu despotismo e à tua tirania. Foi aqui que Richard – então André Peterhoff – contrito, exausto da vingança que exerceu contra ti, apiedado de tuas angústias – depois de ter delas escarnecido atrozmente – quando proferiste palavras de perdão por teus inimigos, aquiesceu a que sua vida fosse conjugada à tua, a fim de vos reconciliardes mutuamente. Agora que um afeto ilibado escuda as vossas almas contra as investidas de vis sentimentos, afeto esse inabalável, diamantino, que desafia milênios, é grato recordar os evos transcorridos, vossas lutas, vossas quedas, vossas conquistas psíquicas, vossos surtos para Deus; e aqui é um local propício para fazê-lo, não longe de um ente igualmente adorado por ambos – Sônia Duplat – filha e irmã, um dos liames tecidos pelo destino para jungir vossas almas. Eis elucidada a afinidade que ela e tu, Yvan, sentiste reciprocamente, quando vos encontrastes no solar d'Aprémont, sob o mesmo teto: elos sagrados, de amor filial e paterno, prendem um ao outro, vossos Espíritos evoluídos. Antes de nos ausentarmos destes rochedos inesquecíveis, a fim de empreendermos valiosas e instrutivas peregrinações em orbes radiosos, iremos vê-la, já com a fronte aureolada pelos lírios de prata, que desabrocham aos prelúdios do inverno da vida – mas sempre amada pelo esposo, encastelada no seu longo sonho de ventura, que parecia eternizar-se na Terra, onde tudo é falaz, mas já foi turbado pela notícia do vosso trágico passamento transmitida por Morel – abalado pelo ciclone de dor que ameaça devastar todos os recantos do Velho e Novo Continente – a conflagração européia, onde são desfolhadas todas as esperanças dos pais, das noivas, das esposas, esmagados os corações maternos, ceifada a juventude mundial... Pierre Duplat está no *front* da França heróica e flagelada, e o coração de Sônia desfaz-se em prantos de angústia..."

Depois, dirigindo-se a Richard:

– Filho querido – que o foste, bem como Yvan, em remota época, desde a qual me fiz vosso satélite, ora encarnado, ora como guia espiritual, amparando-vos e esforçando-me por encaminhar-vos a Deus – tiveste intuição do que foste antigamente, mas urge esclarecer-te o que, sempre, muito te preocupou a mente; o que constituiu penosa expiação para a tua alma de esteta, sedenta do belo e da harmonia das formas impecáveis: o desprovimento de atrativos físicos, o teu aspecto patibular, que a ti mesmo causava repulsa, e a falta de carícias de que andou sempre ávido e insaciado o teu coração, para que conheças a inteireza da Justiça divina.

"Recorda, filho amado, o que já foste... Vamos! Sondar o teu passado é revolver a cinza e as ruínas das grandes *urbs* de antanho, antros dourados de devassidão e crimes inolvidáveis, hoje reduzidos a escombros e a pó – Sodoma, Nínive, Tiro, Laudiceia, Babilônia – onde reinaste ora como déspota, ora como arrojado conquistador, impudico e cruel...

"Eras de formosura olímpica e inconfundível, como a que caracterizava os filhos da Hélade, e tu, envaidecido e orgulhoso, dela te prevalecias para inquietar os corações ingênuos e castos, seduzindo-os torpemente, para logo após abandonar as vítimas... Levaste, assim, a ignomínia e o opróbrio a muitos lares até então ditosos e honrados; desviaste da senda imácula do dever donzelas e casadas, fascinadas por tua beleza nefasta, e, quando algumas delas, tentando enternecer-te, te apresentava o fruto dos teus amores espúrios – um pequeno ser, lindo e inocente, que sorria estendendo-te os róseos bracinhos – tu o repelias enfadado e zombeteiro, sem um afago, sem um olhar compassivo; repudiavas, assim, os teus desventurados descendentes – que, às vezes, pereciam ao desamparo – e as míseras decaídas, as que muito te amavam e se desvirtuaram, sacrificando por ti a felicidade e a reputação...

"Eras, pois, um sedutor perverso, desumano, vaidoso, jactancioso, que, qual Saturno, seria capaz de devorar os próprios filhos...

"Resvalaste ao sorvedouro das iniquidades em muitas danosas existências votadas ao mal; motejavas da dor, física ou moral; gargalhavas à face da morte e do pranto; teu coração ficou empedernido, a tal ponto que, vassalo dos tetrarcas da Galileia corrupta, escolheste o ofício execrável de verdugo...

"Foste o algoz cruel – sempre de cutelo em punho, ou ao pé dos patíbulos e pelourinhos – o carrasco insensível de centenas de criaturas humanas, das quais arrancavas a vida sem emoção, friamente, indiferentemente, como um canteiro a britar pedras; presenciavas, sem uma lágrima, agonias dolorosas; ouvias, a sorrir, lamentos e estertores... Viste muitas cabeças decepadas rolarem ao chão num ríctus de sofrimento, e rias-te dos seus esgares horripilantes, das suas macabras contrações faciais...

"Foste um dos desumanos e mais temidos asseclas do sanguinário Herodes... Choras, filho estremecido? Benditas lágrimas as tuas, as de um redimido, que contrastam com a tua insensibilidade de outrora: elas, como um Jordão divino, purificaram-te o Espírito, tornando-o alvo como o arminho da consciência de Jesus!... Não te torturo com essas recordações atrozes senão para te mostrar a retidão das Leis Celestiais... Cessa, pois, esse pranto, filho querido! Ele, como linfa hialina, já se derivou, abundante, da rocha de tua alma, tornando-a branda como a cera, nívea e perfumada como a açucena do valado; desfez todas as negras máculas que a ensombravam como um eclipse total...

"Ouve-me, agora, com ânimo sereno e forte...

"Foste um dos mais bárbaros e perversos carrascos da Palestina, e, quando o fero e ignóbil Herodes, suspeitando e temendo a vinda do Messias, decretou a degolação dos inocentes da Judeia, executaste, jubiloso, as suas desumanas ordens... Foste, assim, o assassino de indefesas criancinhas; ouviste, impassível, os clamores lancinantes das mães enlouquecidas de desespero e dor, as quais achegavam ao seio os mimosos e assustados filhinhos, que arrancavas de braços amorosos para massacrar, fazendo que rolassem ao solo formosas e louras cabecinhas ensanguentadas... Horror! Esse atentado às Leis divinas e sociais, esse crime abominável foi, no transcurso de todas as eras, o mais repugnante e hediondo dos cometidos neste planeta!

"Desde então, Richard, aqueles rugidos de delírio e sofrimento, vingança e maldição das mães dos pequeninos degolados, impregnaram-se em teus ouvidos... não, em tua própria consciência tenebrosa, como não abandonam a concha os rumores do oceano... Tantos delitos assombrosos bradavam aos céus. Bastava de iniquidades. As vociferações de tuas vítimas chegaram ao Infinito, ao conhecimento do Sumo Juiz, transformando-se em procelas de dor, que se desencadearam sobre ti... Soou a hora das expiações excruciantes. Odiado, maldito, repelido de todos os lares, morreste como um desgraçado hidrófobo, chagado, sedento, infecto, nauseabundo, e – punido no Espaço, durante séculos, com o isolamento; inconsolado, pungido de remorsos esmagadores, ouvindo ininterruptamente lamentos e increpações de seres invisíveis – quando te reencarnaste, Richard, teu corpo físico tinha o vestígio iniludível dos teus crimes, porque vieste à Terra sentenciado a cumprir um severo mas integérrimo acórdão, emanado do supremo Tribunal divino: tua face pavorosa parecia estar imersa em pó e sangue – o muito sangue que derramaste – era quase sempre congesta e purpurina, com máculas cor do solo da Úmbria; eras horrivelmente zanaga, de olhar torvo e oblíquo como o dos abutres; tua boca – deformada, contraída sardonicamente, fendida no lábio superior, deixando a descoberto dentes pontiagudos, denegridos, mal plantados nas maxilas salientes – não podia beijar, revelava o sacrílego, o blasfemo, o profanador de templos, o infanticida, o ludibriador de donzelas, o escarnecedor de todas as coisas celestes e terrenas; teu nariz era adunco e proeminente como a garra dos falcões, assassinos alados; a barba e bigode ruivos e intonsos como cerdas; cabelos fulvos e revoltos, davam-te uma aparência sinistra de Medusa, semelhavam emaranhadas serpes de fogo concreto, inextinguível; tinhas a cabeça monstruosa, como se fora de um bandido guilhotinado, colada em alvo torso de jaspe, conservando este a sua maravilhosa e primitiva beleza, a que tivera em pregressas e iníquas existências. Eras, enfim – em diversos avatares – qual o disseste certa feita, um produto híbrido, misto de formosura e hediondez, que te desgostava e aterrorizava; parecias a concepção extravagante de um estatuário que houvesse, a golpes de escopro, plasmado num bloco de Paros um corpo de Adônis, e, tendo enlouquecido bruscamente, modelasse a cabeça da obra-prima, fitando o espectro de verdugo enfurecido, ou o rosto convulso de

Gestas estertorando na cruz, no pincaro do Gólgota, ululando sarcasmos e impropérios, odiando a humanidade!

"Viveste obcecado pela própria imagem horripilante, só inspirando aversões e zombarias...

"Aquela execração das mães e das ludibriadas que, intangíveis, te circundavam, acompanhou-te até bem pouco tempo. Tu o compreendias e, quão acerba e longa foi a tua expiação! Percebes, agora, porque te emocionaram, até o mais recôndito d'alma, aquelas carícias das crianças que, após a enfermidade de Yvan, te oscularam candidamente? Era o perdão do Criador que recebias naqueles beijos puros... Estava consumada a tua atroz sentença, que durou mais de um milênio...

– Quero novamente orar ao eterno! – exclamou Richard, ajoelhando-se. Quero agradecer-lhe a sua misericórdia para comigo, réprobo impiedoso e desumano, degolador de imbeles criancinhas!

"Como andei afastado dele e de suas Leis portentosas, de amor e fraternidade!"

– Espera, filho amado, um momento apenas, e terei concluído o meu amistoso libelo; depois, em conjunto, faremos alcandorar os nossos pensamentos ao sólio divino... Ergue-te, Richard! Tu te sentias precito e o eras de fato. Perseguiam-te, no recesso do Espírito, as reminiscências de tuas inúmeras perversidades, dos infanticídios, dos massacres que perpetraste, dos brados de vingança dos que torturaste outrora. Eras um revoltado, um insubmisso às leis humanas e celestes, tentando sufocar os bramidos da consciência com palavras injustas, com blasfêmias e calúnias...

"Viveste execrado e sem amor, por muitos séculos.

"Expiação tremenda! Tântalo de afeições e de meiguices, vivias isolado, cobiçando a ventura alheia! Foste privado da partilha de uma das mais lídimas felicidades terrenas: a que consiste na efusão de dois corações afins, no conúbio de metades de almas que se integram na permuta de afagos e ternuras!

"Tinhas avidez de amor, de beijos, de carícias, e, por toda a parte, tiveste de viver insaciado, isolado, repelido pelas crianças e pelas jovens, das quais te enamoravas loucamente, mas que motejavam do teu físico fenomenal, dos teus sentimentos, do teu próprio padecer...

"Inspiraste raras afeições, sinceras e intensas, durante esse longo e amargurado percurso de tuas existências. Menciono, apenas, por serem dignas de registro, além das dos teus mentores espirituais, a que te consagra um antigo cúmplice – que designarei por Nicolau Peterhoff, adversário secular de Yvan – teu progenitor em diversas encarnações, o qual te idolatra até o delírio, mais que ao Criador do universo; a de teus bondosos pais, Gastão e Catarina Duruy; e a de tua irmã Sônia; a de Yvan, ultimamente, e a minha, Richard, que sobrepuja a de todos, posso dizer-to, sem ofensa à verdade. Muitas vezes essas afeições heterogêneas conflagraram-se, influindo poderosamente no teu destino, pois a de Peterhoff, Espírito impuro e perverso, arrastava-te ao desvario, à vindita, ao sorvedouro dos delitos, e as dos outros – tecidas de sentimentos excelsos e impolutos – tentavam erguer-te do caos em que te conspurcavas, às esferas luminosas. E foram essas, felizmente, as vencedoras! Atormentado pelo desprezo e aversão dos que te cercavam, também odiavas as coletividades; invejavas e perseguias os que se amavam, infamando-os, intrigando-os, separando-os, como o fizeste à mísera Sônia Peterhoff – irmã em precedente existência, e a Pedro Ivanovitch – dos quais te lembras agora e cujas personalidades conheceste depois com os nomes de Arlete e Yvan, teu desvelado amigo, que te norteou para Deus e com o qual estás ligado por laços indissolúveis de amor fraterno, para jamais se apartarem e juntos empreenderem missões de subido valor espiritual.

"Como poderia amar-te a graciosa Arlete, na qualidade de noiva ou esposa, Richard querido? Como, se em sua alma dormitavam recordações atrocíssimas, de quando foi uma de tuas amantes, repudiada e infamada; de quando, irmã desventurada, no momento de se apartar de quem adorava, foi por ti vergastada? Felizmente, agora, o passado está morto. Na atualidade é ela um Espírito acendrado nas pugnas planetárias, está redimido pelo cumprimento de austeros e sacrossantos deveres; já se correspondeu invisivelmente contigo; perdoou-te; ama-te fraternalmente; consagra-te afeto imorredouro.

"Foi ela quem escolheu a breve quão dolorosa missão de servir de ímã, de radioso vínculo entre a tua alma e a de Yvan, que se repeliam como pólos isónomos.

"Ela, teus nobres genitores – os esposos Duruy – Jorge Duplat e outros amigos de ambos, companheiros constantes na *Via Crucis* de muitas encarnações, protegeram-vos, já estiveram a vosso lado, assistindo-vos os derradeiros segundos de vida material, acompanharam vossos despojos ao sepulcro, aqui permaneceram até que se desvanecesse a nebulosidade que precede à desmaterialização ofuscando a mente, e aguardam-vos em mundo de serenidade e ventura, onde ireis enrijar vossas potências psíquicas, inebriar-vos com as artes e o belo superlativos, recebidos carinhosamente por muitos seres formosos, cujas vidas já foram entrelaçadas às vossas.

"Granjeastes méritos incontestáveis nos últimos prélios terrenos. Escolhestes, por intuição de vossos guias, justamente os encargos que mais vos convinham: aliaram-se o médico das almas e o dos organismos enfermos, tendo ensejo de beneficiarem e balsamizarem os sofrimentos dos que haviam infelicitado em transcorridas etapas, férteis em delitos monstruosos...

"É uma das mais elevadas e momentosas profissões humanas, Richard, a que exerceste – a de discípulo de Esculápio. Ser médico é tornar-se taumaturgo – ser apóstolo e santo, acender nos corações bruxuleantes de fé o lampadário da esperança, devotar-se ao Bem, ao alívio dos torturados da matéria. Não o é aquele que, ao transpor a soleira de uma habitação, antes de se apiedar dos gemidos do enfermo, cogita do modo de ser prestamente indenizado, faz reparos nos móveis e ornatos domésticos, a fim de previamente saber se poderá ou não locupletar-se com exagerados proventos; não o é aquele que examina e opera um organismo contaminado pelo *vírus* de qualquer moléstia, com o gelo da insensibilidade no coração ganancioso e empedernido...

"É, porém, aquele que se curva, compassivamente, para o leito de dor, com o nobre interesse de mitigar um padecer, salvar um ente adorado – tenha este a neve da senectude na fronte ou o ouro da infância na graciosa cabecinha. Médico é quem mergulha a alma no Empíreo, ao auscultar um coração agitado ou prestes a paralisar, atraindo eflúvios salutares para os ulcerados, os entebrecidos, os definhados...

"Tu, Richard querido, foste um médico sacerdote, consoante a vontade do teu generoso genitor. Nunca cifraste tua solicitude pelo ouro dos enfermos, mas pela compaixão dos padecimentos humanos. Por meio dessa profissão bendita é que adquiriste merecimentos inconcussos, fizeste jus à redenção espiritual. Quantas vezes tiveste os olhos nublados de pranto, ao assistires, impotente, uma agonia, ou quando, exultante, preservaste da morte um ente idolatrado, restituindo a calma e a ventura a um lar desolado! Quantas criaturas, que infortunaste e sacrificaste outrora, foram, depois, zelosamente tratadas por ti, salvando vidas que, antigamente, aniquilaste com requintes de ferocidade! Reparaste, assim, muitas atrocidades de pretéritas existências; alcançaste o perdão divino por meio do apostolado que exerceste com o pensamento no Céu e não nos tesouros terrestres.

"A missão do teu consórcio, Yvan, não é mister que eu a enalteça; tu a conheces de sobejo e a consideras valiosíssima: o antigo tirano feudal transformou-se em humilde Vicente de Paulo; servo submisso do Onipotente, infatigável campeão do Bem, deixou, em Aprémont, um sulco estelar, cristalizado nas almas dos favorecidos por uma filantropia inigualável. Quem vos esquecerá, filhos meus, naquele recanto da Bélgica, onde fostes a consolação, o arrimo, a providência dos desventurados? Ninguém, por certo. Richard era o complemento de Yvan. O nome de um está ligado ao outro, indestrutivelmente. Um era a luz; outro, a lâmpada: integravam-se na realização do mesmo grandioso objetivo, de arcanjos terrenos, que custodiavam, amparavam, abrigavam sob as asas espalmadas todos os desditosos de Aprémont.

"A memória de ambos há de perdurar, envolta em luminosidades, no coração dos reconhecidos; será bendita, perenemente, quanto foi amaldiçoada noutros tempos. Para vós não havia intempéries, noite, neve, procelas; eram bússolas a nortear-vos os Espíritos compassivos – os gemidos e sofrimentos dos semelhantes, que vos atraíam como encantados ímãs.

"Padecestes, no entanto, intensamente, fundos pesares, acerbos desenganos, calúnias, ingratidões, injustiças; mas, nada quebrantava o vosso ânimo varonil, não esmorecíeis nos instantes angustiosos. É que compreendíeis, lucidamente, o alcance remissor da adversidade.

"Sabeis, por intuição dos vossos mentores anímicos, o valor das expiações nobremente suportadas.

A dor, como a crisálida nauseante, cria asas de luz, de suavidade etérea, e alça à amplidão sidérea as almas quintessenciadas por ela... Cada tribulação, cada pena dignamente suportada, é um cheque sacado sobre o patrimônio divino, pagável somente aos seres enriquecidos nas jazidas inesgotáveis do dever e do altruísmo. Então, capital e juros acumulados, em séculos de tormentos e sacrifícios, tornam-se tesouros incalculáveis, assombrosos, e o sofrimento – a moeda cintilante com que se adquire o ingresso nos édens da Criação – que parecia eterno, transmuda-se em gozo eterno! Exultai, amados filhos! Entesourastes lágrimas, pérolas do sentimento, mais valiosas que as de Ofir. Emprestastes ao Miliardário supremo, pois muito destes aos desgraçados: vosso divino Banqueiro pagar-vos-á em dobro o que vos deve...

"Sois milionários do Espaço – enriqueceu-vos a virtude... Findaram-se, para vós, as provas planetárias. Sereis, agora, acolhidos festivamente em mundos bonançosos de paz e ventura, pelas quais, há muito ansiáveis: vossas justas aspirações vão ser satisfeitas cabalmente. Aqui, na Terra, orbe de trevas, as notícias sensacionais são constituídas pelos infortúnios ou escândalos mundiais; além, onde existe a solidariedade e os sóis, onde não há mais ódios nem rivalidades, as novas mais gratas a seus formosos habitantes são as que relatam a chegada dos Espíritos redimidos, os vencedores de árduas pugnas, os generais invictos de milhares de batalhas obscuras, travadas no recesso dos lares humildes e dos corações angustiados, tornando-os aptos para o início de outras campanhas mais gloriosas.

"Já sois esperados e, em breve, sereis festivamente recebidos numa dessas mansões resplandecentes, que constituem maravilhas à visão dos míseros entes planetários.

"Não ignoram eles, também, os infaustos sucessos mundiais; os emissários divinos e as entidades siderais estão a par de todos os fatos do universo, e por isso deploram, neste momento, a luta fratricida que devasta e enluta o Velho Mundo, aguardando, com avidez, o seu término, como anseiam, com regozijo, pelo vosso ingresso em um dos globos felizes do cosmos. Tivestes desejos irrealizáveis, cujo fracasso vos causara mágoas e decepções. Deus, porém, não estanca jamais, nas almas, as fontes inesgotáveis das aspirações de felicidade e paz – que as tem todo mortal – e, tornando-as inexequíveis na Terra, incita as criaturas a atingi-las alhures, nos arquipélagos de estrelas, e esses almejos incontentados é que fazem renascer a esperança, o desejo de progredir, de satisfazer anelos e ideais queridos, que os vão levando de etapa em etapa à perfeição, para, depois, transportá-las, lucificadas, ao zimbório constelado!

"Ide realizá-las, agora que conquistastes imorredouros e fulgurantes lauréis.

"Vereis, depois do triunfo espiritual que obtivestes, como foram justas as sentenças que vos condenaram a pugentíssimas expiações; aprendereis a abençoar as vossas lágrimas, as vossas desilusões, as procelas d'alma, que se transformam em perene bonança. Não está, porém, consumada a vossa missão terrena; vamos, coesos, laborar com afinco para conseguir a regeneração do implacável Nicolau Peterhoff, aquele que, a bordo de um navio francês, tentou apunhalar Sônia Doufour, filha do desditoso Pierre, hoje o abnegado Yvan; foi ele, Nicolau, quem, já desencarnado, te incitou a ires a Aprémont cometer um homicídio, a realizar uma vindita há muito planejada. Todo o nosso empenho deve convergir para a execução desse desiderato.

Congregados, agora, ao Criador de todos os portentos do universo, aqui nestes penhascos onde há a "Fonte das Lágrimas", onde muito sofrestes, e onde, pela revelação de muitos agravos, vossos Espíritos assentiram em se ligarem por toda a eternidade, ergamos, como hóstias de luz, nossos pensamentos ao Senhor, agradecendo-lhe todos os benefícios recebidos por nossas almas, que eram de grilhetas planetários e já alcançaram a redenção definitiva. Antes, porém, permiti que novamente oscule vossas frontes de redimidos, de paladinos vitoriosos na Santa Cruzada do Bem! Uni-vos, também, num estreito, sincero e fraterno amplexo, agora que não ignorais quem sois e quem fostes, celebrando, intimamente, o triunfo obtido nas gloriosas existências em que os vossos Espíritos, secularmente adversos, reconciliaram-se em nome do Pai celestial!"

III

Suavemente deslizaram pelas escarpas rochosas – mais adejo que andar – as três luminosas personagens que acabavam de se identificar com o Altíssimo, dirigindo-lhes pensamentos consonantes de amor e gratidão!

– Oh! – exclamou subitamente Yvan – como me brotam d'alma, nítidas e integrais, todas as recordações pungentes do tempo em que passei exilado nesta região insular, numa das fases mais angustiosas e infortunadas de passada existência, em que fui homicida, e, para fugir à execração de um adversário, atirei-me de um transatlântico às ondas... Foi aqui que conheci Mr. Duplat, um inolvidável amigo, derradeiro consolo no fim daquela dolorosa odisseia, que só ele conheceu em todos os detalhes... Deixai-me beijar estas rochas, mais valiosas, para mim, que se fossem de diamantes, pois foi aqui que, graças ao buril de atroz sofrimento, meu Espírito de réprobo começou a ser facetado...

Pouco depois dessa meditação, em que ficara imerso Yvan – mergulhado no oceano de reminiscências, que todos retêm em seu íntimo – acharam-se diante de sólido edifício, que, ao ser lobrigado, foi prestamente reconhecido como a antiga residência do abnegado Jorge Duplat. Aguardava-os comovedora surpresa. Ao penetrarem no jardim, florido e oloroso, engrinaldado de rosas, como para recebê-los em apoteose, esperava-os, de braços abertos – rejuvenescido, belo, trajando magnífica túnica de neve e ouro – aquele que fora lembrado por Yvan.

– Bem-vindo sejais! – disse Duplat, radiante.

– Grande amigo, eu vos saúdo! – falou, enternecido, o ex-castelão d'Aprémont.

– Grande somente é a afeição que vincula, por toda a consumação dos tempos, as nossas almas, irmão querido!

– Como o é também a eterna gratidão que vos tributo, pelo muito bálsamo que, outrora, espargistes no meu agoniado coração... – Assim falou Yvan. Depois, circunvagando o olhar, abrangendo tudo que o cercava, estreitou-o em fraterno amplexo, dizendo:

– É o ímã da saudade que aqui me traz... Permiti que hoje, enfim, oscule a vossa generosa mão, inesquecível benfeitor!

– O reconhecimento é a moeda luminosa com que se resgatam os débitos do coração... Já saldastes, há muito, a vossa pequenina dívida, alma nobre e benfazeja! A lídima afeição que me consagrais, resgata e supera o pouco que me devestes...

Depois, mudando de entonação, Duplat murmurou, abraçando os outros fúlgidos visitantes:

– Entrai, irmãos bem-amados! Viestes em ocasião propícia. Nossos estremecidos filhos, Sônia e Henrique, fruíram por longos anos um dos maiores quinhões de felicidade permitida na Terra – o amor recíproco, esponsalício, fraterno e paternal – ventura sem máculas, focalizada em suas almas unidas por intenso afeto, mas, agora, têm-nas ensombradas de dissabores, pois abrigam em sua hospitaleira morada a mensageira do Onipotente – a dor – para que lhes seja aferida a coragem moral a cinzelar-lhes o Espírito, que já não possuem asperezas... Entremos, pois.

Richard, revendo o jardim, rememorou a noite de luar em que tanto sofrera, presenciando a dita dos consortes Duplat. E era tão patente a sua melancolia, que o majestoso Antélio – denominação sideral do abade Francisco – falou-lhe docemente:

– Recordar é ressuscitar o passado. Sei o que lembraste, Richard querido, pois eu é que te inspirei o alvitre que tomaste naquela noite memorável nos fastos de tuas existências, para que diluísses, em teu seio, a inveja pela ventura alheia. Evoca os tempos idos sem mágoas. Hoje vês que não estavas abandonado, como supunhas, e não olvides que não tarda a soar a hora em que, em mundos não sonhados pelos mais hiperbólicos idealistas deste orbe, compreenderás quanto és amado e aguardado com ansiedade por seres extremosos, que te hão de lenir as agruras de reminiscências pungentes...

Formando dois graciosos pares – Jorge-Yvan e Antélio-Richard – ascenderam a escada frontal que dava acesso ao interior do edifício. Duruy desejou entrar no aposento que ocupara antigamente. Ao defrontar o amplo *bisauté* – qual porta de luz aberta na parede azul – refletindo a púrpura do ocaso, fixou-lhe a vista apurada na superfície cristalina e teve um deslumbramento, ao enxergar a própria imagem nela projetada. Estava idealmente belo. Recuou maravilhado, agora, como outrora, aturdido e apavorado. Pareceu-lhe ter retrocedido um milênio. Reconhecera-se como havia sido, em transcorridas eras, mas a sua formosura estava quintessenciada e surpreendente. Sua alma exultou. Alegria e gratidão amalgamaram-se no crisol do Espírito redimido, e, prosternando-se, elevou o pensamento ao Céu, tributando ao Sempiterno uma vibrante homenagem, modulando um hino de indelével reconhecimento, abençoando a dor que – por ele tantas vezes repelida, lhe esculpira o corpo astral, tornando-o de estética impecável, restituindo-lhe, aprimorada, a primitiva beleza, que ele cobiçava nos que eram dela dotados.

Depois, ele e os airosos companheiros foram em busca dos esposos Duplat. Era ao crepúsculo. A suavidade do Sol ungia a natureza de tocante e sugestiva melancolia. Os vultos – das árvores, das criaturas, das serranias – ainda distintos, eram envoltos no sendal de branda claridade. Encontraram os que buscavam inclinados a uma das janelas do dormitório, com as frontes quase unidas, já engrinaldadas por lilases de neve, ainda eretos, contrastando o alabastro da epiderme com as roupas lutuosas. Fitavam o poente com os olhos nublados de pranto.

– Ânimo! – disse meigamente Henrique à consorte, enlaçando-lhe o busto – o nosso amado Pierrot volverá ao lar, após o cumprimento de um dever sagrado...

– Deus te ouça, Henrique! Bem sei que não podia ser perpétua a nossa felicidade, demasiada para um mundo em que tudo é instável, em que as trevas sucedem diariamente à luz solar, como para demonstrar que aqui nada é duradouro e imperecível, que o júbilo e o padecer revezam-se com frequência... Era mister pagássemos nosso justo tributo a Deus, como todos os que se acham neste cárcere terreno... Confortam-nos as carícias da nossa Anete e dos nossos adorados netinhos. Tenho esperança de rever o nosso bondoso Pierre. Não choro, porém, agora a sua falta, o que me punge é a saudade do pobre Richard e daquele nobre Yvan d'Aprémont, que nos acolheu fidalgamente no seu castelo.

"Nunca, como hoje, tive tão vivas recordações de ambos!"

– São companheiros de jornada que partiram antes de nós, querida, chamados pelo Criador... Vê-los-emos ainda em regiões superiores...

Um rumor insólito fê-los voltar a cabeça apressadamente para a retaguarda, mas nada distinguiram que justificasse aquele suave ruído.

– Dir-se-ia – falou Sônia, estremecendo apreensiva – que se aproximou alguém de nós... Ouvi um aflar de asas...

– Quem sabe se não são *eles* que se despedem de nós, antes de subir ao Céu?

— Quem sabe? Sofreram tanto! Praticaram tantos benefícios! São dignos das venturas celestiais... Vamos orar pelos que nos foram aguardar em mundos etéreos...

Ergueram o olhar à abóbada sideral, e, por instantes, oraram com fervor pelos recém-desencarnados na Bélgica.

Em pé, formando alas, postaram-se-lhes à direita e à esquerda os quatro amigos, invisíveis, juntando às deles as vibrações de suas almas, saturando-as de eflúvios balsâmicos, e, com as mãos diáfanas erguidas sobre suas frontes, parecia que os abençoavam ou faziam uma tácita aliança, um pacto cordial para não os abandonar em horas de borrascas morais, de rudes provas iminentes...

~

— Partamos! — murmurou Antélio com lenidade. Quero que assistais comigo à epopeia dolorosa, à tragédia máxima deste orbe, escrita com o sangue e as lágrimas de muitos mártires e heróis obscuros nas páginas imortais do Velho Continente... Aqui voltaremos sempre que as nossas lides espirituais no-la permitam, atraídos pelos pensamentos dos entes que nos são caros e inesquecíveis...

Um surto rápido e prodigioso transportou-os para o outro lado da Mancha, e, como voejassem a pouca distância do solo, iam descortinando, celeremente, serras, aldeias e cidades, que começavam a ser ofuscadas num velário de trevas.

Repentinamente, um surdo ribombar, detonações uníssonas e retumbantes, produzido pelas descargas da artilharia de grosso calibre e das metralhadoras, semelhando trovões subterrâneos, chegou-lhes à audição apurada; frêmitos metálicos de aeroplanos fendiam os ares enfumarados, como se corvos de aço, grasnando selvaticamente, lutassem muito acima do globo terráqueo, disputando, com ferocidade, alguma presa ambicionada; estrupido de ginetes; entrechocar de armas brancas; vozes imperativas de comando; ululos de dor e de loucura; ruídos de carretas arrastadas precipitadamente, aquém e além das trincheiras; fumo denegrido, como saído de crateras cujas lavas fossem sulfurosas; coriscos vomitados de canhões formidáveis – evolavam-se promiscuamente do solo, onde se agitavam massas compactas de seres aguerridos, olvidados do Criador e de todas as crenças religiosas, naqueles momentos angustiosos, empenhados em mútuo extermínio...

– Aproximemo-nos, irmãos – disse ainda Antélio, emocionado e entristecido – desta região, com o mesmo recolhimento como se adejássemos sobre infinita Necrópole. Além deixamos Liège, Namur, Arlon, Malines, Dinant, Yprés, Louvain, Reims – uma constelação de ruínas – para determo-nos em Verdun ou Noyon... Vistes a aversão dos homens, por onde passamos: obras seculares, de arte requintada, palácios, monumentos, catedrais que pareciam filigranas de pedra, lavradas por escultores divinos, jazem mutiladas ou arrojadas ao pó – que tudo confunde na Terra, exceto a alma...

Eis as obras do egoísmo e da cobiça, posta em ação pelos déspotas do mundo. Há pouco essas regiões férteis e pacíficas eram núcleos populosos onde o labor entoava o seu canto glorioso, onde imperavam, nos lares honestos, o amor, a ordem, a abundância; e, agora, estão destruídos quais ninhos arrancados aos braços tutelares das árvores, arremessados ao furor dos vendavais...

As formosas *urbs* que conhecestes, ativas e industriosas, formam avalanches de escombros, parecem sepulcros profanados e não mais abrigos de homens laboriosos...

A treva reina onde havia as irradiações astrais das lâmpadas elétricas; o choro convulsivo ou o silêncio tumular invadem as casas ainda não derrocadas, onde as criancinhas trinavam risos e ora se refugiam desnudas ou famintas; soluçam corações maternos que, nutrindo com beijos e afagos os filhos estremecidos, foram forçadas a entregá-las à pantera sanguinária que se denomina Guerra; os véus nupciais transformaram-se em crepe; as esposas veem orfanados os filhinhos, que já não têm mais teto nem pão, como os párias; há um gemido em cada peito opresso, uma lágrima em cada olhar febril – que já não fita o céu, mas pende para a floresta de cruzes, assinalando o sítio em que tombaram os heróis anônimos, onde feneceram todas as esperanças e ilusões de muitas almas em flor...

Por que se desencadeou este furacão tremendo que ameaça derrocar a França, a Bélgica, a Rússia, a Sérvia – enfim, o Norte, o Sul e o Meio-dia da Europa?

Afirmaram-no a sequência da ambição de corações ávidos de poderio, de conquistas territoriais e de sentimentos ultrizes, sepultos durante decênios nos subterrâneos tenebrosos dos Espíritos autocratas... Qual o pretexto? Asseveram-no a punição de quase regicidas. É justo que, por causa de homicídios realengos, se provocasse a hecatombe que estamos presenciando e ainda não terminará nestes próximos meses? A verdadeira origem dessa conflagração inominável não se acha no domínio dos povos. Estava, há muito, retida por fio sutil, sobre a Europa, como o gládio suspenso à cabeça de Dâmocles. Os assassinos de Sarajevo romperam-no, e a espada formidável do máximo prélio travado neste planeta ameaça decapitar o Velho Mundo, corroído de ódios mal represos, represálias seculares, degradações inqualificáveis... Detenhamo-nos alguns momentos. Estais apavorados? Nada observastes ainda. Vamos rumo de Verdun, onde hoje se trava uma das mais encarniçadas batalhas, em que tomam parte milhares de beligerantes. Pairemos, irmãos queridos, nos seus arredores. Os tiroteios não cessaram desde o alvorecer. Venerandos edifícios foram demolidos, pulverizados. Baterias poderosas, assestadas nos lares destruídos, não emudecem há muitos dias. Parecem uivos de lobos famintos, ou rugidos de leões que enlouqueceram em jaulas asfixiantes...

O fumo dos incêndios e da pólvora invade as ruínas, que se tornam crateras, onde flutuam bulcões e se reúnem cúmulos infindos, apinhados no Firmamento, que dir-se-ia prestes a incinerar-se... Escutai os gemidos e murmúrios dos agonizantes, o estrugir ininterrupto das fuzilarias, as vozes alteradas de comando, o troar dos canhões, que parece mais intenso ecoado nos ares compactos e enegrecidos... Tem-se a impressão, amados companheiros, de que se ouve o incessante crocitar de um exército aéreo de abutres famulentos, chefiado pelo vampiro insaciável da

Guerra, espanejando lugubremente sobre os campos de batalha, espreitando com insana alegria miríades de vítimas, para lhes sugar o sangue e dilacerar-lhes as vísceras...

Há gritos, lágrimas, suspiros amalgamados neste ambiente impuro; há, além, corações tangidos de saudade, lembrando-se dos entes caros que, aqui, longe dos lares, mas aproximados pelo pensamento, em campo raso ou adarvados pelas trincheiras, já deixaram pender as armas da mão gélida ou mutilada; há extermínio de monumentos e de esperanças; há bramidos de tigres indianos e agonias plácidas de cordeiros... Homens vesanos! quereis fixar vossos ideais, vossas ambições sobre a Terra e haveis de, sempre, vê-los reduzidos a lama...

Tiranos cobiçosos! esquecei-vos de que não vos pertencem, neste mundo, nem sete palmos de terra, e desejais alongar vossos efêmeros territórios com fragmentos de outras nações – onde não podeis dirimir as consciências, o civismo, a heroicidade de seus filhos, esquecendo-vos de que este mísero átomo do universo – o orbe terráqueo – não é vosso, tem um único Soberano – Deus – ao qual tudo pertence e deveis prestar restritas contas de vossos atos?!

Quereis ampliar as fronteiras de vossas pátrias transitórias estreitando os horizontes de vossas almas imortais, que são partículas do Infinito? Insensatos! Quereis solos vastos – usurpando a sangue e fogo – nos quais deixais vossos cadáveres putrefatos, olvidando que tendes mundos etéreos e radiosos – pérolas do oceano celeste – para escalar e conquistar com o exército da virtude e do aprimoramento moral?! Quereis ser caudilhos da Terra quando podeis ser soberanos do Espaço? Por que não preferis os assaltos gloriosos às plagas da Ciência, das Artes, da regeneração psíquica – mais valiosas que todas as batalhas napoleônicas e carlovingianas, mais meritórias que a descoberta de Colombo, pois este descobriu apenas a fração de um mundo e vós podeis ainda desvendar o Ilimitado?

Ai! é porque ignorais o objetivo do homem planetário – o verme da Terra, que se pode alar aos páramos siderais; é porque desconheceis as Leis divinas, que condenam o fratricídio, o assestar de armas contra irmãos e companheiros de jornada! Quando em vossos corações, deslembrados do Criador, penetrarem sentimentos de solidariedade e abnegação, não empunhareis mais carabinas e gládios, mas sim alviões, escopros, pincéis, penas, tudo quanto engrandece e imortaliza os povos e não os aniquila...

Vedes estes campos talados: o canhão substituiu a charrua; a fuzilaria emudeceu as canções dos campônios, o chilreio dos pássaros, o folguedo das criancinhas que, na atualidade, quando não são massacradas, estão famintas...

Parece que um ciclone violentíssimo devastou esta região, ainda há pouco próspera, produtiva, venturosa...

Ó Bélgica mutilada, tripudiada, espezinhada, vilipendiada, destruída, manietada, cativa, que tens a te escudar denodados filhos, como se foras tua própria nutriz, blindando o peito, pulsam corações invictos, com o aço de um civismo extremo, defendendo, ao mesmo tempo, a pátria, a lei, a liberdade, o lar, a prole, os velhos, as crianças, as mulheres infamadas – verás soar a hora bendita da vitória!

Todas as tuas cidades devastadas, como a legendária Fênix, ressurgirão das cinzas fumegantes ainda.

O conflito sangrento, a que ora assistimos, inspira-me terror e compaixão, pois considero o homem – seja qual for a plaga em que tenha soltado o primeiro vagido – meu lídimo irmão em Deus; no entanto, não desconheço o direito dos povos; sei cultuar a Justiça; abomino a guerra; reconheço que a agressão é própria dos sicários ou das feras, é condenável; e a defesa permitida pelo Altíssimo, santifica a luta; e vós, heróicos belgas, repelis a incursão bárbara dos teutos na terra em que vossos maiores estão sepultos, onde tivestes o berço.

Coube-vos o papel preponderante, nesse drama cruento, de servirdes de atalaia e baluarte da que vos coadjuvou a estabelecer a aspirada Independência – a generosa França.

Julgavam-vos, os tedescos, um pugilo de gente que, num milésimo de segundo, num célere relâmpago de armas, seria aniquilada por seus formidáveis batalhões, pulverizada em punição ao crime que cometera – o de não querer trair um pacto de honra; supunham-vos frágil represa de areia movediça, indefeso viaduto que seria abatido num átomo de tempo, e encontraram um dique de bronze, um rochedo resistente à sua marcha acelerada; imaginavam galgar, num minuto, uma polegada de terra habitada por pigmeus – sonhando as glórias de Waterloo, onde, há precisamente um século, ofuscaram a estrela de Bonaparte esmagando-lhe as valorosas e destemidas falanges – e encontraram cerradas barreiras de intrépidos Cruzados; defrontaram fantásticas e invisíveis Termópilas, com Leônidas à vanguarda de impávidas hastes de Titãs, reduzidas em quantidade, mas colossais em bravura, com arcabouços e arneses de aço, fundidos nas forjas do dever, da honra e do denodo!

Suportai – ó Bélgica torturada e flagelada! – com a coragem dos antigos argonautas, a preamar prussiana, que inundou e purpureou vossas fronteiras e campos, barrando, com a rocha viva de vossos filhos, impetuosos vagalhões humanos que se arrojaram sobre vós, não os deixando unir aos do Atlântico, vedando-lhes o setor de Calais, a brecha suspirada que entreviam, com ardor, para estender as garras além dos mares...

Não lancemos, porém, *in totum*, o anátema sobre a culta e audaz Alemanha e suas compartes, pois a vontade de autócratas não é a dos povos que lhes obedecem magnetizados e inebriados ainda com almejos de grandeza e poderio, conquistas de regiões devastadas e incendiadas – como se aspirassem a reinar sobre infindas e profanadas Necrópoles...

Não; além, onde fulgiram os estros geniais de Goethe, Wagner, Hegel, Heine, Beethoven, Liszt, há também corações que sangram e desfalecem, arpoados de dor; há mães e esposas dedicadas que se estorcem de angústias vendo seus lares enlutados, suas esperanças fenecidas; há, além, crianças orfanadas que imploram pão, noivas que se vestem de crepe; há cérebros possantes, fecundos e esclarecidos, que abominam o massacre e só se preocupam com as ciências exatas, e, na penumbra de seus gabinetes e laboratórios, enriquecem a humanidade com os seus estudos profícuos; há almas que anelam a paz e condenam a guerra injusta de depredações e conquistas cruentas, em pleno século XX, como se volvessem os povos às eras calamitosas do feudalismo ou das Cruzadas...

Piedade, pois, Senhor, para os que, tendo tido por berço as nações incriminadas de haverem ateado o facho da discórdia e da luta mundial, conservando sentimentos dignificadores e puros, são alvejados pela odiosidade de quase todos os habitantes dos países civilizados!

Insanos são os que, não possuindo ideais generosos, incendem a pira dos prélios assassinos, dizendo que têm o eterno a protegê-los.

Quem ousa dizer que o Criador é o rei dos exércitos, profere uma grave blasfêmia:

Ele condena cabalmente o homicídio, singular ou coletivo, do *Decálogo*, de cuja procedência celeste não é lícito duvidar-se. O Onipotente deseja a concórdia e não as dissensões mortíferas; aspira a hastear em todos os orbes – como arcas santas após o dilúvio das iniquidades – o ramo de oliveira, no estandarte níveo da Paz, e não empunhar o archote rubro das pugnas assassinas; quer a solidariedade universal e não as seleções de raças, prejudiciais à unificação dos povos; quer irmanar todos os homens e não alimentar em seus corações mútuos sentimentos ultrizes.

As hostilidades bélicas infringem suas Leis de amor, equidade e perdão. A espada é, para Deus, um punhal fratricida que os códigos sociais tornaram legal, e, portanto, sobre ela não pode incidir sua bênção luminosa. Quem quebrar o equilíbrio e a harmonia que devem existir entre as nações, nunca será para Ele um herói, mas um bárbaro, um corsário ou um precito!

Sobre ele recai todo o peso formidável das responsabilidades tremendas de uma luta mortífera. Poderá ser vencedor, cingido pelos lauréis corrosivos do mundo, – que lhe constringirão a fronte como as serpes à cabeça de Medusa – mas seu Espírito tornar-se-á denegrido, como que carbonizado; para se tornar novamente da cor lirial, são precisos milênios de ríspidas provas, oceanos de lágrimas... O agressor arca com todas as consequências funestas de uma liça inumana. Só a defesa dirime o delito da guerra, é justificável e permitida pelo Direito sideral, porque a criatura humana não possui, na Terra, maior tesouro que a própria vida, e deve conservá-lo intacto até que o Criador, que lho concedeu, o reclame, não para sonegá-lo, mas para o ampliar no Além, a verdadeira pátria do Espírito, onde ela se intensificará, desdobrar-se-á, como radiosa e imensa espiral, que começa nos planetas sombrios e termina nos páramos acogulados de sóis!

A tragédia horrífica, que ora se desenrola no cenário do Velho Continente – a qual, como polvo gigantesco, estenderá seus tentáculos através dos pegos, até os cravar nas plagas colombinas – não é o produto de um único ser, mas da imperfeição humana, e – com pesar o digo – é punição coletiva que servirá de corretivo a muitos infratores dos códigos social e divino. É lição dolorosa que o homem aprende com os olhos embrumados de lágrimas, e não olvidará jamais...

Há na guerra – dragão de Lerna, voraz e fero, que só se ceva com sangue, cujas cabeças decepadas renascem incessantemente, há milênios – às vezes, uma utilidade pungente;

unifica os povos e as nações, congrega filhos daquém e dalém mar, estanca estéreis dissensões políticas e religiosas, termina divergências partidárias de crenças e de castas, torna os indivíduos, nascidos sob céus diversos, irmãos nos campos de batalhas renhidas, todos absorvidos pelo mesmo objetivo, pelo mesmo desejo, enobrecidos pela bravura, pelo estoicismo, expondo dignamente a vida em socorro da família, da pátria, dos seus dirigentes, ameaçados por cruéis adversários.

Só a defesa de uma causa justa e nobre dignifica o crime dos que se digladiam ceifando existências úteis; é um inconcusso direito humano, ao passo que a hostilidade e a agressão, fundados na cobiça ou no ódio, embrutecem os beligerantes, tornando-os chacais ou panteras. Quem desafia e provoca é delinquente ou bandido; quem se defende, vítima ou herói.

Essa carnificina que, qual incêndio sem chamas, devasta os países, é consequência desastrosa da corrupção da humanidade; é como borrasca, tanto mais violenta quanto mais condensadas estão as *nuvens* de vapores, impurezas e eletricidade... As criaturas humanas descambaram para o ateísmo, para a dissolução da família, para a frivolidade, para o ceticismo, deixando correr a existência entre prazeres materiais nos *alcouces,* nos cassinos, nos clubes suspeitos e, sem ideal, sem Deus, sem sentimentos nobilitantes, marchando para a voragem da decadência moral, para o cataclismo das iniquidades permitidas pela civilização hodierna... A grande luta surpreendeu-as nas proximidades do abismo, fê-las recuar espavoridas, ouvindo o ribombar da procela iminente, e, unânimes, congraçaram-se, vincularam-se às que nasceram além de suas fronteiras, para, de mãos dadas, culminar o almejado *desiderato* – a vitória da justiça, do direito dos povos, a defesa dos territórios assaltados. Ei-las, por algum tempo, confraternizadas para a consecução de uma causa grandiosa e comum. Foram a dor e o perigo que conseguiram esse prodígio que, no futuro, será operado unicamente pelo Amor, quando todos compreenderem que, nascer aquém ou além de um mar, de uma serrania, de um lago ou de um rio, não é deixar de ser filho do mesmo magnânimo Progenitor, que criou o ente humano para elevados fins, com atributos psíquicos maravilhosos, e fê-lo herdeiro de suas inúmeras moradas luminosas, seus reinos radiosos, seus domínios siderais...

Duas borboletas, por serem uma jalde e outra rubra, deixam de ser gracioso inseto? Duas rosas, por serem de rubim uma e outra áurea, deixam de ter pétalas, fragrâncias? de ser a soberana das flores? Não. Pois assim, o homem. A raça a que pertence pode apresentar características distintas, epidermes diversamente coloridas; um nascer na Sibéria, outro no Congo, mas há um liame a prendê-los mutuamente – a alma, a cintila divina, como asa e aroma que identificam as falenas e as rosas. Hoje estão os homens selecionados pelas convenções sociais, pela distância geográfica; mais tarde serão eternos consócios, irmãos estremecidos, tendo o mesmo destino grandioso, o mesmo Jardim celeste – o universo!

Quando compreenderem essa verdade sublime, deixarão de pugnar pela aquisição de terras, do lodo onde se corrompem os seus despojos materiais – estes lastros putrescíveis que a alma, liberta dos flagícios planetários, alija ao fundo dos sepulcros para se librar aos páramos estrelados...

Que vale à estulta vaidade de um monarca possuir infindos latifúndios, se a morte apenas lhe concede, transitoriamente, sete palmos de terra para a decomposição dos tecidos?

Um conquistador pode usurpar territórios vastíssimos, encarcerar corpos carnais, fraturar ossos, trucidar, decretar leis despóticas, abarrotar de ouro saqueado às vítimas os seus erários fabulosos, mas não pode confiscar sentimentos nobres, rapinar consciências, imperar nos Espíritos livres e dignos – os aeróstatos apenas cativos por algum tempo, mas que tendem a alçar-se, não na atmosfera, mas no éter, ao próprio Infinito!

Que vem a ser um país que os cobiçosos tanto desejam governar? Um retalho da Terra, um agregado de habitantes instáveis. Aumentando suas raias, deixará de ser a fração de um mundo, pequeno e cheio de trevas relativamente aos outros que povoam o Espaço? Não. Haverá alguém que possa conquistar um continente ou todo o orbe para nele dominar? Jamais! Insano quem conceber esses planos hiperbólicos!

O homem – verme anônimo enquanto rasteja nos marnéis, conspurca-se na vasa terrena, acorrenta-se à ambição e ao ódio; condor altaneiro quando sonha com a amplidão sidérea, quando fita os sóis – será mísero enquanto anelar destruir e hostilizar nações, escravizar irmãos, implantar o terror e a luta em seus domínios, possuir terras e ouro, e só se engrandecerá realmente quando entesourar virtudes no seu âmago, cinzelar a própria alma, atingir a perfeição psíquica, que o torna herdeiro do Altíssimo, conquistador do universo! Orgulhoso e estulto o que deseja arrogar-se o poderio do Criador – reinar em todo o orbe terráqueo! Ele, unicamente, foi e será o Soberano deste e de todos os mundos, aqui há de reinar em todos os corações quando soar a hora bendita da fraternidade, porque esta romperá todos os marcos limitativos, fundirá todas as fronteiras, consumará todas as desarmonias, unirá todas as mãos, fará de todos os lares um só, de todos os países uma só nação ilimitada! Quando todos os povos, coesos pelo pensar e por excelsos sentimentos, confederados pelas mesmas leis e pelos mesmos elevados ideais, pela mesma admiração pelo Altíssimo, emancipados dos preconceitos de raças e de hierarquias sociais fundarem a República Unitária Mundial – tendo por supremo dirigente o Sempiterno e por seus representantes os mais conspícuos e esclarecidos cidadãos – hão de laborar em comum para o embelezamento dos núcleos humanos e conforto de todas as classes; abolir os pleitos bélicos; adotar um só idioma e um único padrão monetário com o mesmo valor intercambial em todos os países; cultuar as Artes liberais, as Ciências exatas, a Metafísica e o Psiquismo, – para se relacionarem com o Invisível; fundar areópagos para arbitragem e decisão de todas as questões internacionais por meios diplomáticos e legais, reger-se pelo mesmo pacto fundamental, por uma só Constituição mundial; extinguir os exércitos e as armadas, aplicando as cotas fantásticas despendidas com ambos na manutenção de abrigos higiênicos, estabelecimentos pios, orfanatos, manicômios modelares, patronatos, penitenciárias regeneradoras; desenvolver a aviação, a radiografia e o aerófono para facilitar e ampliar as conexões intercontinentais, e, então, nenhum braço se erguerá, jamais, para empunhar armas homicidas, que, por prescindíveis, apenas hão de figurar nos mostruários dos museus...

IV

Houve um interregno na alocução de Antélio, tomado de pungitiva tristeza. Depois, seguido pelos três amados companheiros, aproximou-se do reduto em que se travara uma das mais encarniçadas batalhas deste planeta. O fragor das pesadas peças de artilharia de campanha, arrastadas com precipitação, faziam tremer o solo; as detonações ininterruptas das metralhadoras e os toques de clarins haviam cessado repentinamente, à invasão da caligem noturna, como enviada por Deus para dar tréguas às renhidas pugnas travadas desde o alvorecer. Elevava-se do solo – empilhado de cadáveres, de agonizantes, de alucinados e de feridos – um confuso rumor de gemidos, extertores, queixumes, gritos, que parecia exalado de macabro oceano ou de corações fendidos...

Espirais de fumo espesso e denegrido envolviam as falanges aguerridas, que se evolavam penosamente num pélago de sombras, e, o que os órgãos visuais dos combatentes não divisaram mais, a vista penetrante e apurada dos desmaterializados enxergava, com a precisão do rádio devassando até os tecidos orgânicos; miríades de corpos intangíveis pairavam a pouca distância da terra, flutuando como plumas ao vento, elevando-se do estendal de cadáveres, hirtos ou mutilados, acumulados uns sobre os outros, tantos eram eles, parecendo estátuas etéreas desgarradas dos pedestais e arrojadas aos ares por vendaval impetuoso – o mesmo que derrubara ao chão centenas de beligerantes...

Perto deles, seus protetores espirituais movimentavam-se, em atitudes dolorosas ou de preces; entidades fúlgidas como meteoros permanentes, sulcavam as ondas de vapores e gases que se evolavam do local onde se digladiaram as hostes adversas, algumas expedindo ordens, outras orando para consolar os recém-desencarnados de outras batalhas, os quais, soluçantes e angustiados, foram atraídos ao local por vínculos de simpatia e parentescos com os combatentes. Eram tão numerosos os intangíveis, que formavam um exército aéreo, sutil e infatigável, sobrepondo-se ao outro, vestido de fardas – que, então, eram tenebrosas – constituído de seres exaustos, com as armas pendentes das mãos ensanguentadas... Soldados já no plano espiritual, esquecidos da realidade, tomados de furor, julgando-se ainda num campo bélico, lutavam uns contra os outros, corpo a corpo, soerguendo armas que relampeavam um momento para logo se esvaírem como névoas... Seus guias espirituais afastavam-nos, então, daquele local sinistro, para os chamar à realidade e dirigir-lhes salutares advertências.

A atmosfera estava irrespirável, quase compacta, tendo em promiscuidade o odor de gases sulfurosos, de sangue e de corpos putrefatos que, pela desagregação dos tecidos, a empestavam, saturavam de bactérias letais. Empilhados, aqueles rígidos despojos humanos formavam pira descomunal, trágica e macabra, pois alguns conservavam os olhos semiabertos, esgazeados, refletindo sofrimento e terror indômito; outros deixavam pender os braços hirtos, as mãos contraídas, como a quererem ainda brandir o gládio ou a carabina; outros tinham os lábios contorcidos, num ríctus perene, eternizando um riso de suprema loucura...

— Vede, meus amados — prosseguiu Antélio — este mar de cadáveres, de combatentes inertes...

"Extinguiu-se, há poucos segundos, a sinfonia de Marte ou do pavor, vibrada pelos canhões e pelas metralhadoras... É isto um campo de batalha: a desolação, a lágrima, o desespero, a podridão, a derrocada da juventude, esperanças e aspirações fagueiras! Como a alma se confrange e soluça ao deparar-se-lhe este painel tétrico e vívido, pincelado pela crueldade humana, em que os nossos irmãos, imbuídos de paixões malsãs, se trucidam impiedosamente, em vez de se estreitarem num amistoso amplexo... Ai! deles! Vede a realidade dolorosíssima neste reduto juncado de corpos, onde não palpitam mais os corações... Como estão irmanados sobre a terra que ensanguentaram! Quem distingue, neste instante, aqui ou além, os teutos, os austríacos, os franceses, os belgas, os invasores e os defensores, agora que Átropos e as trevas os identificaram nas fardas e no destino?

"Parece que um ciclone os derrubou ou foram ceifados na seara da Guerra... Chegou o momento em que o homem — seja qual for o lugar em que abriu os olhos no mundo — recebe o derradeiro batismo terreno — o da denominada morte: chama-se finado!

"O primeiro, é o da vida orgânica... Dão-no os pais, entre sorrisos e carícias, olvidados de que receberam nos braços um candidato à dor e ao pranto. Chamam-lhe – criança – uma designação extensiva a todos os recém-emigrados do Espaço, de ambos os sexos indistintamente; o segundo é o do templo – transforma a denominação coletiva em nome adstrito a um só ente, que necessita criar a sua individualidade, é o batismo da água; o terceiro é o de Átropos – perde a designação que lhe deu o sacerdote ou o registro civil – torna-se anônimo, chama-se cadáver. É a segunda nivelação de um ser humano na existência planetária, a derradeira neste orbe de iniquidades. Eis, pois, todos os antagonistas irmanados para todo o sempre, neste campo mortuário. Não há mais distinção de castas, de religião, de posições sociais...

"Extinguiram-se todos os preconceitos humanos.

"Estão todos nivelados e confraternizados pela lei irrevogável da morte. Pendem-lhes, inúteis, das mãos que se tornaram empedernidas, as armas homicidas...

"Homens, meus irmãos, quando ouvireis as vozes de Jesus, que vos aconselha amar-vos uns aos outros? Não compreendeis que sois ovelhas de um só rebanho e que o celeste Pegureiro, das alturas consteladas, lança-vos um cajado de luz – o Evangelho – apontando-vos os apriscos cintilantes, engastados no Infinito, vossas futuras habitações? Desconheceis as suas leis sacrossantas, de amor e perdão? Sois feras cervais que vos nutris de sangue e carne?

"Retrocedei, irmãos, voltai-vos para as glórias eternas, para os bens imperecíveis, os que não podem ser conspurcados pela calúnia, pela inveja, pela cobiça, os tesouros que não apodrecem como os vossas corpos, nos sepulcros, mas irão intactos aos páramos siderais – a virtude, a abnegação, a fraternidade, o cumprimento austero de todos os deveres morais e psíquicos!"

Houve nova pausa: depois, com estranha emoção, prosseguiu:

– Ó França amada e magnânima! sempre na vanguarda das ideias generosas, meu Espírito, neste instante, chora os teus infortúnios, sente as tuas desventuras, mas, é forçoso dizer – e a voz da Justiça não treme quando profere a verdade – que, rememorando páginas trágicas da tua história imortal, tinhas a resgatar gravames perpetrados por teus filhos de antanho, – os mesmos que, hoje reencarnados, pelejam nas tuas fileiras, em prol do direito dos povos e da liberdade, – quando teus esquadrões temerosos levavam a inquietação, o clamor, o alarma e o luto às nações limítrofes, e até as longínquas regiões asiáticas e eslavas, onde sofreste perdas irreparáveis, cavaste a ruína de teus exércitos – com que desejavas cobrir a face do globo terráqueo – foste a causadora do incêndio de Moscou e da hecatombe pavorosa nos gelos da Rússia...

"Tu, sempre com ideias grandiosas, que tens como lema fulgurante – Liberdade, Igualdade, Fraternidade – te deixaste fascinar, outrora, por sonhos de poderio e conquistas infindas e, por isso, acendras, com paroxismos de dor, as atrocidades cometidas; estás reabilitando passados delitos, para que tornes em realidade a legenda bendita que escolheste, de acordo com as potências siderais...

"Caminhas para a execução desse luminoso objetivo, que é o do próprio Criador do universo. O teu martírio atual te redime de todas as iniquidades perpetradas no tempo do imperialismo, dos monarcas de ambição desmedida...

"Já estão assestadas para o teu coração radioso – Paris – as bombardas de longo alcance, já o sentes ferido, mas não cativo, porque tens a proteger-te amigos desvelados, falanges visíveis e invisíveis aos mortais, do Espaço, daquém e dalém mar, porque tens a contrabalançar ações condenáveis, feitos grandiosos e inesquecíveis! Suporta o teu suplício com denodo, a fim de fazeres jus a um triunfo sem jaça. Reivindicarás direitos postergados, serás escudada por paladinos leais do Velho e do Novo Continente, ávidos, alguns, por saldarem contigo os débitos sagrados de sua independência, de que foste auxiliar abnegada, mas não entenebreças a tua vitória com represálias soezes...

"França querida, não é só o teu território que abriga os mais acerbos padeceres... A dor estenderá seus tentáculos além do Atlântico, disseminar-se-á por todo o globo: o cortejo sinistro da fome e de atroz pandemia seguirá a ceifa das batalhas cruentas, pois quase cessaram os labores agrícolas e dos operários e a atmosfera se acha intoxicada de exalações mefíticas, oriundas do morticínio em tuas fronteiras e nas da Itália, Bélgica, Sérvia...

"Exércitos imperceptíveis aos encarnados – compostos dos que sucumbiram na hecatombe mundial, que se acha ainda nos pródromos – povoarão o Espaço e o ambiente terreno por algum tempo; receberão inolvidáveis instruções de humanitarismo, a fim de que abominem o assassínio coletivo ou individual, para que depois, aguerridos com as armas cintilantes da sinceridade, do amor ao próximo, dos ideais generosos, possam baixar a este planeta, profligando os erros seculares, combatendo pelas verdades imanentes do Alto, pelas coisas meritórias, pela implantação do regime da justiça e da equidade, iniciando-se, assim, a era das reivindicações sociais, do nivelamento dos povos; enfim, o reinado da paz predita por Jesus – cujos ensinamentos os homens esqueceram...

"A Terra – o mísero grão de areia que baila nos ares ao influxo do Sol, qual pequenina mariposa ao redor de intenso combustor – no transcurso dos evos futuros não terá, ao todo, senão três pátrias distintas – os continentes, tendo por linhas delimitadoras apenas os oceanos, cada um deles concretizando – ó França querida! – os dizeres do teu lema inspirado pelos mensageiros divinos – Liberdade, Igualdade, Fraternidade, tríade sublime que constitui o anelo das almas nobres e funde-se num só vocábulo – Amor – que, hoje, parece utopia, mas essa considerada utopia é o sonho do Criador, e, o que Ele sonha ou deseja, será uma luminosa realidade porvindoura!...

"Então, ninguém mais será fratricida ou duvidará da pluralidade das existências, tendo de remir no futuro os delitos do passado obscuro e remoto. Ninguém mais quererá saldar débitos que terá de saldar penosamente, com prantos e duras provas. Todos compreenderão que, aqui, as criaturas humanas se congregam, para laborar em comum por seu progresso espiritual, para resgate de dívidas tenebrosas, para se harmonizarem, e não têm pátrias fixas, são aves nômades, partem para onde floresça a primavera, esquecem os berços primitivos que lhes recordam o inverno – a penúria, as expiações tremendas – até que, depois de adquiridas todas as virtudes, cumpridos todos os deveres sacrossantos, burilados os Espíritos pelo sofrimento remissor, recordam-se de todos os seus estágios, de todos os países em que mourejaram e padeceram, fundindo-os em um só, que amam santamente, sem exclusivismo, como o Cristo amava a humanidade – este planeta, um dos degraus que formam a escada incomensurável que todas as almas têm de galgar em busca do Ente supremo!

"Saberão que os Espíritos, quando libertos dos grilhões mundanos, andorinhas imortais, fugidas às ásperas invernias da Terra – onde deixam seus sudários putrescíveis – buscam asilo em ninhos distantes, isto é, em regiões suaves, onde poderão viver serenamente, sem os rigores polares das provas planetárias.

"Essas pátrias de doçura inefável e sem estações frígidas, não existem neste orbe – e sim, além, onde pulsam os corações de ouro das estrelas...

"Sonhando com essa primavera, todas as almas que a ela aspiram sempre, desfar-se-ão do egoísmo, do sectarismo, da impureza, dos sentimentos ignóbeis – correntes brônzeas que as vinculam aos sofrimentos terrenos – e partirão exultantes, em demanda da luz e da felicidade eternas...

"Que lhes importa, então, um fragmento de solo, larvado de sepulcros, ao qual se acham apenas aprisionados pelos liames de reminiscências pungentes? Aqui virão, apenas, em cumprimento de excelsas missões, para guiar seus antigos companheiros de cativeiro às plagas da liberdade eterna.

Aqui, então, já não hão de imperar mais as forças armadas, mas o direito e a justiça.

"Os soldados destruidores serão rendidos pelos paladinos do Bem e da Paz... e este orbe, maculado tantas vezes com massacres e morticínios inúmeros, será uma das mansões de harmonia e labor do cosmos, à qual virão acrisolar-se os Espíritos secularmente votados ao mal, rebeldes e ferozes, degredados, há muito, em mundos de trevas, em calabouços do universo...

"Partamos, agora, diletos amigos, para a região que sempre viverá nos escaninhos de nossas almas – Aprémont – e, lá, longe deste cenário lúgubre (em que os pensamentos nobres e altruísticos ricochetam à mente, como fagulhas estelares interceptadas por abóbada de chumbo, murados pelas impurezas que desprendem os que se odeiam, os que sucumbem sem se voltar para o Pai celestial, sem uma prece, blasfemando, às vezes), faremos rogativas fervorosas por todos os combatentes, por todos os que se acham em agonia, por todos os desencarnados, indistintamente, vencedores e vencidos, nossos irmãos em Deus..."

V

Ao impulso da vontade potente – que é um atributo dos Espíritos evolvidos – em breve chegaram ao local desejado, que custaram a reconhecer; uma aluvião de caliça, de pedras desgarradas, de paredes fendidas, de vigamentos carbonizados – eis o que restava do altivo solar dos ancestrais de Yvan... O antigo parque e o pomar haviam sido quase completamente destruídos. As árvores, quase centenárias, estavam mutiladas, pois as verdes frondes tinham sido cortadas para entulhar trincheiras, parecendo sentinelas decapitadas, rondando ainda os escombros de uma cidadela arrasada...

As ruínas das vetustas habitações têm uma alma – alma do passado – que, como o espectro dum usurário, de atalaia ao local onde sepultou um tesouro, jamais as abandona... Têm a melancolia de um Campo Santo; parecem despojos imputrescíveis, ossários de pedras, membros comprimidos, transformados em caliça ou poeira; pairam sobre elas, como os das asas de estriges em revoada, os rumores dos tempos idos: ouvem-se, ali, promiscuamente, em surdina, anátemas, preces, soluços, risos; o entrechocar de armas, o retinir de arneses, módulos de canções nupciais e marchas fúnebres, oriundas de muitas gerações extintas; perpassam sobre elas, como sombras fugazes, quase esvaídas, os dramas ou comédias de que foram cenário; evocam nascimentos, idílios, agonias, ódios, despedidas, entrevistas, quedas e heroicidades ignoradas...

Enquanto um abrigo humano está à prumo, com o teto amparado aos pedestais das paredes, convida o transeunte a acolher-se sob ele, oferece repouso e conforto, seu aspecto é humilde ou senhoril; quando, porém, a cobertura rui com fragor, as paredes ficam carcomidas pelas mandíbulas das intempéries, deixando desnudados retângulos meio triturados – os antigos aposentos – adquirem a aparência de grandes sepulcros vazios para inumar gigantes; as pedras que se deslocam lembram um esqueleto desarticulado, e, então, a ex-vivenda dos que se dizem *vivos* confunde-se com a dos que se chamam *mortos,* inspira desolação ou pavor a quem as contempla...

A cobertura de telha ou de colmo, enquanto reveste os compartimentos, retém, comprime, asfixia, qual estojo cerrado, as reminiscências dos sucessos transcorridos; quando, porém, o tufão destruidor do tempo a abate, todos os acontecimentos que se supunham extintos, mas se achavam impregnados até nos calhaus e nos rebocos, desentranham-se como da profundidade do solo, criam vozes, corporificam-se, palpitam e revoam sobre os destroços, como seres fantásticos, mas imortais... O silêncio que erra nessas paragens e envolve as ruínas, qual sudário misterioso, impressionando desoladamente a quem os vê, é perceptível aos ouvidos apurados, metamorfoseia-se em murmúrio confuso, como o que se evola das volutas da concha marinha, ou como zumbido de colméia desfeita.

No entanto, nesses tristes escombros, a vida os espreita — explode de todos os interstícios das pedras e de todas as paredes derrocadas, de todas as fendas do soalho: são as *églantines* e as silvas agrestes, que irrompem como verde mortalha; que, pela primavera, se tornam de arminho, quando se cobrem de alvas pétalas, parecendo que os vegetais triunfam das asperezas das lajes, vingando-se assim de lhes ter o homem usurpado, por muito tempo, um pedaço de chão — sua pátria, seu tesouro — onde não podiam abrolhar. Eis a luta constante, que se observa na terra, a sucessão ininterrupta dos três reinos que se revezam: os indivíduos utilizam-se dos minerais, roubam domínios aos vegetais, edificando habitações que desafiam os evos; estas, porém, são demolidas e os vegetais parecem vitoriosos, invadindo o território conquistado, mas a Terra-Máter sorri, silenciosa, pois sabe que vencedora será ela – aguarda homens e plantas para lhes diluir os despojos no seu âmago cheio de arcanos, laboratório divino onde os corpos velhos ressurgem noutros, diversos e jovens, decompõem-se, assimilam-se e desassimilam-se, para a perpetuação de todas as espécies planetárias!...

Foi essa a impressão que dominou os lúcidos visitantes do derruído solar, com os pensamentos unificados, como se achavam. Dirigiram-se ao local onde existira o antigo parque, e, num banco rústico, onde Yvan, ao Sol posto, costumava devanear, fazer rogativas ao Onisciente, distinguiram um vulto negro, mais prosternado que sentado, revelando no aspecto consternação e acabrunhamento, realçando-lhe a alvura do rosto as vestes lutuosas, como um menúfar desabrochando em lago sombrio.

Era Morel, combalido, recordando o bondoso castelão e sofrendo com o martírio da Bélgica. Yvan estremeceu, mal reconhecendo o companheiro de infância que, então, sabia ter amado em várias existências, e sentiu-se intensamente comovido.

– Quero abraçá-lo e lenir-lhe os pesares! – exclamou, encaminhando-se para Jacques.

– Poderás fazê-lo daqui a alguns momentos – disse-lhe Antélio. Espera. Não sabes que os andrajos carnais são óbices à comunicabilidade com os libertos espirituais? Ignoras que o sol dardeja numa rocha mas não a penetra?

Aproximou-se de Morel, e, elevando as mãos diáfanas e irisadas, estendeu-as sobre a sua fronte pendida. Eflúvios sutilíssimos delas se derivaram e saturaram aquele ser soluçante, que logo se imobilizou; e, pouco depois, brotava-lhe do organismo físico, vestido de trevas, um outro níveo e etéreo, que se ergueu ao lado do que tocava o chão.

– Podes falar-lhe – ordenou brandamente Antélio a Yvan.
– Este se abeirou de Jacques e, enlaçando-o ternamente, murmurou de alma para alma, estabelecendo-se um diálogo tácito, mas do qual não era incompreendido um só vocábulo:
– Pois duvidas, irmão querido, de que a morte não possa destruir o Espírito?
– A saudade supera a razão...
– Nossa separação será efêmera. Eis-me a teu lado para reiterar o que sempre te afirmei: a afeição sincera não é aniquilada no bojo dos sepulcros – é avigorada com a alforria da alma, quando os sentimentos são mais vivos e integrais que durante o cativeiro terreno. Vivo, pois, estou eu; lembro-me incessantemente de ti; viverei eternamente; virei ver-te sempre que os teus pensamentos saudosos me atraiam a este orbe. Consola-te com a vontade do Soberano divino, Jacques! Parti primeiro, mas aguardo-te alhures, para te proporcionar provas de dedicação...
– Como sou feliz neste instante, *Sr. d'Aprémont*, vendo-vos e abraçando-vos... como outrora, em nossa infância!
– Não mais me chames *senhor* – pois apenas um servo do Ente supremo e teu irmão, Jacques! Podes atuar-me.
– Obrigado... Não sou digno de vos tratar doutra forma...
– Ofender-me-ás se o não fizeres...

Morel hesitou um momento, depois prosseguiu emocionado:

– Sempre a mesma alma nobre e magnânima! Obedeço-te. Ouve-me, Yvan adorado: quanto tenho padecido, desde que teu corpo baixou ao túmulo! Teu passamento encheu-me de consternações. Ai! quanta falta me faz o bálsamo das tuas expressões amigas! Meus pobres filhos empunham armas para defender o último pedaço de nossa pátria... se é que ainda a temos!

– A verdadeira pátria do homem é o universo. Quem t'a poderá tomar, irmão?

– Bem o sei, mas ainda amo muito este pequenino torrão em que nascemos, em que jaz teu sepulcro, e sofro por saber que não existe quase – é uma possessão prussiana... Ai! resta apenas um palmo de terra semicativa, onde nem é permitido a seus derradeiros filhos chorarem os seus infortúnios... Não sabes que a Bélgica quase não existe mais, Yvan querido?

– Estás iludido, meu Jacques. Soará a hora dos desagravos e das reivindicações. A Bélgica não desaparecerá jamais – existirá, sempre, indelével, nas páginas imortais da história, palpita no peito dos que a amam e a glorificam, como eterno padrão de estoicismo, tenacidade e heroísmo. Se continuar prisioneira, ficará repartida e gravada em tantos corações, que, se fossem reunidos, formariam uma extensão maior do que a do seu primitivo território... Está, pois, perpetuada num mapa vivo, forjado pelo Onipotente. O seu martírio santifica-a e imortaliza-a. Joana d'Arc, a defensora de Orleães, nunca foi tão grande e sublime como no momento do seu suplício, sem exércitos, vencida, escravizada, torturada a carne por serpentes de fogo que a devoravam implacavelmente... Dentro da pira, um gesto de suas mãos denudas pôs em debandada adversários crudelíssimos... Desde aquele instante, deixou de ser uma glória francesa para ser uma heroína mundial e celeste... Assim a Bélgica. Ela diminui em território, mas aumenta em valor, amplia suas fronteiras na alma dos povos, além dos oceanos, até os páramos siderais... Seu mérito torna-a ciclópica e inexpugnável. Seu denodo torna-a maior, agora que lhe resta apenas uma polegada de solo, do que se houvesse usurpado um mundo ou fundido todos os continentes conquistados com a bravura de seus filhos... Seu flagelo aureola-a de fulgor inextinguível. Até há pouco, só os belgas a veneravam; agora, estendeu suas raias ao coração de todos os povos cultos. Enganas-te, pois, Jacques. Ela não diminuiu – cresceu indefinidamente! A vitória caberá ao direito e à justiça. Não esmoreças, pois. Velarei por ti e pelos que são caros ao teu sensível coração. Não te esqueças de minhas palavras, Jacques. Espera e crê no porvir. Pensa muito na Bélgica, mas, ainda mais, no Céu – nossa pátria invencível, que devemos conquistar com a virtude, a fim de sermos paladinos do Soberano de todas as maravilhas – Deus. Não te mortifiques tanto pelo que tens de deixar na Terra, mas pelo que cumpre levar ao Empíreo, engrinaldado em pérolas de luz...

Yvan desprendeu-se brandamente do amigo, após havê--lo beijado na fronte.

O corpo fluídico de Morel novamente mergulhou no que se achava tombado sobre agreste banco, o qual teve um brusco abalo e despertou.

– Vamo-nos! – convidou suavemente Antélio aos companheiros. Por alguns instantes apenas permanecemos neste ergástulo sombrio...

Dirigiram-se às ruínas d'Aprémont.

Uma tristeza avassaladora lhes pungia o Espírito no momento em que vislumbravam já a felicidade que os aguardava em mundos ignotos, de liberdade e paz. A caligem era intensa, como a da noite tétrica em que houve o desprendimento das almas de Yvan e Richard. Parecia que um velário de crepe descera do Firmamento aos escombros, envolvendo todos os astros num círculo de trevas.

Quando, porém, a eles chegaram, um revérbero esmeraldino, qual flechada de luz, fendeu a escuridão desde as alturas, convergindo sobre aquele acervo de destroços e sobre aquelas entidades apolíneas, que se destacaram do caliginoso nevoeiro, como lótus em negro paul. Ficaram transfigurados como Jesus no Tabor.

– Dir-se-ia – obtemperou Yvan comovido – que se reacenderam os faróis d'Aprémont... que já não existem!

– São os semáforos do Espaço – invisíveis aos encarcerados nas masmorras da carne – que nos alvejam e se iluminam para nos receber em apoteose... Seguem-nos os passos, através do Infinito, como outrora aos Magos, na Judeia... Aqui desconhecem esses aparelhos portentosos, de que terão conhecimento os cientistas nos séculos porvindouros. Nossos irmãos do Além radiografam-nos, esperam-nos exultantes, amados companheiros!

Soaram clarins siderais, de sonoridade argentina, como se existissem naquele castelo derrocado filarmônicas encantadas ou aéreas, modulando uma *ouverture* surpreendente e arrebatadora.

– Vamos orar... – turturinou Antélio.

Estavam de uma beleza excepcional. As irradiações descidas do zimbório celeste, absorvidas por seus corpos astrais, tornavam-nos refulgentes como diamantes. Ficaram genuflexos, exceto Antélio.

– É das ruínas deste solar – começou ele a sua prece, com um dos braços erguidos ao céu e o outro pendido para os exícios d'Aprémont – onde imperou a arrogância, o fausto, a crueldade, e, mais tarde, um dilúvio de paz e lenitivos santificantes, que vos dirijo meus pensamentos, ó Escultor de astros!

"Este alcáçar desmoronado representa os sentimentos ignóbeis, os fastígios humanos, o orgulho, a tirania dos déspotas que, um dia, julgando-se no apogeu da glória e da opulência, veem todos os seus latifúndios, todos os seus reinos, todos os seus triunfos esvaídos, como se fossem pirâmides de cinza; e então, humilhados, desolados, compreendendo que os esplendores terrenos são falazes, deixam de fitar o lodo em que têm imersos os pés e voltam-se para o Firmamento, contemplam as constelações cintilantes, percebem que a Eternidade está sobre suas frontes e não sob suas plantas; reconhecem que, como o magnânimo progenitor do pródigo, abre-lhes os braços amorosos, aponta-lhes a áspera senda do dever e da retidão, e prepara festejos deslumbrantes para receber os conversos e evolvidos.

"É daqui, Senhor, deste castelo desmantelado como corações desiludidos, onde já fostes venerado, onde vossas Leis sacrossantas, depois de haverem sido conculcadas, foram executadas austeramente, que fazemos remontar nossos pensamentos até o vosso sólio, agradecendo-vos todos os auxílios, misericórdias, socorros espirituais, alvitres valiosos, que, durante múltiplos avatares, nos dispensastes, por intermédio dos vossos tutelares mensageiros, dulcificando as nossas merecidas provas de réprobos e supliciados morais, de algozes e de vítimas...

"Deus, ímã e sol do universo – cuja alma lúcida anda esparsa em todos os portentos do macrocosmo, fragmentada nos crepúsculos e nas alvoradas; transfundida em cada estrela, de cujos fulgores inextinguíveis debalde todos os Flammarions investigam a origem e o combustível; evola-se de cada flor metamorfoseada em aroma suave ou inebriante; equilibra todos os astros e todas as asas no Espaço; nós, humildes ovelhas por vezes desgarradas do vosso rebanho infindo, disseminado em miríades de mundos; – nós, repito, centelhas vossas, vassalos de uma só Majestade suprema, com Espírito ávido de perfeição e amor, sequiosos de verdades imortais, de ciência, de progresso, vimos implorar pelos que sofrem, pelos transgressores dos vossos decretos imperecíveis, pelos que andam afastados de Vós, como as estriges do lume solar...

"Ó Pai incomparável, Magistrado mirífico! os homens são precitos enquanto vos desconhecem; no entanto, Vós lhes dais a ler a epopeia sublime da Criação, revelais-lhes a vossa existência nas páginas da amplidão cerúlea, grafadas com caracteres de diamantes fúlgidos; eles se odeiam, porque desconhecem o seu destino glorioso – o de serem aliados, eternamente, em orbes em que impera a harmonia absoluta; julgam-se filhos da Terra, como os rastejantes répteis, porque não sabem que são condores, que se podem librar às alturas imensuráveis do cosmos; consideram-se galés perpétuos, podendo conquistar liberdade perene...

"Quando eles não desconhecerem que, nascidos na Guiné ou na Islândia, nos trópicos ou nas zonas polares, são filhos do mesmo radioso Genitor, centelhas da mesma Alma inesgotável, campeões da mesma arena, soldados do mesmo exército incomensurável – do qual andam, aqui, desligadas hostes, vindas de orbes longínquos e ignotos, para travar torneios sagrados em prol do bem, da virtude e do progresso anímico – jamais se trucidarão como feras famintas de carniça; unirão pensamentos e mãos, confraternizados, para a aquisição do mesmo objetivo grandioso e incomparável: a regeneração psíquica, a isenção de provas árduas, a integral cultura científica, moral e estética, a ventura perene sem ser baseada na inércia e na beatitude!

"Senhor, Vós que, neste instante em que uma procela de dor se precipita neste mísero planeta, talvez tenhais o coração de sol ofuscado de pesar e mágoa; (originados pela pugna fratricida que purpuriza um de vossos mais obscuros e minúsculos domínios, nunca esquecido por Vós, e ao qual enviais, no transcurso dos séculos, luminosos fanais, vossos Emissários e no qual já deixastes fulgir, qual estrela caída de alguma constelação, Jesus, um de vossos Embaixadores divinos), ouvi nossos sinceros e vibrantes rogos: Difundi no

Espírito de todos os Cains que massacram seus irmãos um átomo da vossa benignidade inesgotável, para que jamais se esqueçam de vossas Leis de fraternidade e amor, e convertam o metal de todas as armas em pacíficos instrumentos de labor; deixem de ser lobos vorazes para se tornarem mansas ovelhas do vosso aprisco, para que nos corações desolados, onde bruxuleiam a fé e a resignação, feridos por um venáculo de luz da imortal esperança, sejam fortalecidos nos momentos de angústia superlativa; para que os Espíritos consternados recebam, a flux, o conforto da paciência, o orvalho celeste; para que o pranto dos órfãos, das viúvas, das mães, das esposas, das noivas, seja lenido por vossos abnegados Mensageiros, incutindo-lhes a ideia de que não há separação eterna; que os tombados ao solo, como novos Antêus, erguem-se redivivos para a vida imperecível das plagas espirituais; para que os entes empedernidos, os golpeados de dissabores, os espezinhados, os enfermos, os mutilados, sejam tocados de piedade por nossos semelhantes, de perdão, de crença em vossa Justiça imparcial e íntegra; para que os burlados, os traídos, os conculcados sejam triunfantes; para que os sofredores sejam lenidos com a unção do consolo; para que todos, os que nesta era trágica e dolorosa para a humanidade, baqueiam no furacão da Guerra, quase mundial, despertem no plano psíquico – onde não há mais ilusões, mas realidades grandiosas – sejam impregnados de sentimentos altruísticos, benévolos para com os companheiros de romagem terrena...

"Alteza inigualável, não temos, em nosso âmago, vocábulos bastantes com que vos possamos dirigir nossas súplicas, mas recebei nosso humilde preito de admiração e reconhecimento como flores rescendentes, colhidas no íntimo do amor divino, para vo-las ofertar!

"Permiti, ó Pai celestial, que em cada ruína, feita pelo absolutismo, seja implantada por todo o sempre a bendita oliva da paz; erigidos novos e mais belos prédios, edificados por artífices livres e não mais sob o guante dos opressores de antanho... Que estas pedras, deslocadas das paredes e muralhas primitivas, sejam os sólidos alicerces dos abrigos futuros dos que hoje defendem o próprio Espírito da incursão do mal, dos adversários temíveis, que são as iniquidades!... Rogamos por todos os nossos irmãos deste orbe, pelos justos e pelos réprobos, pelos vencidos e pelos vencedores, pelos que se acham libertos da carne e pelos que estão encerrados no sarcófago material, a fim de que a vossa misericórdia se estenda a todas as almas como um plenilúnio vivificante.

"Acolhei nossas preces, ó incomparável Benfeitor, em vosso âmago estelar, não cogitando da rudeza de nossa linguagem, que não pode expressar a nossa gratidão pelos infinitos benefícios que, no escoar dos milênios, nos vindes dispensando; perdoai e olvidai as nossas quedas e delitos; recebei, compassivo, as litanias de agradecimento, afeto, admiração que, neste instante, se evolam das almas dos conversos!"

Houve um súbito interregno na deprecação de Antélio; depois, deixando de fitar a abóbada sideral, voltou-se para os escombros, e, num gesto largo, que parecia abranger o mundo, concluiu:

— Adorado Soberano do universo, não deixeis de enviar a esta masmorra de trevas o Sol do vosso amor incomensurável, a fim de que em todos os Espíritos abrolhem os mais excelsos sentimentos, como desabrocham açucenas ao influxo do rocio celeste; que os corações sejam altares palpitantes e vivos onde todos os entes vos tributem a sua veneração e os seus hosanas de reconhecimento; que, nestes exícios – úlceras ciclópicas afeando a face da Terra – sejam erigidos santuários familiares, onde o labor e a afeição recíproca consagrem um carme à fraternidade mundial; que o gênero humano, no galopar dos Evos, não seja mais selecionado por ideias ultrizes, por crenças e castas diversas, mas forme um só povo, uma única nação, tendo por exclusivo e magnânimo monarca, Vós, o único do macrocosmo e deste minúsculo planeta, que os homens teimam em fracionar, mas há de ser unificado por meio de sentimentos efetivos e piedosos.

"Permiti, ó Altíssimo! – de cujo pensamento almo surgem constelações – raie essa era bendita, a do vosso reino, predita pelo Messias como arrebol de rosas no horizonte dos próximos séculos; que este átomo da Criação, o mísero orbe terráqueo, envolto em penumbra, seja uma das teclas, uma das cordas sonoras da harpa do universo que vibram, como as almas redimidas e os sóis resplandecentes, as melodias siderais, para que possamos – ó Pai inimitável, Árbitro inconfundível, Artista impecável que burilais astros e flores! – tributar-vos a nossa eterna gratidão!

"Fraternidade! aspiração do Sempiterno, estendei vosso amplo e luminoso lábaro a todos os povos, para que jamais se digladiem como leões e panteras famintas de carne humana, unindo todos os continentes como um elo, um hífen eterno de diamantes!"

Tremeluziam lágrimas – pequeninas nebulosas cintilantes – em seus olhos, e logo se desfizeram em bruma... Antélio emudeceu por momentos, como para melhor ouvir as protofonias celestiais que, lucificadas, desciam à Terra formando cascatas de ouro eterizado, como fulgores de dilúculos; depois, volvendo-se para os amados companheiros, ordenou brandamente:

– Partamos, irmãos queridos: chamam-nos das alturas luminosas! Deixemos, por algum tempo, a escuridão terrena pelas irradiações astrais, aonde iremos, com inoculações de luz, retemperar nossas energias anímicas esgotadas nas pugnas planetárias... Permutemos, transitoriamente, este Calvário – onde o teve Jesus e nós carregamos o madeiro das expiações redentoras – pelo Empíreo constelado...

~

E no meio de suave fulguração, alaram-se ao Espaço as quatro entidades, parecendo que nele deixavam um rastilho fosforescente, uma Via-Láctea radiosa, que se ia extinguindo, apagando dulcidamente, à medida que eles ascendiam ao Infinito...

O QUE É ESPIRITISMO?

O Espiritismo é um conjunto de princípios e leis revelados por Espíritos Superiores ao educador francês Allan Kardec, que compilou o material em cinco obras que ficariam conhecidas posteriormente como a Codificação: *O livro dos espíritos*, *O livro dos médiuns*, *O evangelho segundo o espiritismo*, *O céu e o inferno* e *A gênese*.

Como uma nova ciência, o Espiritismo veio apresentar à Humanidade, com provas indiscutíveis, a existência e a natureza do Mundo Espiritual, além de suas relações com o mundo físico. A partir dessas evidências, o Mundo Espiritual deixa de ser algo sobrenatural e passa a ser considerado como inesgotável força da Natureza, fonte viva de inúmeros fenômenos até hoje incompreendidos e, por esse motivo, são tidos como fantasiosos e extraordinários.

Jesus Cristo ressaltou a relação entre homem e Espírito por várias vezes durante sua jornada na Terra, e talvez alguns de seus ensinamentos pareçam incompreensíveis ou sejam erroneamente interpretados por não se perceber essa associação. O Espiritismo surge então como uma chave, que esclarece e explica as palavras do Mestre.

A Doutrina Espírita revela novos e profundos conceitos sobre Deus, o Universo, a Humanidade, os Espíritos e as leis que regem a vida. Ela merece ser estudada, analisada e praticada todos os dias de nossa existência, pois o seu valioso conteúdo servirá de grande impulso à nossa evolução.

LITERATURA ESPÍRITA

Em qualquer parte do mundo, é comum encontrar pessoas que se interessem por assuntos como imortalidade, comunicação com Espíritos, vida após a morte e reencarnação. A crescente popularidade desses temas pode ser avaliada com o sucesso de vários filmes, seriados, novelas e peças teatrais que incluem em seus roteiros conceitos ligados à Espiritualidade e à alma.

Cada vez mais, a imprensa evidencia a literatura espírita, cujas obras impressionam até mesmo grandes veículos de comunicação devido ao seu grande número de vendas. O principal motivo pela busca dos filmes e livros do gênero é simples: o Espiritismo consegue responder, de forma clara, perguntas que pairam sobre a Humanidade desde o princípio dos tempos. Quem somos nós? De onde viemos? Para onde vamos?

A literatura espírita apresenta argumentos fundamentados na razão, que acabam atraindo leitores de todas as idades. Os textos são trabalhados com afinco, apresentam boas histórias e informações coerentes, pois se baseiam em fatos reais.

Os ensinamentos espíritas trazem a mensagem consoladora de que existe vida após a morte, e essa é uma das melhores notícias que podemos receber quando temos entes queridos que já não habitam mais a Terra. As conquistas e os aprendizados adquiridos em vida sempre farão parte do nosso futuro e prosseguirão de forma ininterrupta por toda a jornada pessoal de cada um.

Divulgar o Espiritismo por meio da literatura é a principal missão da FEB, que, há mais de cem anos, seleciona conteúdos doutrinários de qualidade para espalhar a palavra e o ideal do Cristo por todo o mundo, rumo ao caminho da felicidade e plenitude.

CARIDADE: AMOR EM AÇÃO

Sede bons e caridosos: essa a chave que tendes em vossas mãos. Toda a eterna felicidade se contém nesse preceito: "Amai-vos uns aos outros". KARDEC, Allan. *O evangelho segundo o espiritismo*, cap. 13, it. 12.

A Federação Espírita Brasileira (FEB), em 20 de abril de 1890, iniciou sua *Assistência aos Necessitados* após sugestão de Polidoro Olavo de S. Thiago ao então presidente Francisco Dias da Cruz. Durante oitenta e sete anos, esse atendimento representava o trabalho de auxílio espiritual e material às pessoas que o buscavam na Instituição. Em 1977, esse serviço passou a chamar-se Departamento de Assistência Social (DAS), cujas atividades assistenciais nunca se interromperam.

Desde então, a FEB, por seu DAS, desenvolve ações socioassistenciais de proteção básica às famílias em situação de vulnerabilidade e risco socioeconômico. Fortalece os vínculos familiares por meio de auxílio material e orientação moral-doutrinária com vistas à promoção social e crescimento espiritual de crianças, jovens, adultos e idosos.

Seu trabalho alcança centenas de famílias. Doa enxovais para recém-nascidos, oferece refeições, cestas de alimentos, cursos para jovens, serviços de convivência e fortalecimento de vínculos para idosos e organiza doações de itens que são recebidos na Instituição e repassados a quem necessitar.

Essas atividades são organizadas pelas equipes do DAS e apoiadas com recursos financeiros da Instituição, dos frequentadores da Casa e por meio de doações recebidas, num grande exemplo de união e solidariedade.

Seja sócio-contribuinte da FEB, adquira suas obras e estará colaborando com o seu Departamento de Assistência Social.

FEB editora
Livro espírita para um novo mundo
www.febeditora.com.br
@febeditoraoficial
@febeditora

Conselho editorial:
Carlos Roberto Campetti
Cirne Ferreira de Araújo
Evandro Noleto Bezerra
Geraldo Campetti Sobrinho – Coord. Editorial
Jorge Godinho Barreto Nery – Presidente
Maria de Lourdes Pereira de Oliveira
Miriam Lúcia Herrera Masotti Dusi

Produção editorial:
Elizabete de Jesus Moreira

Revisão:
Elizabete de Jesus Moreira

Capa
Thiago Pereira Campos

Projeto Gráfico:
Júlio Moreira

Diagramação:
Rones José Silvano de Lima – instagram.com/bookebooks_designer

Foto de capa:
www.istockphoto.com/pjclark

Normalização técnica:
Biblioteca de Obras Raras e Documentos Patrimoniais do Livro

Esta edição foi impressa no sistema de Impressão pequenas tiragens, em formato fechado de 140x210 mm e com mancha de 104x173 mm. Os papéis utilizados foram o Off white 80 g/m² para o miolo e o Cartão 250 g/m² para a capa. O texto principal foi composto em Minion 12,5/16,85 e os títulos em Requiem 20/16,85. Impresso no Brasil. *Presita en Brazilo.*